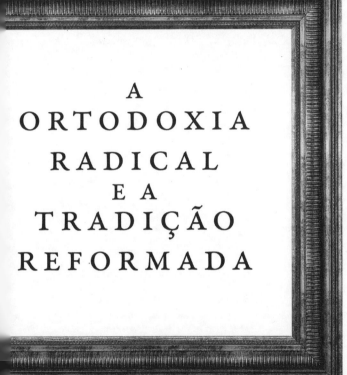

A ORTODOXIA RADICAL E A TRADIÇÃO REFORMADA

ORGANIZADORES:
JAMES K. A. *SMITH*
e JAMES H. *OLTHUIS*

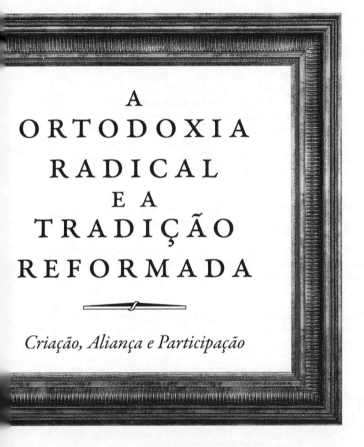

A ORTODOXIA RADICAL E A TRADIÇÃO REFORMADA

Criação, Aliança e Participação

TRADUÇÃO
PAULO BENÍCIO

Título original: *Radical orthodoxy and the Reformed tradition:
creation, covenant, and participation*
Copyright © 2005, de James K. A. Smith e James H. Olthuis
Edição original de Baker Academic, uma divisão do Baker Publishing Group.
Todos os direitos reservados.
Copyright de tradução © 2022, de Vida Melhor Editora LTDA.

Todos os direitos desta publicação são reservados por Vida Melhor Editora LTDA.
As citações bíblicas são da *Nova Versão Internacional* (NVI),
da Bíblia, Inc., a menos que seja especificada outra versão da Bíblia Sagrada.

Os pontos de vista desta obra são de responsabilidade de seus autores e colaboradores diretos, não refletindo necessariamente a posição da Thomas Nelson Brasil, da HarperCollins Christian Publishing ou de sua equipe editorial.

Publisher	Samuel Coto
Editor	André Lodos Tangerino
Produção editorial	Fabiano Silveira Medeiros
Preparação	Breno Seabra e Emerson Martins Soares
Revisão	Eliel da Silva Vieira
Diagramação	Sonia Peticov
Capa	Rafael Brum

Dados Internacionais de Catalogação na Publicação (CIP)
(BENITEZ Catalogação Ass. Editorial, MS, Brasil)

O87 1.ed.	A Ortodoxia radical e a tradição reformada : criação, aliança e participação / organizadores James K. A. Smith, James H. Olthuis. – 1.ed. – Rio de Janeiro: Thomas Nelson Brasil, 2022. 352 p.; 16 x 23 cm. Título original: Radical orthodoxy and the Reformed tradition: creation, covenant, and participation. ISBN 978-65-56893-64-8 1. Ortodoxia radical. 2. Secularismo. 3. Teologia filosófica. 4. Teologia reformada. 5. Tradições – Reforma. I. Smith, James K. A. II. Olthuis, James H.
02-2022/52	CDD: 201

Índice para catálogo sistemático

1. Teologia filosófica: Cristianismo 201

Bibliotecária responsável: Aline Graziele Benitez CRB-1/3129

Thomas Nelson Brasil é uma marca licenciada à Vida Melhor Editora LTDA.
Todos os direitos reservados à Vida Melhor Editora LTDA.
Rua da Quitanda, 86, sala 218 — Centro
Rio de Janeiro — RJ — CEP 20091-005
Tel.: (21) 3175-1030
www.thomasnelson.com.br

SUMÁRIO

Colaboradores 7
Prefácio 11
Reduções gráficas 13

Introdução: Repercussões: a ortodoxia radical e a tradição
reformada | JAMES K. A. SMITH | 15

PRIMEIRA PARTE
A ortodoxia radical sobre a tradição reformada
1. Protestantismo alternativo: a ortodoxia radical e a tradição
   reformada | JOHN MILBANK | 25
2. Barth, Hegel e a possibilidade da apologética cristã
   | GRAHAM WARD | 47

SEGUNDA PARTE
Participação, analogia e aliança: histórias contestadas
3. O verdadeiro Platão poderia, por favor, manifestar-se?
   Participação *versus* encarnação | JAMES K. A. SMITH | 69
4. Univocidade, analogia e o mistério do ser segundo João
   Duns Escoto | ROBERT SWEETMAN | 84
5. O invisível e o sublime: da participação à reconciliação
   | ADRIENNE DENGERINK CHAPLIN | 103
6. Participação e aliança | MICHAEL S. HORTON | 125

TERCEIRA PARTE
Pólis e eclésia: envolvimento cultural
7. Boas cidades ou cidades do bem? Agostinianos
   radicais, estruturas sociais e crítica normativa
   | LAMBERT ZUIDERVAART | 157
8. Comunidades suspensas ou comunidades da aliança?
   Reflexões reformadas sobre o pensamento social da
   ortodoxia radical | JONATHAN CHAPLIN | 175

9. Ser reconciliado: a expiação como prática
   eclesiástico-cristológica do perdão em John Milbank
   | Hans Boersma | 214

QUARTA PARTE
A eucaristia: ontologia, representação e prática

10. "A profundidade por trás das coisas": em direção a uma
    teologia sacramental calvinista | Laura Smit | 239

11. *Corpus verum*: sobre a recuperação eclesiástica da
    presença real na doutrina da eucaristia de João Calvino
    | Nathan R. Kerr | 266

12. Ser ligado a Deus: participação e aliança revisitadas
    | Justin S. Holcomb | 282

13. "Isto é o meu corpo": a eucaristia como lugar teológico
    privilegiado | George Vandervelde | 306

Posfácio: Uma ontologia radical do amor: pensando "com" a
  ortodoxia radical | James H. Olthuis | 323

Índice remissivo 344

COLABORADORES

Hans Boersma, professor associado de estudos religiosos e de cosmovisão na Trinity Western University em Langley, Columbia Britânica; foi indicado recentemente para a cátedra de Teologia James I. Packer na Regent College em Vancouver, também na Columbia Britânica. Seus interesses estão relacionados à teologia da expiação e da justificação. Publicou ensaios em diversos periódicos, entre eles o *Scottish Journal of Theology* e o *Modern Theology*. Algumas de suas obras: *Richard Baxter's understanding of infant baptism; A hot pepper corn: Richard Baxter's doctrine of justification in its seventeenth-century context of controversy*; e, mais recentemente, *Violence, hospitality, and the cross: reappropriating the atonement tradition*.

Adrienne Dengerink Chaplin leciona estética filosófica no Institute for Christian Studies em Toronto. É coautora de *Art and soul: signposts for Christians in the arts* e atualmente está concluindo um livro sobre o pensamento de Susanne K. Langer. Seu trabalho também apareceu na nova edição do *Routledge companion to aesthetics*, no *Christian Scholars' Review* e no *Philosophy in Review*. É copresidente da Canadian Society for Aesthetics.

Jonathan Chaplin é professor de teoria política no Institute for Christian Studies em Toronto. Está concluindo um livro sobre a concepção política de Herman Dooyeweerd e é um dos organizadores de *Political theory and Christian vision: essays in memory of Bernard Zylstra*. Publicou ensaios acadêmicos sobre uma variedade de temas da teoria política cristã, incluindo pluralismo, democracia, Estado e sociedade, pensamento político católico e reformado, bem como diversos artigos populares. Atuou como membro do conselho do Public Justice Resource Centre, do Social Action Commission of the Evangelical Fellowship of Canada, do painel consultivo do "Programa Civitas" sediado no Center for Public Justice, em Washington, DC, e do comitê teológico da Canadian Ecumenical Jubilee Initiative.

Justin S. Holcomb é pesquisador pós-doutoral no Center on Religion and Democracy da Universidade da Virgínia. Dedica-se atualmente à organização da obra *Theologies of Scripture and the politics of interpretation*, que explora as questões de autoridade e conhecimento nas tradições cristãs. Publicou ensaios sobre diferentes assuntos, incluindo direitos humanos e a guerra civil no Sudão, temas emergentes nas práticas funerárias, religião e metanarrativas americanas, iluminismo e desenvolvimento da teologia de Dionísio e reflexões sobre a fé na cultura contemporânea. Lecionou na Universidade da Virgínia, na Universidade Emory, na Agnes Scott College e na Escola de Teologia Candler.

Michael S. Horton é professor de teologia e apologética no Seminário Westminster na Califórnia, onde se especializou em teologia sistemática e histórica. Seu trabalho apareceu em periódicos como o *International Journal of Systematic Theology*, o *Westminster Theological Journal*, o *Books and Culture* e o *Modern Reformation*. É o organizador de vários livros, que incluem *A confessing theology for postmodern times*, e o autor de mais de uma dúzia de obras, incluindo o mais recente, *Covenant and eschatology*.

Nathan R. Kerr está concluindo seu doutorado em teologia na Universidade Vanderbilt. Contribuiu com ensaios para diversos livros e periódicos, incluindo o *Wesleyan Theological Journal* e o *ARC* (Universidade McGill). Atualmente se dedica a um projeto que explora as dimensões cosmológicas da teologia da aliança dentro da tradição reformada.

John Milbank é professor de religião, política e ética na Universidade de Nottingham, Inglaterra, tendo lecionado anteriormente em Lancaster, Cambridge e na Universidade da Virgínia. Uma das principais figuras associadas à ortodoxia radical; é o autor de *Theology and social theory*, de *The Word made strange* e o mais recente *Being reconciled*. Ao lado de Graham Ward e Catherine Pickstock, é editor da série Radical Orthodoxy, publicada pela Routledge.

James H. Olthuis é professor emérito de teologia filosófica no Institute for Christian Studies em Toronto. Trabalha com a interligação entre hermenêutica, antropologia filosófica e psicoterapia. Algumas de suas publicações: *Facts, values, and ethics; I pledge you my troth; Keeping the troth; A hermeneutics of ultimacy*; e *The beautiful risk: a new psychology of loving and being loved*. Além disso, é o organizador de *Toward an ethics of community; Knowing other-wise*; e *Religion without religion: the prayers and tears of John D. Caputo*.

Laura Smit é professora assistente de religião e responsável pela capela da Calvin College em Grand Rapids, Michigan. No cumprimento de tal função, ajuda a supervisionar o programa da capelania e a integração entre a fé e o aprendizado na universidade. É autora de muitos artigos, *Serving in weakness* (um estudo de 2Coríntios) e de um livro a ser publicado sobre teologia e ética do romance. Suas áreas de pesquisa incluem a doutrina de Deus, a estética teológica e a teologia filosófica medieval.

James K. A. Smith é professor associado de filosofia e diretor do Seminars in Christian Scholarship na Calvin College em Grand Rapids, Michigan. Dedicando-se principalmente às áreas de filosofia continental e teologia filosófica, publicou pesquisas em revistas como *Modern Theology, Faith and Philosophy, American Catholic Philosophical Quarterly, Literature and Theology* entre outras. É o organizador de vários livros e o autor de *A queda da interpretação: fundamentos filosóficos para uma hermenêutica criacional*; *Speech and theology: Language and the logic of incarnation* na série Radical Orthodoxy; e *Introducing radical orthodoxy: mapping a post-secular theology*.

Robert Sweetman ocupa a cátedra H. Evan Runner em história da filosofia no Institute for Christian Studies em Toronto. Trabalhando na área da filosofia dos séculos 13 e 14, publicou diversos artigos, incluindo duas obras recentes: "Beryl Smalley, Thomas of Cantimpré, and the performative reading of the Scriptures: a study in two *exempla*", em *With reverence for the Word: medieval Scriptural exegesis in Judaism, Christianity, and Islam*; e "Love, understanding, and the mystical knowledge of God", em *Mystics, visions, and miracles*. Além disso, concluiu recentemente a edição de um volume com o título de *In the Phrygian mode: neo-Calvinism, antiquity, and the lamentations of Reformational philosophy*.

George Vandervelde é professor emérito de teologia sistemática no Institute for Christian Studies em Toronto, Canadá, e ali continua lecionando, bem como na Toronto School of Theology. É especialista na doutrina de Deus, em soteriologia e eclesiologia. Seus ensaios sobre tais temas e sobre o desenvolvimento da teologia católica romana e das relações ecumênicas foram publicados em muitas revistas acadêmicas. É um dos responsáveis pela consultoria internacional entre a Theological Commission of the World Evangelical Alliance e o Pontifical Council for Promoting Christian Unity. Atua também na World Alliance of Reformed Churches-Roman Catholic Dialogue in the U.S.A. e no Continuation Committee of the Global Christian Forum.

Graham Ward é professor de teologia contextual e ética na Universidade de Manchester, Inglaterra. Figura importante no diálogo entre a teoria contemporânea e a teologia, é o autor de *Theology and contemporary critical theory; Barth, Derrida and the language of theology; Cities of God; True religion;* e mais recentemente, *Cultural transformation and religious practice*. Ao lado de John Milbank e Catherine Pickstock, é organizador da série *Radical Orthodoxy* publicada pela Routledge.

Lambert Zuidervaart é professor de filosofia no Institute for Christian Studies em Toronto e membro associado do corpo docente de pós-graduação em filosofia da Universidade de Toronto. Antes de assumir tal cargo, em 2002, lecionou na Calvin College, onde também dirigiu o departamento de filosofia. Seus principais interesses são filosofia do discurso, filosofia social e filosofia continental, sendo especialista em filosofia alemã de Kant a Habermas. Atualmente conduz pesquisas relacionadas a teorias da verdade e da globalização. É o autor de *Adorno's aesthetic theory: the redemption of illusion* e de *Artistic truth: aesthetics, discourse, and imaginative disclosure*; coautor de *Dancing in the dark: youth, popular culture, and the electronic media*; e coeditor de *The semblance of subjectivity: essays in Adorno's aesthetic theory* e *The arts, community and cultural democracy*.

PREFÁCIO

Este livro não teria sido possível sem o apoio concreto de duas comunidades: a Calvin College and Seminary, em Grand Rapids, Michigan, e o Institute for Christian Studies em Toronto, Ontário.

As sementes foram plantadas em 2002-2003 no Grupo de Estudos sobre Ortodoxia Radical, financiado pelo Calvin Center for Christian Scholarship. Durante aquele ano letivo, um grupo interdisciplinar de estudiosos se reuniu regularmente a fim de abordar criticamente textos fundamentais no *corpus* crescente da ortodoxia radical, com um interesse especial em sua ressonância e diferença em relação à tradição reformada que orienta nosso trabalho na Calvin College. Esse grupo forneceu um espaço para testar interpretações, manifestar críticas e sugerir linhas de pesquisa, algumas das quais se concretizaram nos ensaios aqui reunidos. O Calvin Center for Christian Scholarship também concedeu recursos financeiros adicionais com o propósito de apoiar a publicação dos trabalhos apresentados na conferência como uma coletânea editada. Nossos sinceros agradecimentos a Jim Bratt, diretor do Calvin Center for Christian Scholarship, e Donna Romanowski, coordenadora do programa, por seu suporte tanto ao grupo de estudos quanto a conferência que se seguiu. Nossa gratidão se estende a cada um dos membros desse time: John Bolt, Jim Bratt, Rebecca Konyndyk DeYoung, Ronald Feenstra, Susan Felch, Lee Hardy, David Hoekema, Rick Plantinga, Laura Smit, Jerry Stutzman e Tom Thompson por estimularem o debate ao longo do ano e auxiliarem na realização do evento que deu origem ao livro.

Na época em que planejávamos um simpósio com a intenção de dar seguimento ao Grupo de Estudos, soubemos que uma equipe parecida de estudiosos havia passado dois anos versando sobre a ortodoxia radical como parte de um seminário interdisciplinar no Institute for Christian Studies. Juntando nossos recursos, ampliamos os planos para incluir uma conferência completa sobre a ortodoxia radical e a tradição reformada, que se tornou possível graças ao financiamento do Calvin Center for Christian Scholarship, do Institute for Christian Studies, do Calvin Theological Seminary, do Calvin Institute for Christian Worship e do Baker Publishing Group. Agradecemos especialmente a Harry Fernhout (presidente do Institute for Christian Studies), Neal Plantinga (presidente do Calvin Seminary) e John Witvliet (diretor do Calvin

Institute) por seu apoio a esta empreitada. Foi um prazer participar dessa cooperação entre três importantes instituições na tradição reformada.

O fruto imediato desta colaboração foi uma conferência realizada na Calvin College no período de 11 a 13 de setembro de 2003 (junto a uma conferência de pós-graduação intitulada "Abordando a ortodoxia radical").[1] A conferência atraiu mais de cem participantes interessados em diversas questões relacionadas ao tema. O evento alcançou um sucesso maravilhoso, principalmente por causa da equipe incrivelmente capacitada e receptiva do escritório do Seminars in Christian Scholarship na Calvin College. Somos gratos à Kara VanDrie e Alysha Chadderdon por seu profissionalismo e animação. Obrigado também a todos os nossos preletores, incluindo os autores dos ensaios reunidos aqui, bem como a Creston Davis e Jens Zimmerman. A hospitalidade que desfrutamos, somada ao entusiasmo de nossos conferencistas, proporcionou uma experiência fantástica de diálogo honesto e engajamento acadêmico genuíno, caracterizados tanto pela paixão quanto pela generosidade. O encontro foi um evento, no melhor sentido da palavra. Agradecemos ainda a Graham Ward e John Milbank por suas respostas generosas, espírito bondoso e esforços incansáveis, conferindo todos os trabalhos apresentados, disponibilizando-se para conversar e sendo parceiros graciosos de diálogo.

Por fim, somos gratos aos que tornaram possível transformar os artigos da conferência em um livro. Desde a sua concepção, o projeto contou com o suporte de Robert N. Hosack, da Baker Academic, e foi orientado pela equipe excepcional do Baker Publishing Group. Estamos empolgados com sua visão de publicação e de estudos cristãos e felizes em ver este volume ser lançado sob esse selo. Além disso, fomos apoiados pela eficiência de diversos assistentes de pesquisa, em diferentes estágios: Jerry Stutzman (Calvin Seminary) ajudou de forma generosa e enérgica na organização do evento (incluindo a organização da conferência de pós-graduação) e nas questões editoriais; Neal DeRoo (Institute for Christian Studies) auxiliou na edição e organização dos ensaios; e Abram VanEngen (Calvin College) se comprometeu a trabalhar no manuscrito final. Agradecemos a todos por sua ajuda.

JAMES K. A. SMITH
JAMES H. OLTHUIS

---

[1] O ensaio de Nathan R. Kerr neste volume foi apresentado primeiramente na conferência de pós-graduação. Outro artigo também apresentado naquela conferência é J. Todd Billings, "John Milbank's theology of the 'gift' and Calvin's theology of grace: a critical comparison", *Modern Theology* 21, n. 1 (2005): 87-105.

REDUÇÕES GRÁFICAS

AW   PICKSTOCK, Catherine. *After writing: on the liturgical consummation of philosophy* (Oxford: Blackwell, 1998).

BR   MILBANK, John. *Being reconciled: ontology and pardon*. Radical Orthodoxy Series (London: Routledge, 2003).

CD   BARTH, Karl. *Church dogmatics*. Ed. Geoffrey W. Bromiley; Thomas F. Torrance. Trad. para o inglês Geoffrey W. Bromiley et al. (Edinburgh: Clark, 1956-1977). 5 vols.

CG   WARD, Graham. *Cities of God*. Radical Orthodoxy Series (London: Routledge, 2000).

DE   LONG, D. Stephen. *Divine economy: theology and the market*. Radical Orthodoxy Series (New York: Routledge, 2000).

ICR   CALVIN, John. *Institutes of the Christian religion*. Ed. John T. McNeill. Trad. para o inglês Ford Lewis Battles. Library of Christian Classics, 20-21 (Philadelphia: Westminster, 1960). 2 vols. [Citação pelo número da seção.]

LT   BELL, Daniel. *Liberation theology after the end of history: the refusal to cease suffering*. Radical Orthodoxy Series (New York: Routledge, 2001).

ROCE   HEMMING, Laurence Paul, org. *Radical orthodoxy? A Catholic enquiry* (Aldershot: Ashgate, 2000).

RONT   MILBANK, John; PICKSTOCK, Catherine; WARD, Graham, orgs. *Radical orthodoxy: a new theology* (London: Routledge, 1999).

ST   AQUINAS, Thomas of. *Summa theologica*. Ed. completa em inglês. Trad. para o inglês Fathers of the English Dominican Province (New York: Benziger, 1947-1948; reimpr. Westminster: Christian Classics, 1981). 5 vols. [Citação pelo número da seção.]

TA   MILBANK, John; PICKSTOCK, Catherine. *Truth in Aquinas*. Radical Orthodoxy Series (London: Routledge, 2001).

TCCT   WARD, Graham. *Theology and contemporary critical theory* (New York: St. Martin's, 2000).

TST MILBANK, John. *Theology and social theory: beyond secular reason* (Oxford: Blackwell, 1990).
_____. *Teologia e teoria social: para além da razão secular*. Trad. Adail Sobral; Maria Stela Gonçalves (São Paulo: Loyola, 1995).

WMS MILBANK, John. *The Word made strange: theology, language, culture* (Oxford: Blackwell, 1997).

INTRODUÇÃO

REPERCUSSÕES:
a ortodoxia radical e a tradição reformada

| James K. A. Smith |

Os rumores teológicos vindos de Cambridge no começo da década de 1990, reverberando através do Atlântico, encontraram um transmissor a postos nos corredores do Institute for Christian Studies em Toronto.[1] Apenas mais tarde identificaríamos esse coral de Cambridge (John Milbank, Graham Ward, Catherine Pickstock) com a ortodoxia radical. Porém, há uma década, já ficamos impressionados por como as cadências deste canto anglo-católico ressoavam com os ritmos de um saltério kuyperiano que constituía o hinário teórico centenário do projeto reformacional do Institute for Christian Studies. O refrão persistente da ortodoxia radical de que "não existe secular" soava como uma folha de nosso próprio hinário filosófico, composto gerações antes por figuras como Abraham Kuyper, Herman Dooyeweerd, D. T. Vollenhoven e H. Evan Runner: pensadores que trouxeram à vida a Free University of Amsterdam e, posteriormente, revitalizaram a Calvin College e o Institute for Christian Studies. A conferência da Calvin College de 2003, que originou esta série de estudos — em processo de construção e elaboração, de certo modo, por mais de uma década —, foi uma oportunidade para

---

[1] Meu título e metáfora se baseiam na meditação de Wordsworth intitulada "Within King's College Chapel, Cambridge" [Dentro da capela da King's College, Cambridge], onde ele exalta "o arquiteto que planejou / (embora para um grupo restrito / somente de estudiosos de trajes brancos) esta imensa / e gloriosa obra de inteligência sofisticada". Ele a enaltece como um espaço de repercussão: "Assim declarou o homem que criou para os sentidos / Esses pilares elevados, espalhados naquele telhado ramificado / Autoposicionados e divididos em dez mil células / Onde luz e sombra repousam, onde a música habita".

o canto de um tipo de hino colaborativo, uma possibilidade dada à ortodoxia radical e à tradição reformada de ouvirem um ao outro pessoalmente e analisarem interpretações diferentes do que considerávamos ser, em muitos aspectos, o mesmo cântico, apesar da proveniência tão diferente dos coros.

A filiação da ortodoxia radical é, ao mesmo tempo, recente e antiga. Por um lado, é um movimento ou sensibilidade teológica muito contemporânea que encontrou uma voz diferente na densidade de teólogos que então trabalhavam no, ou colaboravam com, o corpo docente da escola de divindade de Cambridge[2] — embora temas similares pudessem ser ouvidos em outros centros teológicos.[3] Esboçados primeiramente em monografias fundamentais de Milbank, Pickstock e Ward,[4] os contornos de uma visão diferente foram cristalizados na obra *Radical orthodoxy: a new theology*.[5] Por outro lado, como seu trabalho comprova, a ortodoxia radical reivindica uma herança tanto medieval quanto antiga —: nos textos de Tomás de Aquino, Agostinho e do neoplatonismo cristão (e de Cambridge), particularmente conforme recuperado através das lentes da *nouvelle théologie* de Henri de Lubac e de Hans Urs von Balthasar.

Um ponto central na visão teológica da ortodoxia radical é a afirmação de que não há realidade autônoma, ou seja, nenhuma "reserva de território criado" pode reivindicar uma existência autônoma em si mesma. Em vez disso, cada aspecto da realidade criada é somente à medida que *participa* do Criador ou — usando uma metáfora diferente — toda realidade criada é "suspensa" pelo divino em sentido duplo: "no sentido de interrompê-las [as coisas criadas]", mas também "no sentido, de preservar seu valor relativo contra o vazio" (*RONT*, p. 3). Assim, a suspensão do material é uma participação no transcendente que o puxa de um "achatamento" niilista e

---

[2]Para uma introdução completa à ortodoxia radical, incluindo um relato de sua história e relação com outros movimentos teológicos (e reflexão quanto a ser ou não legítimo se referir a tal corrente como um movimento), veja James K. A Smith, *Introducing radical orthodoxy: mapping a post-secular theology* (Grand Rapids: Baker, 2004). O presente livro pode ser considerado um volume complementar a *Introducing radical orthodoxy*, enfatizando e explorando ainda mais o diálogo entre a ortodoxia radical e a tradição reformada ali esboçado.

[3]Particularmente, Ward e Pickstock encontram sensibilidades parecidas no trabalho da Yale School, de Stanley Hauerwas, Peter Ochs e Jean-Luc Marion.

[4]John Milbank, *Theology and social theory: beyond secular reason* (Oxford: Blackwell, 1990) [edição em português: *Teologia e teoria social: para além da razão secular*, trad. Adail Sobral, Maria Stela Gonçalves (São Paulo: Loyola, 1995)]; Catherine Pickstock, *After writing: on the liturgical consummation of philosophy* (Oxford: Blackwell, 1998); e Graham Ward, *Barth, Derrida, and the language of theology* (Cambridge: Cambridge University Press, 1995).

[5]John Milbank, Catherine Pickstock; Graham Ward, orgs., *Radical orthodoxy: a new theology* (London: Routledge, 1999).

o expande em um tipo de materialidade densa e significativa. Assim, essa afirmação da "suspensão da materialidade" fundamenta a crítica enérgica da ortodoxia radical à modernidade, a qual, segundo eles, é aquilo que "desconectou" o mundo da transcendência. Concentrando-se na mudança ontológica ocasionada pela declaração de univocidade de Duns Escoto, a ortodoxia radical narra o achatamento do mundo provocado pela modernidade como uma negação da transcendência, a única coisa capaz de sustentar a materialidade da criação. A autonomia concedida ao universo, que pretendia libertá-lo para ser ele mesmo, acaba, na verdade, reduzindo-o a (quase) nada. Dessa maneira, o único fim apropriado da modernidade seria o niilismo (*RONT*, p. 2-4). E assim, ironicamente, "a perspectiva teológica da participação, na verdade, salva as aparências ao excedê-las" (*RONT*, p. 4), ou em outras palavras, somente a teologia é capaz de garantir um materialismo realmente significativo.

Ao rejeitar a ideia de uma reserva autônoma de território criado, a ortodoxia radical resiste também à ideia de um relato neutro — ou secular — do mundo ou de qualquer uma de suas facetas. Portanto, a rejeição de um universo autônomo está ligada à recusa da razão autônoma. Não poderia existir uma explicação neutra das coisas (ou "do ser em si mesmo"), uma vez que qualquer coisa é devidamente entendida unicamente em sua relação com o transcendente, e ao passo que qualquer explicação teórica se baseará em compromissos fundamentais que operam no nível do compromisso religioso. Toda teoria, a ortodoxia radical diria, é *religiosa* (ou teológica) — o que não significa que toda teoria seja *cristã*. Em vez disso, o que encontramos na forma de teoria secular é, em última instância, um relato herético ou pagão da realidade (isso é o que Milbank busca provar em *Theology and social theory: beyond secular reason*). Assim, o correlato fundamental da "filosofia participativa e teologia encarnacional" da ortodoxia radical (*RONT*, p. 4) é uma epistemologia agostiniana que afirma que (algum tipo de) fé precede o conhecimento (*RONT*, p. 2).

Entretanto, a afirmação central da ortodoxia radical de que "não existe secular" *não* deve ser vista como uma rejeição dos domínios da cultura e atividade humana que costumam ser qualificadas de "seculares" em oposição aos domínios "sagrados". Muito pelo contrário, embora ela rejeite o secular como uma concepção de *neutralidade*, é exatamente por este motivo que reavalia todos os âmbitos do trabalho humano e da criação de cultura (*poesis*) como um espaço onde o transcendente é mediado. Assim, ao mesmo tempo em que "esse radicalismo de fato recusa o secular", ele "'reimagina' um cristianismo que *nunca* valorizou suficientemente a esfera participativa mediadora, que é a única que pode nos levar a Deus" (*RONT*, p. 3). Em outras palavras, por muito tempo o cristianismo foi caracterizado pelo "*pior* puritanismo cristão" e "a pior devoção sobrenaturalista" que descartou os contextos legítimos da vocação humana como se fossem menos que sagrados[6]. Contudo, ao afirmar que *toda* a realidade participa no transcendente, a ortodoxia radical também estabelece todo domínio da vocação humana como um espaço para a mediação de tal transcendência. Por isso, os estudos em *Radical orthodoxy: a new theology* lidam com aspectos essenciais da existência humana no mundo: linguagem, amizade, sexo, corpo, política e vida comunal, arte e música. O objetivo do projeto é "repensar âmbitos culturais específicos a partir de uma perspectiva teológica que todos eles consideram ser a única não niilista, além de ser a única capaz de sustentar até mesmo a realidade finita" (*RONT*, p. 4).

A recusa da ortodoxia radical de um terreno autônomo — tanto na ontologia quanto na epistemologia — ecoa profundamente com segmentos da tradição reformada, particularmente a linha de pensamento reformacional holandesa inspirada por Kuyper e Dooyeweerd.[7] Na verdade, a afirmação de que não há nenhuma "reserva de território criado" que não participe na transcendência, reflete a famosa declaração de Kuyper de que "não há um único centímetro quadrado em todos os domínios da existência criada que Cristo não olhe e diga 'é meu!'". Assim, a tradição reformada compartilha uma versão da rejeição dupla de autonomia da ortodoxia radical. Em primeiro lugar, afirmando a bondade fundamental do mundo, tal concepção reformada reavalia toda esfera de engajamento humana como uma oportunidade de renovação e redenção. Em outras palavras, se não existe secular, então tudo é sagrado — incluindo os âmbitos destacados pela ortodoxia radical (linguagem, amizade, política, sexo, corpo, artes). Cada um deles é uma vocação legítima inscrita na estrutura da criação que, quando devidamente

---

[6]Isso constitui a base da crítica da ortodoxia radical a Barth e à neo-ortodoxia: "Ao recusar todas as 'mediações' por meio de outras esferas do conhecimento e da cultura, o barthianismo tendeu a assumir uma autonomia positiva para a teologia, o que tornou os debates filosóficos uma questão de indiferença" (*RONT*, p. 2).

[7]Na conferência de 2003 da Calvin College, bem como neste livro, incluímos intencionalmente vozes de um espectro mais amplo da tradição reformada que também encontra pontos de sobreposição com a ortodoxia radical. Veja principalmente os capítulos de Justin S. Holcomb e Michael S. Horton.

INTRODUÇÃO

orientada a Deus em Cristo, gera louvor.[8] Em segundo lugar, como cada esfera é dada por Deus como parte da criação que devemos desenvolver, e por sermos criaturas fundamentalmente *religiosas*, nossos relatos teóricos do mundo e dos domínios culturais precisam ser moldados por um ponto de vista confessional. Ou mais concretamente, toda perspectiva teórica é *em sua raiz* (sua *radix*) religiosa e moldada por um ponto de vista confessional. Consequentemente, é impossível que exista uma teoria secular, se por secular entendemos um ponto de vista neutro e objetivo. Desse modo, a teorização cristã autêntica deve começar a partir de um ponto de vista claro e fortemente *cristão*. Na linguagem da ortodoxia radical, "toda disciplina deve ser enquadrada por uma perspectiva teológica" (*RONT*, p. 3) — embora aqueles que são envolvidos na tradição reformada contestem o que a palavra "teológico" significa aqui, como veremos nos capítulos que se seguem.[9] E, assim como na ortodoxia radical, isso resultou em uma crítica severa da modernidade por parte daqueles que trabalham na tradição reformada (bem como certa abertura crítica à pós-modernidade).[10]

Dado o formato desse consenso sobreposto entre a ortodoxia radical e a tradição reformada, a bomba estava armada para um diálogo e engajamento. No entanto, essas ênfases similares não impediam pontos de desacordo ou debate. Na verdade, justamente por causa de afinidades profundas, as diferenças entre as duas tradições ou movimentos pareceram se cristalizar. Dessa maneira, ao planejar a conferência de 2003 da Calvin College e preparar o cenário para o debate, antecipamos muitas questões importantes onde esperávamos que houvesse conflito e onde desejávamos uma interação mútua. Em outras palavras, a expectativa era que a ortodoxia radical oferecesse lentes corretivas para alguns aspectos míopes da tradição reformada,

---

[8]Para textos significativos sobre esses temas na tradição reformada, veja as seguintes obras: sobre justiça e política: Nicholas Wolterstorff, *Until justice and peace embrace* (Grand Rapids: Eerdmans, 1983); artes: Calvin Seerveld, *Bearing fresh olive leaves: alternative steps in understanding art* (Toronto: Piquant, 2000); cultura e mídia popular: Quentin Schultze et al., *Dancing in the dark: youth, popular culture, and the electronic media* (Grand Rapids: Eerdmans, 1991); linguagem: James K. A. Smith, *Speech and theology: language and the logic of incarnation* (New York: Routledge, 2002); e David I. Smith; Barbara Carvill, *The gift of the stranger: faith, hospitality, and foreign language learning* (Grand Rapids: Eerdman, 2000); casamento e sexualidade: James H. Olthuis, *Keeping our troth* (San Francisco: Harper & Row, 1986).

[9]Para uma análise mais detalhada da relação entre filosofia e teologia e das diferentes concepções de teologia na ortodoxia radical e na tradição reformada, veja Smith, *Introducing radical orthodoxy*, cap. 5.

[10]Veja especialmente a coletânea de estudos em James H. Olthuis, org., *Knowing other-wise: philosophy on the threshold of spirituality*, Perspectives in Continental Philosophy (New York: Fordham University Press, 1997).

mas também acreditávamos que haviam formas pelas quais a ortodoxia radical poderia se beneficiar de um pouco de reforma. Algumas questões específicas que vieram à tona nos grupos de pesquisa da Calvin College e do Institute for Christian Studies incluíam o seguinte:

◆ A ortodoxia radical pintou uma história da filosofia e da teologia que foi contestada por aqueles na tradição reformada em duas frentes: (1) ao invocar uma ontologia "participativa" enraizada na noção platônica de *methexis*, a ortodoxia radical vê um "cristianismo platônico" como um ideal positivo a ser recuperado, enquanto a tradição reformada costuma ver a ontologia de Platão (cristalizada no desejo de desencarnação de *Eutífron*) como uma negação da bondade da criação e da materialidade; e (2) a ortodoxia radical apontou persistentemente para a ontologia unívoca de Escoto como o advento do niilismo da modernidade e vinculou as teologias de Calvino e Lutero a esta corrente de pensamento escotista. Assim, segundo a ortodoxia radical, duas das figuras fundadoras da tradição reformada vieram do campo moderno. Em contraste, a tradição reformada encontrou em Calvino, pelo menos, as sementes para recusar a noção moderna do secular.

◆ A questão da univocidade é traduzida em relatos bem diferentes da eucaristia, com a ortodoxia radical sugerindo que a concepção de Calvino da eucaristia carece de uma noção robusta de presença, porque a semiótica (teoria dos sinais) que a molda, baseia-se em fontes escotistas. Os defensores da tradição reformada, no entanto, se preocupavam com a reabilitação da transubstanciação da ortodoxia radical e com a elevação da eucaristia acima da Palavra.

◆ A ontologia da participação defendida pela ortodoxia radical, além de soar perturbadormente neoplatônica aos ouvidos reformados, também sugeria um tipo de ocasionalismo — um tipo de ontologia hiperespiritual que parecia comprometer a integridade e, portanto, a bondade da criação.

◆ Para aqueles trabalhando na tradição reformada, as primeiras afirmações da ortodoxia radical sobre o papel da igreja (eclésia) como a única pólis verdadeira davam a impressão de uma forma de desejo oculto por um Sacro Império Romano (ou anglicano), enquanto por parte da ortodoxia radical, o discurso da tradição reformada sobre "transformar" a cultura e sobre as esferas de soberania soava como uma teologia natural disfarçada — ou pior, uma tática acomodacionista que poderia garantir a assimilação cultural (isto é, um argumento teologicamente carregado para fundamentar o capitalismo).

❖ Ironicamente, aqueles na tradição reformada tinham suspeitas relacionadas à confiança da ortodoxia radical na teologia e sua tendência de colonizar as outras disciplinas ao exigir que cada uma delas fosse enquadrada por uma perspectiva teológica. Em outras palavras, há muito tempo a tradição reformada tem expressado suspeitas em relação a coroar a teologia como "rainha das ciências" e ouviu o que pareciam ser pretensões de uma monarquia renovada na ortodoxia radical.

❖ Finalmente, embora a ortodoxia radical e a tradição reformada compartilhem uma forte afirmação da bondade da criação — e, consequentemente, uma reavaliação da existência material e corporal —, alguns teólogos da tradição reformada temem que a ortodoxia radical careça de um relato mais radical da Queda e do pecado.

Quase todas essas tensões e suspeitas são manifestas nas páginas que se seguem. No entanto, os capítulos apresentados aqui já refletem a relação generosa entre a ortodoxia radical e a tradição reformada que se concretizou na conferência de 2003 da Calvin College. Se cada participante veio à mesa com interesses, preocupações e desconfianças, levantamos da mesma com um entendimento mais claro das intenções de cada um e um senso de reaproximação. Assim, os artigos reunidos aqui já refletem um sentido mais profundo de repercussão entre as duas tradições, ainda que as divergências sejam mantidas (como veremos nos capítulos a seguir).

Decidimos organizar os ensaios em torno de quatro temas principais ou *loci* de debate. Na primeira parte, os capítulos de John Milbank e Graham Ward oferecem o entendimento da ortodoxia radical de duas figuras fundamentais na tradição reformada: Calvino (cap. 1) e Barth (cap. 2). Aqui Milbank e Ward oferecem relatos recentemente revisados da tradição protestante e reformada, modificando o quadro anterior pintado pela ortodoxia radical, analisando os elementos em comum entre as duas tradições de pensamento e indicando o quão profundamente ecumênica a ortodoxia radical é.

Considerando figuras históricas centrais, especificamente Platão (James K. A. Smith) e Escoto (Robert Sweetman), e olhando pelas lentes de questões chaves como a estética (Adrienne Dengerink Chaplin) e a aliança na narrativa bíblica (Michael S. Horton), a segunda parte aborda assuntos essenciais, como criação, aliança e participação.

Na terceira parte, três pensadores reformados se engajam com o pensamento social da ortodoxia radical, levantando questões sobre o formato da teoria social normativa (cristã) (Lambert Zuidervaart), a política da ortodoxia radical (Jonathan Chaplin) e a função da eclésia (Hans Boersma).

A quarta parte traz à tona o importante debate sobre a natureza da eucaristia, desafiando tanto a leitura da ortodoxia radical da teologia sacramental de Calvino (Laura Smit e Nathan R. Kerr) quanto à centralidade da eucaristia para a ortodoxia radical (George Vandervelde), mas também revisitando a eucaristia como lugar de reaproximação entre participação e aliança (Justin S. Holcomb).

O fruto da conferência de 2003 da Calvin College apresentado aqui é um testemunho das repercussões e da energia que caracterizou aquele encontro ocorrido na conferência, revitalizado pela caridade e paixão. Esperamos que os estudos coletados no presente volume encontrem meios para reverberarem em outros lugares, nos espaços fechados da academia e da igreja, e sejam uma oportunidade para a comunidade da aliança ser cada vez mais radical e sempre reformada.

PRIMEIRA PARTE

A ORTODOXIA RADICAL SOBRE A TRADIÇÃO REFORMADA

1

PROTESTANTISMO ALTERNATIVO:
a ortodoxia radical e a tradição reformada

| John Milbank |

A ortodoxia radical é questionada por sua falta de raízes, ainda que seja uma teologia claramente ecumênica: nem uma teologia do ecumenismo, nem um diálogo entre as igrejas, mas, sim, uma teologia por si só ecumênica, com um diagnóstico ecumênico específico e um conjunto de recomendações particulares. Talvez, nesse sentido, seja a primeira com esse foco nos tempos modernos, uma vez que a neo-ortodoxia é especificamente reformada ou protestante e que a *nouvelle théologie* é expressamente católica e assim por diante.

Todavia, isso não significa que a ortodoxia radical tenha apenas origens acadêmicas. Pelo contrário: seus fundadores estão enraizados na vida prática da Igreja Católica Romana ou Anglo-Católica. A ortodoxia radical, no entanto, não está limitada a esses modelos de prática. É inegável que ela tenha uma orientação profundamente católica, estando comprometida com os credos antigos, os concílios ecumênicos e com uma alta sacramentalidade, além da tríplice ordem de ministério, embora mais tarde eu faça certas ressalvas no que se refere a essa última declaração. Entretanto, vale ressaltar que a ortodoxia radical não é, por si só, um tipo de igreja rival. Assim, comparar as perspectivas da ortodoxia radical com as da tradição reformada não é fazer uma comparação entre semelhantes. Na verdade, existe algo muito grotesco nessa justaposição. A primeira é somente um movimento recente de reflexão que ainda está sendo desenvolvido, enquanto o cristianismo reformado é uma tradição longa e complexa de prática e teoria que é uma parte vital de todo o legado ocidental. Desse modo, não são duas alternativas diferentes: ou a ortodoxia radical, ou a tradição reformada. Antes, a ortodoxia radical pode ser incorporada na teoria e prática reformada, como poderia ser em outras correntes cristãs.

No entanto, algo que talvez seja especial à ortodoxia radical é sua tendência a oferecer críticas a todas as denominações cristãs existentes, em conexão com uma genealogia particular da história cristã. Isso gera um risco de desenraizamento apenas se pensarmos que estar comprometido com uma tradição particular dentro do cristianismo, significa necessariamente acreditar que tal tradição é perfeita e concordar com todos os aspectos da igreja a que se pertence. Creio que, na maioria das vezes, é improvável que isso seja verdade.

A seguir, desejo refletir sobre o tema calvinista central da majestade e glória de Deus. Primeiramente, oferecerei algumas reflexões sobre Calvino e a tradição calvinista, depois algumas considerações gerais no tocante à história recente do protestantismo, e, por fim, reflexões sobre o cristianismo como um todo enquanto monoteísmo.

Permita-me começar com algumas observações pontuais. A primeira é fruto da minha própria perspectiva como anglicano. Para suas fontes de autoridade, os anglicanos tendem a apelar aos pais da igreja e, até certo ponto, aos antigos escolásticos, principalmente Tomás de Aquino, e isso começou com Richard Hooker. Contudo, no início e ao longo do século 16, eles também recorreram a João Calvino. Até mesmo teólogos da alta igreja, incluindo Hooker, Andrewes e Laud, bem como os poetas Herbert e Donne, eram basicamente calvinistas, apesar do desenvolvimento de temas de deificação, alta sacramentalidade e participação ontológica. Esses desenvolvimentos não se afastavam necessariamente do calvinismo. Na verdade, vemos a mesma evolução entre puritanos não anglicanos como William Ames, Benjamin Whichcote (que era um anglicano puritano), Ralph Cudworth e, mais tarde, na América, Jonathan Edwards. Talvez as questões relevantes aqui sejam: o que Calvino de fato pensou? E o que ele não deixou claro?

Permita-me agora adicionar a essa observação inicial outra sobre a perspectiva genealógica da ortodoxia radical. O principal alvo histórico da ortodoxia radical não é a Reforma Protestante, mas, sim, o escolasticismo tardio.

É claro que não somos aqui os primeiros a ver aquela época como uma queda terrível da graça intelectual. Todavia, estamos envolvidos em uma nova batalha referente a um renascimento recente do interesse no pensamento escolástico que está ligado particularmente à filosofia analítica da religião. Pode-se pensar, por exemplo, em Marilyn McCord Adams.[1] Essa tendência expressa uma forte afinidade com as temáticas centrais — características da escolástica tardia — da univocidade, do nominalismo, voluntarismo, conhecimento por representação, da causalidade somente como eficiente, além (na dimensão prática) de uma teoria crescente dos direitos humanos, deontologismo e da teoria do comando divino, e não do eudemonismo. (Nem precisamos lembrar que consideramos tal tendência uma manifestação do neoliberalismo e seus promotores — intencionalmente ou não —, como os agentes acadêmicos dos senhores Clinton, Bush, Blair, entre outros.)

ALIANÇA E PARTICIPAÇÃO

Fundamentalmente, o pensamento medieval tardio tendia a se afastar da metafísica da participação e do conceito de cosmo como compartilhando e manifestando, em certa medida, a essência de Deus. Particularmente, neste período, a doutrina da justificação deixou de ter relação com uma participação na natureza divina e passou a ser mais uma questão de um simples decreto divino, sem infusão ontológica. Essa nova maneira de enxergar as coisas expressava inevitavelmente uma tendência pelagiana, uma vez que a contribuição do homem para a salvação — sejam as obras meritórias ou o mero consentimento da fé —, no despertar do impacto de uma metafísica univocalista do ser que incentiva a ideia de que as causas divinas e finitas são literalmente externas uma à outra, passa agora a ser interpretada como resultante de recursos humanos autônomos. O início de uma ênfase no conceito de *concursus* — ou de uma aliança entre duas iniciativas independentes, humana e divina, que cooperam uma com a outra (como dois cavalos puxando uma balsa, para utilizar uma metáfora bastante usada) — realmente começa aqui (Gabriel Biel é um exemplo muito importante.)

---

[1] Marilyn McCord Adams, *William Ockham* (Notre Dame: Notre Dame University Press, 1987); idem, *Horrendous evils and the goodness of God* (Ithaca: Cornell University Press, 1999); e idem, *What sort of human nature?* (Milwaukee: Marquette University Press, 1999). Ao longo deste ensaio, sinto-me profundamente agradecido pelo conhecimento, conselhos e percepções de Augustine Thompson.

Em contraste, a Reforma Protestante pode ser vista como uma crítica parcial, embora imperfeita, a Idade Média tardia. Quando falo sobre protestantismo alternativo, refiro-me principalmente ao desejo de elaborar uma crítica mais perfeita, que, ao mesmo tempo, desenvolva ainda mais o legado patrístico e tomista, mas com uma atenção maior ao sentido humanista da importância da linguagem, história e arte humana: resumindo, mais atenção à cultura. Como o calvinismo tem suas origens no humanismo, deve estar aberto a esta dimensão. Além disso, creio que alguns protestantes posteriores — como Matias Flácio Ilírico, Jonathan Edwards, Comenius, Oetinger, Johann Georg Hamann — podem ser vistos como já incorporando esse protestantismo alternativo.

Se analisarmos Lutero e Calvino com base nas questões de justificação, é claro que eles retornam (em comparação com Ockham, Pierre D'Ailly e outros teólogos no fim da Idade Média) a uma preocupação patrística com a participação em Cristo. Para Lutero, nos estágios iniciais de desenvolvimento de seu pensamento, a decisão divina parecia estar em conformidade com a fusão do povo redimido com Cristo, ainda que mais tarde em seu pensamento exista uma ênfase mais clara na imputação.[2] No caso de Calvino, o amor de Deus por nós vem antes de nossa incorporação a Cristo, mas o último faz a mediação necessária à graça da justificação (*ICR*, 2.16.3).[3] Além disso, esse dom gratuito traz também imediatamente o dom da santificação. Até mesmo um teórico posterior da teologia da aliança como William Ames manteve fortemente essa ênfase. Em *The marrow of theology* [O cerne da teologia], ele abre sua abordagem sobre a justificação lembrando que antes de tudo, participamos de Cristo e que isso nos torna justos em todos os sentidos. A justificação e a santificação são dadas juntas, embora possam ser formalmente distinguidas (e ainda que, infelizmente, para Ames não haja nenhum "hábito de justiça" escolástico incutido em nós).[4]

A partir do que apresentamos até aqui, pode parecer que, no caso da cristologia, Calvino estava ainda um pouco mais distante da ideia de participação do que Lutero. No entanto, pode-se argumentar a favor da conclusão

---

[2]Martinho Lutero, "Two kinds of righteousness" e "A meditation on Christ's passion", in: T. F. Lull, or., *Basic theological writings* (Minneapolis: Fortress, 1989), p. 155-72 (= *Werke* [Weimar: Bohlau, 1883], 39/2.92-121).
[3]Cf. Graham White, *Luther as nominalist* (Helsinki: Luther-Agricola Society, 1994), p. 231-99.
[4]William Ames, *The marrow of theology*, ed. John D. Eusden (Grand Rapids: Baker, 1997), §1.27 (p. 160-4), §1.29 (p. 167-71).

exatamente inversa. Lutero tinha muito mais metafísica do que Calvino, o advogado humanista, e era uma metafísica especificamente univocalista e nominalista. Consequentemente, Lutero foi forçado a conceber a união hipostática quase como "uma coisa", de uma forma que costuma ser mais ou menos monofisista, uma vez que, segundo uma metafísica univocalista, acredita-se que Deus e a criação "existem" (a existência pura por si só) do mesmo modo simples, tornando-os externos um ao outro dentro de um único campo ôntico. Assim, para que o Logos absoluto se una a um indivíduo humano, Deus precisa entrar na criação, esta concebida como um tipo de lugar ou localidade estranha e externa, ou, como T. F. Torrance argumenta, como um recipiente espacial.[5] Da mesma maneira, se a humanidade está unida à divindade, ela deve, nos termos de uma metafísica nominalista, ser mais ou menos fundida com ela — tendo em vista que o nominalismo reconhecia unicamente indivíduos atômicos como possuidores de ser. De forma similar, em Lutero, nossa participação em Cristo se aproxima bastante de uma fusão absoluta. Isso acontece porque a metafísica univocalista-nominalista não permitirá uma participação que se localiza entre a identidade e a diferença e imita apenas pela participação (uma vez que imita o ser como tal), mas igualmente participa apenas pela imitação (uma vez que não podemos realmente ser parte do ser como tal, que é Deus, que é absolutamente simples). É por isso que Tomás de Aquino se refere à participação como uma "*quasi* parte".[6]

O perigo da visão luterana inicial é que a participação em Cristo se torna simplesmente uma imputação vista de forma fisicalista e, além disso, um modelo tão completo que enfraquece a importância da santificação posterior. Em contraste, a ênfase de Calvino no amor de Deus como anterior à nossa participação em Cristo poderia, sob certa ótica, enfatizar que tal participação — começando com a relação da natureza humana com a natureza divina em Cristo e estendendo-a a nossa participação nele por meio de sua natureza terrena — é uma participação da natureza finita na natureza infinita. Isso, então, exige uma metafísica participativa da criação. (No entanto, argumentarei posteriormente que o esquema calvinista implica em uma separação excessiva entre a ação eterna de Deus e sua ação em Cristo.) De igual forma, evitar estabelecer um senso de fusão absoluta

---

[5] Thomas F. Torrance, *Space, time, and incarnation* (London: Oxford University Press, 1969).
[6] Aquinas, *In Boethius de Hebdomadibus* 3-5; idem, *ST* Q. 8 aa. 1-2.

dos redimidos com Jesus, nos permite melhor conceber a ideia de que participar é também imitar (ainda que a imitação ocorra apenas mediante a participação) e, portanto, que a justificação resulta imediatamente na santificação (como Calvino tende a destacar). Por participar em Cristo, somos justificados, mas isso também significa receber seu dom (o Espírito Santo) que nos torna santos. É claro que essa concepção é válida para muitas frases dos Evangelhos.

Portanto, a participação está presente no pensamento de Calvino, mas, primariamente, em um contexto cristológico. Porém, o que afirmei anteriormente sugere que isso possa se estender naturalmente a uma teoria metafísica mais geral da participação que expõe a doutrina da criação. Uma extrapolação paralela poderia ser feita com base na teologia eucarística calvinista: se Deus não está nos elementos pela presença espacial local — como na doutrina da consubstanciação de Lutero —, mas, não obstante, a eucaristia transmite uma comunhão espiritual no corpo de Cristo no céu, então isso também não é um tipo de participação do finito no infinito?

Os escritores calvinistas posteriores desenvolveram uma leitura mais platônica de Calvino — por exemplo, na linha que vai de Ames a Edwards, além daquela que vai de Whichcote a Cudworth e, no final, a Berkeley. A escola platônica de Cambridge era realmente, em todos os sentidos, calvinista. O pensamento huguenote francês também costumava ter uma ênfase mais participativa se comparada ao pensamento holandês e anglo-saxão. A ontologia do próprio Calvino continuou vaga; seus interesses eram humanistas e pedagógicos. Entretanto, isso deixou um vácuo, e não está claro se a leitura nominalista e voluntarista de sua teologia é a correta ou a única possível. A maioria dos calvinistas anglicanos, além de muitos calvinistas franceses e puritanos, defendiam o contrário. Afinal, Calvino enfatiza, do começo ao fim, a glória divina unificada — e isso não acomodará necessariamente o tipo de distinção formal scotista de vontade e intelecto que é um motor lógico possível do voluntarismo ou então a distinção real ockhamista que é outro desses motores. Ele também rejeitou explicitamente a distinção medieval posterior entre a vontade absoluta e ordenada de Deus, ou melhor, rejeitou essa diferenciação em sua forma medieval tardia — aqui ele demonstra uma apreciação pela simplicidade divina comparável à de Tomás de Aquino (*ICR*, 3.23.2). (No entanto, versões escolásticas tardias desta distinção foram retomadas quase universalmente pelos teólogos calvinistas do século 17.) Como Tomás de Aquino e ao contrário de Escoto, Calvino permite que a liberdade das criaturas seja total e absolutamente determinada por Deus (*ICR*, 2.4.6), visto que os dois não competem um com o outro em um jogo de soma zero, ainda que essa determinação absoluta da liberdade nos seja incompreensível.

Isso significa que, talvez, uma visão analógica expresse melhor o senso calvinista do poder absoluto de Deus do que um ponto de vista univocalista — como Karl Barth concluiu à sua maneira. Finalmente, se tudo, sem exceção, deriva de Deus, então apenas a linguagem de participação transmite adequadamente o radicalismo bíblico da criação *ex nihilo*. Nada finito *existe* em si mesmo; antes, seu próprio ser é uma dádiva. Se esta participação fosse apenas um compartilhamento, o mundo não exibiria a glória de Deus, que, na perspectiva de Calvino, não é diferente da essência divina. Portanto, o pensamento de Calvino parece se abrir a uma teologia como a do reformador tcheco (também na tradição hussita) Comenius,[7] em que a natureza mostra mais uma vez as marcas divinas, e a "prosa do mundo" de Foucault é restaurada ou reconfigurada. Se, inversamente, a participação fosse apenas uma imitação, o resultado seria um modelo de pelagianismo e a imitação não seria pela graça — embora esse sempre tenha sido o caso, mesmo no estado pré-Queda da imagem humana do divino.

Consequentemente, não há qualquer credibilidade em opor aliança e participação, pois este é simplesmente um erro conceitual, a não ser que se tenha um conceito concorrente equivocado de aliança, que pensa nas causas divinas e finitas como contribuindo igualmente, meio a meio, para um resultado, como se estivessem no mesmo plano ôntico (os dois cavalos puxando a mesma balsa). No caso de um pensador como Ames, uma ênfase forte na "aliança da graça imerecida" como o segredo máximo de todas as alianças, antigas e novas, se ajusta facilmente aos elementos explicitamente platônicos em seu pensamento, especialmente no que diz respeito à participação intelectual humana no divino *Ars* — a que ele se refere surpreendentemente como um poder *teúrgico* que nos é totalmente restaurado por Cristo.[8]

---

[7] John Amos Comenius, *The way of light*, trad. para o inglês E. T. Campagnac (London: Hodder & Stoughton, 1938), por exemplo, p. 9-11, 5-7.

[8] Ames, *Marrow of theology*, §1.13: "Ela [a teologia] pode [...] portanto, ser chamada de *theourgia*, uma obra direcionada a Deus, assim como a teologia". Em relação a toda a questão — absolutamente fundamental — do crescimento da ideia de *concursus* (e não conceito cristão-neoplatônico mais antigo de uma causa superior, finalmente divina, determinada totalmente pela *influentia* ["fluindo interiormente"] uma causa inferior que, no entanto, determina completamente seu efeito dentro de sua própria esfera), cf. o trabalho de Jacob Schutz. Ele mostra como a nova ideia de cooperação entre

Se, em contraste, a aliança é contraposta à participação, isso necessariamente implica em um pelagianismo gradual.

Até certo nível, isso é claro em grande parte da teologia da aliança do século 17, que evidentemente tem suas penúltimas origens não em Calvino, mas em Zuínglio (com suas raízes mais profundas nos pensadores escolásticos tardios que defendiam o conceito de *concursus*); o enfoque cristocêntrico é frequentemente perdido. Aqui, como acontece tantas vezes, Platão e os Evangelhos são abandonados juntos. A teologia da justificação passa a estar agora obcecada unicamente com a relação entre o decreto extrínseco de Deus e nosso modo de aceitação de tal decreto. Enquanto para Lutero e Calvino tanto a fé quanto a justificação não são atos realizados por nós, agora tais realidades passam a ser, em certa medida, nossa contribuição — e, de fato, de maneira marcadamente escotista, dada a subestrutura genérica da maior parte da escolástica do século 17, católica e protestante. (Quando os protestantes perceberam que tinham uma teologia em busca de uma metafísica, puderam recorrer somente ao jesuíta espanhol Suarez.)

Concomitantemente, a participação sacramental e a mediação foram enfraquecidas. Segundo Calvino, mesmo na falta de um poder divino agindo diretamente no batismo como um processo físico e significativo, a cerimônia ainda opera efetivamente nossa incorporação direta em Cristo (e isso, por si, é um meio de graça para Calvino) e só assim nos inclui na comunidade da nova aliança (*ICR*, 4.15.1). Em contraste, na maior parte da teologia da aliança do século 17, principalmente na chamada teologia federal, muitas vezes ocorre o contrário.[9] O que conta é o batismo como sinal de pertencimento à comunidade da aliança; a imputação da graça reside em outro lugar, dentro de uma transação direta entre Deus e o indivíduo. Embora a teologia da aliança preserve melhor do que Lutero um senso da

---

causas divinas e humanas (*concursus*) é a fonte — a longo prazo — da teologia da aliança, começando com Biel. Neste sentido, a aliança é claramente contraposta à participação, mas é igualmente evidente que esta última é a única realidade que sustenta uma visão bíblica da graça. Cf. Jacob Schutz, "La doctrine médiévale et des causes et la théologie de la nature pure (XIIIe-XVII esiècles)", *Revue Thomiste* 102 (2001): 217-64.

[9] Veja E. Brooks Holifield, *Theology in America: Christian thought from the age of the Puritans to the Civil War* (New Haven: Yale University Press, 2003), p. 531: "Eles [calvinistas da Nova Inglaterra como Peter Bulkley, Thomas Hooker, John Cotton e Richard Mather] afirmaram que o batismo dependia totalmente da 'eficiência da aliança'. Seu 'poder máximo' dizia respeito a 'simbolizar, selar e exibir' o bem espiritual da aliança da graça. O sacramento não criou a aliança. Não incluiu crianças na mesma, pois a santidade dos filhos dos santos da aliança existia antes de seu batismo. E não selou em todos os bebês todas as promessas da aliança" (citando *Gospel covenant*, de Bulkley, e *Covenant of grace opened*, de Hooker).

importância da comunidade sagrada, ao separá-la de Cristo, dos sacramentos e da salvação, ela tende a secularizá-la e incentivar sua degeneração disciplinar, como ocorreu na Nova Inglaterra. Essa mesma degeneração tende a estimular posteriormente o conceito kuyperiano holandês da igreja como uma simples esfera entre outras e de relações contratualistas liberais operando entre todas elas.

De maneira semelhante, o senso de que a eucaristia permite uma participação direta em Cristo tende a se perder no século 17 em favor do ponto de vista de que tal sacramento é simplesmente um sinal da nova aliança. Todas essas inclinações reforçam a visão de que a antiga e a nova aliança são dispensações igualmente salvíficas que diferem unicamente no que se refere ao decreto divino para os meios de salvação. Na nova dispensação, somos levados a depender totalmente de Deus, mas o senso de que agora viemos a participar da vida divina e de que somos recebidos na intimidade e confiança de sermos filhos do Senhor é perdido — algo expresso tão plenamente por Calvino que levou, não sem justificativa, teólogos reformados mais recentes (como, por exemplo, Colin Gunton) a tentarem estabelecer uma causa comum entre Calvino e a ortodoxia oriental.

Além disso, de outros modos, a teologia reformada puritana e holandesa posterior — exceto a francesa — se afastou de Calvino, que não era um sabatista rigoroso, e na verdade, o *Book of sports* publicado por Tiago VI da Escócia e Tiago I da Inglaterra contra os puritanos ingleses ecoava os regulamentos da própria Genebra. Ademais, Calvino ainda considerava a ordenação um sacramento e estava aberto quanto à questão dos bispos (*ICR*, 4.3.16; 4.4.1-8). Aqui podemos ressaltar que a tradição ocidental, de Jerônimo a Isidoro de Sevilha até Tomás de Aquino, estava inclinada a ver o sacerdote, e não o bispo, como o primeiro receptor dos poderes sagrados; os bispados são mais uma questão judicial do que religiosa para Tomás de Aquino (*ST,* 3 Q. 67 a. 2; Q. 82 a. 1). Alternativamente, os anglicanos seguiram muitas vezes a perspectiva oriental encontrada em João Crisóstomo e traçada por dom Gregório Dix até Inácio de Antioquia, segundo a qual o bispo é o principal oficial sacramental.[10] (Teoricamente, esse ponto de vista deveria exigir muito mais bispos do que a igreja anglicana realmente tem.) Analisando por essa ótica, percebemos que o debate sobre o episcopado e o sacerdote/presbítero não deve ser uma pedra de tropeço ecumênica tão grande.

---

[10] Dom Gregory Dix, *Jurisdiction in the early church: Episcopal and Papal* (London: CLA, 1975).

CRÍTICAS A CALVINO

Isso não significa que considero todos os aspectos da teologia de Calvino adequados. Em primeiro lugar, ele tem uma forte teologia da aliança, o que o leva a enxergar a antiga aliança como salvífica em si mesma (*ICR*, 2.10-11), e não — como para a teologia católica — um prenúncio e participação proléptica da nova aliança. Para ele, é como se Deus já oferecesse um caminho para que os gentios pudessem se tornar judeus, e não a noção de que os judeus participam prolepticamente em uma salvação universalmente humana, que é a única teologia não racista possível. Não é por acaso que a tendência do calvinismo de pensar que Deus criou "novos judeus" tenha resultado, algumas vezes, em racismo no pensamento calvinista — principalmente no caso da África do Sul e no sul dos Estados Unidos, onde a base teológica do preconceito racial era esmagadoramente calvinista (e não tanto batista). Vale mencionar também a Irlanda do Norte. Essa incidência de racismo, então, tem uma relação tragicamente irônica com uma ausência louvável do antissemitismo, uma vez que se apoia em certo tipo de filossemitismo.

Minha principal razão para preferir a abordagem católica e não a calvinista nesse caso é que se Deus é um e simples, então a salvação sempre foi somente por meio dele, o único que poderia nos refazer em sua própria pessoa em Cristo e nos ensinar novamente a lei do amor. Nossa salvação não poderia ocorrer por meio de qualquer dispensação menor que não envolvesse o ato direto do próprio Pai — segue-se, portanto, que a doutrina da Queda formulada por Calvino era muito fraca. Dispensações anteriores, incluindo as de outras religiões, além do antigo judaísmo, podem ser consideradas simplesmente educativas. É claro que isso vai contra a tendência americana profundamente arraigada de enxergar os Estados Unidos como um novo Israel e os judeus como se ainda tivessem sua aliança, que é valiosa por si só, um pacto que pode até mesmo legitimar a tomada de terreno literal.

Em segundo lugar, a ideia de justificação como imputação, embora não explicitada em Calvino, ainda assim é inaceitável. Ela fere paradoxalmente o conceito da glória divina. Se Deus é simples e onipotente, sua decisão de nos tratar como justos nos torna imediatamente justos, pois a ação celestial não pode ser ineficaz. Se a criação não está univocamente "ao lado" de Deus, como se os dois fossem entidades individuais, então não há limbo ontológico em que o decreto divino de justificação possa pairar. Quando chega até nós, a graça já é graça criada e, ao nos aceitar livremente, deve tornar-nos realmente justos e persistentes. Devemos de fato receber, como Tomás de

Aquino ensinou, um *habitus* de *justitia* infundido. Além disso, mais uma vez, por Deus ser simples e também porque Paulo ensina que o ágape sobreviverá à falta de *pistis*, a fé em Deus já deve ser — e, de fato, deverá ser mais primordialmente — o amor de Deus. Dessa maneira, o hábito infundido de justiça é também, desde o começo, um hábito infundido de caridade (*ST*, 1-2 Q. 110 a. 1; Q. 113 a. 2; 2-2 Q. 23 a. 2).

Se eu tivesse qualquer acusação a fazer contra a Reforma magisterial, seria que ela qualifica o aspecto mais importante do cristianismo, ou seja, o fato de ser a religião do amor. Ela tende a deslocar a centralidade do amor para temas como confiança e esperança, mesmo que, nesse sentido, Lutero seja muito mais culpado do que Calvino. E de muitas formas, esta é a heresia *mais grave que se possa imaginar*.

Em terceiro lugar, no final das contas, a cristologia de Calvino é insatisfatória de um modo oposto à de Lutero. O fracasso de Calvino em verdadeiramente compreender uma ontologia participativa significa que, no lugar da fusão excessivamente monofisista de Lutero — com seu problema inerente de uma posse kenótica humana reduzida ou mesmo suspensa dos atributos divinos —, o que se tem é uma interação dinâmica um tanto antioquena entre as naturezas divina e humana em Cristo, como se isso fosse um tipo de inter-relação esquizofrênica entre indivíduos diferentes. É por isso que, assim como Escoto, Calvino rejeita a ideia de uma deificação necessária da humanidade de Jesus em decorrência da encarnação (*ICR*, 2.14.3) — uma recusa que carrega a implicação possivelmente herética de uma quase personalidade unicamente na humanidade. Pois, se a essência humana de Cristo é divinamente personificada, então a implicação deve ser que ele tem um caráter divino inseparável do aspecto substancial da hipostasia. Se, ao contrário, tal caráter é simplesmente fruto de sua humanidade conjunta, isso sugere um tipo de totalidade pessoal, uma vez que ele então teria um *ethos* puramente humano e que meramente imita o divino sem participar dele.

Aqui existe, no fundo, uma falha em compreender plenamente a diferença entre, de um lado, a natureza, e do outro, a hipóstase ou a personalidade substantiva. Calvino define a união hipostática como "aquela união que, de duas naturezas, constitui uma única pessoa" (*ICR*, 2.14), uma fórmula que aparentemente falha em compreender que a união, assim como a personalidade, deriva, estritamente falando, apenas do lado divino, bem como um modelo que sugere até mesmo o surgimento de um novo tipo de pessoa híbrida divino-humana. Calvino, de fato, junto com a tradição, vê que a predicação da natureza serve aqui para garantir que, mesmo no ser humano encarnado, as distinções entre criatura e Criador continuem absolutas. Por outro lado, não está tão claro que ele tenha entendido a noção dada a união especificamente pessoal e unilateralmente divina em Cristo. Tal união, conforme defendida por Máximo, o Confessor, significa que a mesma forma substantiva, padrão ou caráter ou *tropos* moral podem ser vistos tanto na natureza humana quanto na divina, de maneira que o poder humano limitado, de certo modo, pode manifestar o estilo de onipotência, e inversamente, que a força divina pode ser exibida justamente na fraqueza, que pode ter o idioma da verdadeira força, quando o sofrimento é ativo e voluntariamente sofrido.[11] Por causa da união por personalidade — de um estilo, como na pintura ou na narrativa, agora revolucionariamente considerado relevante por si só pelo pensamento patrístico —, pode existir intercomunicação dos idiomas aparentemente estranhos, próprios dos modos formalmente essenciais de finito e infinito. A possibilidade de comunicação dos idiomas reside agora na união por intermédio da personalidade, apesar de como quase todos os livros didáticos cometem um erro ao negar que *persona* implica personalidade, e*nvolvendo* a mesma: esse é o ponto principal. Assim, por causa do caráter pessoal da união, a onipotência do Verbo divino é sempre a de uma hipóstase que, em sua totalidade (já que é simples e não pode ser dividida), "hipostasia" agora também uma natureza humana individual — tendo em vista que esta última não é juntada ao Logos nem acidentalmente, nem substancialmente (mais uma vez por causa da simplicidade divina), mas unicamente por um tipo de extensão da personalidade "eternamente narrada", visto que Deus não se desenvolve. Como diz Tomás de Aquino na *Summa theologica*, há somente um *esse* divino em Cristo (*ST*, 3 Q. 17 a. 2). Embora não possa existir nele um ser humano e divino, segundo Tomás de Aquino há uma natureza humana diferente a que o *esse* também pertence e, portanto, o atributo divino da onipotência é por meio do Logos exercido de certa maneira pela natureza terrena, uma vez que esta natureza é apenas divina (*ST*, 3 Q. 13 a. 1 ad 1).

Em contraposição, os primeiros intérpretes calvinistas deduziram, talvez com razão, que para Calvino havia algo "extra" e independente da natureza

---

[11]Máximo, o Confessor, "Opuscule 3", in: Andrew Louth, *Maximus the Confessor* (London: Routledge, 1996), p. 192-98.

divina (ao que parece, em algum aspecto da hipóstase do Logos) pelo qual ele exerceu uma jurisdição eterna sem a humanidade e permaneceu "em estado de repouso" durante a paixão. (Contrariamente, na opinião de Tomás de Aquino, a parte mais elevada da alma *humana* de Cristo desfruta igualmente desse repouso, embora indiretamente também sustente a paixão que influenciou sua parte inferior.) Este é o tão conhecido *extra-calvinisticum*.[12] Isso é estruturalmente semelhante à ideia de Calvino de que o corpo de Cristo está confinado ao céu em sua doutrina eucarística e sua concepção do amor divino como precedente à incorporação cristológica em sua teoria da justificação.

Os três complexos teóricos demonstram uma tendência a pensar na interação entre o divino e o criado de forma muito ontoteológica, como uma relação entre realidades meramente ônticas, e não uma participação dos seres no ser como tal. De acordo com Calvino, há algo no divino ou celestial que é reservado do dom que ele concede à criação. Em contrapartida, se observarmos corretamente a diferença ontológica — e, assim, a transcendência divina —, optaremos por afirmar que a reserva está no dom e não retida dele, já que o dom é também o dom da reserva. Porque Deus nos amou primeiro em Cristo, como diz o apóstolo João, e a encarnação garante "de forma impossível" que um evento histórico contingente tenha sempre pertencido a Deus, esse amor que é união cristológica é também o excesso externo de amor e nossa recepção deste. Uma vez que Cristo está fisicamente presente na eucaristia, ele é, para nós, ainda mais fisicamente inacessível e ausente no céu. Porque a humanidade de Cristo começa a governar e assim sempre governou a criação, ela manifesta em si mesma o mistério infinitamente reservado da pessoa do Filho. Toda a ideia do "extra" se engana essencialmente no tocante a tudo isso (sem, digamos assim, escorregar de volta ao luteranismo).

Em quarto lugar, a teologia sacramental calvinista não é muito coerente. No que diz respeito à eucaristia, ela precisa ser profundamente enaltecida por sua forte ênfase pneumatológica — semelhante às perspectivas gregas e talvez superior a certas abordagens católicas. A presença real de

---

[12]João Calvino, *Corpus reformatorum* 75.32b (sobre Jo 14:10) e 73.672 (sobre Mt 24:36), citado em Paul van Buren, "The incarnation: Christ's union with us", in: *Readings in Calvin's theology*, ed. Donald McKim (Grand Rapids: Baker, 1984), p. 131-32. Veja tb. Edward Davis Willis, *Calvin's Catholic Christology: the function of the so-called extra-Calvinisticum in Calvin's theology* (Leiden: Brill, 1966).

Cristo é sacramentalmente manifesta aqui, em parte porque o receptor está "levantando" os elementos no poder do Espírito (*ICR*, 4.17.8-10).[13] Pode-se sugerir que ao recebê-los, o favorecido é deificado. Contudo, a ideia da participação espiritual em um corpo que está no céu quase não faz sentido. Eternamente hipostasiado, o corpo de Cristo está potencialmente presente em todo lugar e, segundo Paulo, estará também escatologicamente, mas não no sentido de Lutero de estar contido a um espaço finito. Em vez disso, será onipresente simplesmente do mesmo modo que Deus (ou *esse* como tal) é onipresente: não espacialmente, e sim substancialmente, assim como, de acordo com Tomás de Aquino, o corpo já está na eucaristia (*ST*, 3 Q. 76 a. 5; Q. 75 a. 1 ad 4). Todavia, justamente por esse motivo, o pão e o vinho podem se tornar acidentes do corpo e do sangue de Cristo sem nenhuma presença local deste último. A transubstanciação sugere de maneira mais constante que a participação em uma realidade física — apesar de misteriosa — é ela mesma misteriosamente física. Desse modo, ressalta também a descida kenótica divina pela graça até nós, à nossa existência sensível e animal mais básica. (Os teólogos tendem a pensar que a "presença real" é mais básica do que a teoria metafísica da transubstanciação, quando na verdade é o oposto, e tal expressão aparece apenas no século 16 e tem conotações duvidosas, quase luteranas, de uma presença literal local do corpo de Cristo.)

Em quinto lugar, por motivos que tentei mostrar, a teologia humanista e prática de Calvino é uma teologia que está implicitamente em busca de uma metafísica. Esta deve ser uma metafísica realista, analógica e participativa, se desejar transmitir adequadamente os temas calvinistas sobre a graça e glória de Cristo. A associação frequente dos reformados com correntes univocalistas ou nominalistas parece, em retrospecto, algo como um acidente da história (a disponibilidade da escolástica em um modelo principalmente suareziano) e, em contraste, as reformas wycliffita e hussita anteriores mantiveram fortes compromissos metafísicos platônicos e realistas. Sua influência nunca enfraqueceu completamente, e isso também pode ser considerado uma contribuição ao "protestantismo alternativo".

---

[13]Cf. *ICR*, 4.17.10: "Logo, pois, o que a nossa mente não compreende, receba-o a fé: que o Espírito une verdadeiramente as coisas que são afastadas, e Cristo atesta e sela na Ceia esta sagrada comunicação de sua carne e de seu sangue, pela qual transfere a nós sua vida, não menos do que se penetrasse em nossos ossos e em nossa medula. E não nos oferece um objeto vão ou um signo vazio, mas nos mostra nele a eficácia de seu Espírito, pela qual cumpre o que promete".

Finalmente, em sexto lugar, cito a orientação "prática" calvinista, que é um ingrediente do legado pragmático americano. O primeiro programa de Harvard se baseava em William Ames, que tentava fundir Calvino, Bacon, Ramus e elementos do neoplatonismo.[14] Porém, aí está uma pista para a ambiguidade do legado intelectual americano, principalmente quando lembramos que o título do famoso tratado de Ames acerca do método intelectual foi *Technometria*, sinônimo de *technologia*.

Na verdade, Ames considerava a teologia um modo de *technologia* e até mesmo coincidente com uma *theourgia* (contendo um eco neoplatônico aqui). Não é se espantar que os Estados Unidos sejam, ao mesmo tempo, tão piedosos e tão cheios de magia tecnológica! É aqui que se esconde um grande perigo. Se enfatizarmos somente a utilidade do pensamento, do método e da classificação, tentaremos transformar o mundo em algo sem propósito, o que também tenderá a tornar tudo igual ao mesmo tempo, mas cheio de diferenças inúteis. É a trajetória que leva à corrupção perigosa dos alimentos (porque, afinal de contas, a ciência precisa sempre fazer *algo*) em desdém descarado pelo respeito às suas dadas essências, que é mais nutrido por algum tipo de ponto de vista ontológico. No entanto, isso não quer dizer que não possamos desenvolver ou criar coisas novas. A questão é que o desenvolvimento de coisas novas também deve ser orientado por um sentimento pela essência, no sentido do que ainda não foi completamente revelado, mas vagamente discernido em sua adequabilidade. Do mesmo modo, a produção de novidades precisa ser paciente com as leis internas surpreendentes das coisas que nós mesmos trazemos à existência — leis internas que restringem até mesmo nosso fazer e também nosso uso de tais coisas. Um aspecto essencial dessas naturezas emergentes é sua adequação e finalidade no que se refere aos fins da humanidade e do cosmo. Elas pertencem à harmonia cósmica e social? Aqui precisamos julgar o que é uma questão estética. Em alguns momentos — como ocorreu com Ames em certa medida, bem como com Jonathan Edwards e Charles Sanders Peirce — a tradição intelectual americana teve plena consciência dessa primazia estética: em certas ocasiões, a *technologia* continuou sendo uma *theourgia*. Porém, sem esse aspecto poético-estético — que está vinculado aos interesses ontológicos e a uma metafísica realista e participativa —, o pragmatismo provavelmente

---

[14] Veja a introdução a William Amesa de Lee W. Gibbs, *Technometry* (Philadelphia: University of Pennsylvania Press, 1979), p. 41-61.

se mostrará demoníaco e fatal. Ser estético significa ser "conveniente" ou "apropriado", e na teologia diz respeito finalmente aos caminhos indicados para a criação por Deus; caminhos não necessários conforme algum tipo de *mathesis* leibniziana infinita, mas sempre mais do que arbitrariamente destinados ao ser.

No tocante à nossa natureza criada, não creio — como o neocalvinista John Hare, seguindo Escoto — que se possa simplesmente afirmar que a lei ética indicada para nós de maneira extrínseca por Deus sobrevenha à nossa natureza animal específica — embora, como Hare corretamente defende, com uma *convenientia* voluntária[15]—, visto que nossa essência humana *já* é certa "conveniência" harmoniosa, e a forma que devemos ser socialmente, sexualmente, cosmicamente e assim por diante, faz parte do padrão estético a que pertencemos. Nosso pertencimento estético é tal que está dentro de nossa bússola intelectual discerni-lo: por exemplo (usando a ilustração de Hare), se a bestialidade fosse divinamente ordenada, destruiria nossa natureza, pois em parte, "fazer sexo uns com os outros" é o que distingue o ser humano em um modo reconhecidamente apropriado, porém ainda animal. Tal discernimento é, de fato, estético; não de uma essência logicamente necessária, mas de uma essência composta de nossa adequação inerente como uma ordem criaturalmente central e microcosmicamente diferente dentro deste cosmo — mesmo que pudessem existir outros universos contendo seres inimaginavelmente estranhos.

Falar sobre o discernimento estético — e acredito estar bem próximo de Jonathan Edwards aqui — é, então, apelar tanto à razão e visão divina quanto à vontade e mandamento divino, tendo em vista que, sem tal discernimento, é como se disséssemos apenas: "sim, vejo como este sistema é uma maneira de preservar a vida humana e a ordem social e, assim, glorificar a Deus", de modo que se está meramente apreendendo a consistência formal e a eficácia pragmática do sistema cósmico. A *convenientia* é, então, reduzida à tecnologia, em sentido ainda mais limitado do que o de Ames. Tal redução impede que, de algum modo, o sistema revele a natureza de Deus, e sem tal revelação por participação, não podemos saber que Deus é bom em qualquer sentido analógico que esteja em continuidade com o que acreditamos ser bom neste mundo, incluindo as coisas novas boas que resultam de nossa

---

[15] John Hare, *God's call* (Grand Rapids: Eerdmans, 2001), p. 49-87.

atividade cultural. Consequentemente, não podemos amar a Deus, somente confiar nele cegamente.

PROPOSTAS PARA UMA NOVA REFORMA

Estou convencido de que, pelo contrário, a Bíblia insiste primariamente no amor de Deus e na sua revelação no cosmo. Hoje precisamos de um cristianismo que seja verdadeiramente católico e verdadeiramente reformado: um catolicismo reformado e um protestantismo alternativo. É necessário colocar o amor de Deus no centro, juntamente com sua revelação na natureza e em todas as culturas e credos, mas finalmente em Cristo, onde vemos que Deus é amor e que o caminho redentivo revelado a nós é o amor em um mundo onde é possível que ele seja vivido. Em Cristo vemos como o cosmo começa a se harmonizar além da violência e até mesmo da violência mais sem sentido da morte, e percebemos também como essa harmonização deve acontecer por meio da restauração da humanidade, cujo intelecto e a mistura das naturezas mineral, vegetal, animal e angelical mantêm a existência de todas as coisas (como Máximo, o Confessor, ensinou e a Renascença cristã repetiu posteriormente). Desse modo, por enquanto, o projeto de amor é possível apenas se tivermos fé e esperança de que o ser, em sua realidade mais íntima, é receptivo à paz, pela mediação humana. Cristo revela novamente a pessoa cósmica e abre o universo mais uma vez ao milagre infinito do amor e ao Deus da glória que tem poder até mesmo sobre o nada.

Desde o século 19, em suas expressões *populares* (geralmente não eruditas), o protestantismo tem se aberto cada vez mais tanto ao cósmico quanto ao miraculoso. Apesar do darwinismo e de uma mentalidade cética crescente do Ocidente no século 19 — ou melhor, da contrarreação a isso —, é notável, como diz Robert Bruce Mullin, que o protestantismo do século 19, *juntamente com* John Henry Newman e o movimento de Oxford, tenha, em geral, abandonado o ceticismo da Reforma magisterial no que se refere aos milagres eclesiásticos pós-era apostólica.[16] Eles rejeitaram o ponto de vista de que os milagres haviam chegado ao fim e, dessa forma, seguiram, especialmente com os movimentos carismáticos e de santidade, em uma direção

---

[16] Robert Bruce Mullin, *Miracles and the modern religious imagination* (New Haven: Yale University Press, 1996).

muito mais católica de aceitar a continuação e o poder ilimitado do Espírito na igreja e no mundo.

O cristianismo hoje precisa conectar essa religião extática cada vez mais popular (isso não significa *algo* quanto às obras da providência?) com um sentido teológico de que o dom de Cristo é o dom do Espírito para a igreja, um dom que está além da lei, um poder divino que habita em nós para começar a realizar o reino de amor na terra. Esta nova preocupação com a morada extática do Espírito não deve necessariamente ser vista como antitética ao impulso igualmente originado do século 19 em direção a um cristianismo social, mas, antes, como seu complemento (como outra manifestação do sentido de que o ser humano deve *encarnar* o espírito de amor). Nos dias atuais, diante da corrupção da natureza, do colapso de toda legitimidade política e da exposição do regime liberal ocidental de direito e representação como a tirania que ele realmente é, precisamos renovar o projeto social cristão proclamando abertamente que a possibilidade da justiça social exige fé (cuja possibilidade é aberta pela encarnação) em uma criação onde a harmonia e a justa distribuição e troca são ontologicamente possíveis graças à sua estrutura analógica e à orientação teleológica do ser humano em direção ao discernimento, manutenção e realização dessa estrutura.

Ainda mais radicalmente, precisamos reimaginar o cristianismo a fim de torná-lo mais ortodoxo. Se os milagres não acabaram nos tempos apostólicos, então certamente — apesar da tradição supostamente ortodoxa —, as revelações também não, ainda que a revelação contínua do Espírito no ser humano apenas nos mostre mais uma vez Cristo. (Assim, não estou sendo joaquita, mesmo que o abade da Calábria tenha tido um vislumbre distorcido de que algo está faltando.)

Mesmo sendo a verdade absoluta no tempo, em sua humanidade, Cristo deve ter sido, em alguns sentidos, limitado por seu tempo, caso contrário, não poderia ter encarnado. Esta restrição é compatível com a hipostasiação pelo Logos infinito apenas se houvesse, na realidade, uma descida dupla "sofiânica" do Filho e do Espírito simultaneamente. O Filho pôde encarnar em *um* tempo *porque* o Espírito também se encarnou no ser humano por todo o tempo restante e, desse modo, como uma resposta indefinida e adequada a Cristo, que interpreta seu Espírito (o Espírito Santo que procede do Pai *per Filium*), também como o ilimitado. Esta resposta temporal indefinida da noiva ao noivo, sob a habitação do Espírito, participa da resposta eterna do Espírito ao Filho que a própria noiva Jerusalém pronunciará no *eschaton*. É claro que esta resposta é ela mesma uma dádiva de Cristo para nós, mas ele só a concede uma vez que sempre já recebeu de certa maneira, em sua humanidade, a resposta da igreja como uma recepção que é a própria pré-condição de sua encarnação. Esta resposta eclesial começou no *fiat* de Maria e continuou como fundamento de possibilidade para a existência humana de Jesus como ser cultural (pois ele precisava aprender a linguagem humana e não existe humanidade sem fala) e também como condição de possibilidade para conhecimentos adicionais sobre Jesus.

No entanto, aqui surge uma aporia: como um ato divino, a encarnação não pode depender de uma reação humana finita, embora eu tenha acabado de argumentar que isso é necessário. A única resolução possível é afirmar que essa resposta humana receptiva é *também* uma reposta puramente divina, no mesmo sentido absoluto que Cristo é Deus. Portanto, deve expressar um tipo diferente de hipostasia, ou seja, a humanidade coletiva (eclésia) pelo Espírito Santo. Para ser possível, a encarnação não pode ser unicamente do Logos, mas de *Sophia* ou da interação hipostática do *Verbum-Donum*. Essa interação também transfigura o passado em um tipo de identidade com o Pai "pré-histórico" — como já sugere o vínculo do Pai com a memória estabelecido por Agostinho.

Dessa forma, uma ortodoxia mais completa do futuro, que reconhece a revelação contínua, precisará se manifestar no sentido de uma encarnação tripla de toda a Trindade. Em última instância, esta é uma implicação da perspectiva agostiniano-tomista de que cada pessoa da Trindade é uma relação substantiva. Pois se a natureza humana de Cristo é hipostasiada pelo Filho, então a natureza humana deve revelar a pessoa como relação substantiva. Segue-se que, em certo sentido, o Pai também deve estar agora totalmente presente na história humana — como a memória renovada e restaurada —, uma vez que encontrar a pessoa encarnada do Filho é contemplar também sua relação com o Pai *no tempo* (Agostinho chega muito perto de interpretar o cenário do batismo de Jesus seguindo esse caminho em *De Trinitate*; não há sugestão alguma de patripassianismo aqui, uma vez que o domínio econômico do Pai é o da memória). Se a pessoa do Filho é *exaustivamente* a manifestação do Pai, então negar essa implicação seria negar a fusão completa de uma única natureza humana com essa pessoa filial. Da mesma forma, o Espírito deve estar agora totalmente presente na história humana como o futuro desconhecido e, ainda assim, confiantemente antecipado. Se o Pai e o Espírito também não desceram (à sua própria maneira mais ausente), o

Filho também não pode ter descido (ao seu modo mais presente). A descida é da própria *Sophia*, a essência interpessoal pessoal da divindade.[17]

E, ainda, depois de dois milênios, nós ainda não sabemos ou vemos plenamente o que é o amor — então, pouco entendemos essa comunidade do Espírito. Como o ágape está relacionado ao *eros*? Como o amor pode nos levar, como cristãos, a decidirmos jamais receber uma ordem? Como amar uns aos outros pode ser a lei, quando o amor surge não por nossa escolha, mas espontaneamente e tem que ser invocado pelo outro? Qual é o lugar do amor sexual? O amor é unívoco, equívoco ou analógico? Como podemos amar criaturas não humanas e as coisas inanimadas? E como devemos entender as várias instâncias do amor dos seres humanos por muitos poderes dentro e além do cosmo desconhecido para nós, os quais foram chamados de deuses, espíritos, fadas, anjos, demônios, heróis e assim por diante? Como devemos entender a relação do longo testemunho dessas manifestações com a nossa adoração a Cristo, que mostra a finalidade do próprio Deus?

Certo monoteísmo rigoroso, recusando a participação e uma comunhão cósmica no mistério divino, foi muito desmitologizante. Contudo, com isso, também não se secularizou? Ou, alternativamente, a falta de mediação da palavra divina por bosque, nascente, imagem, altar e ícone sagrado não leva inevitavelmente a declarações maníacas de acesso direto a uma voz divina arbitrária e, portanto, ao terrorismo religioso? Estamos certos de que tudo isso é verdadeiramente bíblico? Ou o Novo Testamento, que revela a conjuntura do judaico e do helênico, exige uma visão bíblica ampliada para além da palavra literal da Bíblia? Se Deus é transcendentalmente e eminentemente um, isso claramente não significa que ele seja um indivíduo, uma unidade grandiosa ao lado de outras unidades. Na realidade, o que isso quer dizer é que ele é simples e pleno, além do contraste entre universal e individual, entre um e muitos. Segue-se que ele não compete com outros deuses, mas é uma divindade absoluta além da divindade limitada. Como o filósofo católico Stanislas Breton defendeu na década de 1960, contrapor o monoteísmo

---

[17]Veja Ap 1:4; 2Clemente 14:1-5; Pastor de Hermas 2:4 (= *Visão* 1.2); Agostinho, *Confissões* 12.15. Vejo aqui meus pensamentos desenvolvendo ainda mais a trajetória de Sergei Bulgakov. Para um resumo de sua teologia, veja Sergei Bulgakov, *Sophia, the wisdom of God: an outline of sophiology* (London: Lindisfarne, 1993). Minha ideia de que a encarnação do Filho na presença temporal resulta na volta do Pai ao passado e na ida do Espírito ao futuro também está ligada à percepção de Schelling de que, de certa forma, a Trindade inerente contém um eterno "passado, presente e futuro". Veja F. W. J. Schelling, *The ages of the world*, trad. para o inglês Jason M. Wirth (New York: SUNY Press, 2000).

ao politeísmo é simplesmente ter um monoteísmo idólatra do "seu Deus", que na verdade volta ao politeísmo.[18] Este é um modo pelo qual precisamos estar atentos ao fato de que a concepção cristã da unidade divina (além do neoplatonismo) como pessoal, existencial e intelectual, na verdade, desliza além do sentido neoplatônico da transcendência absoluta da unidade não numérica definitiva. (Principalmente no caso de Jâmblico e Damáscio, para quem o maior e mais inefável era também a díade — o fundamento da variedade e da materialidade — e justamente por essa razão, embora inalcançável pela contemplação, estava presente em tudo e se manifestou na prática ritual material.) O *esse* e o *intellectus* cristãos absolutos mantêm também o *unum* misticamente inefável que não está em competição com unidades finitas. Assim, a visão da glória generosa de Deus não requer um reencantamento do cosmo, o único que pode reconhecer sua derivação divina? Por que imaginamos que honramos a Deus ao vê-lo refletido somente em seres espirituais humanos, que então — privados de mediação de elementos físicos significativos e de seus próprios corpos — são, portanto, inevitavelmente reduzidos a vontades formalmente adquiridas? Nós procedemos para projetar essa subjetividade reduzida no próprio Deus, produzindo assim o ídolo do tirano cósmico. Afinal de contas, esse suposto hebraísmo não pagão não é um tipo muito sério de idolatria? E não é o monoteísmo real; na verdade, algo não oposto, mas transcendentemente além do politeísmo, como garantia da paz da diversidade em contraste com a violência ontológica pagã, que a princípio não conhecia o verdadeiro princípio da unidade?

Recentemente, o erudito celta John Carey mostrou como os poetas-teólogos irlandeses perfeitamente ortodoxos do início da Idade Média reconstruíram os deuses celtas como anjos semicaídos ou então como seres humanos não caídos ainda misteriosamente presentes em nosso mundo, bem como em alguns casos, como demônios malignos (geralmente a opção mais comum).[19] Na verdade, até o século 17 poucas pessoas eram tão ingênuas a ponto de supor que, por exemplo, a deusa Vênus simplesmente "não existia", enquanto o Jesus ressuscitado simplesmente "existia". Como mostra a obra de Jean Seznec,[20] indivíduos na Idade Média e na Renascença tendiam muito

---

[18]Stanislas Breton, *Unicité et monothéisme* (Paris: Cerf, 1981).
[19]John Carey, *A single ray of the sun: religious speculation in early modern Ireland* (Andover/Aberystwyth: Celtic Studies, 1999), p. 1-39.
[20]Jean Seznec, *The survival of the pagan gods: the mythological tradition and its place in Renaissance humanism and art* (Princeton: Princeton University Press, 1981).

mais a reconhecer níveis diferentes de realidade: para os deuses pagãos que sobrevivem residualmente, para os anjos e para o próprio Deus. Mais recentemente, o poeta Hölderlin e Jean-Luc Marion[21] veem que o apofatismo em relação ao último também implica o reconhecimento das manifestações de poderes espirituais menores: o ícone realmente excede nosso olhar, mas o ídolo ainda o captura com uma fascinação que pode ser apropriada, bem como perigosamente excessiva (se a presença for sinistra ou substituída pelo último). Uma visão absolutamente cristã, que insiste que o cristianismo é o evento último da verdade além de todas as outras religiões, pode, no entanto, oferecer uma acomodação generosa não só às diversas espiritualidades deste mundo, tanto no passado quanto hoje, mas também aos próprios espíritos assim identificados.

Como os discípulos que seguem o portador da água em sua busca pelo jumento para carregar Jesus até Jerusalém, tentemos, em nome de Cristo e no começo de um novo milênio (independentemente de sermos formalmente católicos ou protestantes), recuperar a completa plenitude da visão mitopoética, metafísica e teológica ocidental. Pois apenas isso nos salvará agora.

---

[21] Veja Jean-Luc Marion, "The withdrawal of the Divine and the face of the Father: Hölderlin", in: *The idol and distance*, trad. para o inglês Thomas A. Carlson (New York: Fordham University Press, 2001), p. 81-136; idem, *God without being: Hors*-Texte, trad. para o inglês Thomas A. Carlson (Chicago: University of Chicago Press, 1991), p. 7-53.

2

BARTH, HEGEL E A POSSIBILIDADE DA APOLOGÉTICA CRISTÃ

| Graham Ward |

APOLOGÉTICA CRISTÃ

Qual a importância da possibilidade da apologética cristã? Qualquer tentativa de responder a essa pergunta exige que se considere a natureza e o significado do discurso teológico, e essa análise, por sua vez, exige uma reflexão no contexto em que tal discurso surge. Para quem a teologia é escrita e com qual propósito? Ou a quem o teólogo se dirige e qual é a tarefa realizada no discurso? A apologética cristã situa a tarefa teológica com respeito ao ao evangelho da salvação em Cristo oferecido livremente ao mundo — um mundo não separado de Cristo, mas cujo sentido é conhecido apenas conectado a Cristo como aquele por meio de quem todas as coisas foram feitas e existem. Como tal, a apologética orienta o discurso teológico em direção a uma negociação cultural e histórica específica a respeito da verdade pública. Sua tarefa é evangélica e doxológica. Sobre a base da apologética temos, então, a missão cristã não só de espalhar as boas novas, mas também de incentivar transformações culturais e históricas concomitantes com a vinda do Reino de Deus. É por isso que a possibilidade da apologética cristã é tão importante: sua tarefa manifesta a política do evangelho cristão e suas ordens morais e sociais. Sua tarefa é cristológica à medida que é a da continuação da obra redentora de Cristo e a participação nela. Sem a orientação da apologética cristã em direção ao mundo, a tarefa teológica é meramente um exercício autocentrado. E embora o trabalho teológico exija necessariamente certa reflexividade — pois o teólogo busca falar em nome de Cristo, e essa é uma pretensão com a qual ele deve estar continuamente escandalizado — tal reflexividade não pode ser o *telos* do trabalho teológico.

A possibilidade de uma apologética cristã, então, é fundamental para a tarefa teológica. A apologética tem uma garantia teológica para o trabalho que empreende na operação da palavra na salvação do mundo. Entretanto, ela não tem acesso imediato a tal palavra, de maneira que possa ser usada como uma arma ou uma ferramenta. A base sobre a qual a apologética relaciona a palavra com o mundo exige uma compreensão tanto do caráter dessa palavra quanto do caráter do mundo. Essa compreensão dupla envolve uma imersão nas palavras e obras que dão testemunho da Palavra e nas palavras e obras que caracterizam qualquer contexto cultural específico. E aqui está o risco dialético que a teologia deve correr. Por um lado, ao entender o mundo, a teologia passa a compreender a si mesma (o que ela tem a dizer, qual é o *carisma* que recebeu para ser entregue). Por outro, embora o teólogo esteja situado no mundo, a revelação de Cristo vem daquele tempo e lugar "antes da fundação do mundo". O eterno garante e mantém o que é temporal, desafiando tudo o que é caído e mal concebido.

Estando situado no mundo em determinado momento e em determinada situação cultural, o teólogo assume a tarefa teológica com os recursos da tradição e uma mentalidade formada em e por meio das palavras e obras que constituem esse *habitus*. O teólogo pode compreender a fé sustentada e praticada pela igreja cristã — a tarefa teológica que isso impõe e as pessoas a quem ela é dirigida — somente por meio do que está cultural e historicamente disponível. A própria lógica da teologia em si, a fé que busca o entendimento, é constituída em uma negociação cultural entre a revelação de Cristo à igreja (enraizada nas Escrituras, nos sacramentos e na tradição de sua interpretação e aplicação) e nos "sinais dos tempos". Tanto o perigo quanto a possibilidade da apologética estão no grau de diferença crítica que pode ser mantido entre o *evangelium* cristão e os caminhos do mundo. Contudo — e isso continua sendo fundamental —, não se pode ter acesso a um sem o outro. O mundo secular nunca é confrontado como tal sem antes ser construído como uma ordem cultural homogênea a partir do ponto de vista da diferença cristã, enquanto a diferença cristã nunca é definida como tal sem também ser elaborada como uma cultura religiosa homogênea a partir do ponto de vista da cosmovisão não religiosa ou não divinizada. É por isso que, na tentativa de mostrar a necessidade e possibilidade da apologética cristã, o trabalho de Karl Barth é importante. Para Barth, embora ele se oponha à dogmática como o estudo da autorrevelação de Deus no culto da Igreja ao *Kulturprotestantismus* da apologética, seu método dialético não só alerta o teólogo cristão para os riscos de tal projeto, mas também manifesta sua própria luta com a relação entre a Palavra de Deus e as palavras e obras do mundo.[1]

KARL BARTH

Em uma de suas perceptivas análises de Schleiermacher,[2] Barth escreve: "Enquanto for um apologista, o teólogo deve renunciar à sua função teológica". Barth acreditava que Schleiermacher havia falhado como teólogo exatamente nesse aspecto e conduzido muitos outros teólogos do século 19 com ele. Como sua própria introdução dupla à *Church dogmatics* — "The task of dogmatics" e "The task of prolegomenato dogmatics" — deixa claro, a teologia pode ser exegética, dogmática ou prática, mas uma vez que sua tarefa é examinar "a concordância do discurso próprio da igreja sobre Deus com o ser da igreja", ela não tem qualquer papel a desempenhar em relação ao secular ou pagão (*CD*, 1/1.4-5). A teologia assim concebida fala a partir da fé para a fé. Onde se envolve com a incredulidade, não é "pura incredulidade" (*CD*, 1/1.32), mas aquelas formas de incredulidade dentro da própria igreja, nas interpretações da fé, entre heresias. Todavia, a seriedade com que a incredulidade deve ser abordada quando reside fora da igreja ou de interpretações da fé significa, primeiro, que não se pode assumir a tarefa teológica em si "com completa seriedade" (*CD*, 1/1.30) e, em segundo lugar, que só se pode proceder partindo

---

[1] Estou ciente de que a igreja como corpo de Cristo e o papel dos sacramentos na criação, manutenção e desenvolvimento do crescimento desse corpo são elementos mais católicos do que Barth teria concedido. No entanto, não estou tentando reproduzir a teologia de Barth neste ensaio, mas sim engajar-me com ela no desenvolvimento de um projeto teológico referente à fé cristã nos dias atuais. A igreja não está hoje onde Barth já esteve.
[2] Karl Barth, *Protestant theology in the nineteenth century*, trad. para o inglês Brian Cozens; John Bowden (London: SCM, 2001), p. 428. Vale destacar que, com base em sua exposição e pesquisa sobre a teologia alemã do século 19 e sua análise profunda da obra de Schleiermacher durante seu trabalho em Göttingen, Barth mistura apologética com *Kulturprotestantismus*. Para um entendimento da apologética teologicamente orientada, veja Mark Edwards; Martin Goodman; Simon Price, orgs., *Apologetics in the Roman Empire: pagans, Jews, and Christians* (Oxford: Oxford University Press, 1999).

do princípio de que a tarefa dogmática da fé, chegando a uma compreensão de si mesma, está completa. Portanto, o teólogo se compromete quando "precisa apresentar a si mesmo [aos educados entre os que desprezam a religião] em um papel que é fornecido em suas próprias categorias".[3] Onde a tarefa da teologia realiza uma apologética genuína, ela o faz somente como um subproduto de suas funções exegéticas, dogmáticas e práticas. Esta apologética genuína é reconhecida por sua eficácia, ou seja, ela produz um evento de fé que está além de todos os esforços humanos polêmicos. O trabalho teológico é "fortalecido e abençoado por Deus como testemunha de fé" (*CD*, 1/1.31). Este efeito não pode ser planejado com antecedência. O incrédulo ouve uma conversa interna à fé em busca de sua própria compreensão por meio da qual ocorre o pronunciamento da palavra de Deus, uma revelação que "cria a partir dela mesma o ponto necessário de contato" (*CD*, 1/1.29).

Se a apologética teológica deve evitar o desenvolvimento de tolices, ela precisa analisar por que pode falar — e falar não só para, pela e na igreja, mas também para, pelo e no mundo para além da igreja. A teologia deve expor os motivos pelos quais pode ser apologética sem deixar, nessa tarefa, de ser teológica. E, mais uma vez, Barth é importante aqui, pois ele fez essas perguntas, ainda que possamos decidir nos afastar tanto das respostas que ele deu quanto de sua elaboração desses questionamentos. Que tipo de base teológica para a apologética pode ser encontrada por meio de uma conversação com Barth?

Grande parte da polêmica de Barth contra a apologética e o *Kulturprotestantismus* é uma forma mais suave da "diferença qualitativa infinita" entre a palavra de Deus e as palavras humanas encontrada em seus comentários sobre Romanos. Ali, em seu primeiro comentário (1919), ele poderia declarar: "É tão óbvio que vocês, como cristãos, não devem ter nenhuma relação [*nichts zu tun habt*] com o monarquismo, o capitalismo, o militarismo, o patriotismo e o liberalismo, que não preciso dizer nada".[4] Proclamando o novo mundo em Cristo e o "não" contracultural de Deus — intensificado na segunda edição do comentário —, o fervor escatológico de Barth foi reativo e direcionado explicitamente aos teólogos protestantes que ele sentia terem traído o *evangelium*. Porém, é exatamente no ponto do que os cristãos devem ou não fazer que uma análise teológica ciente de sua própria inserção

---

[3] Barth, *Protestant theology in the nineteenth century*, p. 428.
[4] Karl Barth, *Der Römerbrief* (Zurique: EVZ, 1963), p. 381.

cultural deve começar. O sentimento de Barth nas primeiras edições de seu comentário sobre Romanos é ingênuo, mas os fundamentos que sustentam essa ingenuidade precisam ser explicitados. O próprio fato de os cristãos agirem (*tun*) no mundo, ainda que suas ações sejam agraciadas e, portanto, escatologicamente moldadas, significa que eles não podem ser poupados de um envolvimento com o "monarquismo, capitalismo, militarismo, patriotismo e o liberalismo". O separatismo radical barthiano, neste momento de sua obra, exibe, de fato, um modo insatisfatório de pensamento dialético.[5] É insatisfatório porque é incapaz de analisar a relação desse Deus do julgamento cultural com a igual insistência de Barth, contra Harnack, entre outros, de que os cristãos não são sujeitos neutros nos eventos do mundo; eles não podem ser indiferentes às circunstâncias sociais, políticas e econômicas em que vivem. Na verdade, uma das formas mais interessantes de avaliar a obra de Barth — sua relação com a política radical — nos permite analisar o quão culturalmente localizado é seu pensamento teológico. Friedrich-Wilhelm Marquardt pode ter ampliado excessivamente o trabalho inicial de Barth ao sugerir uma afinidade com os escritos de Lenin, mas, não obstante, ele e Tim Gorringe (que compara a linha barthiana à de Gramsci) mostram como a teologia de Barth é contextual.[6] Esse pensamento dialético inicial, então, não explica adequadamente o que os cristãos fazem (*tun*), embora prescreva apressadamente o que eles deveriam fazer. Entretanto, é importante esclarecer que a abordagem de Barth à dialética na primeira edição de seu comentário sobre Romanos — embora enfatizando *Krisis* e *Diakrisis* — é muito mais hegeliana. Michael Beintker observa a preocupação de Barth com dinâmica, evolução, movimento e processo, no texto inicial, e sua ênfase no pensamento como sempre em movimento. Ele conclui: "A dialética da primeira edição de *Romanos* é muito próxima do movimento massivo de pensamento que é a filosofia hegeliana".[7]

---

[5]Não estou afirmando nada aqui que Barth não tenha admitido, quase quarenta anos depois, em seu discurso de 1956 conhecido como "A humanidade de Deus". Veja *The humanity of God* (London: Collins, 1961), p. 37-65.

[6]Veja Friedrich-Wilhelm Marquardt, *Theologie und Socialismus: Das Beispiel Karl Barths* (Munich: Grünewald, 1972); e Tim Gorringe, *Karl Barth: against hegemony* (Oxford: Oxford University Press, 1999). É claro que devem ser adicionados aqui: George Hunsinger, org., *Karl Barth and radical politics* (Philadelphia: Westminster, 1976); e Bruce McCormack, *Karl Barth's critically realistic dialectical theology: its genesis and development, 1909-1936* (Oxford: Oxford University Press, 1995).

[7]Michael Beintker, *Die Dialektik in der "dialektischen Theologie" Karl Barths* (Munich: Kaiser, 1987), p. 113.

Na segunda edição de seu comentário sobre Romanos, a ênfase cada vez maior no que Beintker chama *widerspruchsvollen Komplexität profaner Weltlichkeit* (a complexidade profundamente contraditória do mundanismo profano) significa que "a teologia não pode isolar a complexidade do mundanismo profano da relação entre Deus e o homem".[8] A teologia dialética (a *Realdialektik* de Barth) como "totalmente contraditória" (*widerspruchsvollen*) submerge a incomensurabilidade no mistério teológico e une o mistério teológico à uma concepção altamente voluntarista de Deus. Assim, a inadequação da dialética surge porque Barth precisa fornecer relatos mais nuançados da história, ação e poder, de modo que ele possa refletir melhor sobre o método de seu próprio discurso. Ele necessita pensar acerca da relação entre dialética como *Denkform* e o noético e a "ontológica conexão entre Cristo e a criação" (*CD*, 3/1.51) — a dialética da salvação. Ele precisa negociar a dialética como *widerspruchsvollen Komplexität* com a dialética como processo. Ele precisa lutar não só com Kierkegaard, mas também com Hegel.[9] No que diz respeito a analisar a dialética de Barth na segunda edição de *Romanos* e identificar a "relação complicada entre ele e Hegel", Beintker aponta "um relacionamento estrutural entre os dois no que se refere à síntese como origem e fim factuais [*als Ur-und Ziel-datum*]".[10] Contudo, esse "relacionamento estrutural" não pode ser desenvolvido até que Barth reconsidere o paradoxo do tempo e da eternidade nos termos de uma lição que Overbeck lhe ensinou sobre a operação de *Urgeschichte*.

---

[8] Ibidem, p. 58-9. Beintker distingue essa forma de dialética daquela encontrada na primeira edição de *Romans*, apontando a diferença entre o uso de paradoxos complementares e suplementares. No *Paradoxdialektik* complementar, percebe-se uma relação assimétrica entre a tese e a antítese, mas (utilizando o termo hegeliano) a tese pode contradizer a antítese e, assim, avançar. Com o uso suplementar do paradoxo, nenhum movimento é possível porque as duas palavras são radicalmente antitéticas uma à outra.

[9] Como diversos comentaristas ressaltam (incluindo-se o próprio Barth), além de analisar a importância teológica de conceitos como paradoxo, ou isso, ou aquilo, o momento, a diferença, temor e tremor, Barth nunca se dedicou realmente a um estudo completo da dialética. Veja Beintker, *Dialektik in der "dialektischen Theologie"*, p. 230-8. É surpreendente que, pelo que sei, é somente no capítulo sobre Hegel em *Protestant theology in the nineteenth century* que ele se envolve com o pensamento hegeliano. A distinção inicial que o autor faz entre a *Dialektik* de Hegel e a *Realdialektik* de Kierkegaard em *The Göttingen dogmatics* permanece rasa; *The Göttingen dogmatics: instruction in the Christian religion*, trad. para o inglês Geoffrey W. Bromiley (Grand Rapids: Eerdmans, 1990), 1.77. Posteriormente, em *Church dogmatics*, levando em conta o domínio de Hegel no pensamento alemão no que se refere às interpretações da história, à reconciliação e à comunidade, ele aparece basicamente como um nome em uma lista de outros nomes. Não há contestação ou citação do mesmo na seção que quase chega a clamar por uma análise penetrante e comparativa — 3/1: "Creation, history, and creation history". Pouco depois, chegaremos à referência em 4/3: "The Holy Spirit and the sending of the Christian community".

[10] Beintker, *Dialektik in der "dialektischen Theologie"*, p. 72.

Como Robert E. Hood observa, para Overbeck, o *"Urgeschichte* é o *telos* em direção ao qual toda a história está se movendo; no entanto, não é uma abstração da história".[11] Barth será capaz de começar essa reconsideração somente quando desenvolver suas doutrinas do Deus trino, da criação e da reconciliação. Como veremos, isso levará a uma interação crítica entre a estratégia dialética da primeira e da segunda edição de *Romanos*.

Quando chegamos à introdução de *Church dogmatics*, uma dialética mais adequada se torna evidente. Aqui, as certezas nítidas e as distinções claras de Barth estão sempre intencionalmente comprometidas por seu reconhecimento da impossibilidade — e ainda assim, da necessidade — da própria tarefa teológica. Ele prossegue identificando *loci* claros: a igreja de um lado e a descrença, paganismo, idolatria do outro. Mas ele então qualifica a igreja ao falar das lutas modernistas católicas romanas, evangélicas e protestantes para ser a igreja: "A igreja deve lutar contra a heresia de tal forma que ela mesma possa ser a igreja. E a heresia deve atacar a igreja porque não é suficientemente ou verdadeiramente a igreja" (*CD*, 1/1.33). A fé e a igreja estão localizadas dentro dessa luta paradoxal que constitui o método dialético de Barth. Elas não são, então, objetos como tais, nem podem, portanto, ser identificadas como tais. São posições em constante negociação — posições articuladas tendo apenas embarcado no caminho da investigação teológica, e mesmo assim: "Temos que afirmar definitivamente que a nossa própria compreensão do ser da igreja não é, em nenhum sentido, a única" (*CD*, 1/1.32). Essa pequena palavra, "definitivamente", é bastante reveladora — uma polêmica conduzida em relação ao catolicismo romano e ao modernismo protestante em que Barth é bastante "definitivo" tanto no que diz respeito às suas certezas dogmáticas (sobre apologética) quanto sobre suas incertezas (a "intratabilidade de fé" pela qual "a certeza divina não pode se tornar segurança humana" *CD*, 1/1.12).

A mesma estratégia dupla é evidente no tocante ao outro *loci* determinante de Barth: a descrença. Sua afirmação de que a dogmática cristã "fala na antítese da fé à descrença" (*CD*, 1/1.30) delimita uma linha precisa entre a crença em Deus e a descrença. É um limite que separa a teologia como ciência das outras ciências seculares, uma fronteira mantida por causa da ausência de qualquer "base de pressupostos comuns" (*CD*, 1/1.31) — daí a

---

[11]Robert E. Hood, *Contemporary political order and Christ: Karl Barth's Christology and political praxis* (Allison Park: Pickwick, 1985), p. 10.

impossibilidade da apologética. Porém, existem diferentes graus de descrença, uma vez que existem outros relatos da fé "em que ouvimos a descrença se expressar" (*CD*, 1/1.31), e Barth encerra a seção de abertura intitulada "The task of dogmatics" declarando que qualquer sucesso deste trabalho só será possível "com base na correspondência divina a esta atitude humana: 'Senhor, eu creio, ajuda-me na minha incredulidade'" (*CD*, 1/1.24). Assim, quando a incredulidade se torna incredulidade pura? E visto que as negociações para compreender a fé constituem um árgon contínuo, quando a fé passa a existir sem a descrença?

Então, o que dizer da visão barthiana da apologética se os critérios que a orientam são identificados, classificados e determinados de forma bastante definitiva em relação à sua identificação e classificação? Quem estabelece os pressupostos que distinguem radicalmente as bases da diferença entre a tarefa da teologia e a tarefa das outras ciências? Quem julga quando o evento de fé acontece? Esse evento proporciona uma fé pura, sem ser misturada com a incredibilidade? Como os graus de crença e incredulidade são ajustados? Quem discerne quando o discurso teológico é "autorizado e abençoado por Deus"? A igreja? Qual igreja? A contestada e contestável igreja?

Podemos confrontar os problemas aqui por outro ângulo. Podemos perguntar por que, embora a teologia seja palavras humanas respondendo a e trabalhando dentro da operação da Palavra de Deus, no conhecimento de Deus não há "segurança humana"? Por que a teologia precisa ser continuamente procedimental ou "em desenvolvimento"? Por que "sempre parece que estamos lidando com um objeto intratável com meios inadequados" (*CD*, 1/1.23)? De acordo com Barth, quatro aspectos estão implicados em qualquer resposta a essas perguntas; os dois primeiros são teológicos e os dois últimos são antropológicos:

1. A natureza da diferença e a divisão entre os discursos graciosos de Deus em Jesus Cristo para os seres humanos.
2. A operação da "graça gratuita de Deus, que a qualquer momento pode ser concedida ou recusada" (*CD*, 1/1.18), uma liberdade cuja lógica está nas profundezas do ser divino.
3. Da perspectiva humana, a necessidade de falar em e para a fé: "o pressuposto de um *prius* antropológico da fé" (*CD*, 1/1.39). A recepção e operação dessa fé estão manifestamente associadas aos dois aspectos teológicos, mas ainda assim, esta atividade mimética do ser humano, a "expressão

cristã", o "humanamente falando" que constitui "a obra do conhecimento humano" é um "ato de apropriação humana" (*CD*, 1/1.12, 22, 17, 14). Esta assimilação da Palavra em palavras humanas é constantemente questionada porque "é falível por natureza e, portanto, requer crítica, correção, alteração e repetição" (*CD*, 1/1.14). Tal falibilidade na apropriação e representação — pois, para Barth, parecem existir dois atos: o falar humano e o ato de apropriação — está relacionada à natureza caída e pecaminosa do ser humano.

4. Essa condição caída está implicada em qualquer resposta a perguntas referentes ao processo autorreflexivo da teologia, aos meios inadequados e a entrega parcial da verdade.

O que esses aspectos presumem sobre a teologia é triplo. Primeiro, existe uma verdade pura e a histórica — associada à palavra — que está sendo buscada em meio às incertezas e dificuldades da vida e do pensamento cristão. Em segundo lugar, há apropriações melhores (e, portanto, piores) dessa verdade, cuja medida é novamente a histórica: Anselmo e Lutero são os pontos altos; Tomás de Aquino e Schleiermacher são pontos baixos. Terceiro, a obediência à palavra, se seguida por todos os cristãos, levaria a um consenso e acordo sobre todas as questões doutrinárias, ou seja, a uma dogmática da igreja que todos poderiam subscrever, independente de seu momento histórico, lugar, raça ou gênero.

Colocando de lado o relato voluntarista de Deus como o agente da graça (que parece tornar todos os eventos da graça interrupções arbitrárias na existência criatural),[12] bem como a maneira pela qual essa caracterização tanto de Deus quanto de sua agência constroe outra distinção clara e categórica entre Deus e a impiedade, entre a autopresença de Deus e sua ausência total na criação; colocando de lado, então, duas grandes reservas teológicas acerca deste relato de Deus em relação ao mundo, Barth é enfático ao

---

[12] Faço isso porque parece que, nesse aspecto, os críticos de Barth podem ter perdido algo. Há uma questão aqui sobre os eventos da graça de Deus serem ou não arbitrários e interruptivos apenas da perspectiva humana. Isto é, existe um *continuum* de atividade no que se refere a Deus em relação à criação de tal forma que o velar e desvelar do ser de Deus é o que os seres humanos, em seu estado obscuro e não redimido, discernem? Ou a criação é tão completamente diferente de Deus, não apenas em seu estado de queda — que só pode ser contingente no que diz respeito à determinação da salvação divina —, mas em sua essência, de modo que qualquer atividade divina em relação a criação é realizada a partir de uma exterioridade anterior e ontologicamente diferente? Quando Barth desenvolve sua doutrina da criação, com base em sua *analogia relationis*, ele é enfático ao afirmar que o tempo e a criação não estão em contradição com a divindade eterna, e sim estão "nele".

defender que a esfera na qual a investigação teológica é abençoada ou especulação ociosa é discursiva. A questão se reduz ao "discurso cristão que deve ser testado por sua conformidade com Cristo. Essa conformidade nunca é clara e inequívoca" (CD, 1/1.13). Dessa forma, aquilo que a dogmática investiga nada mais é do que a "expressão cristã" (CD, 1/1.12).[13]

Barth observa que essa atenção dada à expressão cristã pelos dogmáticos torna o estudo teológico um "círculo de preocupações [...] fechado em si mesmo" (CD, 1/1.42) e é a natureza fechada em si mesma dessa preocupação — e não as questões *extras ecclesia* — que a teologia leva a sério. A dogmática não pode ser outra coisa além de involuntariamente apologética por causa da natureza fechada em si mesma do discurso cristão. No momento em que abandona esse ambiente para falar aos sem fé, ela adota categorias estranhas a si mesma: "A apologética é uma tentativa de mostrar, por meio do pensamento e da fala, que os princípios determinantes da filosofia e da pesquisa histórica e natural em determinado momento histórico não excluem, ainda que não exijam diretamente, os valores da teologia".[14] Entretanto, é neste ponto que uma intervenção crítica pode ser feita. O discurso é essencial, pois define a fidelidade da dogmática e a infidelidade da apologética, enquanto denuncia a natureza incompleta e falível de toda investigação dogmática. Contudo, quem pode controlar os limites de qualquer discurso, seja cristão ou não? Mais precisamente, quem é capaz de garantir o caráter desse autofechamento do discurso dogmático quando a constituição do mesmo é uma questão de linguagem e representação? A crença no autofechamento de determinadas práticas linguísticas não pressupõe a separação distinta de diferentes discursos e formas de raciocínio?

Barth defende a mesma ideia quando declara: "Nunca houve uma *philosophia christiana*, pois se fosse *philosophia*, não seria *christiana*, e se

---

[13] É claro que esta ideia da tarefa dogmática de investigar o que os cristãos dizem e fazem se desenvolveu na distinção do pós-liberalismo entre discursos de primeira e segunda ordem. Então, o papel assumido do dogmático é tanto diagnóstico (no que diz respeito à sua investigação da expressão cristã) quanto regulativo (no que diz respeito a trazer tal expressão a uma compreensão melhor de sua relação com a palavra). Não é apenas duvidoso que tal distinção possa ser feita entre prática e teoria, não é apenas questionável se essa distinção deveria mesmo ser feita (visto que privilegia os teólogos acadêmicos ou, no mínimo, os destaca como uma classe diferente de outras, reforçando um dualismo entre a teologia dogmática e prática); é manifesto nos próprios escritos de Barth o quão pouca explicação é dada das expressões cristãs (além de outros teólogos acadêmicos). Obtemos uma percepção fraca sobre a vida cotidiana real desta igreja no tocante a quem e para quem Barth escreve sua dogmática. A questão da autoridade — para quem essa tarefa está sendo realizada? Com que jurisdição e a quem se dirige? — persegue o texto de Barth.
[14] Barth, *Protestant theology in the nineteenth century*, p. 425-6.

fosse *christiana*, não seria *philosophia*" (*CD*, 3/1.6). O discurso teológico ou pensamento cristão se torna completamente diferente do discurso filosófico, histórico ou científico de diversos tipos. Mas quem define e mantém a autonomia desses discursos? A apresentação de Barth da pesquisa conduzida com base em "princípios determinantes" não soa como a lógica acadêmica para fronteiras disciplinares diferentes e zelosamente protegidas em uma universidade pós-Berlim? Pois, e este é o argumento principal que desejo apresentar aqui, se os discursos não são limitados e ultrapassam as estruturas institucionais contestadas e contestáveis, a apologética pode seguir em frente sem que o teólogo renuncie *necessariamente* à sua "função teológica". Recentemente, Kathryn Tanner, em uma análise crítica do relato barthiano do pós-liberalismo sobre a autonomia de jogos linguísticos discretos (entre os quais o cristianismo seria um), observou que a antropologia cultural contemporânea argumenta profundamente contra o corolário desta tese que sugere que "os cristãos têm uma sociedade e cultura próprias autossuficientes, que podem ser diferenciadas de outras de modo bem nítido".[15] A expressão cristã é construída a partir do material cultural disponível. Não é homogênea, mas sempre híbrida, improvisada e implícita em redes de associação que excedem várias maneiras de controle institucional, individual ou sectário. Além disso, já que os cristãos também são membros de outras associações, grupos e instituições, o que é interno e externo à identidade cristã (e sua formação contínua) é fluido.

G. W. F. HEGEL

O que é significativo é que na própria prática de sua dialética, no próprio processo de concretização de seus pensamentos, Barth reconstrói o que já havia construído de uma forma que sugere uma negociação com uma tese que ele já havia negado. E é esse aspecto de sua dialética que pretendo analisar no que diz respeito a Hegel. Pois, embora Barth sugira que o cristianismo é autodefinido e deve sê-lo a fim de se proteger das influências externas corruptas da sociedade secular, ele mesmo revela como a expressão cristã é interdependente em relação a outras disciplinas. Seus próprios escritos mostram como

---

[15] Kathryn Tanner, *Theories of culture: a new agenda for theology* (Minneapolis: Fortress, 1997), p. 96. Curiosamente, embora a crítica ao liberalismo seja inabalável, todas as referências de Tanner a Barth — a espinha dorsal teológica do pós-liberalismo — são acríticas e afirmativas.

vocabulários e categorias não são discretos e como o cristianismo sempre se define nos termos daquilo a que se conecta ou distingue de si mesmo. Ao definir a tarefa dogmática, ele emprega categorias como conhecimento, consciência, entendimento, compreensão formal e ontológico-ôntica; ele se refere continuamente (embora reconhecidamente não dependendo de suas investigações) a Platão, Aristóteles, Descartes, Kant e Heidegger; ele situa sua tarefa em relação à ortodoxia protestante mais antiga, ao "desenvolvimento histórico de no mínimo os últimos duzentos ou trezentos anos" (*CD*, 1/1.9) e aos textos medievais de Anselmo, Boaventura e Tomás de Aquino; ele fala de "outras ciências" sociais, psicológicas e naturais. Barth pode então, definir sua forma particular de protestantismo apenas com base em termos, categorias e pontos de referência compartilhados que se encontram fora e são estranhos à sua própria tese. A própria língua alemã na qual ele escreve, enquanto traduz esses outros discursos em sua tese cristã, percorre outras línguas, como o grego e o latim. Sua própria tese não é uma reflexão discursiva fechada em si mesmo; e a teologia ou a vida cristã também não *podem* ser fechadas em si mesmas. Uma vez que a dialética é fruto de uma compreensão da contínua, e ainda por ser aperfeiçoada palavra e obra de Deus no ato de reconciliar o mundo consigo mesmo, a teologia cristã não pode ser completamente sistematizada nem, a priori, estabelecer os limites do que está dentro e o que está fora de Cristo. A teologia é uma atividade cultural; a dialética em que está implicada é simultaneamente trans-histórica, histórica e material. E aqui, mais uma vez, Barth encontra Hegel.

Creio que Hegel, mais do que Schleiermacher, esteja por trás da afirmação categórica de Barth de que "Nunca houve uma *philosophia christiana*, pois se fosse *philosophia*, não seria *christiana*, e se fosse *christiana*, não seria *philosophia*". Hegel estabelece o desafio da relação entre filosofia e teologia ao misturar a dialética da razão com a procissão trinitária. Desse modo, "tudo o que parece dar à teologia seu esplendor particular e dignidade especial parece ser resguardado e honrado por essa filosofia de uma maneira incomparavelmente melhor do que a dos próprios teólogos".[16] A linguagem da aparência é reveladora aqui. Barth (e muitos estudiosos hegelianos antes

---

[16]Barth, *Protestant theology in the nineteenth century*, p. 382. Isso repete sua conclusão sobre a trindade especulativa de Hegel em *The Göttingen dogmatics*, onde ele analisa a "substituição realizada por Hegel da Trindade cristã por uma trindade lógica e metafísica e pelo rebaixamento da Trindade cristã à esfera das concepções ingênuas, simbólicas e inadequadas" (p. 105). Porém, nada de positivo é dito sobre o pensamento de Hegel neste trabalho anterior. Na época em que as

e depois dele) não sabe ao certo onde Hegel, o luterano ortodoxo, cai na heterodoxia. Mas Barth, não obstante, deseja ressaltar que o trabalho de Hegel consuma o prometeísmo da confiança humana no ato de pensar, nas categorias iluministas como mente, ideia, conceito e razão, que ele vê como inimigas tanto da dogmática quanto do encontro da dialética com a Palavra de Deus, que é o conteúdo dogmático. Assim, é Hegel — e Tomás de Aquino, o qual Barth sistematicamente coloca entre parênteses com Hegel — quem proclama a possibilidade de uma *philosophia christiana*. A leitura de Barth de Aquino é equivocada, e sua persistente leitura do método dialético hegeliano como "tese, antítese e síntese", com uma ênfase na consumação do absoluto, deve mais aos hegelianos esquerdistas posteriores (principalmente Strauss e Marx) do que ao próprio Hegel.[17]

Todavia, a observação de Barth de que para Hegel "Deus só é Deus em sua ação divina, revelação, criação, reconciliação e redenção como um ato absoluto, o *actus purus*",[18] mostra quão próximo Hegel (e Aquino) está de Barth. E, caracteristicamente, na curta, mas excelente análise que Barth faz de Hegel em *Protestant theology in the nineteenth century*, a condenação da univocidade do *Geist* e da razão que revela a incapacidade de Hegel de levar a sério o pecado e a liberdade de Deus no que diz respeito a confrontar os seres humanos em seus pecados é compensado pelo reconhecimento de uma "grande promessa"[19] não cumprida na obra de Hegel. "Não restam dúvidas de que a teologia poderia e pode aprender algo com Hegel também. Aparentemente, ela negligenciou algo aqui e certamente não tem qualquer motivo para tomar uma atitude alarmante ou hostil a qualquer renascimento hegeliano que possa vir a acontecer".[20] Quando analisamos o que permanece

---

palestras sobre a história da teologia protestante do século 19 receberam sua forma final (inverno de 1932-1933), Barth demonstra uma postura muito mais apreciativa do potencial de Hegel.

[17] Em outro lugar, Barth deixa claro que interpretou a relação no pensamento de Hegel entre *Sittlichkeit* e *Staat* como a deificação do nacionalismo alemão que cortejou o orgulho que levou às traições pelo *establishment* teológico na Primeira Guerra Mundial. Esta também é uma leitura equivocada de *Elements of the philosophy of right*, de Hegel; veja a introdução de Allen Wood a *Elements of the philosophy of right*, ed. Allen W. Wood; trad. para o inglês H. B. Nisbet (Cambridge: Cambridge University Press, 1991); Paul Lakeland, *The politics of salvation: the Hegelian idea of the State* (Albany: SUNY Press, 1982); Andrew Shanks, *Hegel's political theology* (Cambridge: Cambridge University Press, 1991); e *CG*, p. 137-46. Na verdade, Hegel concordaria com o julgamento de Barth (embora com uma doutrina da Trindade diferente): "O Estado como tal pertence originariamente e em última instância a Jesus Cristo"; "Church and State", in: *Community, State and church*, trad. para o inglês A. M. Hall et al. (Gloucester: Peter Smith, 1968), p. 118.

[18] Barth, *Protestant theology in the nineteenth century*, p. 385.
[19] Ibidem, p. 407.
[20] Ibidem, p. 403.

promissor para Barth em Hegel, vemos que é realmente a reflexividade trinitariana de sua dialética. Embora Barth o repreenda por sua insatisfatória doutrina da Trindade, ele aplaude o lembrete de Hegel "da possibilidade de que a verdade possa ser história" e que o conhecimento teológico "só foi possível na forma de uma obediência rigorosa ao automovimento da verdade e, portanto, como um conhecimento que foi ele mesmo movido".[21] Além disso, no compromisso hegeliano com a teologia como uma prática material que participa do desenvolvimento de uma história da autorevelação de Deus, a teologia é lembrada acerca "da natureza contraditória de seu próprio conhecimento particular", pois "Hegel, com sua concepção da mente, deve conscientemente ou inconscientemente, ter pensado no Criador do céu e da terra, o Senhor sobre a natureza e o espírito, precisamente em virtude da unidade e oposição do *dictum* e do *contra-dictum*, em que ele via o espírito se concebendo e sendo real".[22]

Assim, existem três coisas que Barth reconhece como tendo valor teológico em Hegel: (1) a história como um processo material moldado por Deus, (2) a teologia como uma prática discursiva que participa no que ele conceberá em outro momento como "a aliança da graça [como] *o* tema da história" (*CD*, 3/1.60) e (3) a necessidade de que a teologia seja reflexiva acerca dessa prática, pois as palavras e ações humanas nunca podem ser idênticas à revelação de Deus.

BARTH, HEGEL E A APOLOGÉTICA

A questão que ainda resta é saber até que ponto Barth integrou essas percepções em seu pensamento teológico — certamente não quando a palestra sobre Hegel foi dada no começo dos anos 1930. Porém, há uma pista do que Barth desenvolverá à medida que ele e a igreja cristã passam a se encontrar no crepúsculo de uma história global de relevância mundial. No que parece quase um adendo à introdução de *Church Dogmatics*, ele observa que "a existência separada da teologia mostra a emergência com a qual a igreja precisou se resolver em vista da recusa real das outras ciências a esse respeito" (*CD*, 1/1.7). A observação não indica um pragmatismo, mas, sim, a especificidade temporal da teologia. Sua "existência separada" é uma resposta a

---

[21] Ibidem, p. 401-2.
[22] Ibidem, p. 402.

uma cultura e um momento histórico em que o teológico é desprezado.²³ Assim, como em sua perspectiva de discursos próprios para diferentes disciplinas, a dogmática — em oposição à tarefa apologética da teologia — se torna uma produção cultural (e uma produtora cultural por conta própria) que *necessariamente*, segundo os próprios axiomas de Barth, "precisa de crítica e revisão, de testagem constante e cada vez mais rigorosa" (*CD*, 1/1.14). A necessidade surge quando a teologia cristã e, portanto, a tarefa do teólogo cristão, está relacionada a outro tipo de produtividade cultural. No fim da história da Segunda Guerra Mundial, quando Barth estava concluindo o volume de abertura de sua doutrina da criação, a prática teológica de participar dessa história e a necessidade de analisar mais cuidadosamente que "as testemunhas bíblicas falam como homens, e não como anjos ou deuses" (*CD*, 3/1.93), deu origem a uma reflexão diferente e a um novo tipo de dialética: "Dessa forma, precisamos considerar seu papel com todos os tipos de fatores humanos, suas capacidades individuais e gerais de percepção e expressão, suas visões e estilos pessoais conforme determinado pela época e ambiente, e claro, com as limitações e deficiências desses fatores condicionantes — neste caso, as limitações de sua imaginação" (*CD*, 3/1.93).

Barth está analisando especificamente as narrativas da criação como a Palavra de Deus, mas em seu desenvolvimento da categoria de saga e seu reconhecimento dos diferentes gêneros do texto das Escrituras, ele fala de modo mais geral do testemunho bíblico. O compromisso com um Deus que não transcende a história — mas, antes, molda todos os seus aspectos —, com um relato da eternidade como origem e *telos* da história, não seu apagamento, leva a um entendimento do discurso bíblico como cultural e psicologicamente determinado. Não seguirei a trajetória psicológica do pensamento de Barth como tal, mas apenas comentarei que os pontos de vista, expressão e estilo pessoais (e alguns acrescentam também níveis individuais e direção de percepção) não podem ser divorciados dos fatores condicionantes da época e do ambiente. Entretanto, em minha preocupação

---

[23]Em seu *Christ and culture*, H. Richard Niebuhr aponta a associação entre a resposta cristã à cultura e a reação cultural ao cristianismo. Ele não desenvolve essa perspectiva de forma aprofundada, mas, significativamente, o primeiro de seus cinco modelos de "problemas persistentes" da teologia cristã no que se refere ao seu contexto cultural, Cristo contra a cultura, surge primeiro por causa da perseguição à igreja. Isso define a igreja como uma nova criação em Cristo, totalmente separada do que Barth chamou de "ocorrências mundanas" e uma cristologia enfatizando Jesus como rei, senhor e legislador. Cf. H. Richard Niebuhr, *Christ and culture* (New York: Harper & Row, 1951), p. 45-115.

em avaliar a possibilidade da apologética que começa a partir de uma perspectiva teológica cristã, esse reconhecimento da localização cultural do discurso bíblico é um movimento importante em direção à compreensão de que o discurso teológico não pode ser simplesmente autorreferente e ouvido por acaso por outros públicos. O testemunho bíblico toma emprestados materiais e formas de representação e os reconfigura para seus próprios propósitos. Seus relatos de fatos pré-históricos ou históricos envolvem negociações culturais, "relações textuais" (*CD*, 3/1.87) e o saber humano que "não se esgota na capacidade de perceber e compreender" (*CD*, 3/1.91). Barth usa até mesmo a categoria hermenêutica de divinação de Schleiermacher para falar da maneira que o escritor tem que adivinhar a visão do verdadeiro surgimento histórico (a ação de Deus na criação) que precedeu os eventos "históricos" tão apreciados por historiadores profissionais e pelo historicismo. As questões de descrição e narração não resultam do debate das abstrações do tempo e da eternidade, mas, sim, da aliança da graça que *é* o tema da história de Deus. O tempo está em Deus e, portanto, embora a verdade da sua palavra seja eterna, também é profundamente específica. "A criação não é uma verdade atemporal [...]não existem verdades atemporais"; a verdade tem "um caráter concretamente temporal" (*CD*, 3/1.60).

    Claro, a atenção de Barth aqui está voltada ao testemunho e aos textos bíblicos. Mas, uma vez que ambos devem ser a fonte e o protótipo de todo testemunho e texto cristão, então, embora Barth diga pouco sobre a inserção e localização cultural e histórica de seu próprio discurso, isso se confirma. De fato, novamente quase como um adendo, ele escreve: "No que diz respeito ao fundamento e ao ser do homem e do seu mundo, somos remetidos ao nosso próprio gênio metafísico e científico ou aos nossos próprios poderes na construção do mito ou da saga" (*CD*, 3/1.61). A teologia cristã conta a história de Deus a partir do contexto e lugar em que qualquer teólogo se encontra. Tal narrativa não pode deixar de ensaiar e reestruturar a linguagem, as ideologias, as hipóteses culturais, os medos, as culpas e os sonhos de sua época. O teólogo tenta ler os sinais daqueles tempos nos termos da contínua aliança da graça, mas ao lê-los, negociações culturais são colocadas em prática. O discurso teológico está envolvido na disseminação cultural mais abrangente e na troca de símbolos. Outras pessoas apresentarão narrativas de acordo com onde estiverem e possivelmente usarão parte do mesmo material e dos pontos de referência. E embora a teologia cristã (assim como as testemunhas bíblicas) fale da relação "genuinamente histórica" (*CD*, 3/1.66) entre Deus e o homem — de tal modo que a questão do relativismo cultural nem sequer é levantada —, ela não pode transcender a determinação e as condições históricas e culturais. Se ela não pode transcendê-las, também não pode destilar para si um discurso puramente teológico.

A teologia cristã está, portanto, envolvida em negociações culturais e, por isso, está envolvida em uma apologética contínua. Ao que parece, Barth caminha em direção a uma integração do que Beintker (após Henning Schroer) denomina de complemento e suplemento do paradoxo. Barth busca construir um método teológico que una, em uma tensão criativa, a dialética sincrônica da "diferença qualitativa infinita" de Kierkegaard com a dialética diacrônica da "possibilidade de que a verdade seja história" de Hegel e que o conhecimento teológico "só foi possível na forma de uma obediência rigorosa ao automovimento da verdade e, portanto, como um conhecimento que foi ele mesmo movido". O sincrônico e o diacrônico podem se complementar mutuamente no trabalho do teólogo em relação ao mundo.

Permita-me agora prosseguir com isso, voltando à terceira das afirmações de Barth sobre o projeto de Hegel: a necessidade de que a teologia seja reflexiva acerca dessa prática, pois as palavras e ações humanas nunca podem ser idênticas à revelação de Deus. Beintker caracteriza o uso complementar de paradoxo como algo que envolve uma relação assimétrica entre tese e antítese, de modo que a reconciliação ou sublimação proceda por meio da absorção da última pela primeira. Isso é paralelo à relação assimétrica no pensamento de Hegel entre o em-si e o para-si de tal forma que, no processo dialético de ser ele mesmo dentro do outro, o outro é integrado aos próprios projetos. Desse modo, o outro cumpre e aperfeiçoa o mesmo, tornando-se parte da atividade livre do sujeito. A descrição de Barth acerca da dialética da diferença sexual carrega algo desse modelo hegeliano (veja *CG*, 182-202). Mas, uma vez que a teologia se move entre a palavra de Cristo e uma situação cultural em que "não existem formas, eventos ou relacionamentos [...] inequivocamente confundidos pelo homem nos quais a bondade daquilo que Deus criou não seja também eficaz e visível, restando apenas a questão de como isso é possível..." (*CD*, 4/3.698), então não há nenhum acesso não qualificado a essa relação assimétrica. E, se assim for, ela pode não aceitar tão facilmente o uso do paradoxo que julga o outro como alguém que tem valor meramente no tocante ao mesmo. Não pode julgar e subjugar o mundo ao seu próprio discurso, pois a teologia não pode deixar de fora a possibilidade de que, neste outro cultural, Deus está agindo e que o envolvimento com esse outro pode significar que ele não está subordinado ao projeto teológico, mas autorizado a desafiá-lo radicalmente. A negociação cultural deve correr esse risco — o risco de ser interrompida. O uso suplementar do paradoxo permite o que George Hunsinger chama de "graça disruptiva".[24] Porém, sua utilização suplementar também é assimétrica, e é neste ponto que o teólogo precisa cultivar um agnosticismo saudável no que se refere ao que ele ou ela sabe. O espaço precisa ser permitido, com base no que a teologia entende sobre si mesma e sobre o Deus com quem ela está envolvida, a fim de que o outro fale. Isso permite que o engajamento cultural da apologética cristã seja um engajamento negociado.

A última referência a Hegel, cuja dialética, conforme estou sugerindo, abre a teologia de Barth para a possibilidade da apologética como negociação cultural cristã, aparece em *Church dogmatics* 4/3 e no desenvolvimento de sua doutrina da reconciliação. Aqui a estrutura dialética de Barth está solidamente estabelecida em um debate sobre a interação entre *Hominum confusione et Dei providentia* no chamado de Cristo para toda a humanidade. Entretanto, ele procura uma terceira opção além da antítese, e é aqui onde ele introduz Hegel. Mais uma vez, esse é o Hegel da tese-antítese--síntese — Hegel reduzido à uma fórmula que pode então ser arrogantemente rejeitada. O que Barth deseja evitar é um *tertium quid*. Portanto, o que ele oferece à "comunidade cristã, a qual *é exigida* ir além desse ponto de vista duplo", é a "realidade e verdade da graça divina destinada ao mundo em Jesus Cristo" (*CD*, 4/3.706, grifo na citação). O que isso significa é que a comunidade cristã é ordenada a falar ao mundo sobre Jesus Cristo, embora reconhecendo que, por um lado, Jesus Cristo "não é um conceito que o homem possa pensar por si só, que ele seja capaz de definir com maior ou menor precisão, e com a ajuda do qual possa exibir seu domínio sobre [...] esse problema dessa antítese" (*CD*, 4/3.706); enquanto, por outro lado, entendendo que "pensamos e falamos como pobres pagãos, independentemente do quão seriamente possamos imaginar que pensamos e falamos sobre isso [a graça divina direcionada ao mundo em Jesus Cristo]" (*CD*, 4/3.707). Onde isso nos deixa exatamente? Com o conhecimento da *diastasis*, a respeito da qual não existe uma "síntese real", e, ainda assim, a comunidade cristã falível como portadora e testemunha de uma melhor esperança dá testemunho da

---

[24] George Hunsinger, *Disruptive grace: studies in the theology of Karl Barth* (Grand Rapids: Eerdmans, 2000).

palavra e da obra de Deus como "algo novo em relação àquela contradição" (*CD*, 4/3.708). Ela não apenas testifica, mas ao fazê-lo, busca participar do revelar desse novo mundo; e assim, busca concretizar e produzir esse "algo novo". Para levar isso adiante, sua prática de esperança transformadora, executada em nome de Cristo, é disseminada por toda a terra porque a comunidade viva da igreja está envolvida com outras comunidades e práticas. Os que estão caracterizados como a comunidade da igreja participam das operações de outros desejos que não são *prima facie* teológicos, somente teológicos *de jure*, porque Jesus Cristo é tanto a "transcendência mais elevada e luminosa" quanto é "ouvido na imanência mais profunda e obscura".[25] Esses membros da comunidade da igreja também são membros de outras formas de comunhão e outros corpos: industrial, comercial, agrícola, político, esportivo, doméstico. Barth também era membro de um partido político. Voltando a um momento citado anteriormente nas primeiras edições de *Romanos*, é porque os cristãos estão envolvidos em "monarquismo, capitalismo, militarismo, patriotismo e liberalismo", entre outros (segmentos que atuam contra a hegemonia de tais ideologias), que o trabalho e as palavras da comunidade viva se estendem até a "imanência mais profunda e obscura" em seu testemunho e realização de "algo novo".

Este movimento dentro, por meio e além da igreja — dentro, por meio e além das negociações culturais intermináveis da igreja — não é uma dialética de progresso ou crescimento, pois transita entre mistérios e confusão, mas, não obstante, é teleologicamente dirigido. É, então, uma estrutura dialética positiva e uma execução do que Hegel chamou de "marcha de Deus no mundo".[26] Podemos não gostar da metáfora hegeliana, mas sugiro que uma apologética, não mais sobrecarregada em se definir contra o *Kultur protestantismus*, pode proceder sobre essa base: lendo e produzindo os sinais dos tempos, negociando um papel na definição da verdade pública e assumindo sua própria localização histórica e cultural com toda seriedade teológica. A teologia é algo criado; é uma operação cultural, onde o cultural é entendido como uma circulação da graça.

---

[25] Barth, *Humanity of God*, p. 46.
[26] Hegel, *Elements of the philosophy of right*, p. 279.

SEGUNDA PARTE

PARTICIPAÇÃO, ANALOGIA E ALIANÇA:

histórias contestadas

3

O VERDADEIRO PLATÃO PODERIA, POR FAVOR, MANIFESTAR-SE?

Participação versus *encarnação*

| James K. A. Smith |

> Seria tolo buscar a definição de alma nos filósofos, dos quais quase nenhum, *exceto Platão*, solidamente afirmou que sua substância fosse imortal [...] Portanto, Platão tem a opinião mais correta, porque considerou a imagem de Deus na alma.
>
> João Calvino, *Institutas da religião cristã*

INTRODUÇÃO

O contexto da crítica reformada do platonismo

Um dos temas principais da ortodoxia radical é a elaboração de uma teologia que seja ao mesmo tempo mais "encarnada" e mais "platônica" (*RONT*, p. 3). Para meus ouvidos reformados, essas duas ideias soam mutuamente exclusivas. Por isso, meu objetivo neste ensaio é bem modesto e exploratório. De certa forma, pretendo simplesmente expor o que considero ser a resistência reformada ao platonismo, a fim de conseguir a resposta da ortodoxia radical e gerar um diálogo acerca dessa questão. Permita-me começar estabelecendo o contexto para esse engajamento.

Ouvindo Nietzsche: o platonismo do fundamentalismo protestante. Sem querer cair na autobiografia teológica, devo confessar que minha crítica reformada ao platonismo resulta de uma alquimia estranha: o produto de um tipo de reação química cujos reagentes são o fundamentalismo protestante e Nietzsche. O fundamentalismo protestante de minha formação cristã inicial[1] foi caracterizado pelo que classificarei — seguindo a linha de Kuyper e Dooyeweerd — como dualismo.[2] Embora esse termo possa se referir a uma bifurcação opositiva entre o sagrado e o secular, preocupo-me especialmente com um dualismo mais docético que estabelece uma bifurcação hierárquica e opositiva entre o imaterial e o material, a alma e o corpo, o invisível e o visível. Em amplos segmentos da tradição evangélica, esse dualismo gnóstico se traduziu em uma depreciação dos modos de vida criaturais ligados à materialidade e à finitude, como a sexualidade ou as artes. Podemos dizer que o fundamentalismo é um tipo de transcendent(al)ismo.[3] Como tal, é paralelo ao platonismo que Nietzsche critica em *Crepúsculo dos ídolos*: para ele, tanto o platonismo quanto o cristianismo assumem "a mesma postura negativa em relação à vida", sendo ambos caracterizados por uma decadência que tenta fugir do mundo dos corpos e cheiros, instintos e paixões.[4] Tanto o cristianismo evangélico quanto o platonismo nietzschiano clamam: "E, sobretudo, fora com o *corpo*!".[5]

A crítica reformada do platonismo. Um dos temas centrais da tradição reformada continental[6] é uma confirmação holística da bondade da criação e da materialidade, que, desse modo, também confirma as esferas e modos

---

[1] No que se segue, observarei que penso que este horizonte diferente — e, portanto, "inimigo" diferente — explica a diferença de ênfase entre a ortodoxia radical e aspectos da tradição reformada. Se alguém estiver lutando contra o escapismo gnóstico, Platão parece infectado com a pior das doenças. Se, contudo, alguém estiver agindo contra o materialismo naturalista, então Platão pode ser um antídoto e aliado poderoso.

[2] Para abordagens importantes acerca do dualismo, veja Brian J. Walsh; J. Richard Middleton, *The transforming vision: shaping a Christian worldview* (Downers Grove: Inter Varsity, 1984), p. 91-116; Albert M. Wolters, *Creation regained: biblical basics for a Reformational worldview* (Grand Rapids: Eerdmans, 1985), p. 41-3; e Cornelius Plantinga Jr., *Engaging God's world: a Reformed vision of faith, learning, and living* (Grand Rapids: Eerdmans, 2002), cap. 2

[3] Meu trabalho se preocupa em contestar esse transcendent(al)ismo. Aprendi que a ortodoxia radical está mais preocupada em contestar seu oposto: o materialismo (niilismo). Acredito que isso explica, em parte, nossas diferenças de simpatias por uma ontologia platônica.

[4] Friedrich Nietzsche, *Crepúsculo dos ídolos*, trad. Paulo César de Souza (São Paulo: Companhia das Letras, 2017).

[5] Ibidem, III, p. 1.

[6] Uso este termo abreviado a fim de distinguir a tradição reformada holandesa (continental, associada a Kuyper, Barth, Berkouwer e Dooyeweerd) de uma tradição reformada mais presbiteriana e americana (ligada a Hodges, Warfield, Old Princeton e, posteriormente, Westminster).

de vida associados à corporificação da criatura (as artes, o envolvimento sociopolítico etc.). Nesse sentido, a tradição reformada elaborou uma crítica persistente ao dualismo de grande parte do cristianismo protestante, particularmente o evangélico. Contra o horizonte da afirmação reformada da bondade da criação, tanto o dualismo evangélico quanto a ascensão platônica parecem ser caracterizados por um posicionamento antivida, anticorpo, antimaterialidade. Assim, à medida que o dualismo fundamentalista é algo a ser superado, o mesmo vale para o platonismo.[7]

A recuperação do platonismo pela ortodoxia radical. Por causa dessa leitura do platonismo como algo caracterizado pela depreciação da bondade da criação, continuo sendo confundido pela afirmação central da ortodoxia radical de que a ontologia de Platão — e, em particular, sua doutrina da participação (*methexis*) — oferece uma estrutura (necessária?)[8] à articulação da teologia cristã. Graham Ward afirmou recentemente que este é um "tema fundamental" da ortodoxia radical e a "chave da compreensão" de seus elementos comuns — embora ele prossiga definindo-a como a "doutrina cristã da participação".[9]

Essa ligação central entre o platonismo e o cristianismo tem sido articulada desde os primeiros rumores da ortodoxia radical. Em *Theology and social theory*, John Milbank já evocava tanto a participação quanto o platonismo como aliados do projeto, oferecendo uma ontologia alimentada pelo "platonismo/cristianismo" (*TST*, p. 290). Um dos pontos principais de *After writing*, de Catherine Pickstock, é a noção de que Platão, contra Nietzsche e Derrida, é um filósofo teúrgico da materialidade sacramental. Ela resume: "A visão fortemente positiva da *methexis* (participação) em *Fedro* liberta [Platão] da acusação de sobrenaturalismo e do afastamento total do mundo físico, pois a ascensão filosófica não resulta em uma 'perda' de amor por coisas particularmente belas, uma vez que o particular participa da beleza em si" (*AW*, p. 14). Assim, na introdução de *Radical orthodoxy: a new theology*, os organizadores puderam clamar por um cristianismo que fosse ao mesmo tempo mais "encarnado" e mais "platônico", enraizado em uma "filosofia

---

[7]Para uma análise representativa, veja Michael Horton, *Covenant and eschatology: the Divine drama* (Louisville: Westminster John Knox, 2002), p. 20-45.

[8]Esta pergunta precisa ser feita: *por que* a ortodoxia radical se esforça tanto a fim de mostrar a receptividade da teologia cristã a uma ontologia platônica? Podemos fazer teologia cristã *sem* uma ontologia platônica? O platonismo constitui o *preambula fidei* da teologia cristã?

[9]Graham Ward, "In the economy of the Divine: a response to James K. A. Smith", *Pneuma: Journal of the Society for Pentecostal Studies* 25 (2003): 118-9.

participativa e uma teologia encarnacional" (*RONT*, p. 3-4). Se a tradição reformada (com Deleuze!) considera necessário *superar* o platonismo, existe um sentido em que a ortodoxia radical acredita ser necessário *resgatá-lo*.

Uma taxonomia de platonismos

Permita-me oferecer mais uma análise preliminar com o objetivo de abrir espaço para nossa investigação. Ao tratar da relação entre o platonismo e a teologia cristã, um dos desafios é a diversidade de monstros que marcham sob a bandeira do platonismo. Apresentarei, então, uma breve taxonomia:

- *Platonismo tradicional:* esse é o "bom e velho" platonismo — o platonismo que amamos odiar — das formas eternas, das esperanças sobrenaturais e da depreciação da materialidade. É aquele que Nietzsche critica e rejeita, e que Deleuze tem em mente quando se refere ao projeto da filosofia contemporânea como "destruição do platonismo".[10] (Segundo Badiou, esse platonismo é um adereço para Deleuze.)[11] Esse é também o platonismo que seria o alvo das críticas de Derrida.

- *Platonismo involuntário de Deleuze:* esse platonismo está alinhado com o que podemos chamar de Deleuze "real", conforme sugerido por Badiou. Para ele, Deleuze é inconsciente e involuntariamente platonista ou neoplatonista (em sentido *negativo*), uma vez que sua lealdade à univocidade do ser exige que ele "prenda" a imanência ao um ou ao "um-todos".[12] Essa é a razão de Badiou sugerir que, no final das contas, Deleuze é um tipo de filósofo do mesmo tipo, não diferente.[13] Todavia, embora o qualifique como o platonismo de Deleuze, Badiou não acredita que este seja o *verdadeiro* Platão.[14]

- *Platonismo revisionista voluntário de Badiou* (o Platão "real"): é aqui que as coisas ficam um pouco confusas. Badiou considera seu projeto

---

[10]Gilles Deleuze, *Diferença e repetição*, trad. Luiz Orlandi; Roberto Machado (Rio de Janeiro: Paz e Terra, 2018).
[11]Alain Badiou, *Deleuze: the clamor of being*, trad. para o inglês Louise Burchill (Minneapolis: University of Minnesota Press, 2000), p. 70.
[12]Em outras palavras, Deleuze representa um "bergsonismo secularizante" (Ibidem, p. 99), operando, assim, em algo como capital emprestado do cristianismo de Bergson (semelhante a uma tese presente em *Theology and social theory*, de Milbank).
[13]Badiou, *Deleuze*, p. 73, 81.
[14]Veja ibidem, p. 27, 45, 70.

de uma ontologia imanente como *verdadeiramente* platônico. Em outras palavras, ele sugere que o Platão real é um filósofo da imanência, assim como ele mesmo.[15] Em contraste direto com Deleuze, Badiou sugere que "Platão precisa ser *restaurado*, e, antes de tudo, pela desconstrução de 'platonismo'".[16] Assim, é importante observar os lugares onde ele contesta as leituras tradicionais e/ou de leuzeanas de Platão.[17] Creio que seja muito difícil sustentar a ontologia do múltiplo de Badiou como uma interpretação de Platão, mas desvinculá-la do filósofo grego não a descarta como tal. Para Badiou, uma filosofia radical de imanência deve ser uma filosofia de multiplicidade pura, sem nenhuma estrutura unificadora ou princípio orgânico de organização. Ela seria simplesmente a multiplicação de conjuntos.

❖ *O Platão radicalmente ortodoxo* (o Platão "real" restaurado): qual dos platonismos acima melhor corresponde à imagem de Platão na ortodoxia radical? Acredito que Milbank e Pickstock argumentariam que o *Platão involuntário deleuziano* é o verdadeiro:[18] um Platão que afirma a imanência precisamente pela afirmação da transcendência, um Platão que suspende a imanência da transcendência.

O NOVO PLATÃO DA ORTODOXIA RADICAL

Participação e/ou encarnação?

A questão central que pretendo investigar é a seguinte: existe realmente uma sobreposição entre a doutrina platônica da *participação* (e uma ontologia platônica em geral) e uma ontologia *encarnacional* ou *sacramental* caracteristicamente cristã? Ou temos uma antítese profunda — até mesmo incomensurável — entre *methexis* e *encarnação*?[19] Se a segunda opção for verdadeira, construir uma teologia cristã baseada na estrutura de uma

---

[15] Veja ibidem, p. 27.
[16] Ibidem, p. 101-2.
[17] Ibidem, p. 67.
[18] Milbank e Pickstock falam sobre o que "pode muito bem ser o verdadeiro Platão" em *TA*, p. 42.
[19] Pickstock é explícita acerca de sua tentativa de desfazer o contraste padrão entre os argumentos socrático e o cristão articulados nas *Migalhas Filosóficas* de Kierkegaard: "Como argumentei no primeiro capítulo, o relato implícito de Platão no *Fedro* da mediação erótica do bem na beleza do mundo físico sugere que é possível superar esse contraste entre a lembrança retrospectiva platônica e a repetição prospectiva kierkegaardiana" (*AW*, p. 268).

filosofia platônica constituiria um movimento escolástico por excelência.[20] Minha intenção aqui não é invocar uma tese simplista da helenização; antes, pretendo levar a sério a integridade de uma ontologia bíblica (ou seja, revelacional) e o que considero ser sua singularidade diante da ontologia pagã de Platão. Assim, esboçarei brevemente a leitura de Pickstock da ontologia platônica a fim de indicar dois problemas: (1) sua incapacidade de explicar aspectos do corpus platônico e (2) seu fracasso em discernir diferenças fundamentais entre as concepções platônica e cristã da materialidade.

No primeiro ponto — o valor da leitura de Pickstock como uma interpretação defensável de Platão — seria bem fácil simplesmente afirmar que o que está em jogo aqui *não* é Platão em si, e sim o *neo*platonismo. E o que está sendo recuperado não é o neoplatonismo dualista de Plotino, e sim o neoplatonismo *teúrgico* da tradição jamblichiana.[21] Nesse neoplatonismo teúrgico, encontramos uma avaliação muito mais robusta do corpo, da materialidade e da prática sacramental, como aquelas apresentadas em *After writing*. Embora esse fosse um movimento possível, não está aberto a Pickstock, pois suas afirmações centrais dizem respeito não só à tradição platônica, mas também ao *corpus* platônico. Em outras palavras, a ortodoxia radical não se conecta simplesmente ao neoplatonismo, mas diretamente a Platão. Dessa maneira, sua leitura deve estar aberta a um confronto com esse *corpus* platônico.

Corpo de Platão (político)

Em uma pluralidade de campos, a erudição contemporânea demonstra que a forma de pensarmos sobre o *corpo* tem um impacto direto sobre nossa *política* e nossa construção da realidade social. Em outras palavras, as concepções dualísticas que desvalorizam a corporeidade frequentemente dão origem a organizações totalitárias de arranjos sociais. Além disso, essas depreciações dualistas do corpo são reducionistas, produzindo noções sobre o que constitui o ser humano que são impulsionadas por fatores que consideram muitos aspectos da corporeidade desnecessários ou, ao menos, meramente

---

[20]Uso o termo *escolástica* no sentido em que é empregado por Dooyeweerd. Trato da definição de Dooyeweerd de escolasticismo em meu *Introducing radical orthodoxy: mapping a post-secular theology* (Grand Rapids: Baker, 2004), cap. 5

[21]Para uma análise sobre o último, veja Gregory Shaw, *Theurgy and the soul: the neoplatonism of Iamblichus* (University Park: Pennsylvania State University Press, 1995).

complementares. O corpo — local de imanência — é rejeitado na busca da transcendência. E em nome da transcendência — sob a rubrica do "cuidado da alma" —, somos visitados pelos mais tirânicos regimes políticos.[22]

O Platão tradicional. Essa concepção reducionista e dualista do ser humano no mundo vem de uma longa linhagem, que remete (ao menos tradicionalmente) a Platão. No *Fédon*, de Platão, por exemplo, o corpo é entendido como um "mal" e uma "contaminação" da qual a alma busca a purificação (*Fédon*, 66a-67b). Assim, o corpo é definido como uma "prisão" da alma da qual buscamos (e devemos fazê-lo) escapar pela morte (*Fédon*, 79a-81d). A conexão desse conceito do corpo e da política totalitária é explícita no relato de Platão sobre a organização social em *A república*: os filósofos-reis, desprendidos de seus corpos como um ensaio para a morte, governarão as classes mais baixas que são muito conectadas aos seus corpos, consumidos pelos desejos mundanos (*A república*, 414b-15c). Enquanto essa política surge de uma antropologia filosófica que desvaloriza a corporeidade, vale lembrar que essa antropologia está enraizada em uma ontologia mais profunda que despreza a materialidade em si.

Este é o relato de Platão produzido pelo que chamo de leitura tradicional. Além de uma longa tradição de comentários, encontramos essa interpretação representada na filosofia continental por aqueles que mais discordam de Platão: Jacques Derrida e Gilles Deleuze, que seguem uma linha de pensamento concebida por Nietzsche.[23] Ambos identificam no filósofo grego uma desvalorização do temporal e material em favor do eterno e inteligível. Para Derrida, isso é visto com maior clareza na depreciação de Platão da escrita no *Fedro*:[24] ali Platão despreza a escrita por causa de sua exterioridade à alma (*Fedro*, 275a-e). A escrita é um modo de mediação e corporificação material. Uma vez que a escrita está ligada à corporeidade, ela está sujeita à mesma avaliação que o corpo (*Fédon*, 81d).[25]

---

[22]Michel Foucault, *The care of the self*, trad. para o inglês Robert Hurley (New York: Vintage, 1986) [edição em português: *O cuidado de si*, trad. Maria Thereza da Costa Albuquerque (Rio de Janeiro: Paz e Terra, 2020)]; e idem, *The use of pleasure*, trad. para o inglês Robert Hurley (New York: Vintage, 1985) [edição em português: *O uso dos prazeres*, trad. Maria Thereza da Costa Albuquerque (Rio de Janeiro: Paz e Terra, 2020)].
[23]Veja Alain Badiou, *Manifesto for philosophy*, trad. para o inglês Norman Madarasz (Albany: SUNY Press, 1999), p. 97-101.
[24]Jacques Derrida, "Plato's pharmacy", in: *Dissemination*, trad. para o inglês Barbara Johnson (Chicago: University of Chicago Press, 1981), p. 61-171.
[25]Segundo Deleuze, a desvalorização do material ou do imanente está localizada na distinção ontológica de Platão entre a aparência e a realidade encontrada na *República*: "Todo o platonismo

O novo Platão (ou o Platão "real"). No entanto, estudos recentes desafiaram essa leitura de Platão como um dualista que despreza a corporeidade e a imanência.[26] Badiou, por exemplo, criticando Deleuze, argumenta que Platão oferece um relato mais integral do valor da imanência. Na verdade, ele afirma, em um manifesto deliberado, que nada é mais importante para a filosofia contemporânea do que curá-la de seu antiplatonismo.[27] Assim, a interpretação de Platão — e especificamente a noção de participação[28] — molda a crítica de Badiou a Deleuze em duas frentes: primeiro, ele argumenta que Deleuze interpreta mal Platão e, segundo, que no final das contas, Deleuze é um tipo de platonista: "o deleuzianismo é fundamentalmente um platonismo com uma ênfase diferente".[29] Em particular, o relato de Deleuze da relação entre ser e aparência (ou entre o original e os simulacros) é um equívoco porque não compreende corretamente a *methexis*. Badiou argumenta que, na verdade, Platão oferece uma "glorificação dos simulacros".[30]

O interesse da ortodoxia radical pela ontologia platônica parece ser fruto de sua tentativa de contestar as ontologias niilistas do imanentismo ou materialismo reducionista (veja *AW*, p. 48). Isso é apresentado como a necessária "suspensão do material" que por si só pode evitar que a materialidade seja reduzida à substância inerte, deixando, nesse caso, de ser propriamente material. Uma das afirmações centrais de *Radical orthodoxy: a new theology* é que "apenas a transcendência, que 'suspende' essas coisas no sentido de interrompê-las, 'suspende-as' também no sentido, de preservar seu valor relativo contra o vazio" (*RONT*, p. 3; veja *CG*, p. 91). Ou como diz Ward: "A natureza não pode ser natural sem que o espiritual a molde em cada aspecto" (*CG*, p. 88).[31] Dessa maneira, somente a suspensão do

---

[...] é dominado pela ideia de estabelecer uma diferença entre 'a coisa em si' e o simulacro [...] Assim, superar o platonismo significa negar a primazia do original sobre a cópia, do modelo sobre a imagem, glorificando o reinado dos simulacros e reflexões" (Deleuze, *Difference and repetition*, p. 66). Segundo Deleuze, o "plano de imanência" para Platão pode, na melhor das hipóteses, "apenas *reivindicar* a qualidade de maneira secundária, e unicamente à medida que eles [objetos materiais] *participam* no Ideal" (Gilles Deleuze; Felix Guattari, *What is philosophy?*, trad. para o inglês Hugh Tomlinson; Graham Burchell [New York: Columbia University Press, 1994], p. 30). Assim, Deleuze acredita que o relato platônico da *methexis* é precisamente o que desvaloriza a imanência.

[26] A expressão *novo Platão* é inspirada no *novo Hume* e *novo Spinoza*.
[27] Badiou, *Manifesto for philosophy*, p. 101.
[28] Badiou, *Deleuze*, p. 26.
[29] Ibidem.
[30] Ibidem, p. 27.
[31] Espero explicar em seguida por que creio que essa ontologia participativa pode acabar escorregando em direção a um ocasionalismo (Malebranche) versus a integridade da criação (Leibniz).

material pelo ideal ou transcendente é capaz de proteger a materialidade do nada, da dissolução no *nihil*. Em outras palavras, para que a imanência seja realmente valorizada, ela precisa ser suspensa pelo transcendente; a única forma de manter o valor das aparências, é ancorando-as em algo que as *excede* (*RONT*, p. 3-4). Como Milbank afirma posteriormente: "Se a matéria deve ser mais do que inerte, e até mesmo capaz de subjetividade e significado, então deve ser, de forma inata, mais do que uma substância espacial ou mecanicamente limitada; ela deve ser, em vez disso, vigorosamente transcende".[32] Uma ontologia participativa é capaz de "localizar a idealidade na matéria sem idealizar a matéria ou, em última instância, cancelar a idealidade".[33] Uma ontologia participativa, então, reconhece o caráter *doado* ou *gracioso* de toda a realidade. Como ilustrado na eucaristia, de acordo com Ward, "os corpos aqui são frágeis, permeáveis, não são autônomos, nem autodefinidos, mas compartilhados [...] Este é o escândalo ontológico anunciado pela fase eucarística: os corpos nunca estão simplesmente ali (ou aqui)" (*CG*, p. 91).

Este interesse em uma ontologia participativa contra o materialismo reducionista forma o horizonte para a leitura de Platão feita por Pickstock. Em um movimento diferente de — embora relacionado com — Badiou, ela critica explicitamente a leitura de Derrida e sugere que a noção platônica de participação (*methexis*), particularmente como articulada no *Fedro*, oferece um paradigma melhor para compreender a *afirmação* platônica fundamental da corporeidade. Baseando-se em uma interpretação de Platão na tradição jamblichiana do neoplatonismo,[34] Pickstock argumenta que o relato de Platão da corporeidade é sacramental ou litúrgico, gerando uma descrição da vida sociopolítica que *re*valoriza a existência encarnada enraizada em uma ontologia que defende, digamos, um materialismo não reducionista. Contra a leitura de Derrida, ela localiza um aspecto teúrgico do pensamento de Platão em um conceito de liturgia que "forma a alma por meio de uma experiência de transcendência" (*AW*, p. 19, 39).

---

[32] John Milbank, "Materialism and Transcendence" (manuscrito não publicado), p. 2.

[33] Ibidem, p. 3. Milbank prossegue afirmando que "apenas a teologia" ou "unicamente o apelo teológico à transcendência" pode sustentar um materialismo não reducionista (p. 4). De fato, ele declara que "somente a doutrina monoteísta da criação permite um materialismo não reducionista na teoria e na prática" (p. 5). Se isso for verdade, parece-me que o platonismo *não* pode gerar tal ontologia e prática.

[34] Shaw, *Theurgy and the soul*.

Assim, "o sujeito socrático se encontra em e por meio de seu papel litúrgico na *pólis*" (*AW*, p. 45). Desse modo, temos uma afirmação fundamental da materialidade e da corporeidade (na linguagem e na liturgia da *pólis*) como integral ao conhecimento platônico e ao cuidado da alma. Isso é o que Pickstock apresenta como o ponto de vista positivo de Platão acerca da fisicalidade (*AW*, p. 14).

O estudo de caso para esse relato positivo da fisicalidade é o *Fedro*, onde, segundo Pickstock, "Platão retrata a transcendência do bem, seu caráter além da presença-e-ausência, como uma espécie de *contágio*, pois sua plenitude transborda para a imanência de tal maneira que o bem é revelado na beleza das particularidades físicas" (*AW*, p. 12). O filósofo que tenta "vislumbrar" a transcendência do bem na ordem mundana tende, portanto, "a reverenciar toda a fisicalidade de acordo com sua participação neste sol espiritual" (*AW*, p. 12). Nesta leitura, o *físico* não é uma distração caída, mas antes um indicador encarnacional do transcendente. Em suma, o físico mantém uma relação positiva com o transcendente. Assim, tanto o físico quanto o temporal são reavaliados como espaços da "chegada da transcendência à imanência" (*AW*, p. 12). Por exemplo, "a temporalidade não compromete [...] o conhecimento, mas constitui a sua condição de possibilidade para nós: o bem chega até nós através do tempo, e, portanto, o tempo não é meramente uma escada de acesso que pode ser chutada depois que sua função é cumprida" (*AW*, p. 13). Ou, como vemos em outro exemplo: "No *Fedro*, o encontro no tempo com um amante real desempenha um papel positivo, estimulando a memória das Formas" (*AW*, p. 14). Sócrates narra um encontro com um "belo menino" (*Fedro*, 244a):

> Um iniciado recente, no entanto, que viu muito no céu, quando contempla um rosto divino ou uma forma corporal que tenha capturado bem a Beleza, primeiro estremece e é tomado por um medo como aquele que sentiu antes; então o encara com a reverência devida a um deus, e se não tivesse receio de que as pessoas pensassem que ele enlouqueceu completamente, até mesmo sacrificaria seu filho como se fosse a imagem de uma divindade (Fedro, 251a-b).

Esta corporificação física da Beleza excita o desejo da alma de tal forma que suas asas nascem e são nutridas, e ela deseja e é capaz de voar a novas alturas

(*Fedro*, 251c).³⁵ A percepção importante neste contexto é o modo pelo qual a aparência do jovem Fedro tem um papel *positivo* a desempenhar no conhecimento e na ascensão filosófica.

Porém, Pickstock intensifica ainda mais a afirmação de duas maneiras: primeiro, ela argumenta que a temporalidade e a materialidade constituem condições de possibilidade necessárias para o conhecimento (*AW*, p. 13, 19). Em segundo lugar, ela parece sugerir que tal condição de mediação temporal e material é perpétua: a "vida filosófica", ela afirma, é "*hermenêutica* porque envolve o discernimento perpétuo da mediação divina por meio da fisicalidade" (*AW*, p. 20, grifo na citação).

Nesta conjuntura, encontramos uma sobreposição e contraste interessante com a imagem de participação oferecida por Milbank e Pickstock em *Truth in Aquinas*. Aqui, o aspecto mais construtivo dessa ontologia platônica ganha destaque. Como eles observam, as críticas de Tomás de Aquino a Platão são frequentemente motivadas por sua defesa da bondade da criação (*TA*, p. 41). Assim, Aquino rejeita qualquer noção de um mundo inerentemente caído ou de uma natureza autônoma. Em vez disso, sua teontologia revela "um cosmo já, de certa forma, agraciado" (*TA*, p. 44).³⁶ Entretanto,

> visto que a subsistência relativa individual, sempre aberta à adição super-essencial do segundo ato, agora é radicalmente participativa, o platonismo triunfa sobre o aristotelismo em Aquino, de modo que, em vez de o mais geral e abstrato ser removido das coisas materiais, são, antes, as coisas materiais individuais que são paradoxalmente removidas de si mesmas — referidas além de si mesmas para serem reconhecidas como elas mesmas (e este pode muito bem ser o verdadeiro Platão, mesmo que Aquino não estivesse ciente disso) (*TA*, p. 41-42).

Portanto, Aquino é um platonista precisamente *devido* (não apesar de) sua afirmação a respeito da bondade da criação.

---

³⁵Isso acontece depois de Sócrates ter recontado parte da "história da alma", onde ele relata um tempo anterior em que a alma desfrutava "da visão última, e a vimos em pura luz porque éramos puramente nós mesmos, sem ser enterrados nisto que carregamos agora por aí, que chamamos de corpo, presos nele como uma ostra em sua concha" (*Fedro* 250c). Parece-me que a alma abre as asas para voar *para fora* da corporeidade.
³⁶Posteriormente, Milbank e Pickstock observaram que "a característica principal desta ontologia é um entendimento da criação à luz da graça, sendo ela mesma agraciada ou suplementada, assim como uma preparação para a deificação humana" (*AW*, p. 51).

Contudo, quando nos voltamos da criação para o *eschaton*, parece-me que nos deparamos com um deslize em relação à bondade da criação. Relembremos a sugestão de Pickstock de que a condição necessária da mediação física é perpétua, a qual ela conecta ao caráter *hermenêutico* da vida filosófica. Em *Truth in Aquinas*, Milbank e Pickstock expressam um aspecto hermenêutico correlato quando reconhecem o aspecto necessariamente *discursivo* do pensamento (humano). Para Aquino, o conhecimento é "um projeto nunca concluído" por causa da "mediação essencial" dos símbolos (*TA*, p. 15). Na verdade, a própria *ratio* em si é discursiva: "Nenhuma cognição científica pura é exercida por nós sem mediação discursiva: não há 'visão' cognitiva sem 'linguagem' cognitiva" (*TA*, p. 22). Todavia, quando começamos a analisar essa situação de discursividade *escatologicamente*, parece-me que Milbank e Pickstock sugerem certa diminuição da hermenêutica uma vez que parecem sugerir que a discursividade *não* é perpétua. Na verdade, a imagem parece estar mais próxima do que estamos acostumados a ver no Platão tradicional: uma superação das condições de mediação e discursividade em direção a uma intuição imediata, não discursiva. A progressão da intensidade em determinada luz sinaliza uma passagem "do relativamente discursivo ao relativamente intuitivo, à medida que nos aproximamos mais da pura percepção divina" (*TA*, p. 28). Assim, eles parecem sugerir que a discursividade "é necessária em razão da deficiência inata da razão humana, que não pode, a não ser na visão final da glória, apreender o que é em si mais inteligível" (*TA*, p. 27). Eles continuam: "Uma vez libertos de nossa carapaça corporal, o contraste entre o objeto visto e o meio pelo qual o vemos desaparece [...] e vemos apenas o que vemos pela luz incriada, embora a recebamos ainda somente em partes, e também como algo criado" (*TA*, p. 37). Ambas as afirmações parecem insinuar que a visão beatífica será um evento de imediação não discursiva; a necessidade de mediação material, eles concluem, é algo que "superaremos" (*TA*, p. 124n76). Isso, no entanto, não soa como o Platão novo ou real que nos foi apresentado, e sim o Platão tradicional, que tem sido objeto da crítica reformada.

Sobre a antítese entre participação e encarnação

Minhas críticas conclusivas e exploratórias serão tanto históricas quanto construtivas. Por um lado, tenho dúvidas quanto à viabilidade do Platão da ortodoxia radical como uma interpretação do *corpus* platônico. Por outro, estou interessado na ontologia construtiva por si só, independentemente de sua proveniência histórica.[37]

A bondade da criação

Tenho a impressão de que o relato positivo da fisicalidade vista por Pickstock no *Fedro* atribui, na melhor das hipóteses, uma bondade *instrumental* ao físico. Concederei certa sacramentalidade no relato do *Fedro* sobre o físico. Mas, apesar da afirmação de Pickstock, ao contrário, é muito difícil não ver Platão sugerindo que o corpo e o tempo são realmente escadas que são chutadas quando a ascensão é concluída (especialmente em outros diálogos como o *Fédon*). Se o físico tem um "papel" positivo (*AW*, p. 14) a desempenhar em Platão — e admito que tem —, essa função parece, na melhor das hipóteses, *corretiva*. Ou seja, dada a nossa condição corporificada atual, a mediação teúrgica é a única solução. Não é preciso uma escada para caminhar até a escola, mas se o indivíduo acabar caindo em um poço fundo, uma escada se torna um item bom e necessário para que tal pessoa chegue a seu destino.

Contudo, isso levanta outra questão: como caímos neste buraco? Mais especificamente, o que causa a corporificação da alma segundo Platão? Os relatos do *Fedro*, do *Fédon* e do *Timeu* dificultam a conclusão de que a corporficação é um bem. O corpo é apresentado de diversas maneiras como um "mal" (*Fédon*, 66b), uma "contaminação" ou "poluição" da alma (*Fédon*, 67a) e uma "prisão" para a mesma (*Fédon*, 81d). É claro que não é como se Pickstock e Milbank não tivessem lido essas passagens; é simplesmente que ainda não ouvi uma explicação de como sua leitura de Platão lidaria com esses trechos que parecem transmitir claramente um ponto de vista *negativo*, não positivo, acerca da fisicalidade. Caso se deseje, de alguma forma, evitar o caso embaraçoso do *Fédon*, aponto para outras passagens no *corpus* platônico, incluindo o *Fedro*, que comunicam claramente que a alma foi separada do corpo. Além disso, o desejo erótico da alma é efetuar essa separação mais uma vez, já que a reencarnação é evidentemente considerada uma punição (*Fedro*, 246-7). Esse *telos* da alma platônica nos conduz ao nosso segundo tema.

---

[37]Parte disso ecoará as críticas a Pickstock que articulei na conclusão de meu *Speech and theology: language and the logic of incarnation* (New York: Routledge, 2002).

Escatologia

A afirmação cristã da bondade da criação implica na afirmação da bondade inerente da materialidade e do corpo de uma forma que torna a corporeidade um aspecto original, *essencial* e criacional do ser humano. Assim, a própria *origem* da materialidade e da corporificação é vista como um bem. Isso se contrapõe às formulações platônicas do corpo que lhe concedem, na melhor das hipóteses, uma benevolência instrumental e corretiva.

A mesma antítese é válida quando pensamos no futuro. Tomarei como certo que o *telos* de uma alma imortal e sem corpo não tem nenhuma relação com a esperança cristã da ressurreição. E ninguém fala com mais eloquência acerca da bondade da materialidade do que Ward, Milbank e Pickstock. A esperança de uma existência escatológica ressurreta permanece como uma esperança de uma existência física e corporal. Assim, os aspectos da mediação hermenêutica que caracterizaram nossa condição atual de finitude devem continuar presentes no *eschaton*.[38] Todavia, encontramos aqui uma tensão curiosa na ortodoxia radical, tanto histórica quanto construtiva. Por um lado, Pickstock parece defender a ideia de que, de acordo com Platão, a condição necessária de mediação física e temporal é perpétua. Como uma afirmação construtiva, creio que ela esteja correta, mas como uma afirmação histórica ou exegética acerca do *corpus* platônico, acredito que existam problemas sérios uma vez que Platão regularmente se refere ao *telos* da alma como *des*encarnado. Por outro lado, o *telos* escatológico da visão beatífica em *Truth in Aquinas* parece postular uma sugestão platônica mais tradicional de que nosso objetivo é escapar, de alguma maneira, da corporeidade (*TA*, p. 37) e, assim, superar as condições e a necessidade de mediação discursiva (*TA*, p. 124n76, 43). Em outras palavras, o modelo da visão beatífica como intuição imediata parece exigir uma corporeidade daqueles que experimentariam tal visão. Como afirmei, uma vez que a discursividade está ligada à fisicalidade, sugerir uma intuição imediata e não discursiva ao ser humano implica a afirmação de uma existência desencarnada. Isso dá a entender que a corporeidade é *acidental* para as criaturas humanas, enquanto a tradição reformada defende o caráter essencial e essencialmente

---

[38]Explico isso com maiores detalhes em meu *Fall of interpretation: philosophical foundations for a creational hermeneutic* (Downers Grove: InterVarsity, 2000) [edição em português: *A queda da interpretação: fundamentos filosóficos para uma hermenêutica criacional*, trad. Valéria Lamim (Rio de Janeiro: Thomas Nelson Brasil, 2021).

bom da condição corporal que continuará presente no *eschaton* (mesmo que as condições de materialidade sejam modificadas).

Embora eu tenha sido convencido de que precisamos afirmar alguma versão de uma ontologia participativa, os estudos em Platão apresentados por Milbank e Pickstock não me convenceram de que precisamos do filósofo grego para tal projeto, nem mesmo que ele ofereça uma ontologia de participação propriamente *encarnacional*. Nesse aspecto, portanto, creio que a resistência da tradição reformada ao platonismo permanece justificada. Porém, exatamente por essa razão, devemos nos engajar seriamente com a ortodoxia radical na articulação de uma ontologia participativa encarnacional que articule e sustente a bondade da criação.

4

UNIVOCIDADE, ANALOGIA E O MISTÉRIO DO SER SEGUNDO JOÃO DUNS ESCOTO

| Robert Sweetman |

ESCOTO E A ORTODOXIA RADICAL

João Duns Escoto faz aparições curtas em muitas obras que transitam pela ortodoxia radical.[1] Minha impressão é que seu nome é quase sempre invocado como um tipo de maldição. Observe um exemplo: em sua obra *Theology and social theory*, John Milbank retoma muitas das posições e ideias características de Escoto e faz vários comentários acerca delas.[2] O entendimento de Escoto de que o objeto próprio da metafísica é o ser *como oposto* a Deus se encaixa com uma noção da univocidade do ser predicado a Deus e à criatura, com a intenção de produzir a quantificação infinita da distinção Criador/criação, a divisão eventual da teologia das disciplinas filosóficas, a

---

[1]Refiro-me aqui a John Milbank,*Theology and social theory: beyond secular reason* (Oxford: Blackwell, 1990); Graham Ward, *Cities of God* (London: Routledge, 2000); Catherine Pickstock, *After writing: on the liturgical consummation of philosophy* (Oxford: Blackwell, 1998); John Milbank Catherine Pickstock; Graham Ward, *Radical orthodoxy* (London: Routledge, 1999); e John Milbank; Catherine Pickstock, *Truth in Aquinas* (London: Routledge, 2001).
[2]O nome de Escoto surge diversas vezes ao longo do magistral *Theology and social theory: beyond secular reason*, de Milbank. O esboço e a intenção do estudo como um todo são apresentados em *TST*, p. 1-6. O tratamento mais importante de Escoto é encontrado em *TST*, p. 302-3.

absolutização da diferença dentro das disciplinas filosóficas e uma mudança na ênfase em direção à vontade como a chave da compreensão dos caminhos do Criador com e dentro da criação. Em resumo, Escoto estabelece a base teórica para o surgimento do secular como a esfera própria do político e da redução niilista do político à vontade e sua expressão violenta na força ou no poder. Milbank contrasta a aniquiladora univocidade do ser de Escoto com a *analogia entis* de Aquino (*TST*, p. 303). Catherine Pickstock, em uma análise paralela e mais extensa, chega a declarar que Escoto elaborou seu conceito da univocidade do ser em oposição à ideia de Aquino (*AW*, p. 122).

Portanto, muita coisa parece depender da compreensão da analogia do ser que os pensadores da ortodoxia radical que li identificam com Tomás de Aquino e a quem entendem que Escoto se opôs. Além disso, essa interpretação tem implicações importantes no contexto de um engajamento da ortodoxia radical com a tradição reformada, pois interfere em como os pensadores de tal linha leem as correntes do pensamento cristão que têm Escoto como influência; como Antonie Vos deixa claro, a tradição reformada é uma dessas tradições.[3]

Nesse cenário, vale a pena fazermos alguns questionamentos. (1) Escoto se opõe a toda e qualquer noção da analogia do ser, ou ele tem certa compreensão da analogia do ser em vista? (2) Se Escoto se opõe a uma compreensão particular da analogia do ser, o alvo dele é a concepção de Tomás de Aquino, como afirma Pickstock, ou de outra pessoa, como, por exemplo, Henri de Gante? (3) Se Escoto tem a concepção de Henri de Gante explicitamente em mente, sua crítica também se aplica a Tomás de Aquino? (4) Se a posição de Aquino não está sendo atacada, o que devemos fazer com a insistência de Escoto em identificar conceitos que são univocamente predicáveis em relação a Deus e à criatura?

ESCOTO E A ANALOGIA DO SER COMO TAL

É fácil estabelecer se a objeção de Escoto à analogia do ser é uma crítica a tal ideia: basta analisar sua abordagem da compreensão de Aristóteles do caráter analógico do ser no que se refere a gêneros, espécies e assim por diante, ou seja, no tocante aos conceitos que usamos a fim de entender a existência

---

[3] Veja, quanto a esse assunto, antes de tudo, Antonie Vos Jaczn, *Johannes Duns Scotus* (Leiden: Groen&Zoon, 1994), espec. o epílogo nas p. 272-3.

de universais ou tipos no mundo. Escoto reconhece que Aristóteles postula tal analogia e que ele está correto em assumir tal posição:

> Aristóteles mostra como a Metafísica é organizada segundo as partes do ser. Ele pretende, com isso, considerar todas as partes dos seres, tanto substâncias quanto acidentes. Então, ele divide a passagem em duas, uma vez que, em primeiro lugar, ele começa com algo necessário. Em seguida, defende a tese implicada nessa necessidade. Esta segunda parte começa com as palavras "Mas, quanto a isso...". Portanto, ele diz que o termo "um ser" é usado em muitos não de forma equívoca, mas como referindo a uma coisa ou a determinada natureza, isto é, de acordo com certa atribuição e analogia com alguma unidade.[4]

Desse modo, existe pelo menos uma concepção da analogia do ser aceita por Escoto. Na verdade, Milbank também reconhece isso:

> Entretanto, Duns Escoto, embora concordando com Aristóteles e Aquino que o Ser não é um gênero, considerou, no entanto, que ele foi distribuído de maneira unívoca, tendo exatamente o mesmo significado para todos os gêneros: no aspecto do Ser as coisas "são" no mesmo sentido unívoco. Por isso, as divergências de gênero se tornam diferenças puras e absolutas (*TST*, p. 303).[5]

O reconhecimento de que Escoto aceita a natureza analógica de nossa concepção do ser no sentido defendido por Aristóteles nos leva a perguntar de quem é a concepção da analogia do ser que Escoto está criticando. Mais uma

---

[4]John Duns Scotus, *Commentary on Aristotle's metaphysics* 4.1.1.5, in: *Opera omnia* (Paris: Louis Vivès, 1891), 5.650. Em latim, lemos: "[Aristoteles o]stendit qualiter Metaphysica se habent ad partes entis, intendens quod considerat omnes partes entis, scilicet tam substantias quam accidentia. Circa quod duo facit, quia primo praemittat quoddam necessarium. Secundo arguit ad propositum ostendendum. Secunda ibi: *Sed quemadmodum*. Dicit ergo, quod *ens dicitur multis modis non aequivoce, sed ad unum et ad unam aliquam naturam*, id est, secundum quamdam attributionem et analogiam ad aliquod unum". Ele continua explicando que, em sua opinião, a atribuição ou analogia que Aristóteles tem em mente é unívoca (veja tb. a citação na nota 11).

[5]Eu me pergunto sobre a última afirmação de Milbank. Se o ser é o mesmo no que diz respeito aos gêneros, então a diferença entre os gêneros não é "pura" e "absoluta", mas, sim, em princípio, de uma contrariedade indefinível, ou seja, os gêneros devem ser pensados como as diferenças determinadas dentro uma unidade mais profunda e abrangente, embora teoricamente indefinível. As diferenças que resultam de tal posição são puras e absolutas, não absolutamente falando, mas apenas no que diz respeito ao universo das coisas que podemos definir. Mas isso também seria verdade em qualquer noção de *analogia entis* que tivesse seu ponto de partida em Aristóteles.

vez, não há mistério aqui; o próprio Escoto não deixa dúvidas: ele rejeita a compreensão da analogia do ser apresentada por Henri de Gante.[6]

ARISTÓTELES E A ANALOGIA DO SER

Precisamos perguntar, no entanto, se a crítica de Escoto a Henri de Gante se aplica igualmente a Tomás de Aquino. Para responder a esta pergunta, precisamos examinar o que Escoto acredita ser a posição de Henri e qual a sua crítica a tal posição, e para fazer isso é necessário começar com Aristóteles. Na verdade, Escoto, Henri e Aquino compartilham a visão aristotélica de que a inteligibilidade do ser não poderia ser determinada do mesmo modo que outras naturezas inteligíveis (*Metafísica*, 4.2 [1005a1-17]). Essa afirmação obtém sua força de vários compromissos aristotélicos. Em primeiro lugar, todo conhecimento começa nos sentidos e, por isso, é governado pela estrutura das substâncias materiais. Em segundo lugar, o conhecimento é expresso de forma mais adequada na definição formal, pela qual a natureza universal da substância material concreta em análise é concebida como um predicado constituído pelo gênero ou tipo geral ao qual a substância material concreta pertence e uma diferença específica ou propriedade diferenciadora que a substância material concreta tem e que especifica ainda mais a identidade da substância em tipo. Terceiro, o conhecimento é estendido com o propósito de cobrir substâncias imateriais, desde que a natureza ou quididade (o quê) da substância seja articulável como uma espécie constituída pela categoria geral mencionada acima e pela diferença formal.

Segundo Aristóteles, existe um conhecimento formal disponível sobre todo tipo de coisa, desde o mais humilde indivíduo material até o mais geral dos gêneros formais, aqueles que podem ser considerados contíguos com o próprio ser. De fato, neste último caso, o ser funciona em nosso entendimento como o gênero, permitindo que cada um de seus gêneros

---

[6]Vejo na *Ordinatio* 1.3.1 o mesmo texto que Milbank comenta em *Theology and social theory: beyond secular reason*. Milbank cita a edição organizada por Allan Wolter e publicada em *Duns Scotus: philosophical writings* (Indianapolis: Hackett, 1987), p. 14-33. Utilizo *Joannis Duns Scoti, doctor subtilis, ordinis minorum, opera omnia* (Cidade do Vaticano: Typis Polyglottis Vaticanis, 1950), 3.1-48. A *Ordinatio* 1.3.1 é citada daqui em diante como *Ordinatio*, seguida por dois números separados por um *solidus* representantivamente, os números das páginas na edição do Vaticano e na edição usada por Milbank. No resumo citado pelo mesmo, Henri de Gante está ausente do texto como tal, embora seja claramente identificado nas intervenções editoriais de Wolter. No texto completo da edição vaticana, Escoto se refere a Henry pelo nome em diversos momentos, removendo qualquer ambiguidade quanto a quem ele tem em vista.

contíguos funcione como uma diferença formal no ser. O ser funciona como um gênero em relação a seus gêneros contíguos, mas não é ele próprio um gênero, propriamente falando. Isso porque o próprio ser não pode ser entendido dessa maneira. Não há nada mais universal em que se possa dizer que participa ou do qual se possa dizer que é uma determinação. Por consequência, embora o ser seja propriamente predicado de qualquer substância, o que o ser é, em cada instância, não é definível; portanto, não está sujeito a um conceito unívoco (para Aristóteles, todas as definições teóricas são conceitos unívocos).

Por outro lado, Aristóteles sustentava igualmente a visão de que não podemos evitar predicar o ser de toda e qualquer coisa. Isso aponta para alguma similaridade que o termo *ser* denomina. Não podemos determinar o que é essa similaridade. Mas, porque o ser indica uma similaridade misteriosa, nosso uso do termo não pode ser puramente equivalente; não estamos atribuindo a elas coisas irredutivelmente diversas com o termo. Assim, ser, quando predicado de coisas, é analógico. Isto é, deve ser afirmado repetidas vezes por meio das diferenças formais que "vão até o fim", no sentido de que não há inteligibilidade teórica positiva separada delas. Duns Escoto aceita o conceito aristotélico da analogia do ser, acreditando que até esse ponto ele está correto. Contudo, nem ele, nem Henri deixam a análise de Aristóteles terminar aí. Em vez disso, eles voltam seu olhar, por assim dizer, para os conceitos analógicos do ser predicado. Eles desejam entender a relação entre concepções analógicas diferentes de ser. Eles querem saber, por exemplo, o que é o similar ou o mesmo e o que não é, quando afirmam que um castor "é", eu "sou", você "é" e Deus "é". Ao fazê-lo, eles exibem uma tendência clara entre os filósofos e teólogos do último quarto do século 13 de se afastar das noções filosóficas primordiais ou básicas de Aristóteles.[7] Eles desconfiam das maneiras ingênuas que Aristóteles pode ser usado no discurso filosófico e teológico; uma ingenuidade mais visível no trabalho dos averroístas da faculdade de artes da Universidade de Paris e julgada nas condenações de 1270 e 1277. Além disso, a cautela de sua geração contrasta com o entusiasmo das duas anteriores, incluindo, é claro, a geração de Tomás de Aquino. Mas estamos nos adiantando aqui.

---

[7] Veja, por exemplo, Jan A. Aertsen; Kent Emory Jr.; Andreas Speer, orgs., *Nach der Verurteilung von 1277: Philosophie und Theologie an der Universität von Paris im letzten Viertel des 13. Jahrhunderts* (Berlim: De Gruyter, 2001).

CRITÉRIOS DE ESCOTO PARA UMA COMPREENSÃO CORRETA DA ANALOGIA DO SER

Em *Ordinatio*, Escoto questiona se o conhecimento de Deus está naturalmente disponível para o ser humano nesta vida. Essa formulação não é precisa o bastante, então ele a esclarece. Esses esclarecimentos permitem que ele reformule sua pergunta inicial com maior precisão. Em primeiro lugar, ele busca noções positivas acerca de Deus, pois elas são anteriores a e pressupostas por quaisquer negações (*Ordinatio*, 4-5/15-16). Implicitamente, Escoto inverte a tradição antiga de conceder privilégios a declarações negativas sobre Deus, ou seja, a tradição de ver uma verdade maior no que negamos do que no que afirmamos em relação a Deus (veja, por exemplo, *ST* 1, Q. 13 a. 3 ad 2). Ele o faz porque insiste que devemos trabalhar a partir da forma que as coisas são na ordem do ser, e não a partir da ordem do nosso conhecimento sobre o ser.

Em segundo lugar, Escoto busca noções quididativas, isto é, noções que respondam à questão do que uma coisa é, pois elas são anteriores a e pressupostas por juízos existenciais, ou seja, afirmações de que uma coisa é (*Ordinatio*, 6/16). Sua afirmação aqui é que qualquer afirmação de existência sempre tem como objetivo afirmar a existência de um sujeito conhecido finalmente pelo que é. A existência é sempre relativa ao que existe; é assim que nossa mente funciona. Mais uma vez, ele inverte o entendimento tradicional (veja, por exemplo, *ST*, 1 Q. 2 a. 2 ad 2).

Em ambas as observações, Escoto está reunindo e promovendo tendências revisionistas na teologia latina que têm uma de suas raízes, como veremos, na leitura de Aristóteles, em como seu pensamento foi compreendido pelo grande escritor árabe persa, Avicena. Nesse sentido, a obra de Escoto tem grande peso simbólico, dado seu sucesso nos séculos 14 a 16. É esse peso simbólico que teólogos da ortodoxia radical, como John Milbank, reconhecem e avaliam ao dar a Escoto um papel importante em sua genealogia do niilismo e sua concomitante ontologia de diferença violenta.[8]

Terceiro, Escoto busca o conhecimento da existência real do sujeito das proposições que ele considera, pois tal conhecimento é anterior a

---

[8] A expressão mais recente dessa genealogia de que tenho conhecimento é Connor Cunningham, *The genealogy of nihilism: philosophies of nothing and the difference of theology* (London: Routledge, 2002). Minha gratidão a James K. A. Smith por esta informação.

e pressuposto no conhecimento da verdade das próprias proposições (*Ordinatio*, 6/16). Aqui, ele afirma a ordem tradicional aristotélica do conhecimento, sua expressão proposicional e o objeto assim conhecido e expresso. Em quarto e quinto lugar, Escoto busca o conhecimento disponível naturalmente a nós à medida que tal conhecimento está disponível em nossa condição presente, embora abstraindo dessa condição (*Ordinatio*, 6-7/16). Ele é indiferente ao ponto de partida de nossas noções, desde que sua conclusão seja uma conclusão sobre Deus e não sobre alguma criatura (*Ordinatio*, 7/16-17). Esses dois últimos esclarecimentos deixam claro que ele está engajado no que na tradição escolástica é chamada de teologia natural e é pensada como a própria conjunção ou vínculo que unifica a teologia e as disciplinas filosóficas, uma vez que uma causa final é conjunta a e pressuposta por seu efeito. Deus é o fim da metafísica.

Com base nesses esclarecimentos, Escoto reformula a questão da seguinte maneira: pode a mente de um ser humano ter naturalmente um conceito simples pelo qual se apreende a Deus (*Ordinatio*, 11/17)? "Conceito simples" nesta reformulação refere-se ao que só pode ser dividido em um determinável (algum tipo universal) e sua determinação (alguma diferença formal), se o próprio ser funciona como o determinável. Ou seja, o ser constitui a única condição possível para a inteligibilidade de conceitos simples e, portanto, das coisas que eles concebem. Tal formulação da questão coloca a investigação posterior diretamente dentro dos parâmetros da compreensão de Aristóteles da analogia do ser.

ESCOTO SOBRE HENRI DE GANTE E A ANALOGIA DO SER

Escoto apresenta agora a opinião de Henri de Gante.[9] A posição de "Henri" é organizada segundo as condições aristotélicas que se aplicam aos atos humanos de conhecimento (*Ordinatio*, 11/17). Primeiro, o conhecimento humano é ordenado para a inteligibilidade de seu objeto. Em segundo lugar, o conhecimento humano é acerca do objeto como substância inteligível por si só ou como mediado pelo padrão individual de atributos acidentais adi-

---

[9] Esta seção do presente debate se limita ao Henri de Escoto e não problematiza seu relato. É claro que uma análise mais longa refletiria se o segundo foi justo com a posição do primeiro. Para deixar claro que estamos lidando com o *Henri* do modo de ser interpretado por Escoto, coloquei seu nome entre aspas.

cionados a ele. Terceiro, o conhecimento humano é acerca do objeto como substância inteligível em sua universalidade ou em sua particularidade. Se Deus é o objeto, não se pode realmente conhecer a Deus por meio de alguma inteligibilidade acidental adicionada à essência divina, pois tudo o que sabemos de Deus é Deus. No entanto, o conhecimento dos atributos divinos é como o conhecimento de Deus por meio de acidentes, pois os atributos não revelam a natureza divina em si, mas antes falam sobre ela. Por implicação, então, todo o nosso conhecimento de Deus é um conhecimento substancial, mesmo aqueles por meio dos atributos divinos, embora conhecer por meio de atributos divinos seja como conhecer por meio de acidentes.

Não podemos conhecer Deus como essência universal via predicação, visto que a quididade ou natureza divina é essencialmente singular e, portanto, não é particular nem universal (*Ordinatio*, 12/17-18). Deus não é particular, porque Deus não participa de uma forma ou determinação universal à qual ele está sujeito como instância particular. Deus não é universal, porque não há instâncias de Deus que sejam irredutíveis umas às outras como instanciações individuadas. Na verdade, qualquer predicação de um universal com respeito a Deus necessariamente postula algo comum a Deus e às criaturas. Mas tal predicado comum só poderia ser analógico no sentido de que é concebido como uma quase unidade (*quasi unum*) por causa da proximidade dos conceitos (*propter proximidadesitatem conceptuum*), embora sejam, estritamente falando, diversos à medida que Deus é em essência uma singularidade absoluta.

"Henri" nega que possamos conhecer Deus como particular por analogia às criaturas, pois tal conformidade analógica diz respeito apenas a um atributo, não à natureza divina como esta natureza particular (*Ordinatio*, 12/18). E assim, só resta a "Henri" dizer que podemos ter um conhecimento analógico de Deus em geral (*Ordinatio*, 12-13/18-19). E, no entanto, esse conhecimento geral não existe por meio de uma espécie inteligível própria de Deus, pois Deus não é universal, mas por meio de uma operação intelectual reminiscente do poder de estimativa que um animal tem de sentir a intenção de outro e, mesmo neste caso, por meio de uma espécie ou essência estranha a Deus porque é derivada das criaturas. Em outras palavras, nosso conhecimento geral existe *como se* fundamentado em algum universal inteligível do qual Deus participa, e é adquirido da maneira estimativa em que, digamos, um cordeiro atingiria a intenção benéfica de sua "ovelha" mesmo se a aparência dessa ovelha fosse mudada *permirabile* para a de um lobo.

Assim, todo e qualquer conhecimento das criaturas é, ao mesmo tempo, conhecimento de Deus; todo conhecimento é teológico, porque todo conhecimento fala, em última análise, de Deus.

Escoto articula sua explicação alternativa no contexto de criticar sua própria visão da posição de Henri. Em primeiro lugar, Escoto afirma que podemos ter um conceito quiditativo de Deus, isto é, um conhecimento que se aproxima de Deus por meio da essência divina e não dos atributos divinos (*Ordinatio*, 16-17/19). Seu argumento para tal afirmação é que o conceito de um atributo pressupõe necessariamente um conhecimento do sujeito ao qual ele é inerente, e esse é o conhecimento de alguma coisa expressa em um conceito quiditativo. Portanto, dizer que conhecemos Deus por meio dos atributos divinos, como toda a tradição teológica o faz, é simultaneamente reivindicar conhecimento de Deus, quer queira quer não, por meio de algum conceito quiditativo.

Os termos em que os conceitos quiditativos são expressos, entretanto, são unívocos, analógicos ou equívocos? A posição de "Henri" era que os termos que predicamos de Deus sempre seriam analógicos. Mas a segunda afirmação de Escoto contesta este aspecto da posição de "Henri": "Digo que Deus é concebido, não apenas em um conceito análogo ao conceito de uma criatura, conceito esse, entretanto, totalmente diferente de seu análogo criatural. Deus também é concebido em um conceito unívoco quando predicado de Deus e da criatura" (*Ordinatio*, 18/19).[10] Ele apresenta quatro argumentos em apoio à sua afirmação. Em primeiro lugar, é possível ter conceitos analógicos e unívocos da mesma coisa (*Ordinatio*, 18/20). A partir disso, Escoto define o que ele entende por univocidade. Os conceitos são unívocos quando têm unidade suficiente para que sua afirmação ou negação em relação a determinado assunto constitua uma contradição. Como tal, os conceitos unívocos são suficientes para funcionar como termos médios em argumentos, termos que reúnem as coisas conceitualmente opostas de tal forma que se torna possível concluir a sua unidade. Que o ser (*ens*) funciona como tal conceito quando é predicado de Deus e da criatura pode ser argumentado de várias maneiras.

Frequentemente, podemos ter certeza sobre um conceito predicado de um sujeito, enquanto ainda temos dúvidas sobre os outros (*Ordinatio*,

---

[10]Lemos em latim: "Secundo dico quod non tantum in conceptu analogo conceptui creatura concipitur Deus, scilicet qui omnino sit alius abi llo qui de creatura dicitur, sed in conceptu univoco sibi et creaturae".

18/20). Assim, é concebível que se pudesse ter certeza de que determinado sujeito é um ser sem ter certeza de quaisquer outras determinações: se o ser é finito ou infinito, criado ou incriado, primeiro ou não primeiro, isto é, se o ser em questão é Deus ou criatura. De fato, a história da filosofia confirma esse cenário exato. Assim, no entendimento de Escoto acerca da univocidade, o termo ser (*ens*) é atribuído univocamente a Deus e à criatura.

Mas a compreensão de "Henri" da noção análoga de um ser também pode cumprir os critérios de univocidade de Escoto. Ele reconhece isso perguntando quais seriam as implicações se um ser fosse de fato dois conceitos diversos, posicionados um em relação ao outro de modo que parecesse aos nossos intelectos apenas um único conceito. Esse conceito, embora na verdade dois conceitos, funcionaria exatamente da maneira unívoca de Escoto em proposições sobre Deus e a criatura. Escoto admite essa possibilidade abstrata, mas então afasta as consequências indesejáveis que se seguem (*Ordinatio*, 20/21). Se fosse esse o caso, nunca se poderia estabelecer a existência de quaisquer conceitos que pudessem ser atribuídos univocamente a Deus e à criatura. Consequentemente, o conhecimento natural sobre Deus seria impossível, porque seu objeto seria sempre apenas aparente. Além disso, a própria natureza dos conceitos simples impede a noção de analogia em "Henri", pois tais conceitos só podem ser conhecidos de forma diferente e total. Assim, se eles aparecem como um em determinado momento, eles não podem aparecer como dois em outro.

O segundo argumento de Escoto examina nosso conhecimento natural do mundo das substâncias materiais. Ou seja, dá continuidade às dúvidas que ele levantou em seu primeiro argumento sobre a possibilidade do conhecimento natural de Deus e examina o efeito que a noção de analogia de "Henri" teria sobre o conhecimento natural das criaturas (*Ordinatio*, 21-24/22-23) Conhecemos os objetos teoricamente por meio de seus fantasmas, conforme recebidos e trabalhados pelo intelecto. A espécie inteligível resultante é necessariamente unívoca com respeito ao objeto "brilhando através do fantasma". A noção de analogia de "Henri", entretanto, exigiria que o mesmo pudesse ser aplicado a diversos fantasmas e espécies inteligíveis, desde que os fantasmas ou as espécies inteligíveis que os objetos produzem fossem de tal propinquidade que fossem indistinguíveis para a imaginação e o intelecto do agente. Mas isso equivale a dizer que nenhum conceito natural de qualquer coisa seria possível, e isso é obviamente falso.

Em terceiro lugar, a noção de analogia de "Henri" pressupõe que podemos ter um conceito quididativo apropriado do ser de Deus separado do ser de qualquer criatura, embora não possamos distingui-lo de nossa noção do ser de qualquer criatura (*Ordinatio*, 24-25/23-24). Mas, diz Escoto, tal noção exigiria que pudéssemos concluir, a partir dela, tudo o que necessariamente deriva desse assunto. Isso é impossível no que se refere a Deus, particularmente no que diz respeito aos nossos conceitos naturais, como a doutrina da Trindade e outras *credenda* puras deixam claro; *credenda* puras não são implicadas por nossos conceitos naturais e, portanto, não podem ser deduzidas deles. Consequentemente, a noção de analogia de "Henri" não se sustenta. Devemos afirmar que, se quisermos ter conceitos quididativos válidos de Deus, eles devem ser redutíveis a algum conceito ou conceitos que são univocamente predicados de Deus e da criatura.

Por fim, Escoto argumenta que uma perfeição ou tem uma natureza que é comum ou não comum a Deus e à criatura (*Ordinatio*, 25-27/24-25). A primeira opção confirmaria a existência de conceitos unívocos predicáveis de Deus. Se considerarmos a segunda opção, pode ser que a perfeição não seja univocamente predicável de Deus e da criatura, porque pertence inteiramente à criatura e, portanto, não pode pertencer formalmente a Deus. Essa, diz Escoto, é uma conclusão inadequada. Isso implicaria que existem perfeições que não existem em Deus, mas existem nas criaturas e, portanto, que as criaturas são, em determinados aspectos, mais perfeitas do que seu Criador. Por outro lado, a falta de univocidade poderia resultar que a perfeição em questão pertenceria apenas a Deus. Mas tal posição equivale a dizer que Deus é toda perfeição. O que aconteceria então com a análise autoritativa das perfeições de Anselmo e sua atribuição no *Monologion*? Anselmo defendia que se atribui apropriadamente a Deus qualquer natureza cuja existência melhor se afirma do que se nega; tudo o que, por direito, não deveria ser, deve, ao contrário, ser negado em relação a Deus. A posição de Anselmo pressupõe que primeiro se sabe que uma perfeição é de natureza determinada e depois a atribui a Deus. A perfeição, então, não é conhecida porque existe absolutamente em Deus. Claro, Anselmo pode estar errado, mas sua divisão entre o conhecimento e a atribuição das perfeições é confirmada, diz Escoto, pelos efeitos absurdos que ocorrem ao importar para ela a noção de analogia de Henri de Gante. Se a perfeição da criatura fosse meramente análoga à perfeição como existe em Deus, não haveria perfeições nas criaturas, porque uma perfeição análoga não seria perfeita. Consequentemente, ou nada sabemos sobre a perfeição das criaturas ou nosso conhecimento de uma perfeição *per se* é unívoco com respeito a Deus e à criatura e, portanto, abstraído das criaturas, purificado do criatural, exaltado ao mais alto grau e, assim, atribuído a Deus. Na verdade, esta é a própria forma da investigação metafísica de Deus. E se alguém deseja negar essa afirmação, diz Escoto, deve estar preparado para consequências inaceitáveis, a saber, que nada pode ser inferido sobre Deus com base em noções descobertas nas criaturas.

Tendo argumentado que podemos ter conceitos unívocos de Deus e das criaturas, Escoto continua a concordar com "Henri" que não podemos conhecer a Deus como uma essência particular. Ele afirma o modo de conhecimento de Deus que acontece por meio das perfeições abstraídas das criaturas (*Ordinatio*, 26-27/24-25). Ele afirma que o conhecimento mais perfeito de Deus por meio das perfeições seria pensar, de alguma forma, nas perfeições como uma unidade despojada de associação com as criaturas e atribuída a maior eminência. Mas, uma vez que este conceito imaginável não está naturalmente disponível, ele postula um conhecimento menos perfeito, mas mais simples, obtido por meio do conceito de ser infinito, pois tal conceito contém virtualmente todas as perfeições no mais alto grau e é ele próprio adequado à simplicidade de Deus, uma vez que nomeia o modo intrínseco da entidade divina.

Finalmente, Escoto afirma que nosso conhecimento de Deus ocorre por meio das espécies inteligíveis de criaturas (*Ordinatio*, 27-29/28, 30). Ao fazer isso, ele argumenta que a identificação de "Henri" desse conhecimento como o resultado de um ato de estimativa análogo ao da habilidade de um animal de sentir a intenção de outro é mal concebida. "Henri" referiu-se a um ato estimativo pelo qual descobrimos Deus por meio da realidade das criaturas como uma escavação abaixo da superfície para o que está nas profundezas das criaturas, por assim dizer. Ele se apoia no exemplo de Aristóteles da intencionalidade animal do cordeiro e do lobo. Escoto responde que a afirmação e o exemplo de "Henri" são ineficazes; abaixo da superfície das criaturas está o criatural. Por consequência, precisamos de outra analogia. Precisamos entender como acessamos o conhecimento de Deus por analogia com nossa capacidade de conceber os transcendentais por meio das espécies inteligíveis de um ou outro gênero de substância material. Mais uma vez, Escoto trabalha precisamente dentro da noção de Aristóteles da analogia do ser. Na verdade, ele entende a noção de Aristóteles da analogia do ser como uma forma de predicação unívoca conforme ele define o termo:

Deve-se notar que a multiplicidade é dupla: um tipo é a multiplicidade das coisas significadas, outro das coisas supostas. A primeira multiplicidade é de coisas equívocas, pois a unidade comum a uma pluralidade de coisas carece de comunalidade objetiva. A segunda multiplicidade é de coisas unívocas. Pois uma espécie inclui dentro de si muitos indivíduos, mesmo quando carrega a mesma relação predicativa com cada um dos indivíduos que inclui. E é neste sentido que se deve compreender o texto quando diz que "um ser é compreendido em múltiplos sentidos", porque "um ser" é verdadeiramente unívoco quando é predicado metafisicamente de todos os seres.[11]

TOMÁS DE AQUINO E A ANALOGIA DO SER

A crítica de Escoto à doutrina da analogia de Henri de Gante também se aplica à posição de Tomás de Aquino? Isto é, o contraste da ortodoxia radical entre Tomás e Escoto se sustenta? Em *ST*, 1 Q. 13 a. 5., Aquino aborda a questão da predicação unívoca de Deus e das criaturas. Na resolução de Aquino sobre a questão, ele nega que os nomes possam ser predicados de Deus e de criatura de maneira unívoca. Ele defende sua afirmação da seguinte maneira: quando predicamos alguma perfeição de uma criatura, predicamos algo que existe de forma dividida e múltipla, ainda que isso exista de forma unitária em Deus. Assim, as perfeições nomeiam atributos de uma criatura que são diferentes da essência, potência ou *esse* (ato de existência) da criatura; quando predicados em relação a Deus, entretanto, eles são idênticos à essência divina, seu poder ou *esse*. Pode-se dizer que os nomes que usamos para significar as perfeições circunscrevem e, portanto, abrangem ou contêm a perfeição da criatura, mas são insuficientes para conter a perfeição divina. Por consequência, a perfeição, quando predicado de Deus e da criatura, não é predicado da mesma *ratio* ou natureza. Na criatura, o que é nomeado é uma qualidade; em Deus, é a própria natureza divina. Por outro lado, essas perfeições também não devem ser entendidas como predicados equivocamente, pois nesse caso nada poderíamos saber ou demonstrar a respeito

---

[11]Veja também a passagem citada na nota 4. Em latim, lemos: "Notandum, quod duplex est multiplicitas: quaedam significatorum et quaedam suppositorum. Prima multiplicitas est aequivocorum quando scilicet aliquod unum est commune pluribus sine aliqua communitate, quae sit ex parte rei. Secunda multiplicitas est univocorum. Species enim habet multa individua supposita sibi, non obstante univocatione ad sua supposita, et sic accipitur in proposito, cum dicitur: *ens dicitur multipliciter*, quia ens vere est univocum ad omnia entia metaphysice loquendo".

de Deus com base em nosso conhecimento das criaturas. Tal posição nega a história cumulativa da filosofia e, de fato, as próprias reivindicações das Escrituras (Romanos 1:20).

Aquino prossegue indicando o que ele entende por predicação analógica. Os nomes podem ser predicados analogicamente ou proporcionalmente de duas maneiras, das quais apenas a segunda se aplica a Deus e à criatura. A analogia pode ser fundamentada na proporcionalidade de um nome em relação a outro, estabelecida por sua disposição compartilhada em direção a uma unidade inteligível (*ratio*). Nesse caso, Aquino cita a proporcionalidade que a medicina tem em relação aos animais por meio de sua conexão com a saúde. Em outras palavras, a medicina pode ser considerada conectada ou análoga ao animal porque tanto a medicina quanto o animal estão ligados à saúde. A medicina é a causa eficaz da saúde, quando passa a existir em um animal que se recuperou de uma doença. O animal é o sujeito em que a saúde cuja medicina é a causa é inerente como qualidade.

A predicação analógica do ser por meio da distinção Criador/criatura funciona de maneira semelhante. A predicação de um termo em relação a Deus e a criatura é fundada em alguma ordem de todas as criaturas para Deus como princípio e causa na qual todas as perfeições das criaturas preexistem em um grau eminente. Em suma, a predicação analógica postula uma única essência como termo médio unindo Deus e a criatura, mas Deus e a criatura estão unidos de forma diferente vis-à-vis àquela essência: a perfeição da criatura é circunscrita pela essência e, portanto, tem uma existência derivada e diminuída, ao passo que a perfeição divina a excede e, portanto, tem uma existência original e plena.

Então, assim como "Henri" e o próprio Escoto, Aquino acredita que a predicação das perfeições de Deus e das criaturas ocorre de tal forma que a essência (*ratio*) que o nome da perfeição significa funciona como um termo médio unindo Deus e a criatura. Consequentemente, para os três, tal predicação não pode ser puramente equívoca. Não obstante, para Aquino, as disposições de Deus e da criatura com respeito a essa mesma essência diferem irredutivelmente e a tal ponto que ele não acredita que se possa falar de univocidade. Ele prefere falar de analogia e predicação analógica ou de uma compreensão cognitiva que não contém totalmente o que apreende.

A posição de Tomás de Aquino é mais bem entendida como inacabada em relação às de "Henri" e do próprio Escoto. Na verdade, sua posição está sujeita a elaboração em uma direção henriciana ou escotista. Se alguém escolhe se concentrar na diferença irredutível na proporção entre a circunscrição criatural e o excesso divino, perceberá que o que é concebido por meio de um termo comum é de fato plural ou irredutivelmente diverso, embora nossa compreensão quiditativa só seja capaz de alcançar um único termo. Essa é a jogada de "Henri". Por outro lado, se insistirmos nos termos e no que eles significam como abstraídos da existência da criatura, purificados da imperfeição das criaturas, recebendo eminência absoluta no modo do excesso e atribuídos a Deus, assim significado seria quididade como tal, unívoco embora irredutivelmente diferente quanto à proporção: compreendida ou excedente. Essa é a jogada de Escoto. Em outras palavras, estou afirmando que tanto Escoto quanto "Henri" podem aceitar a posição de Aquino, mas se sentem compelidos a elaborá-la e aprofundá-la, a fim de levá-la a uma conclusão, por assim dizer. A rigor, não se pode dizer que a posição de Aquino esteja incluída na crítica de Escoto a "Henri".

ESCOTO COMO SUCESSOR DE AQUINO

Então, por que Escoto reelabora o conceito de Tomás de Aquino da forma que o faz? Em particular, por que ele descarta a linguagem da predicação analógica, apesar de reconhecer as disposições irredutíveis de Deus e da criatura com respeito aos termos predicados? Trago duas sugestões rápidas. Escoto opta por um lado diferente da filosofia de Avicena. Aquino se concentra na compreensão aviceniana de Deus como existência pura ou *esse* que, em seu ato particular de ser (*ens*), consequentemente não se enquadra — porque é anterior a — em qualquer determinação essencial, visto que seu ser é seu próprio "existir".[12] Tomás de Aquino desenvolve essa intuição aviceniana e a torna uma distinção real entre as criaturas entre sua essência e sua *esse* e, por isso, insiste no caráter analógico do ser quando atribuído a Deus e à criatura.[13] Escoto, em contraste, adota o essencialismo da metafísica de Avicena. O ser é mais apropriadamente entendido como quiditativo ou como *ens*, um ser. Consequentemente, ele segue a doutrina aviceniana das "naturezas comuns".[14] Ou seja, ele afirma, juntamente com Aristóteles, que as naturezas inteligíveis universais são apreendidas das coisas por

---

[12]Para um relato perspicaz da posição de Avicena, veja Etienne Gilson, *Being and some philosophers* (Toronto: PIMS, 1952), p. 80-2.
[13]Quanto a esse assunto, cf. ibidem, p. 154-89.
[14]Para críticas a essa posição de uma perspectiva tomista, cf. ibidem, p. 74-107.

meio da experiência desta ou daquela essência particular. No entanto, ele também pensa que se pode abstrair uma essência-em-geral ou uma natureza comum da essência como dada na experiência. Além disso, ele postula essa natureza comum como um objeto real de pensamento (*res*), isto é, como detentor de ser independente do ato mental pelo qual se pensa. O modo de ser de uma natureza ou essência comum é difícil de apreender com certeza; não é atual nem potencial, mas indiferente à atualização ou potencialidade. Consequentemente, pode ser atribuído univocamente a quaisquer seres reais ou meramente potenciais (*entia*) nos quais é experimentado ou pode ser validamente considerado inerente. A esta altura, o papel dessa metafísica aviceniana sobre a noção de Escoto da univocidade do ser já deve estar evidente. Escoto trata o ser como uma natureza comum abstraída deste ou daquele ser concreto, de Deus ou da criatura. A natureza comum, *ens*, é consequentemente válida e univocamente predicável tanto para Deus quanto para a criatura.

Se, por um lado, Avicena nos ajuda a entender as intuições metafísicas que fundamentam o movimento de Escoto, por outro, ele é incapaz de nos ajudar a entender por que Escoto se concentra apenas nessas intuições e não nas que animaram Aquino, por exemplo. Aí vai minha segunda sugestão. Nunca devemos esquecer que Escoto é franciscano. Ou seja, é uma característica central do mundo de Francisco que cada criatura seja chamada de irmão e irmã. Cada criatura é um mistério singular criado por Deus e, como tal, indizivelmente precioso. Além disso, o encontro mais profundo de Francisco com Deus foi ele próprio mediado por tal criatura-irmão: o Cristo pobre e nu, que ele seguiu e viu naqueles cuja nudez e pobreza lembravam a de Cristo.[15]

Todo o projeto teológico de Escoto pode ser visto como uma tentativa de dar forma teórica à percepção de mundo de Francisco. O mistério de cada criatura poderia ser considerado um mistério ou segredo oculto dentro do seio de Deus, mas cada um foi constituído por esse segredo e dotado de estrutura formal única a ele, concebida por Deus, e, embora além do alcance científico humano, ainda assim capazes de chamar conhecedores para níveis cada vez mais profundos no mistério formal de cada criatura em sua

---

[15]Nesse contexto, veja Jean Châtillon, "*Nudum Christum nudus sequere*: note sur les origins et la signification du thème de la nudité spirituelle dans le sécrits de saint Bonaventure", *S. Bonaventura 1274-1974*, ed. J. Guy Bougerol (Grottaferrata, Roma: Collegio S. Bonaventura, 1974), 4.719-72.

realidade objetiva, concreta, unificável e quididativa. Se cada criatura, em seu ser, permanece um mistério, apesar de uma quididade formal que a fundamenta até em sua individualidade, o mesmo poderia ser dito de forma infinitamente mais verdadeira com respeito ao exemplar divino em sua singularidade. Mas fomos feitos para conhecer esse Deus especialmente *in medias res*. E isso significa conhecê-lo mediado por nosso conhecimento das criaturas, um conhecimento ancorado em conceitos unívocos como *ens*.[16]

ORTODOXIA RADICAL, TEOLOGIA E A COMPREENSÃO CAUSAL

Percebemos que certa sensibilidade agostiniana, que é preciosa aos olhos dos pensadores ortodoxos radicais, é, dessa forma, substituída. É uma sensibilidade pela qual todos os conceitos sobre o que é normativamente criatural pertencem primeiro e mais propriamente a Deus, de modo que nossa experiência das criaturas já é sempre mediada por Deus como causa formal ou exemplar. Eles evidentemente não querem dizer que sejamos capazes de determinar quais seriam essas ideiais-causas divinas. Elas permanecem um mistério mesmo em face de nossas determinações mais amplas. Escoto parece reverter essa sensibilidade agostiniana ao insistir na mediação criatural de nossa experiência e conhecimento de Deus. Tal movimento *é* legitimamente denominado uma "opacificação do criatural como símbolo".[17]

No entanto, a opacificação já é inerente às cosmologias profundamente platônicas do século 12.[18] Além disso, as aparências opacas obstruem o fato de Deus ser o termo ou o fim ou a causa final de nossas interações com o irmão sol e a irmã lua, e as causas finais são mais importantes na ordem das

---

[16] A elaboração do projeto de Escoto em termos semelhantes é o objetivo de Allan Wolter, *The philosophical theology of John Duns Scotus*, ed. Marilyn McCord Adams (Ithaca: Cornell University Press, 1990).

[17] A expressão artística *opacificação do símbolo* pertence a Ward e pode ser encontrada, por exemplo, em *CG*, p.7.

[18] Quanto a isso, veja Marie-Dominique Chenu, *Nature, man, and society in the twelfth century: essays on new theological perspectives in the Latin West* (Chicago: University of Chicago Press, 1968); Peter Dronke, *Fabula: explorations into the uses of myth in medieval Platonism* (Leiden: Brill, 1974); idem, *A history of twelfth-century Western philosophy* (Cambridge: Cambridge University Press, 1988); Raymond Klibansky, *The continuity of the Platonic tradition during the Middle Ages* (Munich: Krauss, 1981); Brian Stock, *Myth and science in the twelfth century: a study of Bernard Silvester* (Princeton: Princeton University Press, 1972); Winthrop Wetherbee, *Platonism and poetry in the twelfth century* (Princeton: Princeton University Press, 1972); e, mais recentemente, Barbara Newman, *God and the Goddesses: vision, poetry, and belief in the Middle Ages* (Philadelphia: University of Pennsylvania Press, 2003).

causas e, portanto, sempre já pressupostas por todas as causações posteriores. Para Escoto tanto quanto para Henri de Gante ou Agostinho de Hipona ou John Milbank, todo conhecimento é teológico, pois a teologia é para todas as outras disciplinas como uma causa final para o seu efeito, uma vez que Deus, o sujeito da teologia, é o fim último do intelecto e da vida humana.

Então, eu me pergunto se o papel de Escoto na genealogia do niilismo realmente se resume a uma mudança de Deus como causa formal para Deus como causa final de nossos conceitos. Quando apresentei o assunto a Milbank, ele apontou para os esclarecimentos escotistas que tratei acima. Admito que ele tinha um ponto. Os esclarecimentos de Escoto são revisionais em aspectos importantes. Eles sinalizam uma mudança na elaboração contínua da teologia natural cristã, do significado central da causalidade exemplar de Deus em direção a uma ênfase intensificada na causalidade final como garantia da unidade e do caráter teológico do conhecimento humano. Eu admito isso. Não obstante, insisto que Escoto não abandonou a unidade teológica e o caráter do conhecimento humano. Ele não deve ser culpado pela secularização ou pela aniquilação de sua forma de fundamentar a unidade teológica de nosso conhecimento. É simplesmente falso dizer que ele elaborou uma ontologia fundamental, pois Deus é o fim da metafísica escotista, e as causas finais são as primeiras na ordem das causas. O que Milbank poderia dizer sobre essa última afirmação? Eu arrisco um palpite. Seria mais ou menos o seguinte: quando a unidade teológica e o caráter de todo o nosso conhecimento dependem apenas de um fio teleológico, um eventual mergulho no miasma escancarado da secularização está virtualmente assegurado.

Mas isso é verdade? Na teologia não são todas as fundações teóricas, independentemente de quantas ou quão robustas sejam, igualmente insuficientes no final? Ao colocar as coisas desta forma, estou distinguindo, mas não separando, o conhecimento inerente à experiência de fé de sua elaboração teórica. Afinal, teólogos cristãos engajados, por exemplo, na teologia natural adotaram argumentos para uma *arché* infra cósmica, ou princípio, de seus predecessores filosóficos pagãos e os reposicionaram de modo que eles indicassem a existência necessária de uma causa transcendente do cosmo das criaturas. Uma reversão ou repaganização de tais argumentos deve então permanecer uma característica estrutural de tais argumentos, não só os teleológicos, mas também aqueles que argumentam contra Deus com base na causalidade formal ou exemplar de Deus e no mundo analógico que elas implicam. Na verdade, eu afirmo que a dinâmica em ação empurrando a cultura pós-medieval em direções niilistas é anterior a qualquer estratagema conceitual. Consequentemente, eu me pergunto se não cabe a nós, estudiosos cristãos, admitir que nenhuma estrutura teológica poderia estar, ou jamais esteve, a salvo de um processo de aniquilação ou poderia ser considerada suficiente para reencantar nosso mundo desencantado. Devemos fazer tal admissão, com certeza, mas apenas para insistir que não há igualmente nenhuma estrutura teológica, por mais humilde, que não possa ser usada por Deus para operar o reencantamento desejado por Deus, talvez até mesmo — e reconhecidamente *por mirabile* — a teologia natural de João Duns Escoto ou um de seus herdeiros teológicos: a tradição reformada na filosofia e teologia.[19]

---

[19]Para uma tentativa de usar a teologia natural escotista exatamente dessa forma, veja Colin E. Gunton, *Act and being* (London: SCM, 2002). Quanto à conexão entre Escoto e a epistemologia reformada de um lado e a teologia clássica dos teólogos reformados do século 17 do outro, veja Vos Jaczn, *Johannes Duns Scotus*.

5

O INVISÍVEL E O SUBLIME:
da participação à reconciliação

| Adrienne Dengerink Chaplin |

PARTICIPAÇÃO E MEDIAÇÃO

Em sua introdução a *Radical orthodoxy: a new theology*, os editores John Milbank, Catherine Pickstock e Graham Ward expressam com confiança sua intenção de "recuperar o mundo situando suas preocupações e atividades dentro de uma estrutura teológica" (*RONT*, p. 1). Eles desejam especificamente recuperar aquelas áreas que, segundo eles, foram completamente secularizadas, mais notadamente a política, o sexo, o corpo, a personalidade, a visibilidade, o espaço e a estética, sendo esta última o foco deste ensaio. São essas áreas em particular que a ortodoxia radical deseja reposicionar de uma perspectiva cristã, não apenas porque, em teologias com uma inclinação dualística, elas tradicionalmente não receberam atenção séria, mas, mais seriamente, porque em mãos seculares essas áreas foram mal interpretadas e mal direcionadas. Nas palavras dos editores: "O secularismo arruinou [...] até mesmo aquilo que parecia celebrar" (*RONT*, p. 3). A paixão da ortodoxia radical em recuperar o mundo secular ressoa fortemente com os sentimentos da tradição reformada. Partindo de Colossenses 1, Calvin Seerveld escreve: "Tudo pertence a Deus. Tudo o que é desconectado dele perde o direito de ser [...] 'reconciliar' significa tirar das mãos formadoras injustas tudo com o que estão ocupadas e trazê-las de volta ao Senhor, de volta em harmonia com suas ordenanças [...] Onde quer que a ação cultural esteja, onde quer que seu mercado mais atual seja localizado, esse é precisamente o lugar onde o Espírito Santo deve ser chamado para agir com força".[1] Talvez com menor elegância, mas não menor força, Abraham Kuyper diz ao público que "não há um único centímetro quadrado em todos os domínios da existência criada que Cristo não olhe e diga 'é meu!'".[2]

Além dessa crença compartilhada no escopo universal do senhorio de Cristo em relação a todo pensamento e prática, a ortodoxia radical e a tradição reformada mantêm pontos de vista comparáveis sobre a natureza do conhecimento. Ambos sustentam que nosso conhecimento e compreensão do mundo não são autônomos nem neutros. Em vez disso, é baseado em pressupostos pré-teóricos, que, por sua vez, estão enraizados em orientações religiosas, bem como nas circunstâncias históricas concretas do conhecedor. Consequentemente, não há razão objetiva divorciada das crenças pré-teóricas. Muito antes de se tornar uma característica padrão da filosofia dominante, seja por meio de Kuhn, Foucault ou Derrida, a exposição do mito da neutralidade foi uma característica chave da crítica transcendental de Herman Dooyeweerd ao pensamento moderno imanentista.[3] Para ele, assim como para Milbank, o verdadeiro conhecimento é uma forma de iluminação divina, uma compreensão de nosso mundo enraizada no discernimento espiritual. Consequentemente, ambas as tradições procuram superar as dicotomias modernistas de fé e razão à medida que se aplicam às diversas esferas culturais que se distanciaram de suas origens cristãs, incluindo a arte.

Dito isso, a maneira pela qual a ortodoxia radical e a tradição reformada trabalham essas convicções leva a diferentes direções com diferentes conclusões concomitantes. Neste ensaio, focalizarei uma dessas divergências no que se refere ao domínio da estética. Vou sugerir que, apesar de seu desejo genuíno de superar as dicotomias percebidas deste mundo, a ortodoxia radical opera dentro de uma ontologia essencialmente dualística da realidade criada. Isso, eu sugiro, é mais evidente em seu mapeamento problemático da distinção Criador-criatura (ou divino-humano) em uma ampla gama de opostos binários (como visibilidade *versus* invisibilidade, corporeidade *versus* incorporeidade, sensibilidade *versus* inteligibilidade, corpo *versus*

---

[1] Calvin Seerveld, *Rainbows for the fallen world: aesthetic life and artistic task* (Toronto: Tuppence, 1980), p. 32, 39, 36.
[2] Abraham Kuyper, "Sphere sovereignty" (orig. 1880), in: *Abraham Kuyper: a centennial reader*, ed. James D. Bratt (Carlisle: Paternoster, 1988), p. 488.
[3] Herman Dooyeweerd, *A new critique of theoretical thought*, Collected Works A/1-4 (Lewiston: Mellen, 1997 [orig. 1953-1955]), 4 vols.

alma) que devem ser encontrados principalmente dentro do reino da criação. Em meu ensaio, elaborarei essa afirmação por meio de uma leitura crítica dos três últimos ensaios de *Radical orthodoxy: a new theology* que tratam explicitamente do domínio da estética: "Aesthetics: the theological sublime", de Frederick Bauerschmidt, "Perception: from modern painting to the vision in Christ", de Phillip Blonde "Music: soul, city, and cosmo, after Augustine", de Catherine Pickstock.

Como ficará claro, em todos esses ensaios as noções de participação e mediação ocupam uma posição central. A ortodoxia radical afirma que quer reimaginar um cristianismo que aprenda a reavaliar a "esfera mediadora e participativa, a única que pode nos levar a Deus" (*RONT*, p. 3). Embora nem sempre totalmente claro, adotando esses termos conforme desenvolvidos por Platão e retrabalhados pelo pensamento cristão, a ortodoxia radical afirma que apenas alguma forma de participação no divino garante a mediação necessária da realidade física finita e visível com o espiritual infinito e invisível: "Qualquer configuração alternativa reserva forçosamente um território independente de Deus" (*RONT*, p. 5). Colocado de forma mais forte, para a ortodoxia radical somente a participação pode salvar o mundo do vazio do niilismo.

Em contraste, pretendo mostrar que as noções da ortodoxia radical de mediação e participação desviam nosso entendimento teológico não apenas da arte, mas da realidade criada em geral, particularmente com respeito à sua natureza corporal e sensível. Vou sugerir que as noções bíblicas de reconciliação e transformação podem servir a este projeto de maneira mais frutífera. A reconciliação não implica uma mediação entre dois reinos ou esferas criacionais diferentes (por exemplo, entre o físico e o não físico), mas, sim, uma restauração de um relacionamento quebrado ou aliança entre Deus e seu povo. Da mesma forma, a transformação aponta para uma criação modificada sem ter que abandonar seu caráter finito e físico. Em tal compreensão, o mundo finito, visível e físico não é um mundo de niilismo, um vazio sem valor, mas, sim, um mundo profundamente quebrado e ferido que precisa de redenção, precisa de um salvador. Embora finita, a criação não é incompleta. É sem falta ou necessidade original. Já está abençoada. Consequentemente, não é por causa de sua finitude ou fisicalidade que o mundo precisa de redenção ou mediação — é por causa de sua queda no pecado. A seguir, mostrarei como essa diferença entre os entendimentos da ortodoxia radical e reformado da fisicalidade da criação é representada no âmbito da estética.

BAUERSCHMIDT SOBRE O SUBLIME

Em seu ensaio "Aesthetics: the theological sublime", Frederick Bauerschmidt lembra-nos que Lyotard nos fornece (pelo menos) duas interpretações diferentes da pós-modernidade. Sua primeira e mais conhecida versão concentra-se na rejeição da pós-modernidade às metanarrativas modernistas dominantes e na natureza opressora das metanarrativas em geral. Para Bauerschmidt, a primeira versão não é tanto uma ruptura, mas, sim, uma intensificação do modernismo, como a busca contínua do sujeito moderno por autonomia. A segunda e indiscutivelmente menos conhecida versão da pós-modernidade de Lyotard, entretanto, concentra-se na noção do sublime como a apresentação do irrepresentável.[4] Bauerschmidt encontra algo que não apenas aponta para uma ruptura adequada com a modernidade, mas também tem algo importante a oferecer à teologia contemporânea.

Para compreender a atração de Bauerschmidt por essa noção, é importante conhecer algumas de suas origens em Kant. O sublime, tal como concebido por Kant, sugere a incapacidade de nossa percepção humana de lidar com algo que é além do que podemos absorver com nossos sentidos, isto é, com nosso eu corporificado. Distinguindo entre um matemático-sublime e um dinâmico-sublime, Kant estipula que, no primeiro, encontramos objetos de uma magnitude que não podemos apreender visualmente, enquanto, no segundo, somos confrontados com situações ou objetos ameaçadores pelos quais nos sentimos fisicamente ameaçados. Esses encontros frustrantes, que Kant chama de "contra-intencionais", produzem inicialmente em nós uma reação de medo, uma forma de desorientação e angústia, lembrando-nos da fragilidade da vida. Estamos perante situações que nos confrontam com os nossos próprios limites. No sublime-matemático, somos confrontados com as limitações de nossos órgãos dos sentidos, pois eles não conseguem compreender uma cena como um todo, frustrando, assim, nosso desejo de saber; no sublime-dinâmico (de *dynamis*, "poder"), somos confrontados com nossa própria vulnerabilidade física, frustrando assim nosso desejo de viver. No entanto, embora inicialmente doloroso e frustrante, esses sentimentos de descontentamento acabam sendo substituídos por um sentimento de euforia quando a mente percebe que pode *pensar*

---

[4]Jean-François Lyotard, *The postmodern condition: a report on knowledge*, trad. para o inglês Geoff Bennington; Brian Massumi (Minneapolis: University of Minnesota Press, 2002), p. 77-9.

aquilo que não pode *(re)apresentar* aos sentidos e à imaginação. Mesmo que inicialmente oprimido pelo espanto ou pelo medo, desde que esteja em um lugar seguro, o sujeito é capaz de superar sua sensação de impotência tornando-se consciente de seus próprios poderes de razão. Ao resistir aos seus instintos naturais de se sentir oprimida pela situação, ela se torna consciente de sua verdadeira humanidade e, portanto, para Kant, de sua superioridade moral como ser humano. Ao contrário dos animais, os seres humanos não são condicionados por suas circunstâncias ou instintivamente impelidos à certas ações. Como criaturas racionais, os seres humanos podem transcender essas limitações das faculdades dos sentidos e assumir certa distância mental. Ao fazer isso, eles alcançam sua verdadeira liberdade. Conforme Kant.[5]

Voltando a Bauerschmidt, ficará claro pelo relato acima que, a fim de tornar essa noção essencialmente modernista do sublime lucrativa para a teologia, ele terá de introduzir algumas mudanças, especialmente na medida em que a noção de sublime de Kant está ligada à sua concepção do sujeito como agente moral autônomo. Uma dessas mudanças, como veremos, envolverá a localização do sublime de Bauerschmidt fora do sujeito.

Seguindo Lyotard, Bauerschmidt emprega duas noções do sublime, uma versão moderna e uma versão pós-moderna. O sublime moderno aponta para uma crise fundamental da representação em geral (ou seja, a sensação de que a realidade nunca pode ser representada "como realmente é"). Suspeitando de afirmações equivocadas e agendas ocultas por trás de todas as grandes narrativas, a mente moderna (tardia) se desespera de ser capaz de falar sobre qualquer coisa, seja humana ou divina. Conectando essa sensação de frustração e desespero com a frustração do sujeito kantiano de ser confrontado com suas próprias limitações, Lyotard se refere a essa condição como "o sublime melancólico". Nessa versão, há uma sensação diferente de perda, uma nostalgia de experiência pela presença perdida. Em vez de ceder ao silêncio total, há um reino da representação onde essa perda de presença pode pelo menos ser tratada: a arte (moderna).[6] A arte moderna, segundo Lyotard, pode apresentar-nos, apesar de nossa incapacidade de apreendê-la, que o irrepresentável existe. Torna visível "que há algo que

---

[5] Immanuel Kant, *Critique of judgment*, trad. para o inglês Werner S. Pluhar (Indianapolis: Hackett, 1987 [orig. 1790]), p. 97-126.
[6] Kant não aceita o (sentimento) sublime fora do domínio da natureza.

pode ser concebido e que não pode ser visto nem tornado visível".[7] Exemplos de pinturas que aspiram a esse ideal são, por exemplo, os quadrados brancos de Malevich: frustrantes em sua abstração não representacional e aparente negatividade, mas satisfatórios e reconfortantes em sua apresentação formal. Ao nos voltarmos para o sublime pós-moderno, no entanto, encontramos uma mudança significativa: esta versão do sublime foi além de qualquer suspeita: "Percebe que a falta de realidade só justifica a suspeita se alguém presumir que existe um 'real' para o qual se tem algum tipo de acesso (pelo menos negativo)" (*RONT*, p. 203). Uma vez que não existem mais tais expectativas, a pessoa está novamente livre para fazer representações, livre de quaisquer sugestões de pretensões totalizantes. Nas famosas palavras de Lyotard: "Travemos uma guerra contra a totalidade; sejamos testemunhas do irrepresentável".[8] Esse modo de sublimidade é caracterizado por *novatio*, ou invenção. Consiste no desafio contínuo a quaisquer regras de representação, mesmo as formais. Ela nega a si mesma "o consolo das boas formas", o consenso de gosto que permitiria compartilhar coletivamente a nostalgia do inatingível. Isso explica a afeição generalizada pelo pastiche e pela colagem na arte pós-moderna (isto é, a tendência de misturar, combinar e citar o passado enquanto justapõe diferentes estilos, assuntos e técnicas de maneiras anteriormente inimagináveis). Embora Lyotard rejeite claramente o ecletismo da cultura contemporânea em geral, na medida em que é ditado e moldado pelas demandas dos consumidores e mercados, ele aceita que na arte e na erudição temos que aprender a viver com a multiplicidade, a contingência e a fragmentação. Acima de tudo, para evitar novas formas de pseudo-reconciliações entre a realidade conceptual e a sua representação sensível.

Essa ideia de apresentar o irrepresentável por meio de formas contingentes e históricas fornece a Bauerschmidt esperança e promessa para a crise da representação na teologia. Reconhecendo a própria história de suspeita de representação do cristianismo herdada da proibição de Israel à criação de imagens, ele é inspirado a considerar certas expressões da arte como sendo capazes de fornecer um modelo para a teologia: assim como o irrepresentável visual pode ser representado por meio da arte sublime pós-moderna, também pode o irrepresentável teológico ser representado por meio da encarnação. Em suas próprias palavras: "Assim como a pós-modernidade vai

---

[7]Lyotard, *Postmodern condition*, p. 78.
[8]Ibidem, p. 82.

além da suspeita característica da modernidade em sua apropriação irônica da representação por meio do pastiche e da bricolagem, também (*embora sem ironia*) o cristianismo vai além de qualquer suspeita em sua proclamação da fé em Jesus Cristo como Deus encarnado, a imagem do Deus invisível (Colossenses 1:15)" (*RONT* 205, grifo na citação).

Isso, é claro, implica algumas mudanças importantes na compreensão de Bauerschmidt do sublime pós-moderno em relação a Lyotard, todas as quais podem ser consideradas como um resultado de seu movimento de abandonar a ironia. Em primeiro lugar, a nova compreensão de Bauerschmidt implica uma mudança da ideia de múltiplas representações, isto é, a ideia de que quanto mais representações se podem apresentar para algo, menos elas são consideradas autoritárias para a ideia de uma e apenas uma representação: o Cristo encarnado. Em segundo lugar, envolve um afastamento da compreensão epistemológica de Kant do sublime, como a experiência desorientadora e conflitante de um sujeito de algo avassalador para uma compreensão ontológica e metafísica do sublime como aquilo que transcende nossa existência criatural. E, terceiro, implica uma mudança de um antirrealismo epistemológico lyotardiano para um realismo teológico platônico.[9] Baseando-se na noção platônica de forma de von Balthasar, Bauerschmidt afirma: "O arquétipo sublime está na forma; pode-se dizer que a forma é a 'presença real do arquétipo" (*RONT*, p. 208). Cristo, portanto, participa da *Urform* arquetípica e nós, por extensão, participamos do corpo de Cristo por meio da igreja como a comunhão de crentes e por meio da eucaristia. Cada um à sua maneira e em seu próprio reino, Cristo e a arte servem assim para mediar entre o finito e o infinito. Isso, sugerirei mais tarde, leva a uma concepção equivocada da arte e da encarnação. Entretanto, antes retornarei para a contribuição de Blond.

BLOND SOBRE A PERCEPÇÃO

O ensaio "Perception: From Modern Painting to the Vision in Christ", de Phillip Blond, segue uma trajetória muito semelhante à de Bauerschmidt. Encontramos um desejo parecido de identificar lugares que nos permitem mediar entre o visível e o invisível, o real e o ideal. Como Bauerschmidt, Blond também enfatiza que somente uma teologia cristã pode negociar

---

[9] O próprio Bauerschmidt afirma claramente: "No entanto, a leitura teológica desses temas pode talvez nos levar além de qualquer suspeita em direção a um realismo teológico" (*RONT*, p. 209).

essa relação adequadamente porque "a encarnação do Altíssimo na forma humana e na realidade de Cristo [...] fundiu para todo o sempre idealidade e realidade" (*RONT*, p. 222). Tal como acontece com Bauerschmidt, esta (re)negociação funciona por meio das noções de participação: "Pois se de fato, como o cristianismo sugere, esta realidade material que habitamos é uma participação dada por Deus por nós nele e em sua idealidade, então nunca poderemos ser iguais aos dons que nos são dados, até porque não somos Deus e não podemos engendrar o ideal a partir de nós mesmos e assim fornecer o nosso próprio fundamento" (*RONT*, p. 221).

Segundo Blond, a questão é quais consequências isso traz à produção de arte: "Que tipo de visão seria adequada para determinar a natureza de tal mundo?" (*RONT*, p. 222). Como uma obra de arte pode representar a realidade de tal forma que testemunhe a idealidade que nela reside? Vendo dois modos de contornar essa tensão, ele identifica, por um lado, um subjetivismo como o representado pelos impressionistas. Blond argumenta que, apesar dos esforços científicos dos impressionistas de serem fiéis ao mundo fenomênico, suas tentativas "se dissolveram em um relato não de um mundo objetivo, mas, sim, de uma apresentação da constituição subjetiva da realidade" (*RONT*, p. 224). Por outro lado, Blond reconhece uma forma de objetivismo na obra de pós-impressionistas como Cézanne. Cézanne visa ir além do mundo da aparência externa, capturando as formas duradouras subjacentes de solidez, densidade e peso. Nesse processo, porém, segundo Blond, o sujeito se perdeu.

No ponto de vista de Blond, outros exemplos de subjetivismo e objetivismo são Kandinsky, a quem ele atribui "subjetivismo irrestrito", e Mondrian, a quem imputa "objetivismo irrestrito". Embora reconheça que ambos são influenciados por rejeições gnósticas do mundo material, ele afirma que, por um lado, as formas e cores de Kandinsky expressam uma espiritualidade subjetiva interna que deixa pouco espaço para a verdade objetiva, mas que, por outro lado, as formas de Mondrian expressam um mundo de verdades objetivas universais em detrimento do particular e do concreto.

Isso não significa que Blond considere a arte abstrata, *como tal*, irredimível. Como Bauerschmidt, ele tem uma queda por Malevich. Para ele, as pinturas expressionistas abstratas de Malevich não são subjetivistas nem objetivistas, mas, sim, "um testemunho visível da presença do ideal no real" (*RONT*, p. 231). São "icônicos", embora nem sempre possamos identificar o que simbolizam.

Para explicar a natureza desse "ver" icônico, Blond se volta para a noção de percepção de Merleau-Ponty como a possibilidade de ver a transcendência na imanência, o invisível no visível. Mais especificamente, ele interpreta a visibilidade do mundo segundo a encarnação visível do transcendente divino (*RONT*, p. 237). Entendida dessa maneira, a percepção é capaz de discernir no âmago do que é mais material o que é mais transcendente.

Ao proceder dessa maneira, Blond faz um movimento semelhante ao adotado por Bauerschmidt no que diz respeito à noção de sublime.[10] Como Bauerschmidt, Blond toma o que é essencialmente um insight epistemológico em Merleau-Ponty — isto é, a ideia de que ao observar o mundo, sempre temos que ir além do que podemos ver e interpretar o mundo além de seus horizontes visíveis — e emprega isso a fim de articular um argumento teológico.[11] Em outras palavras, ele tira as noções de Merleau-Ponty do invisível e do transcendente de seus contextos filosóficos originais e as transforma em referências a um transcendente teológico — um reino ou ser divino. O próprio Merleau-Ponty nunca pretendeu que suas noções de invisibilidade e transcendência fossem tomadas em sentido teológico. Para ele, ambos estão firmemente enraizados no reino da realidade humana criada. Blond reconhece um pouco isso em um ensaio diferente: "Não desejo, nem posso cooptar a obra de Merleau-Ponty em uma metafísica religiosa. Pois ele se opunha à teologia".[12] No entanto, Blond acredita que isso se deve à noção equivocada de Merleau-Ponty de que a teologia é anti mundana. Seja como for, ao transformar esses termos em outra coisa, a estética corre o risco de perder alguns conceitos filosófica e esteticamente intrigantes. Em seu ensaio "Cézanne's Doubt", por exemplo, Merleau-Ponty se refere à frustração experimentada por Cézanne ao tentar capturar algo da solidez interna e da permanência da realidade visível sob todas as suas aparências mutáveis.[13] Novamente, isso

---

[10]Em seu ensaio "Sublimity: the modern transcendent", John Milbank apresenta uma argumentação semelhante, apontando que a ligação entre o sublime e o belo precisa ser restaurada.

[11]Veja, por exemplo, Maurice Merleau-Ponty, *The visible and the invisible*, trad. para o inglês Alphonso Lingis (London: Routledge, 1969), p. 257 [edição em português: *O visível e o invisível*, trad. José Artur Gianotti; Armando Mora d'Oliveira (São Paulo: Perspectiva, 2019)]; e idem, *Phenomenology of perception*, trad. para o inglês Colin Smith (London: Routledge, 1998), p. 169 [edição em português: *Fenomenologia da percepção*, trad. Carlos Alberto Ribeiro de Moura (São Paulo: Martins Fontes, 2018).

[12]Phillip Blond, "The primacy of theology and the question of perception", in: *Religion, modernity, and postmodernity*, ed. P. Heelas (Oxford: Blackwell, 1998), p. 307.

[13]Maurice Merleau-Ponty, "Cézanne's doubt", in: *The aesthetics reader: philosophy and painting*, ed. Galen A. Johnson; trad. para o inglês Michael B. Smith (Evanston: Northwestern University Press, 1993).

não deve ser necessariamente interpretado, como Blond parece fazer, quanto ao ser transcendente universal, mas, pelo contrário, quanto a capturar o tipo de solidez material que se perdera com o efêmero dos impressionistas e, para Cézanne, representações superficiais da qualidade fenomenal do mundo. Pois, os objetos irem além de si mesmos significa indicar, *na obra*, que para cada aparência visível existem inúmeros aspectos ocultos que, no entanto, contribuem para a nossa percepção geral e compreensão do mundo.

O mesmo poderia ser dito da adoção de Bauerschmidt da noção de sublime de Kant. Em seu contexto e concepção original, essa noção oferece alguns insights perceptivos sobre a natureza da percepção e experiência humanas. Quando Kant introduziu essa noção, ele o fez com relação à presença de um objeto (ou a ocorrência de um evento) que excede nossas capacidades normais de capturá-lo em nossa imaginação. Como tal, ele claramente o confinou às experiências do mundo fenomenal. Ele nunca pretendeu se esforçar por representações de Deus, pois Deus poderia, *a priori*, nunca ser um objeto de nossa experiência. Kant afirma claramente que

> a verdadeira sublimidade só deve ser buscada na mente da pessoa que julga, não no objeto natural cujo julgamento induz esta sintonização mental [...] A sublimidade não está contida em qualquer coisa da natureza, mas apenas em nossa mente, na medida em que nos tornamos conscientes de nossa superioridade em relação à natureza dentro de nós e, portanto, também à natureza fora de nós.[14]

Em outras palavras, o sublime não está em nenhuma forma transcendente, ele está *em nós*.[15] É só nesse sentido, e não em qualquer outro sentido

---

[14] Immanuel Kant, *Critique of judgment*, trad. para o inglês Werner S. Pluhar (Indianapolis: Hackett, 1987), p. 113 [edição em português: *Crítica da faculdade de julgar*, trad. Fernando Costa Mattos (Petrópolis: Vozes, 2016)]. Ainda que Bauerschmidt reconheça que este é o caso, ele não parece agir de acordo com suas consequências. Clayton Crockett faz uma observação semelhante a respeito de Milbank e Blond: "Embora percebam que o sublime envolve processos mentais, eles tendem a caracterizar Deus como o objeto que resulta desses processos ou aquilo que é referenciado em conjunto com esse processo, que só pode ser uma fonte de incompreensão e de medo"; cf. *A theology of the sublime* (London: Routledge, 2001), p. 30.

[15] Ainda que por motivos diferentes, Crockett também lamenta a tendência da ortodoxia radical de externalizar o sublime. Como Charles Winquist escreve em seu prefácio de *A theology of the sublime*: "[Crockett] respeita a integridade e o rigor nas formulações da ortodoxia radical, apresentando argumentos teológicos, mas ao mesmo tempo explicando que não podemos descartar o entendimento do reposicionamento kantiano de Deus ou do sublime no reino interior das condições transcendentais para a subjetividade. Não podemos confundir o sublime com um objeto transcendente" (p. x).

transcendente, que se pode dizer que o sublime "expande a alma". Não é preciso aceitar a posição de Kant do sujeito como um agente moral autônomo para que esta descrição fenomenológica ressoe com uma experiência humana mais abrangente.

Poderíamos questionar, então: qual é a ligação entre as ideias sobre o transcendente (o sublime e o invisível), por um lado, de Kant e Merleau-Ponty e, por outro, de Bauerschmidt e Blond? Em todas as situações encontramos, para usar uma expressão de James K. A. Smith, "casos de incomensurabilidade" entre um domínio e uma entidade — o sublime, o invisível, o divino — e nossos meios humanos de percepção e conceituação.[16] Somos confrontados com a alteridade radical de algo que não se encaixa em nossas categorias comuns de articulação e descrição. Estamos, por assim dizer, literalmente sem palavras. Tal como acontece com o sublime de Kant e a invisibilidade de Cézanne, lutamos continuamente e sem sucesso a fim de manter algo "em foco".

Apesar dessa característica comum — sua incomensurabilidade — o tipo de alteridade é, no entanto, bastante diferente em cada caso. Nos primeiros casos — o sublime de Kant e o invisível de Merleau-Ponty — estamos lidando com a alteridade da experiência vivida pré-reflexiva, a espessura da existência corporal a que Merleau-Ponty se refere como "a carne" da vida humana. Embora essa dimensão de alteridade não possa ser facilmente articulada na linguagem discursiva convencional, às vezes pode ser capturada por meio de expressões faciais, gestos corporais, rituais, piadas, canções, dança, música e artes visuais.

No segundo caso de alteridade, entretanto, encontramos um tipo diferente de transcendência. Essa alteridade aponta para um reino ou ser transcendente que serve tanto como fonte quanto sustentador de toda a realidade criada.[17] A questão sobre as criaturas finitas poderem ou não ter acesso e conhecimento acerca desta transcendência divina — e, em caso afirmativo, como isso é possível — foi amplamente debatida ao longo de toda história judaica e cristã. Na verdade, a questão remonta muito antes das crises de representação moderna e pós-moderna e começa com a proibição de

---

[16]James K. A. Smith, *Speech and theology: language and the logic of incarnation* (London: Routledge, 2002).

[17]Em *Speech and theology*, p. 43, Smith distingue *três* tipos de alteridade: experiência vivida fática (Heidegger), o outro (Levinas) e Deus.

imagens na lei do Antigo Testamento. A incomensurabilidade aqui atinge um novo nível. Com Bauerschmidt, precisaremos nos perguntar se é possível — ou permitido — tentar capturar Deus em qualquer forma humana ou representação finita. A fim de nos ajudar a reconhecer a importância e relevância contínua desta questão, eu a abordarei por meio de uma análise da ópera *Moses e Aron*, de Arnold Schoenberg.[18]

SCHOENBERG SOBRE A INIMAGINABILIDADE DE DEUS

Como um artista judeu, Arnold Schoenberg lutou com um conflito interno: como judeu, ele foi proibido de fazer imagens, mas como artista ele se sentiu chamado a fazê-las.[19] Esse conflito assume uma virada estética e religiosa em seu tratamento do confronto entre Moisés e Arão sobre o tema das imagens. Para Moisés, Deus é um Deus único e transcendente que está além de qualquer imaginação. Arão, em contraste, afirma que, precisamente como criaturas sensuais e sensíveis (ou seja, como seres humanos encarnados), não podemos nos esquivar de tal ato imaginativo. Na verdade, podemos conhecer a Deus apenas por meio de nossos sentidos e nossas representações dessas percepções.

O caráter musical de Moisés se manifesta por algo chamado *Sprechegesang*, um tipo de combinação de canto e fala. Às vezes, seu discurso soa quase arrastado. Isso cria dois efeitos: dá força retórica a seu personagem e também simboliza a dificuldade de Moisés de falar. Esta tradução de sua fala é baseada nas palavras proferidas por Moisés ao tentar se esquivar da missão de liderar os israelitas para fora do Egito:

> Mas minha língua não é flexível.
> Pensar é fácil, difícil é falar.[20]

---

[18] Esta ópera foi usada por muitos autores com o objetivo de ilustrar a tensão entre ideia e imagem e o problema da representação como um todo. Para minha abordagem, concentrei-me principalmente em Richard Viladesau, *Theological aesthetics: God in imagination, beauty, and art* (New York: Oxford University Press, 1999), p. 39-58. Para outra leitura da mesma ópera com observações parecidas, veja Edith Wyschogrod, "Eating the text, defiling the hands: specters in Arnold Schoenberg's opera *Moses and Aron*", in: *God, the gift, and postmodernism*, ed. John D. Caputo; Michael J. Scanlon (Bloomington: Indiana University Press, 1999), p. 245-59.

[19] Nascido alemão e judeu, Schoenberg se converteu ao luteranismo em 1898, mas voltou ao judaísmo em 1933 — ano em que Hitler se tornou chanceler — por solidariedade a outros judeus.

[20] Compare Êxodo 4:10: "Ó Senhor! Nunca tive facilidade para falar [...] Não consigo falar bem!".

Consequentemente, Arão será a voz de Moisés e o ajudará a transmitir a vontade de Deus ao povo. No tocante à música dodecafônica, Arão canta bem melodicamente. Finalmente, a voz divina é uma combinação de *Sprechgesang* e do canto adequado, em algumas ocasiões, sucessivamente, e em outras, realizada por um coro de seis partes.

A ópera começa com Moisés declarando a irrepresentabilidade de Deus:

> Deus único, eterno, onipresente,
> Invisível e inimaginável!

No entanto, Arão insiste que o povo precisa de sinais e maravilhas visíveis a fim de permanecer fiel à palavra de Deus:

> Povo escolhido pelo Único, vocês são capazes de
> Adorar o que nem ousam representar?

Arão sugere até que Deus incentiva o homem a produzir imagens dele, como se isso expressasse seu amor e dedicação a ele, da mesma forma que temos a tendência a tirar diversas fotos daqueles que amamos:

> O amor definitivamente não se cansará de criar imagens.
> Feliz é esse povo que reverencia seu Deus assim.

Por outro lado, Moisés continua contestando essas sugestões e lembrando a todos da alteridade completa de Deus, o "Eu Sou o que Sou" que não aceita imagens esculpidas e ídolos.

No princípio do segundo ato, Schoenberg apresenta o povo no momento de sua espera pela volta de Moisés do Monte Sinai. Baseando essa cena ligeiramente em Êxodo 32, ele conta como os indivíduos começaram a ficar inquietos e passaram a pedir a Arão algo tangível e visível para adorar:

> Ele nunca pode ser visto?
> Ele nunca está visível?
> Ele, o deus mais poderoso entre todos,
> Não pode se apresentar diante de nós?

Schoenberg então mostra como Arão concordou em fazer um bezerro de ouro e como as pessoas se engajaram em festividades e rituais selvagens para celebrar esta imagem visível de sua divindade. Quando Moisés retorna da montanha e repreende Arão pelo que ele fez, Arão se defende repetindo sua afirmação de que é essencial para os seres humanos terem imagens visíveis de seus deuses: "Nenhum povo pode acreditar naquilo que não sente!". Significativamente, Arão lembra a Moisés que, no passado, ele experimentou e realizou diferentes tipos de sinais e maravilhas, desde a presença de Deus na sarça ardente até os milagres relacionados com sua vara e a coluna de fogo, todos os quais de alguma forma representam a presença de Deus entre seu povo. Arão então leva o argumento ainda mais longe: não apenas esses fenômenos visíveis são manifestações concretas de Deus em formas humanamente acessíveis, mas também suas palavras. Afinal, a linguagem também é apenas uma forma de comunicação humana, uma construção humana, seja entre dois seres humanos ou entre Deus e seu povo. Em outras palavras: a maneira de Deus se revelar a nós e a maneira de pensarmos e falarmos acerca de Deus está sempre inevitavelmente ligada às nossas formas humanas de representação. Até as tábuas de pedra que continha lei são imagens.

Moisés agora começa a duvidar de sua posição anterior: talvez as palavras também sejam falíveis; talvez sua recepção da lei e da revelação de Deus seja de fato uma redução de Deus; talvez as palavras também sejam "imagens" do inimaginável. Moisés se desespera com o pensamento: "Então quebrarei também essas duas tábuas e pedirei a ele que retire a tarefa que me foi confiada!". No final da ópera, Moisés está desesperado, já que agora duvida de seu pensamento anterior sobre imagens e símbolos:

> Deus inimaginável!
> Ideia inexprimível e multifacetada,
> Você permite esta interpretação?
> Arão, minha boca, tem permissão para criar esta imagem?
> Então eu também construí uma imagem falsa?
> Assim como uma imagem deve ser.
> Portanto, estou derrotado!
> Desse modo, tudo o que pensei era loucura,
> E não pode e não deve ser falado.
> Ó palavra, tua palavra, é o que me falta!

Moisés, poderíamos dizer, experimenta sua própria "crise de representação". Não apenas as imagens devem ser vistas com suspeita; também as palavras agora parecem ser construções humanas finitas e, portanto, devem ser insuficientes como representações adequadas do Deus infinito, invisível e inimaginável. O que, depois disso, ainda pode ser considerado confiável como representações diretas e não mediadas de Deus?

A representação imaginativa e poética de Schoenberg da história do Êxodo, portanto, destaca algumas das questões hermenêuticas e teológicas envolvidas neste problema complexo. Além disso, a ópera como ópera é capaz de transmitir algumas das profundas dimensões existenciais desse dilema, que tendem a permanecer ocultas em tratamentos teológicos mais discursivos dessa questão.

PICKSTOCK SOBRE A MÚSICA

Passo agora de uma análise da importância de uma obra musical particular para a filosofia da música em geral. O ensaio de Catherine Pickstock intitulado "Music: soul, city, and cosmos after Augustine" — um final adequado para *Radical orthodoxy: a new theology* — apresenta-nos ainda outro apelo para "uma restauração da tradição ocidental (platônico-cristã)", desta vez a ser abordada por meio de sua tradição de teoria musical (*RONT*, p. 268). Como Pickstock nos lembra com razão, em suas primeiras reflexões sobre música, a tradição ocidental não vê a música principalmente como uma prática ou atividade estética, mas como uma ciência. Mais especificamente, é uma ciência de medições (*modulatio*). Como tal, aplica-se não apenas à área da música audível (*musica instrumentalis*), mas também à relação entre corpo e alma (*musica humana*), o movimento cósmico das esferas celestes (*musica mundana*), sociedade política e, em última análise, até mesmo a Deus, por causa da relação entre as pessoas da Trindade. É neste contexto que podemos compreender a afirmação de Pickstock de que: "A música torna-se a ciência que mais conduz à teologia" (*RONT*, p. 243).

A maneira de Pickstock conceber esse processo consiste em uma variação musical da ontologia de beleza visual de Platão. Ao contrário de Bauerschmidt e Blond, Pickstock não considera a visibilidade como seu ponto de partida privilegiado: para algo mediar entre o finito e o infinito, é importante "que sua ordem seja principalmente uma sequência *temporal* e audível, e não espacial e visível" (*RONT*, p. 248, grifo na citação). Assim, ela substitui o ideal platônico de beleza como forma visual pelo ideal agostiniano de perfeição como medida, proporção e harmonia adequadas. O principal princípio metafísico subjacente à ciência da música de Agostinho é a noção de *harmonia* como um símbolo da ordem universal. As proporções rítmicas (ou "número") na música e na poesia são paradigmáticas para a natureza matematicamente ordenada da realidade como um todo. Em harmonia — como na música das esferas — todos os diferentes níveis da realidade são unidos em um todo numericamente proporcionado. Isso se aplica a três áreas em particular: o cosmo, a alma e a pólis. Na tradição platônica, a música está integralmente conectada com a lei (*nomos*) e a polis, especialmente em seu poder de moldar o humor e o caráter (*ethos*). Embora a música nunca deva ser usada para dominar os outros por meio de manipulação ou propaganda (observe os temores de Hindemith), ela pode ser usada para persuadir genuinamente a favor do bem.

Curiosamente, enquanto a ordem medida é a norma para a realidade temporal, Pickstock vê a passagem aberta do tempo como um "veículo de um desejo por uma 'permanência' genuinamente infinita" mais apropriado (*RONT*, p. 248). É o infinito, como aquele sem medida que se torna a medida crucial. A ordem, nesses termos, não está mais associada a limites ou regras fixas. Como o visível e o sublime para Blond e Bauerschmidt, as medidas perfeitas de uma música bem-ordenada são consideradas como cumprindo um papel mediador privilegiado entre a imanência e a transcendência. Seguindo Agostinho, que por sua vez segue o *Fedro* de Platão, Pickstock também vê um papel importante para o corpo humano neste processo de mediação: "O corpo [bem-ordenado] tem uma beleza própria [...] e fornece uma ajuda insubstituível à alma ao lembrá-la da plenitude da beleza eterna" (*RONT*, p. 264).[21]

Como em Bauerschmidt e Blond, Pickstock vê este lugar para o corpo humano finito em relação ao corpo perfeitamente ordenado do Cristo

---

[21] Pickstock se refere aqui aos primeiros versos da *De musica* 6.2, onde Agostinho quer elevar a mente das considerações das medidas na música "corpórea" para aquelas nas coisas "incorpóreas". A confiança de Agostinho no *Fedro* de Platão parece ser apoiada por suas referências às "asas da piedade" e à necessidade das pessoas "nutrirem suas asas com os preceitos da religião mais saudável" (*De musica* 6.1). Um exemplo mais recente da linguagem fedreana pode ser encontrado em *Letter of His Holiness Pope John Paul II to artists* (Boston: Pauline, 1999), p. 33: "A beleza é uma chave para o mistério e um apelo à transcendência [...] É por isso que a beleza das coisas criadas nunca pode ser totalmente satisfeitária. Isso desperta a nostalgia oculta por Deus que um amante da beleza como Santo Agostinho poderia expressar em termos incomparáveis: 'Amei-te tarde, beleza tão antiga e tão nova: amei-te tarde!'".

encarnado como "a plena manifestação da beleza divina no tempo em forma humana [...] Somente Deus encarnado tem a ordem correta de alma e corpo [...] A ordem restaurada é, portanto, vista pela primeira vez, ou vislumbrada, no mundo físico externo" (*RONT*, p. 264). Consequentemente, Pickstock conclui: "A música mais elevada *em um mundo caído*, a música redentora, é *inicialmente* corpórea e não psíquica [...] Não é outra senão o sacrifício repetido do próprio Cristo, que é a música da Eucaristia sempre repetida" (*RONT*, p. 265, grifo na citação). Somente uma tradição filosófica que permite tal música "semelhante à de Cristo" é capaz de unir os reinos anteriormente desconexos e opostos do finito e do infinito e "curar a fenda entre corpo e alma, artes e ciências" (*RONT*, p. 268).

Pickstock se refere explicitamente ao "não dualismo presente na ideia de música como uma medida da proporção corpo-alma" e à "realidade em si como algo significativo" (*RONT*, p. 268). No entanto, apesar de suas intenções em contrário, as referências ocasionais de Pickstock à Queda parecem sugerir que a ordem corporal e a beleza servem como passos indispensáveis para a transcendência *apenas em um mundo caído*: "A ordem correta só pode ser reestabelecida do lado do corpo e, portanto, *em um mundo caído*, a música corporal e instrumental adquire ainda mais importância" (*RONT*, p. 264, grifo na citação). Isso levanta a questão de se, caso o mundo não tivesse caído em pecado, ainda precisaríamos de tal corporeidade. A corporeidade inicial da música redentora eventualmente precisa ser superada pela ordem puramente mental da música "psíquica"? Ou Pickstock considera a ordem perfeita da música audível e instrumental como um primeiro sinal do reino de Deus (ou seja, como um sinal tangível da presença de Deus na terra e, portanto, valioso em seus próprios termos)? Mas, se for assim, isso não confere à música, ou à sua proporcionalidade, um status indevidamente privilegiado no mundo? Essas questões guiarão meus comentários finais.

ENCARNAÇÃO E RECONCILIAÇÃO

Como agora ficará claro, uma preocupação central nos três autores é uma tentativa de identificar locais que possam servir para mediar entre o transcendente (Deus, o invisível, o infinito, o sublime, etc.) e o mundo como o conhecemos (o visível, o finito, o humano, o temporal, etc.). Esses locais, seja a visibilidade da arte e do sublime ou a (possivelmente mais intelectual) proporcionalidade da música, convergem tipicamente no corpo de Cristo como a encarnação do divino infinito. Nos autores tratados, a encarnação é, assim, analogicamente comparada ou modelada em três modos da estética: a maneira em que a arte (pós-moderna) representa o sublime irrepresentável (Bauerschmidt); o modo em que a arte (moderna) representa o invisível transcendente (Blond); o caminho (ocidental, tonal) da música representa a ordem divina infinita (Pickstock). Por causa de mediações como essas, o mundo pode (mais uma vez) participar do reino do infinito e desfrutar da unidade primordial da humanidade com Deus e dos seres humanos entre si como portadores da imagem de Deus. Além disso, de acordo com Milbank e seus colegas, o mundo agora pode celebrar plenamente o que os secularistas sempre defenderam, mas eram incapazes de explicar adequadamente: "vida corporificada, autoexpressão, sexualidade, experiência estética e comunidade política" (*RONT*, p. 3).

São, no entanto, precisamente essas comparações analógicas — metáforas, modelos, ilustrações — que devem nos fazer parar e refletir. O que exatamente essas analogias nos dizem? Blond, por exemplo, argumenta que, porque Cristo se revelou de forma sensível e, uma vez que ele tornou visível o que antes estava oculto, podemos agora — e somente agora — ver a dependência e participação da realidade em Deus: "Cristo conecta, em seu próprio corpo, o invisível e o visível, e, consequentemente, ele encarna o transcendente na carne e impede que qualquer relato posterior da materialidade humana se divorcie da teologia" (*RONT*, p. 238-9). Em outro lugar, ele afirma: "Para afirmar o óbvio, foi a encarnação que primeiro glorificou o corpo e, assim, a ordem criada, e foi a ressurreição que redimiu o corpo e prometeu não apenas um novo céu, mas também um 'novo céu e um nova terra'".[22]

Entretanto, isso evoca uma questão teológica de primeira importância. A ordem criada *já* não era gloriosa no momento de sua criação, mesmo antes da encarnação? A encarnação é certamente a confirmação mais poderosa e evocativa da ordem criada que se possa imaginar, mas não precisa ser entendida como implicando o tipo de *elevação* ou *completamento* sugerido pelo uso de Blond da palavra *glorificado*. Na verdade, no Antigo e no Novo Testamento, as palavras traduzidas como "glória" não se referem a qualquer

---

[22] Phillip Blond, "Prolegomena to an ethics of the eye", *Studies in Christian Ethics* 16 (2003): 45.

elevação ontológica ou soteriológica, mas, sim, à *revelação* da pessoa e dos propósitos de Deus. A seguinte afirmação do Antigo Testamento é representativa da teologia hebraica da criação: "Os céus declaram a glória de Deus; o firmamento proclama a obra das suas mãos. Um dia fala disso a outro dia; uma noite o revela a outra noite" (Salmos 19:1,2). Da mesma forma, a declaração de abertura no livro de Hebreus captura o cerne da proclamação do Novo Testamento de que Jesus é o ponto culminante da obra reveladora de Deus: "O Filho é o resplendor da glória de Deus e a expressão exata do seu ser, sustentando todas as coisas por sua palavra poderosa" (Hebreus 1:3). Não é que a encarnação glorifique uma criação imperfeita ou incompleta. Em vez disso, a própria criação já é a gloriosa revelação de Deus, e a encarnação, redenção e ressurreição reafirmam dramaticamente a bondade original e permanente da realidade criada e, assim, revelam a glória de Deus.

Portanto, parece certo concluir que devemos buscar a base principal para abraçar a fisicalidade e a visibilidade do mundo, não em primeiro lugar na corporeidade da encarnação, mas antes na criação como proclamada boa por seu Criador. Cristo não veio para que sua criação participasse ou compartilhasse do reino divino ou, como diria Blond, "na idealidade [de Deus]" (*RONT*, p. 221). Cristo se encarnou porque o mundo precisava de redenção *tanto* em seus aspectos corpóreos e sensoriais *quanto* em seus aspectos não corpóreos e não sensoriais.

A razão pela qual os três autores enfatizam a necessidade de mediação entre o sensorial e o não sensorial é que, ao contrário de suas intenções, por trás da força supostamente integradora de sua teologia encarnacional está, no final, uma concepção residualmente dualista da criação. Esse é particularmente o caso em suas descrições do que são basicamente distinções criatura-Criador fundamentais. Blond, por exemplo, refere-se a esta distinção não apenas quanto ao divino *versus* humano ou à transcendência *versus* imanência, mas também, e muito mais frequentemente, de modo binário, como realidade *versus* idealidade, visível *versus* invisível, físico *versus* mental, sensível *versus* inteligível, corpo *versus* alma, objeto *versus* sujeito, conteúdo *versus* forma, e assim por diante. Mapeando o segundo agrupamento de opostos no primeiro, Blond permanece confinado na terminologia dualística e hierárquica tradicional de um reino humano "inferior" de visibilidade, fenomenalidade, sensibilidade, materialidade, realidade, particularidade, temporalidade, fisicalidade, corporeidade, falsidade, conteúdo, potencialidade, imperfeição, e assim por diante e uma reino *divino* ou transcendente "superior" de invisibilidade, idealidade, mentalidade, espiritualidade, inteligibilidade, não fisicalidade, eternidade, realidade, forma, perfeição e assim por diante. Neste esquema, o reino inferior é interpretado como ascendendo em direção ao reino superior por meio da participação. Continuando a operar com a terminologia inerente a esta concepção dualística e não desafiá-las, Blond e seus colegas permanecem presos em uma série de polaridades que podem, então, ser superadas apenas por certas formas de mediação.

Pode-se argumentar que um entendimento cristão ainda mais radicalmente ortodoxo da estética se afastaria desta terminologia hierárquica tradicional e reconheceria que a convocação para recuperar a cultura não é adequadamente declarada como uma mediação entre corpóreo e incorpóreo ou físico e não físico, mas, sim, como uma vindicação e cura de uma criação originalmente e permanentemente boa, mas agora também quebrada e corrompida. Em termos paulinos, essa restauração ocorre por meio do ministério da reconciliação e envolve uma batalha espiritual entre Deus e o inimigo travada em todos os pontos da criação, física ou não física, terrena ou celestial (Efésios 6:12). A arte, seja visual ou temporal, é abrangida pelo mesmo processo de reconciliação — como de fato o são a política, o sexo, a personalidade, o espaço, e assim por diante. Em sua forma mais adequada, a tradição reformada entendeu tal reconciliação não como uma mediação entre as realidades físicas e não físicas, visíveis e invisíveis, materiais e imateriais, mas antes como uma restauração e uma transformação. Se fosse para ser principalmente mediativa, a Queda teria de ser entendida como uma perda de participação no reino divino invisível e imaterial, e não quanto a um desvio radical e uma distorção da vida criada. Embora a ortodoxia radical claramente pretenda celebrar, plenamente, a esfera do visível e do físico em toda a sua glória, ela ainda parece considerar o mundo físico como contendo uma carência original fundamental que precisa ser sanada pela participação da criação em um reino ontológico superior.

Que implicações uma compreensão reformada da Queda e da Criação pode ter para uma estética filosófica cristã ou para uma teologia da arte? Permita-me oferecer apenas algumas sugestões.

Em primeiro lugar, não devemos ter a expectativa que a arte carregue a responsabilidade de fazer a mediação entre o visível humano e o invisível divino, independentemente de ela ter conteúdo litúrgico ou conter imagens bíblicas explícitas. A arte como arte não tem nenhum papel privilegiado em nos apontar para o transcendente. Ela simplesmente tem sua própria maneira de ser de criatura.[23] Em vez de nos elevar para cima e para longe de nossa realidade criacional, a arte e a música nos levam a um contato mais íntimo com ela. Eles são singularmente capazes de articular aquele reino da experiência pré-reflexiva — "facticidade" (Heidegger), *"Lebenswelt"* (Husserl), "carne" (Merleau-Ponty) e assim por diante — que cai entre as rachaduras da linguagem discursiva e do pensamento abstrato. Como tal, eles desempenham um papel único e integral na estrutura da existência humana. De fato, ao longo da história, a arte e a música — seja nas chamadas obras autônomas de arte moderna; expressões artísticas pré-modernas socialmente incorporadas, como ritual, cerimônia ou artesanato; ou versões pós-modernas que abraçam a cultura popular e a mídia eletrônica — moldaram culturas e sociedades tanto quanto foram moldadas por elas. Por isso, é importante reconhecer o seu devido lugar, sem atribuir-lhes um papel elitista ou salvífico ou, inversamente, relegá-las à marginalidade como mero luxo ou entretenimento.

A partir daí, também somos chamados a discernir quais expressões e práticas artísticas honram as intenções de Deus para a criação e contribuem para o florescimento humano e quais não. Como qualquer outro tipo de envolvimento cultural, a arte faz parte do ministério da reconciliação. A arte é, portanto, chamada a trazer *shalom* ao mundo, mesmo que possa destacar a fragilidade do mundo. Na verdade, um aspecto importante da vocação da arte é expor a fragmentação e a dor do mundo como parte de sua condição quebrada e caída. Essa arte "profética" não é necessariamente bem proporcionada ou harmoniosa. Pode muito bem desafiar as concepções convencionais de beleza. Ainda assim, ele falará com uma voz única como só ela é capaz de fazer.

Em conclusão, sempre foi uma forte ênfase no pensamento e na prática reformada chamar os cristãos em comunidade a serem agentes de renovação na cultura e na sociedade, seja na política, na erudição acadêmica,

---

[23] Calvin Seerveld, por exemplo, define a arte no contexto de seu caráter alusivo; veja *A Christian critique of art and literature* (Toronto: Tuppence, 1995), p. 42-8. Outras obras de Seerveld abordando as artes são *Rainbows for the fallen world* e *Bearing fresh olive leaves: alternative steps in understanding art* (Carlisle, Reino Unido/Piquant, Toronto: Tuppence, 2000). Outros trabalhos de estudiosos reformados: Nicholas Wolterstorff, *Art in action: toward a Christian aesthetic* (Grand Rapids: Eerdmans, 1980); Lambert Zuidervaart; Henry Luttikhuizen, orgs., *The arts, community, and cultural democracy* (London/ New York: Macmillan/St. Martin's, 2000); idem, *Pledges of jubilee: essays on the arts and culture in honor of Calvin G. Seerveld* (Grand Rapids: Eerdmans, 1995); e Hilary Brand; Adrienne Chaplin, *Art and soul: signposts for Christians in the arts* (Downers Grove: InterVarsity, 2001).

na educação, nas artes. Isso significa que, de uma perspectiva reformada, o local principal para a arte cristã é fora da igreja. Recentemente, tem havido um interesse considerável em trazer a arte de volta para a igreja. Depois de um longo período de suspeita de imagens visuais, é claro que é profundamente gratificante ver os protestantes abraçando novamente os meios não verbais de comunicação e celebração na adoração. No entanto, é igualmente importante para a igreja — como a comunhão dos santos — levar sua arte às ruas e aos diversos espaços da habitação humana. E isso requer o tipo de apoio aos artistas que vai além de seu potencial para contribuir com a liturgia ou o culto.

Embora este ensaio ofereça somente uma breve sugestão do que uma estética reformada pode desejar enfatizar, é ao longo dessas linhas que a estética reformada busca trazer sua voz ao debate.

6

PARTICIPAÇÃO E ALIANÇA

| Michael S. Horton |

À primeira vista, a ortodoxia radical e a teologia reformada parecem ter pouco em comum. Certamente, nada mais que apenas semelhanças superficiais poderia ser encontrado entre um renascimento anglo-católico que defende um retorno ao platonismo cristão e um movimento neocalvinista que muitas vezes viu Platão e o platonismo como o foco do mal no mundo. Em que Keble se relaciona com Kuyper, ou Oxford (agora Cambridge/Nottingham/Manchester) com Grand Rapids? No entanto, é exatamente quando se mergulha abaixo da superfície que surgem as convergências importantes. A ortodoxia radical e o neokuiperianismo oferecem críticas notavelmente semelhantes da cultura e do pensamento seculares, a saber, a filosofia autônoma como ateísta e, portanto, niilista; a crítica de todas as formas de dualismo (embora, nesse caso, os kuyperianos geralmente prefiram acusar Platão em vez de celebrá-lo); e a insistência em ver todo pensamento e ação humana em relação a Deus. Ambos mostram a determinação em "levar cativo todo pensamento, para torná-lo obediente a Cristo" (2Coríntios 10:5)[1] e se consideram radicais — provavelmente no mesmo sentido que a ortodoxia radical define esse termo (a saber, toda verdade como verdade de Deus, a metacrítica da modernidade e a disposição de repensar a tradição [*RONT*, p. 2]).

---

[1] Por exemplo, Kuyper apela a um historiador americano que "reconheceu que o calvinismo 'tem uma teoria da ontologia, da ética, da felicidade social e da liberdade humana, todas derivadas de Deus'"; Abraham Kuyper, *Lectures on Calvinism* (Grand Rapids: Eerdmans, 1931), p. 15 [edição em português: *Calvinismo* (São Paulo: Cultura Cristã, 2019)]. Além disso, Kuyper associava o dualismo ao anabatismo (p. 170).

A ortodoxia radical apreciaria a perspectiva de Kuyper de que o protestantismo na era moderna "vaga sozinho pelo deserto sem objetivo ou direção, andando de um lado para o outro, sem fazer qualquer progresso", tomando sua liderança do panteísmo alemão "e está inclinado até mesmo a trocar a herança de nossos pais por um budismo atual sem esperança".[2] Segundo Kuyper, apenas o calvinismo como um sistema de vida é capaz de desafiar a modernidade: "Por esta unidade de concepção como vemos no calvinismo, na América e na Europa podemos ser capacitados novamente a assumir nossa posição, ao lado do romanismo, em oposição ao panteísmo moderno".[3] Henry R. Van Til afirma: "O calvinismo não é meramente uma coleção de ideias desconexas [...], mas pretende ser uma unidade, um organismo vital de pensamento que nasce de uma concepção dominante de Deus e de suas afirmações a respeito do ser humano".[4] Enquanto o luteranismo cria um corpo de doutrina, e o pietismo e o anabatismo evitam a participação na transformação cultural, o calvinismo, de acordo com Van Till, "nos oferece a única teologia da cultura que é genuinamente relevante ao mundo em que vivemos, porque é a verdadeira teologia da Palavra". Com Kuyper, Van Til busca nada menos do que uma "cultura calvinista".[5] Tanto a ortodoxia radical quanto o neocalvinismo são conscientemente atanasianos: contra o mundo, pelo mundo; engajamento crítico a serviço de uma atitude acolhedora e transformadora do mundo em contraste com o acomodacionismo ou o escapismo gnóstico. John Milbank e seus colegas exalam o espírito do famoso comentário kuyperiano: "não há um único centímetro quadrado em todos os domínios da existência criada que Cristo não olhe e diga 'é meu!'".[6]

Apenas para colocar minhas cartas na mesa, considero-me um admirador criticamente simpático de Kuyper e seu legado neocalvinista. Embora afirme aspectos importantes, tenho mais reservas em relação às reivindicações de uma teoria de tudo, estou mais desconfiado da sombra persistente de Hegel e me preocupo que às vezes tanto kuyperianos quanto a ortodoxia radical não apenas travem uma batalha louvável contra o dualismo em suas diversas formas, mas, no processo, resistam até mesmo a dualidades,

---

[2]Ibidem, p. 18.
[3]Ibidem, p. 19.
[4]Henry R. Van Til, *The Calvinistic conception of culture* (Grand Rapids: Baker, 1959),
[5]Ibidem, prefácio.
[6]Ibidem, p. 117.

apagando distinções importantes.[7] Embora me refira a essas questões, meu principal propósito neste ensaio é comparar e contrastar o paradigma da participação ontológica e a clássica teologia reformada da aliança, defendendo a última. Ao adotar a tipologia de Paul Tillich, não pretendo simplesmente identificar a ortodoxia radical e a "forma ontológica" definida por ele. Por exemplo, o desdém da ortodoxia radical em relação à univocidade do ser marcaria uma diferença significativa da articulação de Tillich dessa visão. Estou convencido, no entanto, de que a ortodoxia radical vive e se move dentro desse campo amplo e, portanto, fornecerá perspesctivas gerais semelhantes. Concluirei com algumas observações específicas sobre como a versão da ortodoxia radical do assim chamado paradigma ontológico levanta problemas especiais de uma perspectiva reformada confessional. Algumas observações introdutórias são necessárias.

Em primeiro lugar, sou grato a John Milbank por me forçar a justificar o que ele enxerga como uma escolha falsa entre participação e aliança. Meu objetivo neste ensaio será mostrar isso com maior clareza e profundidade do que fiz na conferência da Calvin College de 2003, na qual este ensaio foi originalmente lido.

Em segundo lugar, apontarei áreas de convergência significativas entre a ortodoxia radical e o que considero ser a ortodoxia reformada. Além dos já mencionados, acordos mais específicos poderiam ser citados, em particular a crítica à trajetória escotista/nominalista: a univocidade do ser e um voluntarismo radical que atinge seu apogeu no niilismo moderno e pós-moderno. Também compartilhamos o consenso escolástico anterior sobre uma harmonia essencial entre razão e revelação (*fides quaerens intellectum*) — embora possamos divergir sobre os efeitos noéticos do pecado. Certamente concordamos que o pensamento humano deve começar com a realidade — aquilo que de fato *é*, e uma vez que Deus é o *principium essendi*, isso requer uma ontologia explicitamente teológica. Desta ontologia teológica

---

[7]Por exemplo, o fracasso dos filósofos e teólogos reformados em chegar a uma teoria calvinista unificada de tudo é mostrado nas profundas rivalidades entre dooyeweerdianos, kuyperianos, van tilianos, princetonianos e agora epistemólogos reformados. Talvez nenhuma outra tradição tenha lutado tanto por prolegômenos (ou seja, teologia filosófica ou apologética) do que os reformados holandeses. Embora isso direcione uma atenção louvável à formação de uma ontologia e epistemologia explicitamente teológica, em vez de adotar o pensamento secular para basear um sistema essencialmente cristão, aponta também, em alguns casos, uma confiança praticamente hegeliana na lógica dedutiva ("o sistema"). Portanto, ao menos algumas décadas atrás, as credenciais calvinistas do indivíduo dependiam da escola filosófica a que pertencia.

segue uma epistemologia corolária. Este consenso metodológico distingue a ortodoxia radical e a ortodoxia reformada das diversas variantes do pensamento católico e protestante na história recente e as tornam parceiras de conversação valiosas. A crítica ao legado liberal duradouro de Barth quanto à autonomia da filosofia e da ciência é principalmente precisa, e a apropriação dos pietistas radicais do século 18 (Herder, Jacobi e Hamann) nos apresenta uma crítica interna estimulante da modernidade muito antes de qualquer pessoa ouvir falar sobre ser pós-moderno. Milbank especialmente nos ensina que, longe de resistir à virada linguística, a ortodoxia cristã muitas vezes a antecipou em oposição às obsessões seculares (esquemas idealistas-realistas, empiristas-racionalistas, esquemas transcendentalistas-imanentistas). Temos muito a aprender com Milbank sobre as pretensões de autonomia moderna (e pós-moderna), com Cunningham sobre a genealogia do niilismo, com Hemming sobre Heidegger e com Pickstock sobre a variedade de platonismos.

Obviamente, não podemos resolver todos esses problemas espinhosos em um único ensaio. Só posso oferecer uma opinião divergente que representa uma parte da comunidade reformada. Uma vez que considero minha suspeita mais fundamental em relação à ortodoxia radical sua preferência por um paradigma de participação platônica, começarei por aí, comparando-a e contrastando-a com um paradigma pactual.

Em seu texto "The two types of philosophy of religion", Paul Tillich contrasta as abordagens ontológicas e cosmológicas, que ele caracteriza como "superação do estranhamento" *versus* "encontrando um estranho".[8] Tendo como base a tipologia de Tillich e acrescentando uma terceira alternativa, "um estranho que nunca encontramos", defenderei a opção "encontrando um estranho" com a aliança como seu campo.[9]

---

[8] Paul Tillich, "The two types of philosophy of religion", in: *Theology of culture* (New York: Oxford University Press, 1959), p. 10. O tratamento de Merold Westphal em *Overcoming onto-theology: toward a postmodern Christian faith* (New York: Fordham University Press, 2001), p. 238-55, primeiro chamou minha atenção para o ensaio de Tillich e interagirei com as percepções de Westphalno que se segue. Veja idem, *Lord and Servant: a covenant Christology* (Louisville: Westminster John Knox, 2005), principalmente o cap. 1, do qual grande parte desta seção foi adaptada.

[9] Admito desde o começo que as tipologias são claramente redutivas, e este ensaio é necessariamente limitado a diversas generalizações. Todos, com exceção dos defensores mais radicais da chamada abordagem ontológica (ou seja, Plotino, Eckhart, Spinoza, Hegel, Whitehead, Tillich), confirmariam a criação *ex nihilo*, a encarnação e a reconciliação como redenção do pecado e da morte por meio da união com Cristo. Entretanto, vale questionar até que ponto essas crenças cristãs realmente transformam os hábitos filosóficos de pensamento. É aqui que acredito que a tipologia

DUAS FORMAS DE EVITAR UM ESTRANHO

Superando o estranhamento (hiperimanência)

É claro que Tillich não considera seu próprio ponto de vista (ontológico) um método de evitar um estranho. Para ele, Deus não é um estranho, em primeiro lugar. Ele afirma que "no primeiro modo [a superação do estranhamento ou a concepção ontológica] o homem descobre a si mesmo quando descobre Deus; ele descobre algo que é idêntico a si mesmo, embora o transcenda infinitamente, algo do qual ele está alienado, mas do qual nunca foi e nunca pode ser separado".[10] Tillich cita um exemplo de Meister Eckhart: "Entre Deus e a alma não há estranheza nem distância, portanto, a alma não é apenas igual a ele, mas é também [...] o mesmo que ele é".[11] Se pensarmos em Deus como "'o centro mais interno do homem que está em comunhão com a realidade profunda do universo' [...] se o conceito de visão for usado repetidamente, para nosso conhecimento de Deus, estamos numa atmosfera ontológica".[12] Na verdade, a defesa de Tillich dessa visão ontológica repete oposições familiares no platonismo e no neoplatonismo.[13] Nesta abordagem, a unidade, a univocidade e semelhança vencem a pluralidade, a analogia e a diferença. Esse modo ontológico de "superar o afastamento" persiste nas inúmeras concepções panteístas e panenteístas da teologia moderna, segundo as quais *encontramos a nós mesmos quando encontramos*

é esclarecedora. O termo *ontológico* pode ser entendido em seu sentido mais mundano como o estudo do ser ou da realidade, embora particularmente, desde Heidegger, tenha adquirido um significado mais específico e hoje esteja profundamente ligado ao platonismo, especialmente presente como manifestação, igualdade sobre a diferença, e assim por diante. A impressão é de que Tillich o está usando neste sentido mais restrito — pelo menos o de Heidegger —, mas aprova mais sua utilidade teológica.

[10] Tillich, "Two types", p. 10.
[11] Eckhart, citado em ibidem, p. 15.
[12] Ibidem, p. 21. Então, qual seria o princípio ontológico? É o seguinte: "*O homem está imediatamente ciente de algo incondicional que é princípio da separação e interação entre o sujeito e o objeto, de forma tanto teórica quanto prática*" (grifo original). Tillich acrescenta: "A abordagem ontológica transcende o debate entre nominalismo e realismo, se rejeitar o conceito de *ens realissimum*, como deve fazer. O próprio ser, como presente na consciência ontológica, é o poder do ser, mas não a criatura mais poderosa. Não é *ens realissimum*, nem *ens singularissimum*. É o poder em tudo o que tem poder, seja universal ou individual, uma coisa ou uma experiência" (p. 25-6).
[13] Ibidem, p. 27-8. Não tenho espaço aqui para defender uma leitura específica das tradições platônicas e neoplatônicas ou seu papel na teologia cristã. Em vez disso, terei simplesmente que revelar meus pressupostos de trabalho. Entendo que essa trajetória privilegia a unidade sobre a pluralidade, o intelecto sobre os sentidos, o invisível (ou seja, formas sempre presentes) sobre o visível (as aparências sempre em transformação), a visão intelectual sobre a audição, a presença sobre a promessa e a emanação (monismo) sobre a criação *ex nihilo* (dualidade sem dualismo). Essas tendências são mantidas, apesar das diferenças significativas entre o platonismo e o neoplatonismo.

a Deus.¹⁴ Essa leitura representa uma ontologia da emanação e uma epistemologia da visão. Foi como reação a essa trajetória que Barth invocou à "distinção infinito-qualitativa" de Kierkegaard entre o Deus e a humanidade.¹⁵ Estamos, portanto, autorizados a falar de Deus apenas por causa do *Deus dixit* — ele falou e fez isso em última instância para sua glória, não a nossa.¹⁶ "Os nomes Kierkegaard, Lutero, Calvino, Paulo e Jeremias sugerem o que Schleiermacher nunca teve: uma compreensão clara e direta da verdade de que o homem foi criado para servir a Deus e não o contrário."¹⁷ "A única resposta que tem transcendência genuína, e, portanto, pode solucionar o mistério da imanência, é a palavra de Deus. Veja bem, a palavra de *Deus*."¹⁸

No entanto, mesmo esta palavra não torna Deus "possuível", como Dietrich Bonhoeffer observou em sua crítica a Barth.¹⁹ No intuito de evitar hiperimanência, Barth resiste identificar Deus com qualquer realidade criada.²⁰ Todavia, todos esses debates são bem intramuros à luz da crítica

---

¹⁴Hegel foi reabilitado em diversos programas teológicos, principalmente nas tendências em direção ao historicismo dialético que percebemos na obra de Jürgen Moltmann e Robert W. Jenson. No entanto, um apelo mais direto a Platão, Eckhart e a tradição platônica vem de Milbank, Pickstock e Ward. Para uma declaração programática desse renascimento do platonismo, veja *RONT*, p. 3. É evidente neste grupo de representantes que o que chamamos de "modo ontológico" tem muito espaço. Por exemplo, a ortodoxia radical deseja reviver o platonismo, mas Moltmann, Pannenberg e Jenson querem o seu fim. Ao mesmo tempo, argumentarei em pontos relevantes ao longo do caminho que esses teólogos muitas vezes seguem direções ironicamente platônicas, apesar de suas melhores intenções. Moltmann, por exemplo, também se baseia no pensamento teosófico judaico e cristão e defende que a teologia tradicional precisa de uma boa dose da concepção emanacionista que extrai o melhor tanto do panteísmo quanto do monoteísmo. Além disso, não é preciso endossar a versão platônica a fim de adotar o modo ontológico.

¹⁵Nos comentários a seguir, reconheço que a teologia de Barth amadurece na direção da "humanidade de Deus", como em *The humanity of God* (London: Collins, 1961 [orig. 1956]), mas a tensão dialética (na verdade, o dualismo) entre o tempo e a eternidade nunca é completamente superada em *Church dogmatics*.

¹⁶Ibidem, p. 10: "Longe de adotar essa visão [de Schleiermacher], oponho-a ao ponto de vista que encontro expresso nas palavras de Lutero de que a Palavra de Deus — e ninguém mais, nem mesmo um anjo — estabelece artigos de fé; e se não um anjo, certamente não eu, um homem com essa experiência piedosa. Também me deparo com tal ideia manifesta na declaração de Ursinus, de que devemos acreditar ou obedecer aos dogmas porque Deus ordena, de modo que o princípio por trás de todo dogma teológico é: *Deus dixit* [...] Deus é o autor final, o fim último é a sua glória e o fim secundário, a nossa salvação".

¹⁷Karl Barth, *The Word of God and the word of man*, trad. para o inglês Douglas Horton (New York: Harper, 1957), p. 196.

¹⁸Ibidem, p. 199.

¹⁹Dietrich Bonhoeffer, *Act and being*, trad. para o inglês Bernard Noble (New York: Harper, 1961), p. 90-1.

²⁰Nem mesmo o Jesus histórico é a revelação de Deus como tal (*CD* 1/1.323, 406). Para Barth, a natureza não parece ter a integridade inerente para receber revelação: todo contato divino-humano deve ser o resultado de uma superação das capacidades naturais (*CD* 2/1.142-78). Como observaremos em nosso tratamento do pecado, a tradição reformada distingue tipicamente entre capacidade natural e moral. Por outro lado, Barth parece ter equiparado qualquer afirmação de capacidade/

pós-moderna à teologia de qualquer tipo. A suspeita do imediatismo divino, "possuibilidade" e a presença são tratados de forma muito mais clara na fenomenologia de Martin Heidegger, Emmanuel Levinas e Jacques Derrida, entre outros.

Um estranho que nunca encontramos (hipertranscendência)

Aos dois tipos de Tillich — superar o estranhamento *versus* encontrar um estranho — acrescento um terceiro: um estranho que nunca conhecemos. Se a hiperimanência evita o encontro com um estranho negando que ele *seja* um estranho — outro genuíno, diferente de si — a hipertranscendência evita se encontrar com um estranho negando o acesso a ele. Se a visão ontológica é dada à hiperimanência, a abordagem crítica abraça uma hipertranscendência em que a realidade de Deus não pode ser nem afirmada, nem negada, servindo apenas como um garantidor para coisas como a "religião universal da moralidade" em contraste com uma "fé eclesiástica" (Kant) ou o contraste equivalente de Derrida de uma "estrutura messiânica universal" contra a chegada real de qualquer messias particular.[21] Se não somos capazes de encontrar um caminho possível até Deus, não deve existir um.[22]

---

receptividade natural com capacidade moral e, portanto, com sinergismo. Em outras palavras, ele levou o *non capax* (ou seja, a ênfase calvinista na transcendência divina) longe demais. Na verdade, a revelação é um *novum* completo e absoluto, sem analogias anteriores: "Ela chega a nós como um datum sem a menor conexão com qualquer datum anterior" (CD 1/2.172-73). Embora ele nunca leve isso tão longe a ponto de falar do "estranho que nunca encontramos", o impulso da doutrina da revelação barthiana torna Deus "completamente outro" em um sentido que ameaça o vínculo da aliança e a integridade da criatura. Embora alguém certamente consiga encontrar um estranho na teologia de Barth, o sujeito divino é tão *completamente* outro que a finitude é facilmente identificada ironicamente mais uma vez (como na forma ontológica) com falta e a revelação com uma graça que supera a natureza. Na verdade, às vezes Barth de fato parece completar um ciclo de um paradigma ontológico, não só negativamente (relacionando o pecado à finitude), mas também no que diz respeito à redenção: na encarnação de Cristo, ele afirma, todo o cosmo é "chamado e capacitado à participação no ser de Deus" (*CD* 2/1.670).

[21] As mesmas oposições da "estrutura messiânica" (universal) a "um messias real" (particular) permanecem como desconstruídas em Derrida e Kant. Veja Jacques Derrida, *Specters of Marx*, trad. para o inglês Peggy Kamuf (New York: Routledge, 1994), p. 167-70.

[22] É nesse ponto que as duas abordagens convergem, pelo menos com alguns dos representantes de qualquer um dos paradigmas. Por exemplo: Kant e Schleiermacher ou, digamos, Derrida e Bultmann, compartilham um pressuposto antropocêntrico comum: declarações teológicas revelam algo *sobre* nós, em vez de algo *para* nós, mas onde isso leva Kant e Derrida ao ceticismo no tocante ao conhecimento constitutivo de Deus, Schleiermacher e Bultmann veem essas declarações teológicas como portadoras de verdades experienciais ou existenciais. Então, ironicamente, a tradição kantiana poderia ser levada na direção ontológica (superação do estranhamento) ou do ceticismo (o estranho que nunca encontramos), mas nunca poderia conceber o encontro com um estranho nos próprios termos daquele estranho. Na escola da história das religiões do século 19, a teologia

Se a unívocidade se encaixa com a "superação do estranhamento" e a analogia com "encontrando um estranho", então a equivocidade é a epistemologia de escolha para o ceticismo pós-moderno.

O que Tillich definiu e defendeu como modo ou forma ontológicos é agora rotulado pejorativamente de ontoteologia. O termo *ontoteologia* tem sua origem nas palestras realizadas em 1936 por Martin Heidegger sobre Schelling (Laurence Paul Hemming em *RONT*, p. 95). Ali, apesar do uso generalizado desse termo, o interesse de Heidegger não é desmascarar a religião, e sim libertar a teologia da filosofia — especificamente, uma ontologia e metafísica especulativa. O tipo de Deus pregado depois de Descartes — a metafísica do ser, a *causa sui* e o infinito — não é nem mesmo alguém a quem se pode orar ou cantar.[23] Segundo Heidegger, ao menos Tomás de Aquino, Lutero, Calvino, Pascal e Kierkegaard representavam recursos úteis à superação do projeto ontoteológico que parecia manter a teologia cativa, especialmente no idealismo alemão e sua filosofia do absoluto.

Portanto, segundo Heidegger, "o 'Deus' como pensado pela metafísica não é o Deus da fé, mas uma consequência do modo de a metafísica pensar a transcendência" (*RONT*, p. 96). Porém, "pensar Deus quanto ao ser é lhe impor limite e finitude" (*RONT*, p. 96). Em Zurique, em 1951, ao ser questionado com a pergunta "deve o ser e Deus serem considerados idênticos?", Heidegger responde, recorrendo a Aquino: "Deus e o ser não são idênticos e eu jamais tentaria pensar a essência de Deus por meio da categoria de ser". Na verdade, ele acrescenta: "Se eu ainda fosse escrever uma teologia — o que às vezes me sinto tentado a fazer —, a palavra 'ser' não apareceria nela" (*RONT*, p. 96).

Derrida, por sua vez, reconhece que a ontoteologia que ele tem particularmente em mente é a do racionalismo iluminista, onde "a determinação da presença absoluta é constituída como autopresença, subjetividade".[24]

é reduzida à antropologia, psicologia ou, mais recentemente, sociologia — assim como Feuerbach, Marx, Nietzsche e Freud haviam anunciado. A ironia é que foram os teólogos que deram vida à sua caricatura, como Nietzsche gostava de nos lembrar. Assim, a linguagem religiosa é *equívoca*, fundamentada nas tentativas de povos e grupos específicos (fé eclesiástica) de expressar a verdade de uma moralidade universal (Kant), sentimento (Schleiermacher) ou senso de justiça (Derrida) que é *unívoco*. Com Schleiermacher, tal linguagem manifesta a experiência religiosa e, portanto, como Feuerbach e seus sucessores concluíram, uma projeção psicológica.

[23] Martin Heidegger, *Identity and difference*, trad. para o inglês Joan Stambaugh (New York: Harper & Row, 1969), p. 72.
[24] Jacques Derrida, *Of grammatology*, ed. Gayatri Chakrovorty Spivak (Baltimore: Johns Hopkins University Press, 1976), p. 16. Para uma conversa fascinante entre Marion e Derrida sobre a assim

Apesar da ambiguidade de algumas de suas expressões agora subestimadas, Derrida afirma — acredito que corretamente — que todos os dualismos e monismos, no final das contas, nascem de "uma metafísica cuja história inteira foi compelida a se empenhar em direção à redução dos vestígios" em favor da "presença plena". Na verdade, é por isso que esta narrativa do pensamento ocidental — incluindo a de Derrida — está presa em um círculo de hipertranscendência e hiperimanência. O bicho-papão de Derrida não é a presença em si, mas a *violência*, "uma ontoteologia que determina o significado arqueológico e escatológico do ser como *presença, parúsia* e *vida sem diferença*".[25] Como as categorias de Kant (incluindo Deus), a estrutura messiânica universal de Derrida deve ser pressuposta enquanto se estabelece qualquer presença particular de dado messias no tempo.[26] Dessa maneira, independentemente de quais sejam suas intenções, Derrida não descarta os hábitos dualistas ocidentais, nem devolve o particular ao lugar de destaque.[27]

No entanto, o ponto de vista de Merold Westphal é que Derrida oferece ao menos uma terapia útil contra "um neoplatonismo que nega a realidade da alteridade divina", que só pode levar "ao que chamo de xenofobia ontológica, o medo de encontrar um estranho, mesmo que esse estranho seja Deus".[28] Aliás, é esse "medo de se encontrar com um estranho" que associo ao desprezo de Milbank pelo "extrinsecismo" (veja *WMS*, p. 160-61). À luz dessa longa e antiga crítica que começou, pode-se dizer, com o próprio Kant e culmina em Derrida, Westphal considera a fé cristã "a superação da xenofobia ontológica". Derrida cita dois sermões em que "Eckhart destaca que é tarefa do intelecto apreender a Deus nu: 'O intelecto tira o manto de Deus e o percebe sem roupa, despido de bondade, do ser e de todos os nomes'". (Não é de admirar que Lutero tenha definido a teologia da glória como uma

---

chamada metafísica da presença na tradição neoplatônica cristã, veja os dois primeiros capítulos de John D. Caputo; Michael J. Scanlon, orgs., *God, the gift, and postmodernism* (Bloomington: Indiana University Press, 1999), p. 20-78.

[25]Derrida, *Of grammatology*, p. 71. Esta presença como parusia é "outro nome dado à morte, à metonímia histórica onde o nome de Deus mantém a morte sob controle. É por isso que, se esse movimento começa sua era na forma do platonismo, acaba na metafísica infinitista. *Somente o ser infinito pode reduzir a diferença na presença*. Nesse sentido, o nome de Deus, ao menos como é pronunciado no racionalismo clássico, é o nome da indiferença em si" (grifo na citação).

[26]O transcendente além do ser é tão essencial a Derrida quanto o foi a Plotino ao fundamentar todo ser positivo. Tal transcendente, inerentemente indestrutível, é a *diferença* de Derrida. Veja Connor Cunningham sobre este ponto em seu *Genealogy of nihilism* (London: Routledge, 2002), p. 155-265.

[27]Para uma abordagem mais detalhada, veja Michael Horton, *Covenant and eschatology: the Divine drama* (Louisville: Westminster John Knox, 2002), p. 20-45.

[28]Westphal, *Overcoming onto-theology*, p. 238.

tentativa de subir ao céu para vislumbrar o "Deus desnudo".) Tal imediatismo, é claro, é direto: "Mas se preciso *entender Deus de forma* imediata", afirma Eckhart, "*então devo simplesmente me tornar ele e vice-versa*".[29] Westphal desenvolve os comentários de Eckhart à luz da crítica de Derrida:

> Derrida considera esse tipo de conversa tão preocupante quanto as autoridades da igreja. Nega a finitude que vivemos no que ele chama de "a estrutura do vestígio": "A linguagem começou sem nós, em nós e antes de nós. Isso é o que a teologia chama de Deus". Há uma necessidade na linguagem que acena "para o acontecimento de uma ordem ou de uma promessa que não pertence ao que hoje se chama história [...] Ordem ou promessa, esta injunção compromete-(me), de forma rigorosamente assimétrica, mesmo antes que eu pudesse dizer eu, para assinar tal provocação a fim de reapropriá-la para mim e restaurar a simetria.[30]

O panteísmo neoplatônico não permite nenhuma alteridade verdadeira, mas Westphal está convencido de que a doutrina cristã da criação gera precisamente esse espaço transcendente que se abre à alteridade genuína: "O eu finito é real", ainda que não seja uma emanação do ser de Deus. "O Éden é heteronomia desde o começo", com a possibilidade de estranhamento (pecado):[31]

> A xenofobia ontológica não é apenas a tentativa de usar ligações do ser para me defender da ansiedade de encontrar um estranho; é a tentativa de evitar o encontro com o tipo de estranho cuja presença moral é suficiente para minar o caráter definitivo das categorias ontológicas como tais, o tipo de estranho que pode me levar a perguntar: "A ontologia é fundamental?" e responder à minha própria pergunta explorando a possibilidade de "Ética como filosofia primeira".[32]

---

[29] Ibidem, p. 239-40 (grifo na citação).
[30] Ibidem, p. 241 (grifo na citação).
[31] Ibidem. Dessa maneira, Agostinho não é um neoplatonista ao menos neste quesito: ele foi "convertido" a Deus, que é chamado de "você". Esse pensamento "sabe que a união com Deus só pode ter a forma de reconciliação, e que reconciliar significa ter a coragem de encontrar aquele que se tornou um desconhecido. Se desejarmos dar um nome a essa fé, dificilmente poderíamos chamá-la de algo melhor do que agostiniana" (p. 249).
[32] Ibidem, p. 252 (grifo na citação).

Levinas e Derrida reconhecem a violência contra o outro que a hiperimmanência representa. O problema com relatos como o de Levinas e Derrida, no entanto, é que eles tornam o outro absoluta e totalmente outro. Suspeitando de todas as presenças como redução do outro a si mesmo (Levinas), a chegada real de qualquer Deus específico é adiada indefinidamente — um *venir* (Derrida). É a anescatologia da presença sempre adiada, uma "vinda" que nunca chega, a ontologia do estranho que nunca encontramos.[33]

ENCONTRANDO UM ESTRANHO

E se Kant e seus sucessores pós-modernos estiverem corretos, como creio que estejam, ao nos dizer que não existe caminho seguro *até* Deus? Mas e se, em vez disso, houver um caminho de Deus até nós, como a famosa estrada de Emaús, e em vez de buscarmos Deus, ele nos alcança, mesmo quando não o reconhecemos? No contexto da crítica kantiana, aqueles que não seguiram a trajetória triunfalista de Hegel eram muitos parecidos com os discípulos desanimados: "Ficaram parados, com expressões tristes", enquanto o estranho se inseria em sua conversa sobre a chegada que nunca aconteceu. "Um deles, chamado Cleopas, perguntou-lhe: 'Você é o único visitante em Jerusalém que não sabe das coisas que ali aconteceram nestes dias?'" De acordo com eles, o túmulo vazio não era um sinal de presença, e sim de pura ausência, sem vestígios:

> Ele lhes disse: "Como vocês custam a entender e como demoram a crer em tudo o que os profetas falaram! Não devia o Cristo sofrer estas coisas, para entrar na sua glória?" E começando por Moisés e todos os profetas, explicou-lhes o que constava a respeito dele em todas as Escrituras (Lucas 24:17-18, 25-27).

Finalmente, quando celebrou a ceia do Senhor com eles, junto ao restante dos discípulos, reconheceram Jesus como seu Senhor ressurreto (Lucas 24:28-35).[34] Em palavra e sacramento, eles encontraram um estranho.

---

[33] Mark C. Taylor, *Erring: an a/theology* (Chicago: University of Chicago Press, 1984).

[34] Jean-Luc Marion recorre a esta segunda parte da narrativa de Lucas 24 como evidência de que a eucaristia é o lugar da revelação; *God without being: hors-texte*, trad. para o inglês Thomas A. Carson (Chicago: University of Chicago Press, 1991), p. 150-2. No entanto, dificilmente o encontro na estrada de Emaús é um mero prólogo da revelação. É na abertura das Escrituras feita por Cristo, explicando-as como se referindo a si mesmo, que os discípulos abalados podem responder: "Não estavam ardendo os nossos corações dentro de nós, enquanto ele nos falava no caminho e nos expunha as Escrituras?" (Lucas 24:32).

Se a hipertranscendência introduz um *dualismo* antibíblico (isto é, antíteses) entre Criador e criatura, eternidade e tempo, céu e terra, a hiperimanência acaba com todas as *dualidades* (ou seja, diferenças) em um esquema monístico. Se o paradigma da superação do estranhamento representa uma ontologia da emanação e uma epistemologia da visão, encontrar um estranho articula uma ontologia da diferença genuína e uma epistemologia da palavra externa, ambas baseadas em uma teologia da aliança.

A rejeição do modo ontológico não significa a ausência de uma ontologia. Entretanto, vale lembrar que reconhecer um estranho, especialmente se esse estranho for Deus, é um empreendimento ético. Geralmente, não pensamos assim, pelo menos no Ocidente, pois fomos ensinados a separar a epistemologia da ética, a teoria da prática, dando à primeira seu próprio fundamento autônomo. A administração ética do conhecimento — a responsabilidade pelo que ouvimos — é confirmada diretamente por Jesus na passagem de Emaús: "Como vocês custam a entender e como demoram a crer em tudo o que os profetas falaram!" (Lucas 24:25). Se começarmos não com a metafísica do ser, mas com o Yahweh da aliança, inevitavelmente nos encontraremos no mundo apresentado como um encontro com um estranho.

Então, refletindo essa suspeita do modo ontológico conforme definido por Tillich, a teologia da Reforma sempre foi cuidadosa quanto ao debate do ser de Deus. Não adoramos algo, e sim alguém: um agente, não uma essência. Isso não é negar a essência de Deus, e sim perceber o que está oculto para nós. A especulação produz o "quê", mas o drama bíblico transforma em "quem".[35]

Assim, por exemplo, no que se refere a Calvino, B. B. Warfield observa: "Ele recusa todos os métodos *a priori* de determinar a natureza divina e exige que formemos nosso conhecimento de Deus *a posteriori* a partir da revelação que ele nos dá de si mesmo em suas atividades".[36] Nas *Institutas da religião cristã*, após um mero parágrafo tratando sobre o apoio exegético à espiritualidade e imensidão de Deus, Calvino passa apressadamente para a Trindade (*ICR*, 1.13.1). Consequentemente, diz Calvino,

---

[35]Louis Berkhof, *Systematic theology* (Grand Rapids: Eerdmans, 1941), p. 41: "A Bíblia nunca opera com um conceito abstrato de Deus, mas sempre o apresenta como o Deus vivo, que entra em várias relações com suas criaturas, relações que indicam diversos atributos diferentes".

[36]Benjamin Breckinridge Warfield, *Calvin and Augustine*, ed. Samuel G. Craig (Philadelphia: Presbyterian & Reformed, 1956), p. 153. Veja ainda o excelente resumo de Warfield dessa hesitação de Calvino e da tradição geral de explorarem a essência (ibidem, p. 139-40).

sabemos que a maneira mais perfeita de buscar a Deus, e a ordem mais adequada, não é tentarmos penetrar, com ousadia e curiosidade, na investigação de sua essência, a qual devemos mais adorar do que estudar meticulosamente, mas, sim, contemplá-lo em suas obras, por meio das quais ele se torna próximo e familiar a nós, e, de alguma forma, comunica a si mesmo (*ICR*, 1.5.9).

Na realidade, Calvino chega a declarar que "aqueles que tentam descobrir o que é Deus são loucos" (sobre Romanos 1:19). Ao menos até aqui ele aceitaria o comentário de Heidegger: "Se eu fosse escrever uma teologia [...] a palavra 'ser' não apareceria nela". Os primeiros escritores reformados, como Musculus, repetiram essa abordagem, lançando claramente sua análise sobre Deus com a questão de quem, e não o que ele é.[37]

A visão de Deus como ser supremo (*summum ens*) é suspensa sobre uma ontologia comum na maioria dos aspectos essenciais ao platonismo, segundo a qual, como aponta Gerald Bray, "apenas Deus tem ser (*ousia*)" e "todo o resto é uma emanação corrupta ou ilusória 'daquele que é'".[38] A ontologia da escala do ser não só *confunde* a criatura com o Criador (sendo qualquer distinção meramente quantitativa), como simultaneamente *rebaixa* a criação como um enfraquecimento do ser em sua própria essência. No entanto, nas Escrituras, Deus não é revelado como o ser superior, mas, sim, como o Criador que deseja livremente que aquilo que não é Deus se relacione com Deus em toda a sua diferença. Como Kathryn Tanner nos lembra, além da encarnação, Deus comunica seus bens, e não seu ser, às criaturas.[39]

A aliança é o lugar onde um estranho nos encontra. É uma libertação ética que é aberta diante de nós, não uma preocupação com ser ou existir como se soubéssemos como é "ser" para Deus.[40] Portanto, a teologia reformada

---

[37]Richard Muller, *Post-Reformation Reformed dogmatics* (Grand Rapids: Baker, 2003), vol 3: *The Divine essence and attributes*, p. 228.
[38]Gerald Bray, *The doctrine of God* (Downers Grove: InterVarsity, 1993), p. 55. É claro que simplesmente apelar a esses termos não exige um compromisso anterior com uma univocidade do ser, mas tal univocidade é o solo nativo do conceito.
[39]Kathryn Tanner, *Jesus, humanity, and the Trinity: a brief systematic theology* (Minneapolis: Fortress, 2001), p. 44.
[40]Evidentemente, na teologia contemporânea existem denúncias bastante vagas e abrangentes de posições rivais como metafísicas, e não temos espaço aqui para abordá-las. Em termos de definir o que entende pela assim chamada metafísica da substância, William P. Alston oferece um resumo excelente em "Substance and the Trinity", in: *The Trinity*, ed. Gerald O'Collins et al. (Oxford: Oxford University Press, 1999), p. 179-201. Alston cita a afirmação de Ted Peters de que os pais nicenos/constantinopolitanos estavam sobrecarregados com uma metafísica da substância que "se depara em um obstáculo no pensamento moderno, ou seja, 'a negação de que poderíamos conhecer Deus

reconhece algumas de suas próprias polêmicas na crítica pós-moderna da modernidade, mas sem cair nos reducionismos opostos de uma metafísica equívoca da ausência, pura diferença e adiamento eterno.

UNIÃO ALIANCÍSTICA E NÃO UNIÃO ONTOLÓGICA

Para o nosso relato, o contraste mais nítido possível entre a criação *ex nihilo* e a emanação é fundamental.[41] Gerhard von Rad conclui que, longe de confiar nas antigas mitologias do Oriente Próximo, "a cosmovisão de Israel desempenhou uma função importante ao traçar uma linha nítida entre Deus e o mundo, purificando o mundo material dos elementos divinos e demoníacos. Não existiam vias de acesso direto ao mistério do criador emanado do mundo, certamente não por meio da imagem, mas Yahweh estava presente em sua

---

no próprio Deus'". Todavia, Alston responde: "essa, é claro, não é uma objeção específica a uma metafísica da substância, mas uma objeção muito mais ampla a qualquer suposição de que podemos conhecer 'o ser de Deus' em quaisquer termos. Porém, a ideia de que os antigos e outros pré-modernos (ou pré-kantianos?) se sentiam confiantes na capacidade humana de alcançar um entendimento cognitivo correto do ser e natureza divina não se encaixa com os fatos". Aprofundando a defesa patrística e tomista da incompreensibilidade de Deus, as tradições luterana e reformada ressaltaram repetidamente que não podemos conhecer a Deus *in se est* (como ele é em si mesmo), mas apenas por meio de suas obras. Peters desafia ainda a "metafísica da substância" por sua "distinção entre essência absoluta e atributos relacionais" (citado por Alston, "Substance and the Trinity", p. 184). Também podemos nos referir a isso como a distinção entre atributos incomunicáveis e comunicáveis. Peters argumenta que a metafísica da substância nega que Deus possa estar relacionado com o mundo, acarretando então imutabilidade e impassibilidade. Entretanto, embora compartilhe a rejeição de Peters da imutabilidade, impassibilidade e simplicidade, Alston responde: "Contudo, não existe absolutamente nenhuma justificativa para impor essa metafísica da substância como tal com esses compromissos com a atemporalidade, imutabilidade, atualidade pura sem potencial e não ser afetado por outros seres". Afinal, Aristóteles desenvolveu sua metafísica em aplicação às substâncias finitas que "conservam sua identidade *por meio da mudança*" ("Substance and the Trinity", p. 195-96). Do latim composto *subsistare*, a própria palavra significa "manter-se sob". A substância aristotélica era simplesmente aquilo sobre o qual as coisas podiam ser predicadas — qualquer entidade que pudesse, em algum sentido, ser descrita por causa da exposição de certas qualidades e características. Não implicava intrinsicamente nenhuma determinação particular de quais eram esses predicados em um caso ou outro. O que resta então é analisarmos afirmações específicas sobre Deus, sabendo que serão referentes à sua substância. Alston acrescenta que não foi a metafísica da substância que deu origem à doutrina da simplicidade: "Pelo contrário, Tomás de Aquino foi guiado por sua doutrina da simplicidade divina, que é a raiz de sua negação da potencialidade, mudança e dependência divina em relação às criaturas, a fim de negar que Deus está em todo gênero, incluindo o *summum* de substância" (p. 196). Deus está além da substância — hiperessencial, de acordo com Aquino, de modo que os predicados específicos que ele atribuiu a Deus não eram de forma alguma o resultado da metafísica da substância.

[41] Mais popular em nossos dias é o panenteísmo, uma tentativa de incorporar elementos tanto do panteísmo quanto do teísmo. Ainda que negue que toda a realidade é divina, o panenteísmo defende a interdependência entre Deus e o mundo.

palavra viva em atos da história".[42] O mito pagão permitia apenas duas opções ontológicas: o divino e o demoníaco, enquanto a fé bíblica introduziu a noção de uma criação que não consiste em nenhum dos dois, mas é afirmada em toda a sua diferença, finitude e materialidade. O secular era bom sem ser Deus. Então, enquanto o budismo, o platonismo e grande parte da teologia moderna até os dias atuais, localizam o bem e o mal nas estruturas ônticas, as Escrituras deslocam esse debate para o espaço ético-histórico de uma aliança quebrada.[43] Não existe cosmo sagrado, mas isso torna o cosmo mau. A finitude não implica falta. Mais uma vez, Westphal é útil em esclarecer este ponto:

> Daqui em diante, para a decepção de Tillich, a religião só pode ter a forma de encontrar um estranho [...] Não há dúvida de que é por isso que o Anti-Climacus de Kierkegaard chama "de panteísta qualquer definição de pecado que [o transforme] em algo meramente negativo: fraqueza, sensualidade, limitação, ignorância, etc.". Enquanto a teologia tiver somente as categorias de causa e efeito do infinito e do finito para trabalhar, ela continua vulnerável à perda da alteridade divina que o panteísmo representa. Por outro lado, quando os temas da criação e da Queda se unem, a diferença suave do primeiro é preservada na distinção extravagante do segundo.[44]

A base para a criação não é o conflito (como nos antigos mitos criacionais da Mesopotâmia e dos cananeus, bem como no maniqueísmo, Hobbes, Hegel e Marx), e sim "o amor da aliança", como observa Colin Gunton, e isso também gera uma ética diferente.[45] Este paradigma afirma a diferença genuína sem sucumbir às antíteses ou ao monismo.

---

[42]Brevard S. Childs, *Biblical theology of the Old and New Testaments: theological reflection on the Christian Bible* (Minneapolis: Fortress, 1993), p. 386, citando Gerhard von Rad. Em sua história de Israel, John Bright observa: "Precisamos mais uma vez deixar claro que a fé de Israel não se concentrava em uma ideia de Deus. No entanto, sua concepção de Deus foi, desde o começo, profundamente notável e incomparável no mundo antigo"(John Bright, *A history of Israel*, 3. ed. (Philadelphia: Westminster, 1972, 1981], p. 157).

[43]Bright, *History of Israel*, p. 161. O paganismo dos antigos vizinhos de Israel mostra uma cosmologia mitológica que, como Bright explica, "refletia o padrão rítmico, mas imutável, da natureza, da qual dependia a vida da sociedade terrena". Assim, o cosmo é encantado, com a divindade vista em todas as partes. Embora os mitos pagãos fossem reencenados ritualmente a fim de renovar as forças cósmicas, "na fé de Israel, a natureza, ainda que não considerada sem vida, teve sua personalidade roubada e foi 'desmitificada'. O poder de Yahweh não estava realmente ligado à repetição dos acontecimentos naturais, mas a eventos históricos únicos".

[44]Westphal, *Overcoming onto-theology*, p. 246.

[45]Colin Gunton, *The triune Creator: a historical and systematic study* (Grand Rapids: Eerdmans, 1998), p. 26. Vale acrescentar que tanto Hegel quanto Marx mostram quão facilmente a alteridade é afirmada apenas no caminho para a negação, isto é, a síntese superior.

Se a Queda nos remete tanto à relação de Deus conosco como a um *estranho*, a aliança é o lugar onde os estranhos se *encontram*. Seja em acordos seculares ou aqueles associados às tradições bíblicas, uma aliança é "uma união baseada em um juramento" (McCarthy) ou "uma relação sob aprovação" (Kline).[46] Sob essa definição ampla existia uma variedade de formas de tratados, alguns deles promissórios, enquanto outros eram alianças estritamente legais. Uma implicação de uma abordagem aliancística é que a presença e a ausência divinas são categorias éticas e relacionais, e não categorias ontológicas. Presença (ou proximidade) é sinônimo de salvação e favor divino — justiça (*saddiqa*), paz do *shabbath* (*shalom*) — enquanto ausência nomeia a maldição judicial pela quebra da aliança (*lo-ammi*, "não meu povo").[47] Conhecemos essa forma de presença e ausência em nossa própria experiência de aliança com o casamento. Às vezes, mesmo quando o cônjuge está fisicamente presente, pode-se dizer que ele "não está realmente *presente*" no relacionamento. A deserção acontece no coração. É esta forma ética ou aliancista de presença e ausência que a Escritura emprega. Embora, ontologicamente falando, Deus seja onipresente, a verdadeira questão é: onde está Deus *em relação a nós*? É uma questão de segurança, dado o nosso conhecimento de nós mesmos como rebeldes contra o Deus que clama: "Adão, onde você está?". Não é de admirar que a analogia conjugal seja tão proeminente no drama bíblico. Os dois tornam-se "uma só carne" não em qualquer tipo de síntese ontológica, reduzindo o outro a si mesmo (ou vice-versa), mas em aliança. O tipo de união que uma abordagem aliancista implica corresponde às analogias do casamento e da adoção, em que os dois se tornando uma só carne ou o filho sendo feito herdeiro é constituído pela solidariedade legal e orgânica, ao mesmo tempo em que sua alteridade é mantida.

---

[46] Reafirmando a análise de Geerhardus Vos (*Biblical theology* [Grand Rapids: Eerdmans, 1948]), M. G. Kline define a aliança como "um relacionamento sob aprovação". *By oath consigned: a reinterpretation of the covenant signs of circumcision and baptism* (Grand Rapids: Eerdmans, 1968); veja Dennis J. McCarthy, *Treaty and covenant* (Roma: Pontifical Biblical Institute Press, 1963), p. 96.

[47] Em algum ponto intermediário encontramos a promessa, que não é a presença plena do que foi prometido, nem a sua ausência, mas uma escatologia semirrealizada da esperança: o traço da consumação no "hoje" do tempo profano. A circuncisão e o sábado, bem como o templo, a terra e a torá, tornam-se fatores em que esse futuro irrompe no presente, de modo transitório, tipológico e condicional. No entanto, na nova aliança, a nova criação realmente se concretiza, com Jesus Cristo como aquele em quem, pelo Espírito, a verdadeira circuncisão, o descanso sabático, o templo, a terra e a torá são cumpridos.

A DESCIDA DIVINA SOBRE ASCENSÃO HUMANA

Nesta proposta, estou sugerindo uma recuperação especialmente da doutrina da analogia como a forma da relação Criador-criatura, que se realiza ontologicamente na encarnação. Como James K. A. Smith argumenta: "O paradigma encarnacional opera com base em uma afirmação de finitude, materialidade e corporeidade. Nesse sentido, considero-o a própria antítese das versões do 'platonismo' que dominaram a filosofia da linguagem desde o *Fedro* até as *Investigações lógicas*".[48] Mas se a abordagem ontológica, especialmente em suas franjas quase gnósticas radicais, anuncia uma fuga da finitude, materialidade e corporeidade por meio da absorção no todo (como quer que seja definido), os relatos antitéticos são muito suspeitos até mesmo de qualquer *semelhança* ou analogia entre Criador e criatura. O que estamos chamando aqui de relato aliancístico ou, na cunhagem de Smith, "o paradigma encarnacional", é essencialmente analógico, em vez de abraçar a univocidade ou a equivocidade do ser. De fato, a humanidade foi criada para ser, em partes e como um todo, a analogia paradigmática de Deus. O principal exemplo disso nas Escrituras é o padrão familiar de convocação divina: "Onde você está?" e a resposta do servo: "Eis-me aqui".

Concordando com Heidegger, Levinas afirma: "não é mais contemplar, mas comprometer-se, ser engolido por aquilo que se pensa, envolver-se. Este é o evento dramático de-ser-no-mundo".[49] Até esse ponto, a fenomenologia de Heidegger mostra uma grande promessa, de acordo com Levinas. Todavia, ao nos aconselhar a ir além do ser particular (ou seja, o outro que chama) em direção ao "horizonte do ser", Heidegger "une novamente a tradição da filosofia ocidental" enraizada em Platão.[50] Levinas acredita que em

---

[48]James K. A. Smith, *Speech and theology: language and the logic of incarnation* (New York: Routledge, 2002), p. 156.
[49]Emmanuel Levinas, "Is ontology fundamental", in: *Emmanuel Levinas: basic philosophical writings*, ed. Adriaan T. Peperzak; Simon Critchley; Robert Bernasconi (Bloomington: Indiana University Press, 1996), p. 1-10.
[50]Ibidem. Veja p. 6-7: "Respondemos: nossa relação com o outro (*autrui*) é uma questão de deixar ser? A independência do outro (*autrui*) não é cumprida no papel de ser intimado? Aquele com quem se fala é entendido desde o começo em seu ser? De maneira alguma. O outro (*autrui*) não é primeiro um objeto de compreensão e depois um interlocutor. As duas relações estão interligadas. Em outras palavras, a percepção do outro (*autrui*) é inseparável de sua invocação. Não só penso que ele é; eu falo com ele. Ele é meu parceiro no centro de um relacionamento que deveria simplesmente tê-lo tornado presente para mim. Falei com ele, ou seja, negligenciei a criatura universal que ele encarna a fim de permanecer com o ser particular que ele é".

vez de visar um objeto, a *oração* — modelo específico de discurso por excelência — é "o vínculo com uma pessoa" expresso no vocativo.[51] Em vez de compreender, possuir, dominar o outro pela visão, invocamos o outro e somos convocados pelo outro pela voz. Em vez de um horizonte universal, há uma profundidade particular no rosto/voz do outro.[52] Ser um eu é ser responsável.[53] Assim, Levinas busca transcender a ontologia deslocando o pensamento para o plano ético. Ao mesmo tempo, falta a Levinas uma perspectiva encarnacional que lhe permita identificar a revelação do outro com alguém ou alguma coisa a que teve acesso. A esse respeito, Levinas apenas aprofunda as críticas de Kant contra a cognoscibilidade dos númenos — refletindo o que denomino o paradigma do "estranho que nunca encontramos".

Em contraste, Smith argumenta com razão que nossa finitude, materialidade e corporificação, longe de serem obstáculos à revelação, são de fato as próprias condições de sua possibilidade. Em Levinas, a alteridade radical do outro não permite o acesso. Em Jean-Luc Marion, o "fenômeno saturado [...] desloca e supera essas condições", observa Smith.[54] Mas, nesse caso, como poderia haver a possibilidade de alguém receber revelação? "Em outras palavras, se o totalmente outro fosse *totalmente* 'totalmente outro', como saberíamos que ele 'existe'? Como poderia algum discurso sobre o totalmente outro — mesmo sobre seu ser 'além do ser' — ser gerado? E, mais importante, como poderia ser possível qualquer relação com o totalmente outro, aparte de sua aparição em *alguma maneira*?" Levinas e Marion insistem na importância de tal relação (responsabilidade ética, etc.), mas não pode haver relação.[55] "É aqui que eu localizaria minha crítica a Levinas e Marion: qualquer 'revelação' só pode ser recebida, e deve ser recebida, na medida em que o destinatário tenha a condição para sua recepção — caso contrário, permanecerá desconhecida."[56] As grandes questões que ocupam a teologia podem ser resolvidas definitiva e unicamente na esfera da história e da ação ética, e não na esfera da metafísica e participação ontológica.

---

[51] Ibidem, p. 8.
[52] Ibidem, p. 10.
[53] Emmanuel Levinas, "Transcendence and height", in: ibidem, p. 17.
[54] Smith, *Speech and theology*, p. 157-8.
[55] Ibidem, p. 158.
[56] Ibidem, p. 159.

Como Smith aponta, em uma abordagem profundamente encarnacional, "uma nova verdade chega para nós de fora como um presente".⁵⁷ "Como Kierkegaard argumenta, essa 'igualdade' só seria viável pela *descida* de Deus e, mais especificamente, por uma aparição *encarnacional* em que ele 'apareceria' *nos termos que o conhecedor finito pode entender.*"⁵⁸ Smith acredita que "a analogia é um relato encarnacional do conhecimento [...] Portanto, não nos espanta ver Derrida enfatizar que 'a linguagem nunca escapa da analogia [...], de fato, a linguagem é completamente analógica'. Na minha opinião, isso é concluir que a linguagem é completamente encarnacional, que ela nunca escapa da encarnação como seu paradigma e condição de possibilidade".⁵⁹ Até mesmo Tomás de Aquino falou de nosso contato com Deus como "uma questão de 'aperfeiçoar' o intelecto humano ao nível do divino, e não um movimento de descida".⁶⁰ Argumentando em um tom semelhante às tradições da Reforma, Smith afirma que o próprio Aquino deve ser transcendido. Deus acomoda sua revelação à nossa capacidade, sem abrir mão de sua transcendência no processo.⁶¹ Enquanto teologias correlacionais (Tillich, Rahner, McFague) ameaçam reduzir a revelação a uma "manifestação cultural", teólogos como Barth e von Balthasar "ignoram o cenário histórico de finitude, que são as condições de possibilidade para a recepção da revelação. Um relato encarnacional faz justiça a ambos os pólos".⁶²

---

⁵⁷Ibidem, p. 161.
⁵⁸Ibidem, p. 162 (grifo na citação).
⁵⁹Ibidem, p. 164.
⁶⁰Ibidem, p. 165.
⁶¹Ibidem, p. 166: "Assim, o Deus que ninguém tinha visto, nem poderia ver, em qualquer momento (Jo 1:18) foi 'visto' (*eteasametha*) naquele instante que 'a palavra tornou-se carne e viveu entre nós' (Jo 1:14). Desse modo, o princípio analógico pelo qual a diferença é observada por meio da mesma, é também encarnacional e fundamental, onde o infinito é conhecido por uma aparência finita, sem perder sua infinitude, 'nem se dissolver, nem se trair' [...] como Marion sugere, não será uma questão de deslocar ou superar essas condições, e sim de entender a possibilidade de o transcendente se inclinar a elas sem, com isso, desfazer sua transcendência".
⁶²Ibidem. Veja p. 168, 176. O debate entre Barth e Brunner quanto à revelação geral reflete essas mesmas tensões. A analogia do primeiro com o nascimento virginal não mostra capacidade alguma: cria uma capacidade *ex nihilo*. No entanto, Smith contrapõe: "Tudo não começa com um útero criado? Em outras palavras, o ventre de Maria (embora virgem) não é uma condição para o nascimento do Salvador? Ao enfatizar que ela era completamente incapaz de conceber esta criança sem a ação criativa de Deus, Barth parece confundir 'capacidade' com 'tendência' ou 'predisposição' [...] A lógica da encarnação, em contraste com a da participação, move-se por inclinar-se de cima para baixo, e não por ascensão, e está enraizada em uma afirmação mais sólida da encarnação como um bem original e eterno, e não um 'instrumento' corretivo de salvação cujo *telos* é desencarnação. Por isso, a concepção de encarnação é de doação, de generosidade. Resumindo, é por causa dela que evitamos não falar".

Tendo enfatizado a descida, devemos também inserir uma breve menção à escatologia. Uma teologia da cruz (Deus inclinando-se até nós) é inerte a menos que dialeticamente relacionada a uma teologia da ressurreição e ascensão. Isso também é reintegrar a cristologia e a pneumatologia. Por exemplo, no ensino de Paulo, Deus não apenas se tornou carne; ao fazê-lo — e ao viver, morrer, ressuscitar e ascender — por seu Espírito, ele "nos ressuscitou com Cristo e com ele nos fez assentar nos lugares celestiais" (Efésios 2:6). Com tais expressões, Paulo não está convidando os efésios a escalar pela contemplação segura de aparências físicas e históricas fracas para a visão beatífica de "um". É a superação do estranhamento ontológico, uma nova consciência do que sempre foi. Antes, diz o apóstolo aos gentios, seus leitores estavam em tempos passados "estrangeiros da comunidade de Israel e estranhos às alianças da promessa, sem esperança e sem Deus no mundo". Entretanto, a solução está tão ética e historicamente envolvida quanto o problema: "Mas agora, em Cristo Jesus, vocês, que antes estavam longe, foram aproximados mediante o sangue de Cristo". Em seu corpo destruído é criado "em si mesmo, dos dois, um novo homem, fazendo a paz [...] por meio da cruz" (Efésios 2:12,13,15,16).

Nem os relatos modernos (às vezes kantianos ou hegelianos — ou ambos ao mesmo tempo) nem as extensões pós-modernas da crítica kantiana podem servir como alternativas confiáveis para uma epistemologia aliancista. Como Derrida, a teologia reformada desconfia dos ídolos; mas, ao contrário de Derrida, reconhece o pastor que a convoca e dá as boas-vindas à sua chegada. Compartilhamos a crítica do pós-modernismo às pretensões prometeicas do eu moderno ao conhecimento absoluto (arquetípico), mas encontramos no fato da revelação a base para o conhecimento ectípico, finito e criatural.

TEOLOGIA ARQUETÍPICA-ECTÍPICA

Os reformadores foram além de Aquino em suas críticas ao Deus dos filósofos. Calvino escreve que os atributos divinos são apresentados nas Escrituras: "Em seguida, seus poderes são mencionados, pelos quais ele nos é mostrado *não como ele é em si mesmo, mas como ele é para nós*: de modo que esse reconhecimento dele consiste *mais em experiência viva do que em especulação vã e altiva*" (*ICR*, 1.10.2, grifo na citação). O conhecimento revelado não é mera opinião, como no reino sombrio e imperfeito das aparências de Platão, uma vez que os fenômenos são criações e não emanações de Deus. Deus não pode ser conhecido diretamente por nossa subida na escala do ser, mas pode ser conhecido apenas no e mediante o mediador. Calvino explica, em termos que lembram os de Heidegger:

> Quando a fé é tratada nas escolas, eles chamam Deus simplesmente de objeto da fé, e por especulações fugazes, como já afirmamos em outro lugar, desviam as almas miseráveis em vez de encaminhá-las para um objetivo definido. Pois, uma vez que ele "habita em luz inacessível" [1Timóteo 6:16], Cristo deve se tornar nosso mediador [...] Na verdade, a fé se concentra em um só Deus, mas isso também deve ser adicionado: "que te conheçam, o único Deus verdadeiro, e a Jesus Cristo, a quem enviaste" [João 17:3] (*ICR*, 3.2.1).

E em uma passagem muito importante, o escolástico reformado Francisco Turretin expande esse conselho, repreendendo até mesmo Tomás de Aquino e os escolásticos medievais:

> Mas quando Deus é apresentado como o objeto da teologia, ele não deve ser considerado simplesmente como Deus em si mesmo (pois assim ele é incompreensível [*akataleptos*] para nós), mas como revelado e como ele quis se manifestar a nós em sua palavra, de modo que a revelação divina é a relação formal que vem a ser considerada neste objeto. *Nem ele deve ser considerado exclusivamente sob a relação de divindade* (de acordo com a opinião de Tomás de Aquino e muitos escolásticos depois dele, pois dessa maneira o conhecimento dele não poderia ser salvador, mas mortal para os pecadores), mas como ele é *nosso* Deus (isto é, *pactuado em Cristo como ele se revelou a nós em sua palavra não apenas como objeto de conhecimento, mas também de adoração*) [...] Assim, embora a teologia trate das mesmas coisas com metafísica, física e ética, ainda assim o modo de considerar é muito diferente. *Ela trata de Deus não de forma metafísica como um ser ou como ele pode ser conhecido pela luz da natureza, mas como o Criador e Redentor conhecido por meio da revelação*. Ela trata das criaturas não como coisas da natureza, mas de Deus (ou seja, como mantendo uma relação e ordem com Deus como seu Criador, preservador e Redentor) e isso também de acordo com a revelação feita por ele. Esse modo de considerar, as outras ciências ou não conhecem ou não assumem.[63]

---

[63] Francis Turretin, *Institutes of elenctic theology*, ed. James T. Dennison Jr.; trad. para o inglês George Musgrave Giger (Phillipsburg: P&R, 1992-1997), p. 16-7, 3 vols. (grifo na citação). Enquanto outras ciências procedem de acordo com fontes que são instrumentais para o conhecimento da

Essa distinção entre conhecimento arquetípico e ectípico é o corolário epistemológico da distinção Criador-criatura. Ouvindo os seguintes comentários deste lado das "ideias claras e diferentes" de Descartes, acho esta declaração de Wolfgang Musculus (1497-1563) particularmente interessante: mesmo o crente avançado, diz ele, não alcança um "claro e perfeito" conhecimento "daquelas coisas que dizem respeito à majestade de Deus, que está tão vestida e coberta de brilho inacessível, que a parte mais fina de nossa mente ou entendimento não pode de modo algum compreendê-la [...] *Assim, estamos em meio a um dilema profundo: de um lado, com a majestade mais poderosa e insondável, e de outro, com a necessidade de nossa salvação*".[64] (Derrida percebe corretamente que um discurso sobre religião não pode ser dissociado de um discurso sobre salvação.)[65] O *o dilema profundo* a que Musculus se refere é certamente ético e soteriológico, não ontológico ou epistemológico. É tudo uma questão de encontrar ou evitar um estranho. Esses teólogos falam de uma distinção não só entre a "nossa teologia" (*theologia nostra*) e a de Deus, mas distinguem até mesmo escatologicamente entre a nossa teologia como peregrinos no estado de graça e nossa visão de Deus no estado de glória.

---

extensão de seu estudo, a teologia se baseia em uma fonte que é confiável, e não meramente instrumental. O entendimento que é possível é proporcional à revelação, não a tudo o que pode ser conhecido (p. 17). Essa é exatamente a linguagem que Tillich lamentou como o abandono do projeto ontológico. E tão condenável quanto Aquino parece ser pela avaliação de Tillich por estar na dissolução da forma ontológica, Turretin e seus colegas consideravam o primeiro ainda muito dependente da busca metafísica por uma divindade abstrata independente de Cristo e da aliança. Os escolásticos reformados foram vítimas do boato de que transformaram o projeto dos reformadores ao retornar à própria escolástica que a Reforma atacou. Isso não só ignora o fato de que métodos semelhantes de apresentação não implicam necessariamente na identidade de conteúdo, mas também é anacrônico. Por exemplo: Robert C. Greer, in *Mapping postmodernism* (Downers Grove: Inter Varsity, 2003), p. 34, escreve: "Coincidindo praticamente com o advento do pensamento iluminista inicial, uma escolástica protestante emergente usou o *Cogito* cartesiano nesta sistematização do pensamento reformista. Com um tom de ironia, essa introdução do pensamento iluminista via tradição protestante reintroduziu na igreja um método (a *via moderna*) contra o qual Lutero havia argumentado vigorosamente. Tal escolástica afetou a igreja de muitas maneiras, sendo a mais básica a divisão do liberalismo teológico do conservadorismo". Cada frase tem seus próprios problemas, mas meu foco principal é a afirmação de que a escolástica protestante "fez uso do *Cogito* cartesiano" e criou a divisão liberal-conservadora, já vez que esse movimento começou, na verdade, com nomes como Melanchthon e Calvino e já estava em declínio muito antes de as *Meditações sobre filosofia primeira*, de Descartes, começarem a causar um grande impacto. Na verdade, o interesse por tal autor entre alguns escolásticos encontrou enorme desaprovação. Representá-los como racionalistas e precursores do iluminismo é uma narrativa genealógica poderosa, sem nenhuma base nas fontes primárias.

[64]Citado em Richard Muller, *Post-Reformation Reformed dogmatics* (Grand Rapids: Baker, 1987), , vol. 1: *Prolegomena to theology*, p. 179 (grifo na citação).

[65]Jacques Derrida, "Faith and knowledge", in: Jacques Derrida; Gianni Vattimo, *Religion* (Stanford: Stanford University Press, 1998), p. 2.

Os paralelos entre essas distinções epistemológicas clássicas dos sistemas protestantes pré-modernos e, por exemplo, a seguinte afirmação de Michel de Certeau, deveriam ser óbvios: "Ver é devorar" — uma "escatologia branca" que cega a visão. "Não existem mais palavras, se nenhuma ausência fundamenta a espera que elas articulam."[66] Não é no *logos* intelectual do eu que se eleva à visão beatífica, mas no Logos encarnado que desce para que o divino e o humano se encontrem, e isso se baseia em uma aliança na qual o discurso (lei e promessa) tanto marca a ausência quanto faz a mediação da presença. Ainda que encarnado, ele continua sendo a Palavra, não a visão. Ele é recebido pelos ouvidos e não pelos olhos. Deus é realmente um estranho, mas um estranho que nos encontrou na história da aliança. Essa história da aliança não é simplesmente um fenômeno do passado, mas é a localização presente de todos os que "invocaram o nome do Senhor", o que nos leva à segunda implicação de uma epistemologia pactual: a *invocação*.

INVOCAÇÃO: CHAMANDO O NOME

Deus nos deu seu nome como garantia de sua fidelidade à aliança por todas as gerações: "Como, pois, invocarão aquele em quem não creram? E como crerão naquele de quem não ouviram falar?" (Romanos 10:14). A fé, o *habitus* ajustado à nossa condição de peregrinação, vem pelo ouvir, enquanto a idolatria, o resultado da exigência pela presença imediata e visão completa antes do tempo, vem pelo ver (Hebreus 11:1; Romanos 8:18-25). A fé reside em seu objeto, mas a visão é recebida no devorar inquieto de seu objeto até que toda a transcendência seja perdida.

Ainda assim, mesmo que a fé ou invocação não devore seu objeto, deve existir nela algum conteúdo. Como Derrida aponta, até a oração pressupõe que se deve saber algo sobre aquele que é invocado.[67] Por isso, a revelação não pode ser simplesmente um encontro; ela deve nos contar algo sobre aquele com quem estamos nos encontrando. Ela não pode ser reduzida a um conteúdo preposicional, mas também não pode ser destituída dele. A teologia tem a função de articular a identidade desse Deus *de modo que ele seja devidamente invocado*.

---

[66] Michel de Certeau, "Seminar paper", in: *The Postmodern God: a theological reader*, ed. Graham Ward (Oxford: Blackwell, 1997), p. 157.
[67] Sobre o desenvolvimento deste ponto por Smith em Derrida e Levinas, veja Smith, *Speech and theology*, p. 132-3.

Mencionei anteriormente o apelo de Levinas à categoria de invocação. Isso é especialmente interessante à luz do tópico familiar nos prolegômenos clássicos que responde à pergunta sobre que tipo de conhecimento a teologia afirma estar entre a lista dos vários tipos de Aristóteles. Um *habitus* que Aristóteles não listou, no entanto, é o que consideramos mais apropriado, embora de forma alguma exaustivo para a teologia: *invocatio*. A teologia existe exatamente para este propósito: para que os crentes possam clamar em fé ao Deus que se revelou e aos seus propósitos redentores, para que ele seja invocado na angústia e louvado em gratidão. Este não é o conhecimento objetivo possuído por espectadores desinteressados, mas o conhecimento pessoal no qual nós mesmos estamos envolvidos em uma trama que se desenrola, escalados como "estranhos e forasteiros" ou como "filhos da promessa". A importância da teologia reside em compreender quem Deus é, não para simplesmente ter uma *concepção* correta de Deus, muito menos para acorrentar Deus (ou melhor, nossa projeção de Deus) para nossos propósitos, mas para *invocar* o Deus real que está presente e se fez presente para nós. A invocação, como Levinas nos lembra, é o corolário epistemológico mais apropriado para uma ontologia da alteridade, mas com a encarnação como fundamento da aliança na qual a invocação ocorre, Deus é "possuível" de uma forma que Levinas não reconhece.

No contexto do padrão de aliança ou tratado, "invocar o nome" do grande rei (suserano) dizia respeito à invocação para a libertação de um exército invasor.[68] O povo da aliança é convocado ao comando e promessa do seu Deus. Então, no coração do modelo de conhecimento teológico está o ouvir de um anúncio de modo que os ouvintes possam invocar o nome do Senhor.

---

[68] No início da história do Gênesis, quando os versos de Caim e Sete são contrapostos, o segundo é distinguido pelo seguinte anúncio: "Nessa época começou-se a invocar o nome do Senhor" (Gênesis 4:26). Este não é um ato de piedade genérica, mas um reconhecimento de que Yahweh se revelou suficientemente, mesmo nessa fase da história da redenção, para ser chamado de suserano nos tempos de ameaça. Quem o nega é tolo: "Será que os malfeitores não aprendem? / Eles devoram o meu povo como quem come pão, / e não clamam a Deus" (Salmos 53:4). A herança do povo do Senhor se destaca por invocar o nome de Yahweh e reconhecê-lo como seu único soberano por tê-los libertado anteriormente (Salmos 80:18; 105:1; 145:18). Na realidade, um sinal recorrente da apostasia israelita é que "Não há ninguém que clame pelo teu nome, / que se anime a apegar-se a ti" (Isaías 64:7). A libertação nos últimos dias envolverá, então, um novo chamado: "E todo aquele que invocar o nome do Senhor será salvo" (Joel 2:32). Paulo recorre a Joel 2:32 em Romanos 10:13-14: "porque 'todo aquele que invocar o nome do Senhor será salvo'. Como, pois, invocarão aquele em quem não creram? E como crerão naquele de quem não ouviram falar?". Este conhecimento de Deus vem do próprio Deus, mediado pela agência da criatura. Portanto, não são bons conselhos, técnicas, experiências ou proposições, mas boas notícias.

Por isso, quando Deus revela seu nome a Moisés, lemos: "Então o Senhor *desceu* [...] e *proclamou* o seu nome" (Êxodo 34:5). A essência dessa revelação é que Yahweh é um "Deus compassivo e misericordioso" (Êxodo 34:6). Isso era essencial porque a presença, por si só, diz muito pouco nessa situação. Por um lado, a presença de Deus em determinada situação pode ser vista como algo bem trivial, já que Deus é considerado onipresente. Além disso, a presença de Deus é, muitas vezes, retratada nas Escrituras como um perigo tanto quanto uma bênção (Gênesis 3:8; Êxodo 19:18-25; 32:9-14; Levítico 10:1-3; Isaías 6:1-5; Amós 5:18-19; Lucas 8:25; Apocalipse 20:11). Graças à nossa condição ética diante de Deus e da conotação ética da presença de Deus na Escritura, a imanência não é por si só uma boa notícia. Portanto, a verdadeira questão, tendo em vista a nossa postura ética perante esse Deus, é onde se pode encontrar sua presença *graciosa*. A aliança da graça é o lugar, e o Filho é o mediador deste encontro salvífico.

PENSANDO NA IMANÊNCIA SEM PERDER A TRANSCENDÊNCIA

A crítica da ontoteologia, na medida em que visa o Deus da metafísica — junto com a metafísica da presença — não é mais uma ameaça à teologia cristã do que as teologias da glória que dominaram o horizonte de tantos movimentos modernos em todo o espectro. Porém, a busca de Levinas por "um pensamento que não trouxesse a transcendência de volta à imanência", que até ele mesmo chama de "uma exigência impossível"[69] é concluída, como Smith aponta de forma convincente, em uma fenomenologia encarnacional. Entretanto, deve-se acrescentar a ela a aliança, que oferece a textura arquitetônica da própria Escritura.

Mas os caminhos divergem. Primeiro, há o método exegético. Se Barth foi muito dualista em sua compreensão da relação razão-revelação, foi, pelo menos em parte, uma reação contra o idealismo especulativo e sua influência na teologia de sua época. De fato, se temos motivos para suspeitar das pretensões de uma modernidade ateísta, Barth pelo menos nos lembra dos perigos de reivindicar a cultura em nome de Cristo, pois isso muitas vezes equivale ao inverso na prática real. Embora Milbank e seu círculo sejam fortemente críticos de várias versões da filosofia secular, eles também exibem

---

[69] Emmanuel Levinas, "Transcendence and intelligibility", in: *Emmanuel Levinas*, p. 155.

uma tendência especulativa que anda livremente na sela exegética.⁷⁰ Isso se deve em grande medida à preferência do grupo por um método alegórico de interpretação bíblica, talvez o corolário hermenêutico de uma cristologia decididamente alexandrina. A este respeito, eles parecem exceder até mesmo Tomás de Aquino em sua estipulação de que o *sensusl iteralis* deveria ter prioridade. De fato, a alegoria (junto com a *poesis*) é o corolário do discurso da perfeição participada (*WMS*, p. 32). Milbank escreve: "[Hans] Frei fala de 'tipologia' onde eu falo de 'alegoria', porque, seguindo de Lubac, não vejo distinção essencial entre os dois" (*WMS*, p. 118n70). Não apenas existem diferenças significativas entre tipologia (promessa e cumprimento) e alegoria, mas o próprio Milbank não emprega a interpretação alegórica de maneira tipológica. Um exemplo do tipo de exegese que se encontra em Milbank é o seguinte comentário sobre João 21:25: "O próprio mundo, como diz São João, não conterá o livro de Cristo porque esta *dynamis* no mundo que é o corpo de Cristo é o mundo além do mundo — o livro que o mundo existe para se tornar" (*WMS*, p. 205).

Da hermenêutica alegórica e de uma ontologia da perfeição participada, a interpretação do pecado e da expiação parece mais próxima de Hegel do que do Novo Testamento. De fato, R. R. Reno parece justificado ao concluir que, pelo menos em muitos aspectos centrais, a ortodoxia radical pertence mais aos hábitos da teologia moderna: "A autoridade muda da particularidade da palavra e do sacramento para uma teoria ou conceito superveniente".⁷¹ Tal como acontece com Hegel, o significado da cruz como expiação é hermenêutico e poético, e não soteriológico: "Jesus assume o peso desses falsos significados" e até "o peso do pecado porque o abuso de Cristo define o pecado como a última construção distorcida, projetado para murchar toda a esperança humana":

> E esse assumir do peso do pecado é uma expiação, porque a resposta de Jesus é uma resposta não violenta: uma vez que ele rejeita a violência que distorceria ativamente sua própria obra, mas permite incorporar em sua própria pessoa construções feias que em seu novo contexto assumem uma aparência

---

⁷⁰Um exemplo pode ser citado: Milbank sugere que a crítica severa de Paulo contra a lei como método de receber a herança equivale a declarar "que a determinação de um padrão máximo de justiça é a própria essência do pecado", como no Antigo Testamento a obsessão com a lei acima da caridade (*WMS*, p. 137). Próximo de uma abordagem marcionita do A.T. e seu Deus, este comentário ilustra uma tendência maior de tornar as Escrituras subservientes a um esquema *a priori* e talvez até rejeitar tudo o que não se encaixa.

⁷¹R. R. Reno, "The radical orthodoxy project", *First Things* 100 (Feb., 2000): 42.

diferente [...] A incorporação e transfiguração do feio — assim a beleza deve ser redefinida para um mundo pecaminoso, para que ela possa manter o caráter universal de um transcendental (*WMS*, p. 139).

Isso nos leva à segunda área de divergência entre a ortodoxia radical e minha compreensão da ortodoxia reformada: fusão de Cristo e igreja, igreja e cosmo, a expiação de Cristo e a nossa, justificação e santificação, indivíduo e comunidade, lei e evangelho, fé e obras. Sendo tão desconfiada do dualismo, a ortodoxia radical parece excessivamente nervosa com as distinções. O "um" quase engole o "muitos" inteiramente. Apresento apenas alguns exemplos a fim de enfatizar meu ponto: "As doutrinas cristológicas e da expiação são, devo sugerir, teoricamente secundárias às definições do caráter da nova comunidade ou igreja universal [...] Os Evangelhos podem ser lidos, não como a história de Jesus, mas como a história da (re)fundação de uma nova cidade, um novo tipo de comunidade humana, Israel-tornado-a-Igreja" (*WMS*, p. 148, 150). A eclesiologia engole a cristologia. De fato, em seu ministério das chaves, a igreja é capacitada não apenas com a autoridade para absolver em nome de Cristo (com o que eu concordaria), mas com a "capacidade contínua de fazer expiação" (*WMS*, p. 151). Cristo chega plenamente à sua personalidade divina somente na e por meio da repetição e substituição escatológica da igreja (*WMS*, p. 155-59). A expiação não é de uma vez por todas, mas é completada em e por meio de nossas ações, particularmente em nosso perdão aos outros: "Se a morte de Cristo é necessária além da prática do perdão, então consequências monstruosas se seguem". A doutrina da substituição vicária é "cruamente 'mitológica'" (*WMS*, p. 159). "Se a morte de Jesus for eficaz, [...] então é porque é a inauguração da prática 'política' do perdão; perdão como um modo de 'governo' e ser social. Esta prática é em si uma expiação contínua" (*WMS*, p. 161, grifo original). Notavelmente, Milbank diz que esta é a visão de Paulo e de Hebreus, enquanto o último, por exemplo, enfatiza o caráter "de uma vez por todas" da expiação e distingue entre ofertas de culpa (o único sacrifício de Cristo) e ofertas de graças (que oferecemos em decorrência da expiação, não uma extensão dela).

Evitando o extrinsecismo, Milbank insiste que "a noiva é, no final, escatologicamente igual a Jesus, visto que finalmente ocupa o lugar do Espírito" (*WMS*, p. 190n3). Não só o Filho, o Espírito também é engolido pela comunidade. "Porque se há um 'centro' na teologia paulina, certamente não é a 'justificação pela fé', e sim a 'participação na expiação', quando 'completo no meu corpo o que resta das aflições de Cristo, em favor do seu corpo, que é a igreja (Colossenses 1:24)". Esses não são apenas sofrimentos a serem superadas, mas "esses sofrimentos são de valor 'consolador' ou expiatório para a congregação" (*WMS*, p. 184). Milbank transfere a terminologia cristológica comum para a eclesiologia. Para ser honesto, a igreja não está hipostaticamente unida à divindade. "Em vez disso, encontramos algo como uma *communicatio idiomatum* entre a comunidade e o Espírito, sem um ponto de união identificável na natureza ou na pessoalidade" (*WMS*, p, 185):

> A relação do Espírito e da noiva tem, então, um duplo aspecto: primeiro, a única expiação feita por Cristo torna possível um processo expiatório humano; segundo, porque Cristo ainda depende desse processo (isto é, não pode ser ele mesmo sem pecado, sem a recepção, sem pecado de si mesmo por Maria/*ecclesia*) e porque somente o Deus sem pecado pode dar a resposta verdadeira e sofredora a Cristo (Cristo como Deus, não pode depender de nada criado) o Espírito tem sua própria forma de *kenosis* na igreja (*WMS*, p. 186, grifo original).

Milbank não apenas recusa o dualismo, mas também a "dualidade luterana de fé e obras" ou "dualidade luterana de lei e evangelho" (*RONT*, p. 28-29).[72] De fato, "se há uma falha em Hamann, então pode ser que ele tenda a substituir totalmente o sentido de uma ascensão analógica a Deus, ou de uma participação continuamente aprofundada na eternidade divina, pela noção de adaptação kenótica de Deus a nós — na criação, bem como na redenção" (*RONT*, p. 31). A ascensão e não a descida reflete um contraste significativo entre a ortodoxia radical e a teologia reformada, como aconteceu com os reformadores em suas polêmicas contra as teologias da glória no misticismo medieval.

De acordo com Frederick Bauerschmidt, a união entre Cristo e sua igreja "preenche a lacuna que pode colocar em questão a veracidade do sinal [sacramental], de modo que, como John Zizioulas coloca, 'o próprio Cristo se revela como verdade não na comunidade, mas como uma comunidade'. É a qualidade de vida daqueles que estão em Cristo que manifesta — ou deixa

---

[72]Milbank e seu círculo não evidenciam muita familiaridade com os reformadores protestantes ou com a tradição posterior antes do Iluminismo. Generalizações e caricaturas fracas enfraquecem a integridade do projeto (veja *RONT*, p. 23). John Montag afirma que Lutero, como nominalista, procurou enfatizar "a automanifestação não mediada (ou seja, imediata) de Deus" (*RONT*, p. 50). Isso reflete o idealismo alemão, mas não Lutero, cuja ênfase na mediação terrena da revelação de Deus e da obra salvadora é bem-conhecida. Da mesma forma, Bauerschmidt interpreta Calvino completamente mal (*RONT*, p. 206, 229).

de manifestar — a verdade de Cristo" (*RONT*, p. 212). Por meio da práxis, a igreja pode agora "devolver ao mundo a história que ele perdeu pelo pecado" (*RONT*, p. 213). Reagindo contra o individualismo moderno, os proponentes da ortodoxia radical voltam para os braços de um comunitarismo totalmente abrangente. "Tal é a unidade baseada na participação em Cristo", escreve William T. Cavanaugh, "que, como comenta de Lubac, não podemos falar sobre humanos no plural mais do que podemos falar de três deuses":

> Não indivíduos, mas a raça humana como um todo é criada e redimida [...] Adão não é meramente o primeiro indivíduo, mas representa a humanidade como um todo. O efeito da desobediência de Adão a Deus, no entanto, é a quebra dessa unidade criada [...] Em outras palavras, o efeito do pecado é a própria criação dos indivíduos como tais, ou seja, a criação de uma distinção ontológica entre indivíduo e grupo (*RONT*, p. 184).

Em decorrência dessas sínteses, segue-se com bastante naturalidade que o modelo particular de participação ontológica — platônico e dionisíaco, com a ascensão metafísica e ética como foco — nos torna "cocriadores" e até "corredentores" com Cristo. Nas palavras de Laurence Paul Hemming: "Somos, não é verdade, todos chamados a ser corredentores e mediadores da graça? O que Maria exemplifica, nós também somos chamados a ser — de fato, como corredentores devemos primeiro cocriar" (*RONT*, p. 91). O uno vence finalmente e absorve o múltiplo em uma síntese superior: "Pluriformidade redimida como uma unidade" (*RONT*, p. 95). A ortodoxia radical não está sozinha na articulação de tal paradigma participativo. De fato, este projeto se parece muito com o de Robert W. Jenson e a nova interpretação finlandesa de Lutero.[73] É de se perguntar quando o pêndulo deixará de oscilar na teologia moderna (e pós-moderna) entre o existencialismo, a diástase e o individualismo kierkegaardianos e os ideais especulativos hegelianos, a síntese e o monismo.[74] A ortodoxia radical não parece ter nos levado além desse beco sem saída, embora tenha nos dado muito por meio de críticas incisivas e mais do que alguns insights construtivos.

---

[73]Carl E. Braaten; Robert W. Jenson, *Union with Christ: the new Finnish interpretation of Luther* (Grand Rapids: Eerdmans, 1998).
[74]Como outros nesse grupo, Milbank parece apelar para Hegel apenas para desconstruí-lo, assim como apela para o pós-modernismo para transcendê-lo (veja, por exemplo, *WMS*, p. 198). Embora seja inteiramente provável que eu simplesmente não consiga acompanhar tamanha habilidade, muitas vezes me pego imaginando, nesses momentos, se as fontes (primárias e secundárias) são mais manipuladas do que interpretadas.

Pode ser que essas questões não sejam contestadas apenas entre as posições da teologia reformada e da ortodoxia radical, mas dentro da teologia reformada contemporânea. Enquanto Kuyper se apoiou nos ombros dos reformadores protestantes e defendeu as confissões e dogmática da tradição reformada, o kuyperianismo (também chamado de neocalvinismo) muitas vezes enfatiza a visibilidade do reino de Deus nesta era para que toda atividade se torne "trabalho do reino", a cultura é às vezes tratada como praticamente reveladora, a atividade cristã no mundo é apresentada da perspectiva da "cultura redentora", e seu ativismo louvável às vezes mostra uma desvalorização do indicativo aoristo em favor do presente imperativo. Sem dúvida, tanto a ortodoxia radical quanto pelo menos muitas versões do kuyperianismo criticariam até mesmo as diferenças sutis entre os dois reinos e a lei e o evangelho como dualistas. E, embora se possa suspeitar da ortodoxia radical e do kuyperianismo, neste ponto de uma escatologia ultrarrealizada (*theologia gloriae*), esses escritores podem retribuir o elogio acusando meu relato de representar uma escatologia subrealizada — uma *theologia crucis* sem ressurreição, uma descida encarnacional sem ascensão.

Por mais que a ortodoxia radical critique vigorosamente a univocidade do ser, seu relato da participação em muitas conjunturas obscurece a distinção entre Criador e criatura, redentor e redimido, culto e cultura. Em contraste, um paradigma pactual, como o adotado historicamente pela tradição reformada, afirma uma forte visão da união com Cristo, mas em termos representativos e orgânicos, e não ônticos e metafísicos.

Portanto, não é simplesmente o caso que a ortodoxia radical e a teologia reformada tenham pensamentos diferentes; em vez disso, eles operam em diferentes universos de discurso. Apesar de importantes acordos, a teologia reformada habita uma atmosfera ético-histórico-escatológica e não uma atmosfera metafísico-ontológico-especulativa. Isso não significa ingenuamente supor que existe uma carência de uma ontologia, como já apontei, mas é sugerir que a teologia reformada, como uma teologia da aliança, preserva a *alteridade* na *koinonia*. Com seu foco na união mística com Cristo, a teologia reformada é capaz de evitar a versão particular de extrinsicismo que Milbank critica e caricatura sem abrir mão de distinções importantes entre Cristo e o crente, o crente e a igreja, a igreja e o cosmo. Continuo convencido de que o evangelho ainda está centralmente preocupado com a perspectiva de encontrar um estranho.

TERCEIRA PARTE

PÓLIS E ECLÉSIA:

envolvimento cultural

7

BOAS CIDADES OU CIDADES DO BEM?[1]

Agostinianos radicais, estruturas sociais e crítica normativa

| Lambert Zuidervaart |

Os estudiosos cristãos têm um complexo de modernidade, que já tínhamos muito antes de a desilusão com o iluminismo invadir tantas disciplinas acadêmicas. E o teremos depois que os intelectuais protestantes, sempre seguindo as tendências de modo tardio, cansarem-se das polêmicas relacionadas ao pós-modernismo. Refletir sobre esse assunto nos ajudará a encontrar propósitos para os anos por vir.

Com essa intenção, abordarei duas críticas agostinianas radicais à sociedade moderna. Em primeiro lugar, ilustro o complexo de modernidade com base no pensamento reformacional. Em seguida, resumo e avalio a crítica social do filósofo e teórico jurídico Herman Dooyeweerd. Então, concentro-me em dois textos dos teólogos ortodoxos radicais John Milbank e Graham Ward. Concluo explicando por que os especialistas cristãos não podem simplesmente adotar ou rejeitar o projeto de modernidade.

---

[1]Este ensaio incorpora partes de uma palestra realizada por ocasião da Winifred E. Weter Faculty Award Lecture, na Seattle Pacific University, no dia 13 de abril de 2000, em resposta à palestra de Janet Blumberg intitulada *"Scientia et sapientia*: enigmas of science and wisdom from Plato to Derrida [*Scientia et sapientia*: enigmas da ciência e sabedoria de Platão a Derrida]. Agradeço a Al Wolters por seus comentários sobre uma versão anterior deste ensaio.

COMPLEXO DA MODERNIDADE

A ortodoxia radical e o pensamento reformacional compartilham um interesse pelo iluminismo do século 18 e seu papel na sociedade ocidental.[2] Ambas as escolas contêm uma inclinação anti-iluminista profunda, assim como tons anti-intelectuais reverberam no evangelicalismo americano. Essas tendências ajudam a explicar tanto a adoção entusiástica do chamado pós-modernismo por alguns estudiosos cristãos quanto a rejeição desinformada por tantos outros. Os dois lados dessa polêmica pós-modernista representam um roteiro que não foi resolvido do passado.

A tradição reformada mostra diversos sinais do fervor anti-iluminista. O livro mais influente de Groen van Prinsterer, intitulado *Unbelief and revolution*, retrata a Revolução Francesa como um desastre social causado pela apostasia do iluminismo.[3] Seguindo Groen, em suas famosas Stone Lectures, de 1898, na Universidade de Princeton, Abraham Kuyperse refere ao modernismo inspirado em tal movimento como inimigo do cristianismo, para o qual unicamente a cosmovisão calvinista pode oferecer uma alternativa completamente viável.[4] H. Evan Runner traz seus avisos enérgicos contra o "pensamento sintetizado" em apropriações acríticas da filosofia moderna.[5] Da mesma maneira, Hendrik Hart, conhecido por não ser conservador, passa a maior parte de sua carreira criticando uma fé iluminista na razão.[6]

---

[2]Uso *ortodoxia radical* como um termo conveniente no intuito de indicar estudiosos que têm projetos e uma história compartilhada o suficiente para formar o que poderia ser chamado ligeiramente de escola de pensamento. Não tenho a intenção de negar ou desprezar o caráter individual de cada projeto ou as diferenças significativas entre os pensadores aos quais a expressão se aplica.

[3]Guillaume Groen van Prinsterer, *Unbelief and revolution: a series of lectures in history* (Amsterdam: Groen van Prinsterer Fund, 1975), tradução de O*ngeloof en revolutie: eene reeks van historische voorlezingen* (Leiden: Luchtmans, 1847).

[4]Veja principalmente a primeira palestra, intitulada "Calvinism a life-system", in: Abraham Kuyper, *Lectures on Calvinism* (Grand Rapids: Eerdmans, 1943), p. 9-40. Para um comentário detalhado deste livro, veja Peter S. Heslam, *Creating a Christian worldview: Abraham Kuyper's lectures on Calvinism* (Grand Rapids: Eerdmans, 1998). Trato em linhas gerais a ambivalência nos pontos de vista de Kuyper em relação à democracia e ao pluralismo religioso em meu ensaio "Art is no fringe: an introduction", em *The arts, community and cultural democracy*, ed. Lambert Zuidervaart; Henry Luttikhuizen (London: Macmillan, 2000), p 1-12.

[5]Veja espec. H. Evan Runner, *The relation of the Bible to learning* (Unionville Lectures for 1959 and 1960; Toronto: Wedge, 1974).

[6]Quanto a esse assunto, existe uma grande continuidade no trabalho de Hendrik Hart entre uma publicação mais antiga como *The challenge of our age* (Toronto: Wedge, 1968, 1974) e ensaios mais recentes como "Conceptual understanding and knowing other-wise: reflections on rationality and spirituality in philosophy", in: *Knowing other-wise: philosophy at the threshold of spirituality*, ed. James H. Olthuis (New York: Fordham University Press, 1997), p. 19-53. Comento este ensaio em "Artistic truth, linguistically turned: variations on a theme from Adorno, Habermas, and Hart", in:

Vale lembrar que Calvin Seerveld sempre procura as contribuições positivas do pensamento baseado no iluminismo, ao mesmo tempo em que alerta sobre suas armadilhas. No entanto, ele costuma adotar uma postura de antítese, por exemplo, quando aponta para "a enormidade do nosso mal iluminista" com o objetivo de convidar seus alunos a "tomarem [sua] cruz de poder cultural erudito".[7] Todavia, observe que ele diz *"nosso* mal iluminista". Nesse caso, implicitamente, e mais explicitamente em outros momentos, Seerveld reconhece que tal filosofia tem algumas fontes cristãs e que continua inescapavelmente entrelaçada com o cristianismo no ocidente.

Merold Westphal vai ainda mais longe, incentivando os cristãos a lerem autores ateus pós-iluministas como críticos criteriosos das tendências idólatras dentro do cristianismo ocidental: "A primeira tarefa dos pensadores cristãos ao enfrentarem Marx, Nietzsche e Freud, entre outros, não é refutá-los ou desacreditá-los: é reconhecer que sua análise é *muito verdadeira na maior parte do tempo* e tentar descobrir exatamente onde ela se encaixa, não 'neles', mas em nós mesmos".[8] No entanto, parece-me que até o conselho de Westphal falha. Para falar a verdade, usar os "mestres da suspeita" pensando na quaresma é melhor do que o desprezo praticado por muitos cristãos conservadores, que se transforma em um afastamento fácil do pós-modernismo. Também aperfeiçoa a aceitação, de braços abertos, expressa por crentes mais progressistas e continua em apropriações ansiosas da perspectiva pós-moderna. Porém, o desafio contemporâneo da erudição cristã é maior do que isso. Precisamos peneirar sutilmente o que é essencialmente valioso ou problemático em ideias supostamente seculares. Além disso, necessitamos de julgamentos igualmente cuidadosos sobre as melhores e piores funções que esses pontos de vista cumprem na sociedade. Os estudiosos cristãos devem levar a sério não só a antítese entre o bem e o mal, mas igualmente a abundância da graça comum de Deus. E devemos fazer isso visando às intenções divinas para a criação e a promessa de uma nova terra. No intuito de explorar o que isso pode significar, analisaremos duas críticas agostinianas radicais à sociedade moderna.

Philosophy as responsibility: a celebration of Hendrik Hart's contribution to the discipline, ed. Ronald A. Kuipers; Janet Catherina Wesselius (Lanham: University Press of America, 2002), p. 129-49.

[7] Calvin G. Seerveld, "The cross of scholarly cultural power", in: *In the fields of the Lord: a Seerveld reader*, ed. Craig Bartholomew (Carlisle: Piquant, 2000), p. 201, 197.

[8] Merold Westphal, *Suspicion and faith: the religious uses of modern atheism* (Grand Rapids: Eerdmans, 1993), p. 16.

AS RAÍZES DA CULTURA OCIDENTAL: HERMAN DOOYEWEERD

Em uma série de editoriais escritos durante a década de 1940 para a revista semanal holandesa *Nieuw Nederland*, Herman Dooyeweerd aborda os desafios da reconstrução da sociedade europeia após a Segunda Guerra Mundial. Esses artigos foram reunidos em um livro traduzido à língua portuguesa sob o título de *Raízes da cultura ocidental: as opções pagãs, secular e cristã*.[9] O subtítulo da obra indica que o autor enxerga três opções para a direção que a reconstrução pós-guerra pode tomar: pagã, secular e cristã. Defendendo a terceira opção, ele pretende distingui-la do "terceiro caminho" proposto pelo Movimento Nacional Holandês (*Nederlandse Volksbeweging*), que buscava uma visão mais ecumênica e menos confessionalmente restrita. Dois temas se destacam na crítica de Dooyeweerd à sociedade moderna e em suas propostas de reconstrução: seu destaque à antítese espiritual e sua defesa da diferenciação estrutural.

A antítese espiritual

Dooyeweerd define a antítese como "a luta incansável entre dois princípios espirituais que impactam a nação e, na verdade, toda a humanidade".[10] Sua interpretação dessa batalha lembra as famosas reflexões de Agostinho sobre o conflito histórico mundial entre a "cidade terrena" e a "cidade de Deus". Assim como Agostinho, Dooyeweerd considera a antítese como universal, abrangente e profundamente espiritual. É universal no sentido de que nenhum indivíduo ou grupo fica fora dessa batalha implacável. A divisão mais fundamental na sociedade não é simplesmente entre, digamos, cristãos e humanistas, ou meramente entre calvinistas devotos e socialistas seculares. A divisão "perpassa a vida cristã em si".[11] A antítese também é abrangente: nada na vida, sociedade e cultura humana está fora dela, nem a economia, a política, a arte, os cuidados com a saúde, a educação ou o culto. E a razão pela qual a antítese é tão universal e inclusiva é o fato de ser profundamente espiritual.

---

[9] Herman Dooyeweerd, *Roots of Western culture: pagan, secular, and Christian options*, ed. Mark Vander Vennen; Bernard Zylstra; nova edição de D. F. M.Strauss, trad. para o inglês John Kraay (Lewiston: Mellen, 2003) [edição em português: *Raízes da cultura ocidental: as opções pagãs, secular e cristã*, trad. Afonso Teixeira Filho (São Paulo: Cultura Cristã, 2015). A versão holandesa deste livro surgiu em 1959 e a primeira tradução em língua inglesa, em 1979.

[10] Ibidem, p. 4.

[11] Ibidem, p. 3.

Dooyeweerd explica a essência profundamente espiritual da antítese no contexto de "motivos religiosos fundamentais" que permeiam uma sociedade inteira e entram em conflito uns com os outros. Ele trata desses motivos básicos como "norteadores espirituais da vida humana". São "forças motrizes absolutamente essenciais" que "orientam as expressões temporais [da religião humana] e indicam a origem real ou suposta de toda a existência. No sentido mais profundo possível, determina toda a vida e cosmovisão de uma sociedade, colocando sua marca indelével na cultura, na ciência e na estrutura social de determinado período".[12]

Consequentemente, Dooyeweerd vê o desafio de reconstruir a sociedade após as devastações da Segunda Guerra Mundial basicamente como uma batalha sobre quais motivos básicos predominarão entre aqueles que ajudaram a moldar a civilização ocidental. No fundo, a batalha é entre uma orientação espiritual para a qual a vida, a cultura e a sociedade são a criação redimida e redimível de Deus ou uma orientação para a qual sua obra criadora e redentora é irrelevante ou inexistente. O restante de seu livro traça as origens históricas e o significado contemporâneo dessa batalha espiritual.

A diferenciação estrutural

O segundo tema central de Dooyeweerd é o da diferenciação estrutural. Ele introduz o assunto usando a expressão "soberania da esfera", criada por Abraham Kuyper, com a intenção de mostrar que existe uma diversidade legítima proporcionada por Deus entre os diversos tipos de instituições sociais e setores culturais e que cada um recebe suas próprias normas, autoridade e tarefas de Deus e não de qualquer outra esfera. Esse conceito foi muito importante na cruzada de Kuyper na tarefa de criar espaço político para escolas independentes e uma universidade gratuita fundada nos princípios calvinistas: eles precisavam ser livres do controle do Estado e da igreja. A tarefa que Kuyper lançou à filosofia social de Dooyeweerd foi a de articular a autoridade legítima e a função de cada esfera, as regras ou princípios que a organizam e como ela deve se relacionar com as outras esferas.

Ao assumir esta incumbência, Dooyeweerd aprofunda o entendimento de Kuyper em dois fatores. Em primeiro lugar, Dooyeweerd argumenta que a soberania da esfera não é meramente um princípio social, mas um princípio

[12] Ibidem, p. 8-9.

de toda a criação. Ele garante essa concepção por meio de uma teoria elaborada de aspectos modais e uma igualmente complexa teoria das estruturas sociais. O resultado é uma teoria social que endossa a diferenciação das instituições no ocidente moderno, mas resiste ao espírito secular que ajuda a impulsionar esse processo. Isso posiciona o projeto reconstrutivo de Dooyeweerd contra o totalitarismo político moderno e a supremacia eclesiástica pré-moderna, mas sem alinhá-lo com o liberalismo predominante.

Ademais, ele também fortalece a compreensão de Kuyper ao argumentar a favor da "universalidade da esfera" como um correlato do conceito de soberania da esfera. Dooyeweerd reconhece que a distinção de diferentes aspectos externos não é suficiente: a "conexão interna" e a "coerência inseparável" também são exigidas.[13] Quando transferida para uma teoria das estruturas sociais, essa percepção sugere que a divergência gradual de instituições e setores diferentes pode falhar se não for acompanhada por sua integração a uma coesão social mais ampla. Embora Dooyeweerd pareça pensar que tal coerência só pode ser totalmente alcançada quando a sociedade não estiver mais dividida por conflitos espirituais, isso não o impede de aplicar a norma de integração em sua avaliação de diversas sociedades passadas e do presente.[14]

O dilema da crítica normativa

Juntos, a defesa da diferenciação estrutural e a ênfase na antítese espiritual fundamentam a crítica de Dooyeweerd da sociedade ocidental moderna. Por um lado, ele afirma que essas distinções entre, digamos, a igreja, o estado, a economia e a sociedade civil são conquistas históricas dignas de serem preservadas e desenvolvidas. Por outro lado, ele denuncia o espírito secular que parece permear e incentivar esse processo, insistindo, em vez disso, que seja imbuído do Espírito Santo. Ele não torna essa insistência um mero apelo. Em vez disso, tenta descobrir detalhadamente o que as normas de fidelidade, justiça, mordomia e solidariedade estabelecidas por Deus exigem nas instituições e no tecido cultural da sociedade contemporânea. Sua crítica

---

[13]Ibidem, p. 44.
[14]No entanto, considero o relato de Dooyeweerd sobre a integração social, relativamente fraco e insuficientemente crítico das formas nas quais à economia moderna e as forças tecnológicas de integração destroem os habitats e a vida humana. Isso está vinculado à sua confiança em uma teoria não convincente de *enkapsis* a fim de compensar a falta de atenção aos problemas de integração social em sua explicação da diferenciação social moderna. Veja principalmente Herman Dooyeweerd, *A new critique of theoretical thought*, Collected Works A/1-4 (Lewiston: Mellen, 1997 [orig. 1953-55]), 3.588-624, 653-70, 4 vols.

da sociedade moderna é normativa e leva a sério as conquistas históricas da sociedade ocidental.

Tudo isso contribui para uma perspectiva social ampla e atraente. No entanto, há uma estranheza afligindo a forma de Dooyeweerd combinar seus dois temas. O domínio aparente de um espírito terreno desde o iluminismo do século 18 traz à tona a dúvida se a diferenciação ocidental moderna pode ser mais intensamente desorientada do que Dooyeweerd reconhece. Ao mesmo tempo, a suposta legitimidade dessa distinção levanta a questão se a reestruturação espiritual é tão crucial ao bem-estar quanto ele insiste. Não creio que Dooyeweerd seja capaz de resolver totalmente esse dilema. Não é de espantar que as críticas sociais realizadas por seus sucessores sigam dois caminhos divergentes. Aqueles que estão angustiados com o mal-estar espiritual do ocidente tendem a se tornar tão reacionários que veem pouco valor na sociedade contemporânea. Outros entusiastas da diferenciação moderna acabam encobrindo o mal que assola as sociedades ocidentais e que essas sociedades infligem a outras. E nenhum dos lados entendeu mais do que Dooyeweerd o prejuízo espiritual e social causado por uma economia capitalista em um processo contínuo de globalização.[15]

Aqui a ortodoxia radical pode oferecer correções importantes à tradição reformada, pois carrega receios profundos quanto à diferenciação moderna, ainda que lute a fim de ser totalmente contemporânea na maneira de articular essas suspeitas. Explorarei brevemente isso em dois textos que, como o livro de Dooyeweerd, usam a visão social de Agostinho como sua fonte de inspiração: *Cities of God*, de Graham Ward, e *Theology and social theory: beyond secular reason*, de John Milbank. Por supor uma familiaridade mais forte com esses escritos por parte de meus leitores, minha análise será mais provocativa e menos somativa do que foi minha abordagem de Dooyeweerd.

CIDADES DE DEUS: ORTODOXIA RADICAL

Enquanto Dooyeweerd se refere à crise espiritual da Europa pós-guerra como uma batalha entre motivos religiosos fundamentais concorrentes, Milbank e Ward a enxergam como um niilismo crescente a que unicamente

---

[15]Quanto ao argumento principal de minha própria alternativa, que aborda o mal da sociedade e o sofrimento que ele causa, veja "O lamento da Terra: sofrimento, esperança e sabedoria", discurso inaugural realizado em 21 de novembro de 2003. Acesso online: http://www.icscanada.edu/events/convocation/. Pretendo aprofundá-lo em um ensaio mais detalhado posteriormente.

uma visão de mundo analógica pode resistir. O diagnóstico deles ressalta a fragmentação espiritual e não uma antítese entre dois princípios culturalmente imbuídos e socialmente eficazes. Essa ênfase mostra sua apropriação do conto de Agostinho sobre as duas cidades.

O niilismo espiritual: Graham Ward

O último capítulo de *Cities of God*, de Graham Ward, é bastante instrutivo principalmente nessa questão. Intitulado "Cidades do bem", este capítulo faz uma releitura da obra *De civitate Dei*, de Agostinho, visando à "redenção do ciberespaço". Na leitura que Ward faz de Agostinho, o que une as cidades terrenas e celestiais, o amor, é também o que as afasta: o amor próprio *versus* o amor a Deus. Até a separação final do joio do trigo, esses dois amores estão inextricavelmente ligados (*permixtum*).[16] Portanto, ele adverte contra nossa tentativa de dissociar a cidade de Deus da cidade secular, afirmando que nenhum de nós sabe em que medida elas são independentes e que "nenhum de nós pode saber até que ponto qualquer atividade em que nos engajamos é obra de Deus" (*CG*, p. 226).

No entanto, a cidade de Deus deve "ser realizada historicamente". Levanto aqui meu primeiro ponto: dada nossa ignorância parcial, podemos questionar como, *historicamente*, a realização da cidade e de Deus deve acontecer, por meio de quais agências *históricas* e com base em quais condições *históricas*. Ward responde que as estruturas institucionais e sociais necessárias resultarão das "boas práticas" que "respondem ao chamado da graça divina" à "existência". Assim, quando tais práticas são concretizadas, a cidade de Deus está sempre sendo realizada historicamente. Acredito que Ward tenha esse "sempre" em mente quando diz que a cidade de Deus "é imanente às formas de todas as cidades" e "torna possíveis as cidades do cotidiano [...] e sua redenção"(*CG*, p. 226).

Isso sugere algo importante sobre a perspectiva social da teoria de Ward. Aparentemente, sua teoria pode apresentar uma relação *entre* as duas cidades, uma vez que habita *ambas* e o faz como uma boa ação em resposta à graça de Deus. Parte da bondade de tal prática teórica é não presumir muito sobre a relação entre as duas cidades, além da conclusão basicamente

---

[16]Por não ser especialista o suficiente no estudo de Agostinho, deixo a precisão e a criatividade da interpretação de Ward para outros autores.

platônica de que qualquer bondade que as "cidades do cotidiano" demonstrem se deve à participação no padrão redentor e (sempre já) historicamente realizado da cidade de Deus. Dessa forma, a modéstia e a confiança se unem: a modéstia epistêmica a realizar julgamentos específicos acerca da nobreza das instituições e estruturas existentes e a confiança ontológica a confirmar a analogia como a chave da história redentora.

Explicando mais claramente, o Agostinho de Ward afirma que o desejo de dominação caracteriza a cidade terrena e é uma "imitação perversa" do culto amoroso na cidade celestial (*CG*, p. 227). O Agostinho de Ward associa tal ânsia ao "individualismo perverso" como a "fonte do atomismo social". Igualmente, relaciona o culto amoroso ao comunitarismo sociável como "preocupação com 'o bem comum em nome da sociedade celestial'" (*CG*, p. 228). No entanto, este Agostinho também resiste a traduzir "o reino de Deus em práticas sociológicas, históricas e políticas" ou em identificar "a igreja com a cidade celestial". A razão para a segunda resistência é que os membros da igreja estão eles próprios "sujeitos aos mesmos desejos e tentações que aqueles [que são] acolhidos pela *civitas terrena*" (*CG*, p. 229).

Em certo sentido, devo admitir que tudo isso é muito bom. Os teóricos reformacionais concordam que a antítese entre o bem e o mal atravessa todos os atos humanos e toca todo e qualquer coração humano. Então por que perceber a onipresença do mal leva a recusar os julgamentos sobre as estruturas sociais atuais? Por que não é um motivo urgente para elaborá-los? E a resistência em fazê-lo em si mesmo não seria um modo de juízo sociológico, histórico e até político, em que as instituições e estruturas como tais não contam, mas unicamente o amor com que as pessoas entram nelas e participam da cidade de Deus?

A modéstia confiante de Agostinho/Ward surge de um entrelaçamento da "lógica da analogia" com a "lógica da paródia e a doutrina da Queda" (*CG*, p. 230). Pelo que entendo da exposição de Ward, as normas fundamentais da vida e da sociedade humanas "eram parte da ordem da criação". Entretanto, depois da Queda, essas regras se tornaram "virtuais" (em oposição a "reais"?). Na condição pós-lapsariana, essas normas virtuais possibilitam suas próprias paródias, as imitações perversas da justiça e do amor e a sociabilidade expressos na *civitas terrena*. As normas tornam suas releituras possíveis apenas em virtude de seu "significado" escatológico, que nunca será totalmente integrado na sociedade até o *eschaton*, embora procurar saber se, na ontologia de Ward, a cidade divina será, seria ou poderia ser a sociedade atual, seja uma questão ainda discutida.

A linguagem precisa de Ward é instrutiva: "Quando o amor, a justiça, a sociedade e a paz são predicados da *civitas terrena*, são paródias de predicados da *civitas dei*; encontram seu verdadeiro significado em relação à escatologia cristã [...] O uso desses termos parodicamente na *civitas terrena* é possibilitado pela realidade do que esses termos significam escatologicamente" (*CG*, p. 230). Observe o segmento de frase "*a realidade do que esses termos significam*". Uma vez que o significado dos termos é escatológico, deixam de ser uma estrutura criacional continuamente sustentável ou histórica contemporânea. Isso implica que, antes do *eschaton*, uma sociedade não pode ser verdadeiramente justa e uma boa cidade não pode ser genuinamente boa.

Novamente, em certo sentido concordo com isso, mas não creio que uma comunidade pré-escatologicamente justa possa imitar perversamente a justiça ou que uma cidade normalmente boa possa imitar perversamente a bondade. Embora aprecie a ênfase da escatologia como um recurso corretivo da fixação reformacional nas ordens criacionais e a fixação tomista na lei natural, não concordo com isso, pois considero um erro fundamental na ontologia igualar regras a ideais. Regras são diretrizes dinâmicas historicamente desenvolvidas que exigem respostas humanas para terem efeito. Nas palavras de Bob Goudzwaard, são "indicadores que nos guiam ao longo de [...] estradas transitáveis. Sem as normas, nossos caminhos saem do controle".[17] Em contrapartida, os ideais são modelos estáticos — seja no mundo inteligível de Platão ou na mente divina de Agostinho — cujos supostos efeitos superam necessariamente todos os esforços humanos a fim de se aproximar deles, na teoria ou na prática.

Uma ontologia como a de Agostinho/Ward ameaça apresentar conversas irrelevantes sobre "cidades boas": reais, contemporâneas e habitadas que são relativamente melhores e piores em diversos aspectos específicos. Essa ontologia leva a ortodoxia radical a falar sobre todas (e nenhuma delas) como "cidades do bem". Nesse sentido, todas são virtuais ou paródias de uma cidade virtual, a saber, *da* cidade de Deus. Consequentemente, podemos falar sobre boas cidades apenas com referência a essa realidade virtual, não com

---

[17] Bob Goudzwaard, *Capitalism and progress: a diagnosis of Western society* (Grand Rapids: Eerdmans, 1979), p. 243. Tenho mais a dizer quanto às normas como "princípios sociais" em "Earth's lament", onde traço os princípios sociais como "chamados historicamente constituídos e orientados para o futuro, em que a voz de Deus pode ser ouvida e vestígios de uma nova terra podem aparecer".

referência a outras cidades habitadas atualmente (veja *CG*, p. 232-3). Os julgamentos comparativos entre cidades, como os que fazemos ao decidir onde morar ou os que os cidadãos fazem para resolver como melhorá-las passam a ser, se não evitados, inúteis. Isso ocorre porque, segundo Agostinho/Ward, é só mostrando a "diferença teológica" ou a "participação trinitária" que os juízos cívicos de qualquer tipo encontram a âncora transcendente de que precisam: "Somente a teologia é capaz de [...] dar ao secularismo uma legitimidade que o salva do autoconsumo niilista, do atomismo do *amor sui*, do desvio para os transtornos do *nihil*. Na Reforma, o protestantismo perdeu isso de vista e agora precisamos resgatá-lo" (*CG*, p. 236). Como veremos, a sacralização estrutural é a resposta da ortodoxia radical ao que é entendido como niilismo espiritual.

A sacralização estrutural: John Milbank

Uma ênfase na sacralização estrutural permeia "A outra cidade: a teologia como ciência social", o último capítulo de *Theology and social theory: beyond secular reason*, de John Milbank. O capítulo começa com um ato provocativo de renomear e rebatizar. Milbank renomeia a teologia como "uma ciência social" e a rebatiza como "a rainha das ciências". Contudo, não está totalmente claro quais testemunhas deveriam comparecer a essa cerimônia de rebatismo com o propósito de cunhar uma frase. São convidados unicamente os habitantes da "outra cidade" que estão "em peregrinação por este mundo temporário" (*TST*, p. 380) e a quem a teologia será a rainha das ciências? Ou os congregantes incluem todos os membros da academia, a quem ela é a ciência social suprema? Perguntas semelhantes podem ser feitas no tocante ao subtítulo do livro: o que quer dizer estar "além da razão secular" e para quem estar "além" tem alguma importância? Ou, tornando meus questionamentos mais pontuais: a teologia deve ser uma ciência social de uma maneira que seja reconhecível como tal para os cientistas sociais contemporâneos, que são cautelosos não só com a teologia, mas também com a filosofia e quaisquer outros pretendentes ao trono acadêmico?[18]

---

[18]Obviamente esta última questão ofenderia os teólogos que pensam que, como um todo, o desenvolvimento das ciências sociais modernas está a caminho da perdição. Porém, tais teólogos não rebatizariam, ou não deveriam rebatizar, a teologia como uma ciência social (régia). Não tenho certeza se Milbank deseja comer seu bolo social-científico secular (talvez depois da cerimônia de rebatizado?) e depois também pós-secular.

Concentrei-me consideravelmente no parágrafo de abertura porque ele cristaliza tanto as percepções do projeto de Milbank quanto as questões que lança para o pensamento reformacional. Enquanto a tradição reformada afirma a diferenciação estrutural moderna, também na academia, na medida em que se preocupa com a secularização direcional, a ortodoxia radical tende a resistir ao pluralismo direcional moderno — a proliferação de religiões e antirreligiões — à medida que promove a sacralização estrutural. Duas questões-chave estão entre elas: primeiro, o papel e a legitimação dessa distinção, uma questão que os teóricos reformacionais provavelmente tenderão à apresentar para a ortodoxia radical; em segundo lugar, as consequências estruturais da secularização direcional, uma questão que a ortodoxia radical tentará remeter aos teóricos reformacionais. Ambas as tradições são radicais em sua crítica daquilo que Dooyeweerd chamou de "pretensa autonomia do pensamento teórico" e de forma mais geral, a pretensa autonomia de pessoas, práticas culturais e instituições sociais modernas. Todavia, apenas uma tradição quer ser ortodoxa no sentido de voltar às interpretações pré--modernas da igreja, sociedade e cultura. Em vez disso, Dooyeweerd e seus colegas pressionam por uma "reforma interna" das ciências, práticas e instituições modernas, e não uma rejeição rigorosa ou acomodação automática.

Então não é de espantar que a descrição de Milbank da teologia como ciência social incomoda meu senso reformacional de propriedade. Embora reconheça objeções válidas ao otimismo eurocêntrico na defesa de Dooyeweerd da diferenciação, neste quesito continuo sendo um modernista não reconstruído ou não desconstruído. Apesar da patologia inegável no desenvolvimento das sociedades ocidentais modernas, considero a distinção de disciplinas acadêmicas, regiões culturais e esferas sociais relativamente positivas ao ser humano, incluindo aqueles em peregrinação para e na *altera civitas*. O mesmo vale para a relativização concomitante da teologia, cosmovisões religiosas e instituições eclesiásticas da modernidade. Acredito que Milbank discordaria.

Nesse contexto, ele resiste corretamente à tendência entre os teólogos contemporâneos e outros estudiosos cristãos de tomar emprestadas suas teorias globais da sociedade e da história "de outros lugares". Em vez disso, defende que "a própria teologia" oferece a teoria universal necessária e que o faz "com base em sua própria fé particular e historicamente específica". Essa teoria global precisa explicar "um modelo de ação marcadamente cristão". Milbank vincula isso diretamente à "igreja" como uma "sociedade diferente" que "se define, em sua prática, como contínua e descontínua" com "outras sociedades humanas". Portanto, a teologia é uma teoria social (régia) (e uma ciência social),[19] essencialmente "uma *eclesiologia*" (*TST*, p. 380-1).

Os teóricos reformacionais descobrirão que a crítica perspicaz de Milbank à síntese socioteórica elimina muitas distinções cruciais. Em primeiro lugar, ele equipara o projeto de erudição cristã com a teologia. Isso torna a teologia mais do que a provável rainha das ciências sociais. Com efeito, ela é a única ciência em que os estudos orientados pela fé tem espaço. Concordo com Milbank que os especialistas cristãos devem oferecer uma contrateoria da sociedade e da história ou, mais modestamente, precisam trabalhar juntos nessa direção. Porém, preocupo-me que, em sua abordagem, quaisquer esforços nesse sentido por parte dos filósofos, cientistas políticos ou teóricos culturais necessitem ser imediatamente rebatizados como teologia a fim de se encaixar no projeto de erudição cristã.

Em segundo lugar, Milbank é o responsável por uma eliminação dupla no nível da teoria social. Primeiro, ele iguala certas instituições (igrejas) e um relacionamento social (a comunidade da adoração) a "uma sociedade". Depois, é incapaz de distinguir entre o corpo de Cristo (eclésia) e o reino de Deus. Só esta eliminação dupla permite considerar a igreja uma "comunidade diferente" e se referir à teoria social cristã como "antes de tudo uma *eclesiologia*". Para Milbank, a igreja não é uma instituição entre muitas, nem um tipo de relacionamento entre tantos. Como sociedade a igreja, em princípio, abrange todas as instâncias e vínculos sociais que a constituiriam em pleno desenvolvimento. Além disso, ele tende a igualar esta eclésia com a *civitas Dei* ou, em minha própria terminologia, com o reino de Deus. Ele pensa que o reino de Deus existe somente na ou por meio da igreja e é por isso que pode lamentar o fracasso da igreja "em trazer a salvação" (*TST*, p. 381) e dar peso histórico mundial a este suposto fracasso: "Ou a igreja representa a visão da comunidade paradisíaca [...] ou promove uma sociedade infernal além de quaisquer terrores conhecidos desde a antiguidade [...] pois a ruptura cristã da história 'decodificou' a virtude antiga, desse modo, ajudou a promover primeiro o liberalismo e depois o niilismo" (*TST*, p. 433). Mas "a interrupção

---

[19]Milbank desliza entre "teoria social" e "ciências sociais" sem parecer perceber a diferença. Na minha perspectiva, a primeira é uma teoria da sociedade, visto que opera dentro de uma ou mais ciências sociais, enquanto a segunda tem componentes teóricos que muitas vezes cruzam com uma teoria social. Entretanto, tais ciências contemporâneas também têm aspectos empíricos tão amplos que se assemelham à parte submersa de um iceberg. Dada sua orientação quase exclusivamente teórica, a ortodoxia radical (assim como alguns defensores da filosofia reformacional antes dela) ameaça colidir com aquela parte da ciência social que a rainha teológica não se propõe a investigar.

cristã" foi realmente tão poderosa? Outros fatores não desempenharam um papel igual, incluindo forças econômicas, tecnológicas e políticas que não eram meramente intelectuais ou éticas? E em que dimensão o Deus triúno precisa genuinamente da igreja para cumprir globalmente a oração que Jesus ensinou aos seus discípulos ("venha o teu Reino; seja feita a tua vontade")?

Dilema de normatividade crítica

Apesar das diferenças significativas entre as perspectivas de Ward e Milbank sobre Agostinho, levando em conta que Ward está menos inclinado a coroar a teologia como a ciência social suprema ou a considerar a igreja a cidade de Deus, eles compartilham uma posição relacionada à normatividade que caracteriza a ortodoxia radical como um todo.[20] Essa posição compartilhada tem duas características. Em primeiro lugar, identifica a fonte da bondade em um modelo ideal exterior à história humana. Em segundo lugar, limita a eficácia deste padrão dentro da história humana à certas práticas desenvolvidas dentro de uma comunidade eclesiástica. Ali, o aspecto central que perpassa o padrão ideal de Deus para a vida e sociedade contemporâneas não é a pregação da palavra, como muitos protestantes pensam, e sim a celebração da eucaristia. Ambos os autores propõem uma abordagem sacramental à crítica social que parece estranhamente desconexa com as realidades contemporâneas.

Estar em desarmonia não é necessariamente algo ruim. Assim como os profetas hebreus antes dele, Jesus também não era um camaleão social, ainda que não participassem de cerimônias litúrgicas. O problema com a abordagem da ortodoxa radical é que ela tem a intenção de oferecer uma crítica da sociedade contemporânea, mas tem poucos recursos teóricos para elaborar julgamentos sutis sobre melhores e piores tendências. Destacar que todas as cidades precisam ser do bem não tem muita relação com o que torna cidades específicas relativamente boas. Isso traz à tona um dilema de normatividade crítica. Por um lado, todas as instituições e estruturas sociais

---

[20]Na conferência do Calvin College de 2003, onde apresentei este ensaio pela primeira vez, Graham Ward sugeriu que sua abordagem em *Cities of God* fosse genealógica (como em Foucault) e não normativa (como em Habermas). Não creio que isso afete o argumento que pretendo apresentar. Aqui, uso os termos *normativo* e *normatividade* a fim de me referir a uma preocupação em questionar o que contribui para a bondade (relativa) na vida, cultura e sociedade humana. Esse interesse é compartilhado por Dooyeweerd, Ward e Milbank e deriva, em parte, de Agostinho. Os três são agostinianos radicais, para os quais Deus está criando tudo de bom e continua sendo fundamental à compreensão e avaliação do mundo contemporâneo.

são sustentadas pelo padrão divino de "convívio que esquece a si mesmo" (*TST*, p. 391) ou pelo amor sociável (*CG*, p. 228) e são consideradas incompletas. Por outro lado, a comunidade eclesiástica historicamente integrada e aprovada que supostamente permeia esse modelo para a sociedade como um todo negligenciou, ignorou ou rejeitou o que deveria representar. Portanto, ficamos, na maior parte, com normas abstratas que têm efeito histórico fraco e com desenvolvimentos que carregam pouca promessa normativa: ou uma cidade do bem, mas não cidades boas; ou cidades potencialmente boas que nunca são boas o suficiente.

O DESAFIO DA MODERNIDADE

O dilema da ortodoxia radical da normatividade crítica constitui um anverso ao dilema do julgamento normativo que enfrenta o pensamento reformacional. Enquanto a ortodoxia radical torna as normas de fidelidade, justiça, mordomia e solidariedade historicamente inatingíveis, o pensamento reformacional permite que sejam facilmente e não historicamente alcançadas. No cenário da teologia kuyperiana, a ortodoxia radical faz com que toda a graça seja especial e o pensamento reformacional torna isso muito comum. Nossa dificuldade mútua é abordar a dinâmica do mal social em um nível mais profundo. Esse me parece ser o maior desafio da modernidade.

Um bom lugar para começar a construir uma resposta seria fazer perguntas difíceis sobre a deformação sistêmica. Como indiquei em outro momento, tal expressão se refere a "uma estrutura e processo históricos em grande escala que perpassam uma sociedade, influenciam igualmente grupos conflitantes dentro dessa sociedade e violam fundamentalmente a vida humana diante da face de Deus".[21] Como Nicholas Wolterstorff afirmou há vinte anos, vamos supor que a "diferença crescente" entre as nações ricas e pobres "não seja uma anomalia, mas um mecanismo básico contínuo operacional da economia mundial".[22] Se os efeitos desse mecanismo desrespeitarem persistentemente as aspirações humanas, bem como as normas fundamentais, confrontaremos uma deformação sistêmica de proporções globais. Ao mesmo tempo, se os ideais ocidentais de liberdade e democracia

---

[21]Lambert Zuidervaart, "Response to Johan van der Hoeven's 'Development in the light of encounter'", in: *Norm and context in the social sciences*, ed. Sander Griffioen; Jan Verhoogt (Lanham: University Press of America, 1990), p. 40.
[22]Nicholas Wolterstorff, *Until justice and peace embrace* (Grand Rapids: Eerdmans, 1983), p. 33.

tiverem passado a ser uma maneira de ajudar a manter essa estrutura econômica, esses ideais se tornaram altamente problemáticos. Um apelo a eles pode invocar o legado da libertação com a intenção de reforçar a opressão ou propor o fato de a democracia subvertê-la. Os ideais ocidentais se transformaram em uma forma de falsa consciência, ou de justificar nossos próprios pontos de vista em um sistema falho e um modo de ignorar o que clama por uma transformação sistemática?

Se esse é o contexto, defender a diferenciação estrutural moderna ou recorrer a um padrão divino além da história pode esconder os problemas mais profundos da sociedade contemporânea. A verdadeira injustiça e a falta de solidariedade nas relações entre os chamados países desenvolvidos e em desenvolvimento estaria oculta. Nem estabelecer uma antítese ou expor o niilismo espiritual no ocidente seria o bastante como diagnóstico dessa condição global. A condição ultrapassa os limites categóricos de uma crítica agostiniana radical, embora essa afirmação implique o tipo de autocrítica que Agostinho tornou fundamental para o cristianismo ocidental.

Isso nos traz de volta ao complexo de modernidade com o qual este ensaio começou. Como muitos outros estudiosos nos dias atuais, os teóricos reformacionais e os ortodoxos radicais podem ver o lado obscuro da filosofia grega, por exemplo; a maneira com que suas noções de *logos* e ordem confirmam uma hierarquia social construída sobre a escravidão e a opressão das mulheres ou que uma ênfase no diálogo democrático permite unicamente alguns parceiros na conversa. Igualmente, precisamos reconhecer que a admiração medieval pelos mistérios de Deus surgiu em um mundo onde o analfabetismo, a pobreza, a doença e a servidão humana estavam fora de controle e nem os judeus ou os muçulmanos eram considerados filhos de Deus.

Nesse cenário, a modernidade contribui com certo progresso genuíno. O crescimento da ciência e tecnologia, o fim do controle da igreja sobre a cultura, o surgimento irregular da democracia política e da lei constitucional e até mesmo, em sentido correto, a abertura de novos mercados, o comércio internacional e a manufatura em grande escala oferecem um alívio bem-vindo. Além disso, apesar de todas as suas falhas — e das guerras religiosas que se seguiram — a Reforma Protestante ajudou a impulsionar essa transformação sem precedentes da sociedade e da cultura como um todo. Aqueles de nós que pertencem às tradições protestantes podem receber algum crédito e culpa pela modernidade.

Entretanto, os kuyperianos e os ortodoxos radicais antitéticos entre nós podem questionar a respeito do empirismo de Bacon e o racionalismo de

Descartes? E quanto à sua rejeição das tradições textuais e da sabedoria comum? E quanto a sua busca pela certeza absoluta que é metodicamente protegida e fundamentada na mente humana descontextualizada? E sobre o seu conhecimento legítimo que limita as ciências naturais e tudo o que a ciência tem a oferecer? E a redução descartiana da natureza humana a "algo que pensa"? E a equiparação de Bacon do conhecimento com o poder? Eles afirmam que é claro que esses movimentos são excessivos, injustificados e até destrutivos. Certamente, quanto mais cedo deixarmos o fundacionalismo, o subjetivismo epistêmico e o cientificismo na pilha de lixo da história moderna, melhor seremos como estudiosos, participantes de tradições religiosas e espirituais e cidadãos do mundo.

Bem, à maneira dialética, quero responder sim e não. Os pluralistas metodológicos, pós-estruturalistas teóricos e contextualistas acadêmicos teriam de concordar que depende muito de como o pensamento moderno corrige ou deixa de corrigir o pensamento medieval e clássico. Assim, muito depende de como o pensamento moderno interage com outras tendências na sociedade e na cultura e das percepções e pontos cegos que surgem por causa dele ou em oposição a ele.

Considere, por exemplo, o empenho de Bacon e Descartes a fim de construir uma perspectiva de sujeito livre de todos os laços anteriores com a tradição textual, sabedoria comunitária e autoridade eclesiástica ou política e alcançar a famosa "visão de lugar nenhum". Uno-me a Heidegger ou Derrida para julgar esses esforços equivocados e internamente problemáticos. Ainda assim, pontuo algumas declarações em nome deles. Historicamente, nem o "estar-no-mundo" de Heidegger, nem o conceito pós-estruturalista de sujeito seriam possíveis sem a construção moderna de um sujeito epistêmico. Culturalmente, o subjetivismo moderno dá mais ênfase à responsabilidade humana do que a que encontramos na cultura medieval ou clássica, e impulsiona a autocrítica do tipo que os pensadores pós-modernos só podem dar continuidade. E espiritualmente, embora tal subjetivismo pareça nos afastar da confiança e da reverência em relação ao que sustenta e renova toda a criação, ele também nos desperta poderosamente ao potencial criativo que Deus deu até ao mais simples dos seres humanos. De todas essas formas, nós, que habitamos um mundo pós-moderno, devemos profundamente ao pensamento moderno, mesmo quando procuramos modos de fugir de seus dilemas destrutivos.

Portanto, o desafio que a modernidade coloca diante de nossos olhos é o de sermos pós-modernos sem nos tornarmos antimodernos e o de resgatarmos a humildade medieval e o encanto antigo sem acolher o paroquialismo intenso e a estratificação rigorosa de um mundo pré-moderno. Aqueles que encontram a sabedoria mais profunda na vontade criativa de Deus, nas Escrituras e na Palavra que se fez carne, devem trazer para este desafio os melhores recursos de suas próprias tradições. Precisamos construir a história de uma boa criação, um Deus que ama a justiça e a misericórdia e a promessa de um novo céu e uma nova terra. Ademais, devemos observar a Festa dos Pães Sem Fermento, enquanto nos afastamos, no mesmo estilo da Quaresma, das maneiras pelas quais nossas tradições participaram — e continuam participando — da destruição do mundo de Deus.

8

COMUNIDADES SUSPENSAS OU COMUNIDADES DA ALIANÇA?

Reflexões reformadas sobre o pensamento social da ortodoxia radical

| Jonathan Chaplin |

Desde o começo, a ortodoxia radical se anunciou como um tipo de teologia social. Embora muitos dos seus textos formativos estejam em um nível avançado de abstração filosófica e teológica, os interesses e compromissos sociopolíticos de seus adeptos sempre foram bem claros. O movimento teve início com a grande obra de John Milbank que explora a relação entre a teologia e a teoria social.[1] Embora este livro se lance acima da política concreta, demonstra convincentemente como a reflexão teórica aparentemente abstrata sofre uma influência profunda em questões como a fundação histórica de Estados, o surgimento dos mercados de capital, a difusão da violência e a imaginação de estratégias de resistência política. O volume *Theology and social theory*, bem como as publicações posteriores de Milbank e seus companheiros, não deixou dúvidas sobre onde a ortodoxia radical estacionaria sua lealdade política. Milbank classifica a ortodoxia radical como "aliada a

---

[1] *Theology and social theory: beyond secular reason* (Oxford: Blackwell, 1990).

compromissos políticos esquerdistas impenitentes, mas não arrogantemente acríticos" (*ROCE*, p. 42). Graham Ward também aponta que "no colapso do socialismo como uma força política secular" ele vê "a ortodoxia radical como oferecendo um meio pelo qual o socialismo pode voltar às suas raízes cristãs" (*ROCE*, p. 103). A postura política geral da ortodoxia radical pode ser vista mais precisamente como uma rearticulação radicalizada e contemporânea do socialismo cristão (anglo-)católico, mostrando uma tendência pacifista considerável e decididamente anarquista, refletindo o impacto tanto da eclesiologia narrativa quanto do desconstrucionismo. Podemos resumi-la como "socialista anarcopacifista (anglo-)católica agostiniana pós-moderna", uma mistura teórica intrigante e explosiva.

Contudo, certamente não sugiro que todos os defensores da ortodoxia radical compartilhem análises socioculturais idênticas, indicações políticas[2] ou ênfases teológicas[3] e também não pretendo de forma alguma oferecer uma avaliação abrangente de seu pensamento social. Neste ensaio, aceno para uma resposta temporária à ortodoxia radical a partir da perspectiva da tradição reformada, ou pelo menos das vertentes dessa tradição que considero mais frutíferas à teoria social, principalmente o calvinismo do século 16 e o neocalvinismo holandês dos séculos 19 e 20.[4] Como a ortodoxia radical tem pouco mais de uma década, seria precipitado arriscar conclusões definitivas, então levanto questionamentos e sugiro alternativas, mais no âmbito das conjecturas do que das contestações. No entanto, tento (talvez inocentemente) pintar um quadro amplo da estrutura geral da concepção social da ortodoxia radical, em vez de me concentrar especificamente em um tema ou texto.

Na primeira parte deste ensaio, identifico convergências e divergências estratégicas importantes entre o ponto de vista social dos dois movimentos.

---

[2]Na conferência de 2003 do Calvin College, John Milbank classificou sua perspectiva como orientada para um "socialismo azul" ruskiniano e ressaltou a diversidade de opiniões políticas entre os adeptos da ortodoxia radical.

[3]Na minha opinião, existem diferenças consideráveis de, ao menos, ênfases teológicas claras entre, por exemplo, *Theology and social theory*, de Milbank, *Cities of God*, de Graham Ward, e *Divine economy*, de Long.

[4]Veja Johannes Althusius, *The politics of Johannes Althusius*, ed. e trad. para o inglês Frederick C. Carney (Boston: Beacon, 1964); Abraham Kuyper, *Lectures on Calvinism* (Grand Rapids: Eerdman, 1936); e Herman Dooyeweerd, *Roots of Western culture* (Toronto: Wedge, 1979, reimpr., (Lanham: Mellen, 2003) [edição em português: *Raízes da cultura ocidental: as opções pagãs, secular e cristã*, trad. Afonso Teixeira Filho (São Paulo: Cultura Cristã, 2015)]. É claro que essa linha de pensamento reformado é essencialmente diferente do barthianismo, o qual Graham Ward escolheu para abordar em seu artigo de abertura na conferência de 2003 do Calvin College.

Na segunda parte, exponho aspectos-chave de quatro representantes importantes da ortodoxia:

- O conceito de John Milbank de "socialismo pela graça" (elaborado como "espaço complexo").
- O tema do "poder crucificado" explorado por Daniel Bell.
- A proposta de William Cavanaugh de "anarquismo eucarístico".
- A investigação de Stephen Long da "economia eclesiocêntrica".[5]

Na terceira parte deste ensaio, analiso criticamente a visão social da ortodoxia radical em dois momentos: (1) trazendo à tona um fator fundamental à sua linha eclesiocêntrica e postura política e (2) refletindo sobre a sugestão de que as contribuições diversas da ortodoxia radical à teoria social remetem a um princípio metafísico essencial ao segmento mais abrangente dessa perspectiva, ou seja, a "suspensão do material". A impressão é que esses dois temas estão intimamente relacionados. Ao que parece, a ortodoxia radical concebe variadas comunidades humanas do mesmo modo que concebe tudo o que é material, isto é, como "comunidades suspensas" (ou seja, existindo de maneira significativa unicamente se suspensas e, portanto, participando analogicamente de Deus, o que só é possível graças à atuação sacramental da igreja, e jamais reduzidas a determinadas formas estruturais). Em seguida, estabeleço o contraste com a ideia de comunidades da aliança derivados do pensamento social reformado, que evita alguns dos problemas da teoria social da ortodoxia radical. Concluo com um breve comentário do que chamo de "simplesmente diplomacia" contra o repúdio da ortodoxia radical à política institucionalizada.

CAMPO COMPARTILHADO: SEGUINDO "ALÉM DA RAZÃO SECULAR" — MAS PARA ONDE?

Começo registrando minha admiração profunda pelo objetivo estratégico da ortodoxia radical de articular uma teoria social totalmente e autenticamente cristã que resiste à acomodação à modernidade secularizada e se opõe a seus resultados atomísticos e niilistas. Isso condiz perfeitamente com as

---

[5] A obra *Cities of God*, de Ward, é evidentemente um grande exemplo do pensamento social da ortodoxia radical. Como é abordado no ensaio de Lambert Zuidervaart no presente volume, não comentarei sobre o mesmo.

correntes de pensamento reformado moderno em que me baseio. A tradição reformada também nos incentiva a ir "além da razão secular", a repudiar a distinção fato-valor que é seu produto nocivo e a iniciar a missão de desenvolver uma análise e teoria sociopolítica que seja demonstrável e completamente responsiva e expressiva às particularidades do evangelho cristão. A ortodoxia radical assume a tarefa de forma diferente, como fica claro pela linguagem usada nas expressões que listei acima, resumindo as posições desses quatro teóricos da ortodoxia radical. Cada frase justapõe conscientemente um termo sociopolítico secular com um teológico com o propósito de mostrar que — como lemos no magistral *Theology and social theory*, de Milbank — o secular em significado apenas em relação ao Deus trino, e separado dele, afunda no imenso vazio.[6] Quanto a isso, a tradição reformada responde concordando fervorosamente. Quando Herman Dooyeweerd, um filósofo reformado importante, declara que "o significado é o ser de tudo o que foi criado" — onde "significado" quer dizer "dependência radical de Deus" — é claro que existe uma afinidade agostiniana forte entre a ortodoxia radical e a tradição reformada neste nível confessional.[7]

Igualmente, a ortodoxia radical, assim como a tradição reformada, lança um desafio fundamental aos estudiosos cristãos, sejam teólogos, filósofos ou praticantes de qualquer outra disciplina, para se purificarem de alianças profanas com os espíritos intelectuais da modernidade secularizada. Ambas as perspectivas compartilham uma aversão poderosa ao comodismo (ainda que dentro de cada uma exista uma grande diversidade de pontos de vista sobre como identificá-lo e evitá-lo). Não é de espantar que, graças às suas raízes católicas, a ortodoxia radical esteja especialmente atenta às supostas tendências comodistas nas teorias sociais católicas, notavelmente a teologia da libertação, onde as linhas de batalha foram estabelecidas pela crítica de Milbank em *Theology and social theory* (cap. 8) e elaboradas detalhadamente por Bell e Long, bem como as teorias da lei natural vigentes em documentos

---

[6] A apresentação e a crítica das implicações niilistas da modernidade secular são fundamentais para diversos teóricos da ortodoxia racial. Veja, por exemplo, *TST*, de Milbank, parte 4; e idem, "Socialism of the gift, socialism by grace", *New Blackfriars* 77 (1996): 544-6. A análise mais incisiva é Connor Cunningham, *Genealogy of nihilism: philosophies of nothing and the difference of theology* (New York: Routledge, 2002).

[7] Herman Dooyeweerd, *A new critique of theoretical thought*, Collected Works A/1-4 (Lewiston: Mellen, 1997 [orig. 1953-1955]), 1.4, 4 vols; veja 2,31. Em *TST*, p. 426, Milbank escreve que a iniciativa humana em relação a Deus "é uma resposta e uma dependência radical". Um ponto semelhante surge em sua obra mais recente: "Na criação só existem doações à medida que também são dádivas: se alguém vê apenas objetos, entende mal e deixa de reconhecer as verdadeiras naturezas" (*BR*, p. xi).

oficiais ou em filósofos neotomistas, como Jacques Maritain, que são tratadas particularmente por Cavanaugh e Long.[8] Autores ligados à ortodoxia radical apresentam críticas esclarecedoras dessas ideias, que encontrarão um consenso considerável nos escritos da tradição reformada. Particularmente, o repúdio da ortodoxia radical a qualquer abordagem dicotômica ou dualista da relação entre natureza e graça, das virtudes naturais e teológicas, da lei natural e do evangelho, secular e sagrado, seria profundamente apoiado.

A ortodoxia radical e a tradição reformada convergem em dois outros aspectos. Em primeiro lugar, ambas concordam que a alternativa para um discurso não comodista e, integralmente cristão não seria uma percepção pública neutra e universalmente acessível, nem mesmo uma síntese pragmática eclética defendendo a imunidade da mácula confessional, e sim um cativeiro incapacitante e ainda não reconhecido a uma ou outra manifestação opressiva e prepotente da razão secular. Todavia, isso não exige de nenhuma das duas o uso exclusivo de uma linguagem tribal introvertida indiferente e inacessível aos que estão fora da igreja.[9] O que isso implica é sugerido na crítica de Oliver O'Donovan à "fé secular democrática" proposta por Maritain, um credo político "prático" capaz, assim ele pensava, de conquistar o apoio tanto dos cristãos quanto dos não cristãos, independentemente de seus compromissos religiosos divergentes. Segundo O'Donovan, ainda que a igreja "possa sempre tirar o maior proveito possível de qualquer coincidência de doutrina política entre crentes e não crentes que surgir, 'aproveitar bem'

---

[8]Milbank oferece uma grande — porém, exagerada e equivocada — polêmica contra o ensino social católico oficial. Embora admitindo uma afinidade com o conceito de João Paulo II de "subjetividade da sociedade" (subsidiariedade) e de "solidariedade", ele arrisca que uma "consciência falsa e fraca molda [...] a filosofia de mercado vagamente social que ele parece adotar", capaz de criar um tipo de "fascismo leve" ("Socialism of the gift", p. 283). Isso ocorre por causa do acolhimento do papa às corporações intermediárias, junto à sua rejeição ao socialismo. Na verdade, "a tendência fascista de todo pensamento corporativista não socialista é inevitável" (p. 269). Esta última afirmação é firmemente — e na minha opinião convincentemente — contestada pelo teórico social solidarista Oswald von Nell-Breuning, autor do primeiro rascunho da encíclica social mais "corporativista" escrita: *Quadragesimo Anno* (1931), em seu "50 Jaar 'Quadragesimo Anno'", *Christen democratische verkenningen* 12 (1981). Embora admitindo que a linguagem precisa das traduções em alemão e francês do texto estava sujeita a equívocos perigosos, ele escreve que as corporações defendidas são "comunidades existentes na esfera da sociedade 'livre', surgindo por conta própria e, consequentemente, não pela autoridade de um nível superior [...] sendo, portanto, o oposto exato dos grupos fascistas" (p. 603). Nell-Breuning registra que o papa pediu especificamente que ele se baseasse na escola alemã *Genossenschaft* da linha associacionista, da qual Otto von Gierke foi um dos maiores representantes. Milbank cita von Gierk e favoravelmente em "Socialism of the gift". Veja também meu "Subsidiarity: the concept and the connections", *Ethical Perspectives* 4 (1997): 117-30.

[9]Como Graham Ward apontou corretamente na conferência de 2003 do Calvin College, a teologia "não pode ser autorreferente e ouvida meramente por outros públicos".

significa *tornar mais claro o conteúdo evangélico da doutrina, não lançá-lo na vergonha*".[10] Minha análise de Maritain como um pensador político cristão é mais generosa do que a de O'Donovan ou da ortodoxia radical, mas o sentimento de O'Donovan deveria ser compartilhado por diversos estudiosos reformados. Porém, em segundo lugar, tanto a ortodoxia radical quanto a tradição reformada precisam admitir que criticar as falhas comodistas alheias os expõe imediatamente a uma possível contra-acusação de terem eles mesmos cometido atos ilícitos de acomodação. O filósofo reformado Dooyeweerd foi um defensor incansável da corrente cristã integral e um crítico rigoroso do comodismo, como podemos ver, apesar de também ter sido acusado de produzir uma síntese instável do calvinismo e dos aspectos principais do modernismo, como uma epistemologia kantiana ou uma sociologia weberiana (faço questão de acrescentar que isso não inclui a distinção fato-valor, que ele, assim como a ortodoxia radical, rejeita profundamente).[11]

Entretanto, ainda que tanto a ortodoxia radical quanto a tradição reformada possam ir além da razão secular, elas não concordam sobre como nomear o tipo de discurso que deveria substituí-la. Diante disso, essa divergência gira em torno da natureza e do papel da disciplina da teologia e sua relação com as ciências sociais. A ortodoxia radical concede a primazia clara à teologia entre todos os outros discursos. Em *Theology and social theory*, Milbank declarou que a teologia precisa ser restaurada ao seu lugar de direito como a "rainha das ciências" (*TST*, p. 380). Resumindo o ponto de vista de Milbank, Long escreve: "Nenhuma ciência social pode existir por conta própria: o modelo particular da narrativa cristã funciona como uma 'metanarrativa' que insere todas as outras concepções dentro de seu *logos*, em vez de ser posicionada pelos outros *logoi*" (*DE*, p. 270, 242). A teologia tem a tarefa de avaliar todas as extremidades das outras correntes (*ED*, p. 2). Nesse cenário, Long propõe o que ele chama de "economia teológica" e "sociologia teológica" (*DE*, p. 173).

Minha reação inicial a isso, instruída por pensadores reformados como Dooyeweerd, foi ler ali uma afirmação pura do imperialismo teológico, do tipo que apareceu no caminho de Dooyeweerd nos seus primeiros anos de

---

[10] Oliver O'Donovan, *The desire of the nations: rediscovering the roots of political theology* (Cambridge: Cambridge University Press, 1996), p. 219 (grifo na citação). Veja minha análise crítica da teologia política de O'Donovan em "Political eschatology and responsible government: Oliver O'Donovan's 'Christian liberalism'", in: *A royal priesthood: using the Bible ethically and politically: a dialogue with Oliver O'Donovan*, ed. Craig Bartholomew et al. (Grand Rapids: Zondervan, 2002), p. 265-308.

[11] Veja Dooyeweerd, *Roots of Western culture*, cap. 8.

trabalho na Universidade Livre de Amsterdã, quando ele foi profundamente contestado por dogmáticos conservadores. Dooyeweerd definiu a teologia simplesmente como uma disciplina teórica especial entre tantas. Argumentou que um campo de estudo como a teoria sociopolítica pode e deve, pelo menos para um pesquisador cristão, ser moldado por uma *filosofia cristã biblicamente fundamentada* e integral, mas protestou — talvez até demais — que a tentativa de um *teólogo* de ditar os termos de outro discurso era ilícita.[12] Se entendermos a teologia como uma disciplina especial com foco na, digamos, revelação especial, na história da salvação, na fé como um modo de experiência humana ou algo parecido, essa acusação parece justificada. Como, por exemplo, um especialista em estudos intertestamentais poderia ter autoridade de instruir um teórico político cristão quanto à estrutura normativa de uma democracia constitucional? No entanto, em uma análise mais rigorosa, fica claro para mim que a ortodoxia radical não pretende se aprofundar na teologia neste sentido específico (ou pelo menos não *exclusivamente* nela, nem sempre é evidente qual abordagem está sendo usada). O ponto da ortodoxia radical não é que a teologia está entronizada sobre outras disciplinas, e sim que ela própria é "uma ciência social", como declara Milbank. E essa afirmação não resulta inicialmente de reflexões epistemológicas ou metodológicas, mas eclesiológicas. Segundo Milbank: "*Toda* teologia precisa se reconceber como um tipo de 'sociologia cristã', ou seja, como a explicação de uma prática sociolinguística ou a narração constante dessa prática como foi historicamente desenvolvida" (*TST*, p. 381, grifo original; vejas p. 388-9). De acordo com a ortodoxia radical, esta prática se concentra no desempenho sacramental da igreja, de maneira que — de uma perspectiva protestante — um enfraquecimento parece mais uma vez implícito. Contudo, o argumento central de Milbank e da ortodoxia radical como um todo é que essa visão litúrgica é percebida como algo que *irradia toda a criação*. Portanto, é perfeitamente compreensível o motivo pelo qual Milbank nega com tanta firmeza que a teologia necessita respeitar quaisquer limites disciplinares:

> A teologia *não* tem um território finito próprio e, ainda assim, é capaz de falar de Deus, seu interesse específico, por meio de todas as outras disciplinas.

---

[12] Cf. Herman Dooyeweerd, *In the twilight of Western thought: studies in the pretended autonomy of philosophical thought*, Collected Works B/4 (Lewiston: Mellen, 1999 [orig. 1960] [edição em português: *No crepúsculo do pensamento ocidental: estudos sobre a pretensa autonomia do pensamento filosófico*, trad. Guilherme de Carvalho; Rodolfo Amorim de Souza (Brasília: Monergismo, 2018)].

Portanto, quando alguém menciona "teologia e economia", refere-se *diretamente* à possibilidade da existência de uma Palavra de Deus mediada, como quando se fala de "teologia e história da igreja" ou "teologia e os Evangelhos".[13]

A insistência de que há uma "Palavra de Deus" para cada dimensão da vida terrena é algo que a tradição reformada sempre defendeu energicamente (embora, às vezes, triunfalisticamente). Conforme citado muitas vezes pelo neocalvinista Abraham Kuyper: "não há um único centímetro quadrado em todos os domínios da existência criada que Cristo não olhe e diga 'é meu!'".[14]

Todavia, quem foi designado a interpretar a Palavra de Deus para a sociedade e a política? A primeira resposta da tradição reformada é, corretamente, todo o povo de Deus, não só os teólogos acadêmicos. Ainda assim, é claro que os teólogos acadêmicos estão entre o povo de Cristo, bem como estudiosos cristãos de todas as outras disciplinas, igualmente sujeitos à revelação bíblica. Onde a tradição reformada pode diferir da ortodoxia radical é na negação que essa subordinação seja mediada autoritariamente a campos de estudo como a teoria social por uma disciplina real chamada teologia.[15]

Os sociólogos cristãos precisarão recorrer aos conhecimentos especializados dos teólogos em nome de sua compreensão da narrativa cristã como um todo e de temas bíblicos gerais e específicos, como criação, antropologia, pecado, história, comunidade, escatologia e assim por diante. Além disso, um teólogo também precisará do trabalho desses sociólogos para seu entendimento *cristão* dos processos, estruturas e normas sociais. Na perspectiva da tradição reformada, as ciências são uma república, não uma monarquia, mas — se posso me arriscar a invocar uma percepção política calvinista com uma história mista — uma república sob as Escrituras.

AS QUATRO VOZES DA ORTODOXIA RADICAL

John Milbank: "socialismo pela graça" / "espaço complexo"

Os fundamentos da versão de Milbank do socialismo cristão foram apresentados em *Theology and social theory: beyond secular reason*, mas sua

---

[13]John Milbank, "The body by love possessed: Christianity and late capitalism in Britain", *Modern Theology* 3 (1986): 39.

[14]Abraham Kuyper, "Sphere sovereignty", in: *Abraham Kuyper: a centennial reader*, ed. James D. Bratt (Grand Rapids: Eerdmans, 1998), p. 488.

[15]Para uma crítica diferente do espaço desproporcional reservado à reflexão teológica pela ortodoxia radical, veja R. R. Reno, "The radical orthodoxy project", *First Things* 100 (fevereiro de 2000): 37-44.

construção detalhada fica mais explícita em dois ensaios posteriores, aos quais me dedicarei nesta seção. Em "Socialism of the gift, socialism by grace", ele introduz elementos essenciais de uma ontologia social diferente no contexto de uma crítica do capitalismo.[16] Concentrar-me-ei na teoria da comunidade contida nessa ontologia. Ele nos diz que a verdadeira sociedade é a "unidade relacional com o outro" em que alguém é "ao mesmo tempo *livre em relação aos outros* e *vinculado* a eles".[17] A comunidade é valorizada por si só, não por um objetivo instrumental, como nas associações contratuais características do capitalismo.[18] Pressupõe diferença e alteridade.[19] E como a alteridade também vem do exterior, as comunidades são necessariamente porosas. Elas sempre envolvem "troca", que "sempre expõe uma unidade, seja o indivíduo ou o grupo, a um parceiro externo de troca".[20] Dessa forma, as comunidades implicam na autossuficiência relativa, jamais absoluta.[21] Nenhum grupo social é completamente autossuficiente, pois

> a verdade, em toda a natureza, é que toda totalidade é continuamente violada e costuma estar antecipadamente rompida [...] [Ela] está sempre envolvida em uma troca além de si mesmo [...] em uma cadeia infinita de permutas ao longo do tempo e do espaço. Por isso, a organização de troca é fundamental e tenderá a orientar tudo o mais.[22]

O que, então, mantém uma comunidade unida é o que dá a ela sua identidade? Não, Milbank sugere que quem faz isso são as virtudes "densas" propostas pelos comunitaristas. A identidade não pode ser reduzida a uma essência fixa e definível, nem pode ser apresentada objetivamente de fora, mas somente experimentada do lado de dentro em sua particularidade única. "Uma virtude verdadeiramente forte, um modelo real de vínculo social valorizado por sua qualidade intrínseca, precisaria ser inominável

---

[16] Uma versão revisada de "Socialism of the gift" aparece em *BR* cap. 9, sob o título "Politics: socialism by grace".
[17] Milbank, "Socialism of the gift", p. 540.
[18] Ibidem, p. 535, 537.
[19] Duas formas alternativas, portanto, não se qualificam: comunidades orgânicas em que a diferença é perdida por uma fusão completa (ibidem, p. 535, 539) e associações meramente eletivas compostas por aqueles com identidades semelhantes (p. 534).
[20] Ibidem, p. 535-6.
[21] Ibidem, p. 534.
[22] Ibidem, p. 536.

e inefável."²³ A melhor definição do que mantém um grupo integrado é a concepção de paz de Agostinho, que se expressa em múltiplos aspectos específicos. É "o que surge pela graça como mil modelos particulares diferentes de harmonia social, mil dons diferentes de ligação social, mil tipos de comunidade".²⁴

O chamado do povo de Deus é para incorporar a sociedade. Eles o fazem como peregrinos, ignorando instituições e locais específicos, e não como nômades perdidos em um "fluxo anárquico".²⁵ Tentarão encarnar o "dom universal da reciprocidade assimétrica", uma prática mútua e gratuita de dar e receber entre os associados, bem como entre eles e estranhos.²⁶ Em que isso pode resultar? Fundamentalmente envolverá a ação da caridade, que não é filantropia, e sim algo estrutural, preeminentemente o estabelecimento de formas genuínas de "vínculo livre". Segundo Milbank, a caridade é "uma troca pública dentro de uma 'fraternidade'", exemplificada principalmente nas relações intermediárias que povoavam a sociedade medieval, como grupos comerciais, mosteiros ou universidades.²⁷ Algumas implicações concretas de longo alcance para a ordem econômica são claramente as seguintes: os cristãos precisam se empenhar com a intenção de abolir o capitalismo, que destrói a comunidade, e trabalhar a fim de instituir, por exemplo, um "mercado socialista" descentralizado pela transformação interna gradual dos negócios em órgãos socialmente responsáveis e sem fins lucrativos. "Em toda troca, algo diferente do cálculo de lucros e prejuízos deve entrar. A cada ação, em cada ponto específico (evidentemente não a partir do centro), necessitamos negociar sobre o que aqui, neste lugar, pode ser justiça ou um espaço de benefício compartilhado."²⁸ E todas as funções dentro da economia devem incluir um "*ethos* profissional" que coloca o bem comum acima do interesse próprio.²⁹

---

²³Ibidem, p. 537.
²⁴Ibidem, p. 538.
²⁵Ibidem, p. 541-2.
²⁶Ibidem, p. 538.
²⁷Ibidem, p. 542-3; veja *TST*, p. 405-6.
²⁸Milbank, "Socialism of the gift", p. 543.
²⁹Ibidem, p. 544. Na versão revisada de "Socialism of the gift" em *Being reconciled*, Milbank continua defendendo uma variante de um socialismo corporativo de estilo sindicalista. Ela seria imersa em um "*ethos* profissional" renovado em que a produção é vista como um presente para a comunidade. As trocas entre as unidades produtoras seriam supervisionadas por grupos profissionais, bancos cooperativos e tribunais financeiros que, juntos, aconselhariam e legislariam sobre, por exemplo, preços, lucros e retornos de capital e criariam medidas contra o abuso do poder de monopólio (*BR*, p. 185-6). Isso seria um exemplo de uma versão *socialista* legítima do corporativismo (livre de

Outras facetas da ontologia social de Milbank aparecem no capítulo intitulado "Complex space", em seu *The Word made strange*,[30] onde o foco é uma crítica ao Estado, e não ao capitalismo. Ele argumenta que o Estado moderno pulverizou ligações intermediárias, deixando unicamente o "espaço simples" entre o Estado centralizado e o indivíduo atomizado. Como resposta, os cristãos precisam tentar defender o "espaço complexo" ou "espaço gótico" (*WMS*, p. 275) composto de entidades associativas plurais e muitos outros meios de diversidade social. Essa concepção necessita ser resgatada da direita política (secular e eclesial) e rearticulada com base em um ponto de vista socialista cristão. Esse socialismo busca "combinar o princípio da associação com o da independência livre, segundo a ideia da autorrealização alcançada em harmonia coletiva com os outros" (*WMS*, p. 273). O espaço complexo não implica uma compreensão orgânica romântica do todo social "misticamente elevado como maior do que as partes" (*WMS*, p. 275) ou uma visão estadista hegeliana de corporações como meras mediadoras entre o Estado e o indivíduo, e sim uma noção bíblico-medieval de "'corpos complexos', em que as partes são totalidades, e não simplesmente subordinadas ao todo maior" (*WMS*, p. 275). Nesse modelo, "ligações múltiplas param de estabelecer a 'mediação' entre a parte e o todo, mas se tornam um novo tipo de contexto, uma 'rede' nunca 'concluída' e inteiramente ramificada, envolvendo jurisdições sobrepostas 'confusas', que se dispersam e dissolvem a soberania política" (*WMS*, p. 276). A "proporção todo/parte" é substituída por uma preocupação com a "unidade de relação". Assim, "em um 'espaço complexo', sempre há como se ajustar às inovações trazidas por sujeitos livres, sem, com isso, renunciar à busca pela coerência harmônica" (*WMS*, p. 277).

Porém, como sabemos quais formas institucionais exatas satisfarão melhor essas aspirações? É importante questionar isso porque, na visão de Milbank, o cristianismo oferece muito mais do que um mero *ethos* de caridade destinado a infundir a sociedade secular de modo invisível. Em vez disso, ele declara: "O cristianismo requer uma lógica estrutural única e diferente

---

"tendências fascistas"). Porém, Milbank não aborda as objeções convincentes feitas há muito tempo contra a maior parte da variedade de socialismo emergente na Europa no começo do século 20, ou seja, sua incapacidade de declarar claramente como (o que deveria ser) o poder regulatório legal das novas corporações, poderia ser impedido de subverter a tarefa estatal de proteger o interesse *público*. Assim que uma instituição adquire autoridade legal, ela se torna, gostemos ou não, um órgão do Estado.

[30]Uma versão anterior foi publicada em Frank McHugh; Samuel M. Natale, orgs., *Things old and new: Catholic social teaching revisited* (Lanham: University Press of America, 1993).

para a sociedade humana: é disso que se trata a eclesiologia" (*TST*, p. 406). A certa altura, ele sugere que em uma verdadeira comunidade haverá "uma distribuição intrinsecamente justa de papéis, recursos e recompensas".[31] O pensamento social cristão, especialmente nas tradições reformada e católica, tem muito a dizer sobre o modelo dessas distribuições. No entanto, estranhamente, Milbank deixa passar a maior parte disso. Por um lado, ele nega que determinar a forma da caridade e da justiça comunais seja uma questão puramente subjetiva, e por outro, afirma que essa forma não pode ser conhecida antes de realmente se vivenciar essas virtudes. Podemos recebê-las unicamente na fé:

> Embora a forma da comunidade varie continuamente e possa sempre ser diferente, o reconhecimento de qualquer modelo particular como justo e amoroso insinua que essa seleção é mais do que uma questão de opinião, que de alguma maneira, surge de uma eterna variedade de estruturas expressas no *logos* de Deus. Entretanto [...] não podemos simplesmente planejá-las. Não há como saber que surgirão formatos harmoniosos de comunidade, que uma justiça específica nos será concedida[...] Ainda assim, os cristãos precisam ter fé que as coisas chegarão ontologicamente cheias de beleza ou na proporção adequada, que também é característica da justiça [...] O socialismo agora é apenas pela graça.[32]

As formulações da ontologia social de Milbank nestes dois ensaios se fundamentam evidentemente em sua ontologia geral, sua "contraontologia" derivada de Agostinho e do neoplatonismo, lida à luz de certas correntes da filosofia pós-moderna (e exposta em *TST*, cap. 12). Faço uma crítica a ontologia geral na parte final de meu ensaio, relacionando-a à outra crítica dirigida à eclesiologia diferente da ortodoxia radical, que está muito presente nos três pensadores restantes.

Daniel Bell: "poder crucificado"

A relação entre justiça e caridade é fundamental ao pensamento social da ortodoxia radical e é abordada detalhadamente no livro provocativo

---
[31] Milbank, "Socialism of the gift", p. 535.
[32] Ibidem, p. 545.

Liberation theology after the end of history, de Daniel Bell. Baseando-se profundamente em Foucault e Deleuze, Bell começa com uma análise do "capitalismo selvagem" contemporâneo como uma "tecnologia do desejo": o sucesso capitalista não é simplesmente econômico, atingindo a constituição do ser ao pressionar e "disciplinar" o desejo humano em favor do serviço. Isso acontece por meio da ação da "forma estatal", que é mais do que "o Estado", mas (como o conceito de Foucault de governamentalidade propõe) inclui "uma enorme variedade de 'tecnologias do desejo' agindo nos registros sociais, culturais, pessoais e econômicos, que juntos formam e dominam a vontade de acordo com as demandas do mercado capitalista" (*LT*, p. 3). Assim como outros teóricos da ortodoxia radical, Bell homenageia a resposta cristã combinada da teologia da libertação latino-americana ao capitalismo, apesar de culpar também o movimento por sua eclesiologia falha.[33] O liberacionismo não é radical o bastante: ele deixa de conceber a igreja como um "*sui generis* público", uma "formação social, econômica e política em seu direito". Bell insiste que o cristianismo "é a verdadeira política em relação à agonia da disciplina capitalista, no sentido agostiniano de que a igreja incorpora o modelo genuíno de organização humana porque sua ordem é a liturgia, centrada na adoração ao Deus triúno". A própria "igreja dos pobres" (diferente da teologização liberacionista) é a incorporação emergente de tal igreja. Uma igreja assim concebida é "capaz de libertar a vontade de seu cativeiro capitalista e permitir mais uma vez que flua livremente como foi criada para fazer" (*LT*, p. 4). O modelo da ordem cisterciense exemplifica as "tecnologias do desejo" verdadeiramente cristãs — as ciências espirituais — que efetuam esse resultado, gerando comunidades cristãs capazes de resistir ao capitalismo por meio do exercício constante da não violência e do perdão (*LT*, cap. 3).

A postura resultante disso é, como apontam Milbank, Cavanaugh e Long, abertamente eclesiocêntrica; contudo, Bell insiste que *não é apolítica*: evita a abordagem convencional e violenta do governo, e ainda assim, confronta diretamente a ordem capitalista e suas ações políticas. "O *mythos* cristão encontra seu correlato político não no Estado, mesmo um ordenado ao bem

---

[33]"As inovações eclesiológicas iniciadas pelos liberacionistas a fim de compensar os fracassos da eclesiologia da nova cristandade dominante na década de 1960 [representada, por exemplo, por Jacques Maritain] falham à medida que permanecem inseridas na narrativa moderna que separa a religião das dimensões sociopolítico-econômicas da vida. Consequentemente a igreja dos pobres é apenas indiretamente política e a política é concebida como uma forma de governo [...] Isso não pode evitar de entregar os liberacionistas de bandeja para a ordem capitalista" (*LT*, p. 3-4).

comum, e sim na igreja como modelo exemplar da comunidade humana." "A igreja incorpora uma estrutura descentralizada e participativa que desafia a disciplina estatal e de sua sociedade civil" (*LT*, p. 72-3). Rejeitando uma concepção modernista falida de justiça como reduzida à distribuição baseada em direitos e liderada pelo Estado (a qual o liberacionismo sucumbe), Bell contrapõe uma política de perdão: sociedades cristãs solidárias moldadas pelo desejo redimido confrontam abertamente a ordem capitalista, não com uma mera demanda por justiça, mas com o poder do amor sofredor e perdoador: o "poder crucificado". Transcendendo um julgamento coercitivo de direitos, o poder crucificado oferece ao mundo uma "redistribuição penitencial" (*LT*, p. 183). O sofrimento injusto causado pelo capitalismo é combatido por meio do risco caro e inseguro de "uma recusa em acabar com a dor" (*LT*, p. 5).

William Cavanaugh: "anarquismo eucarístico"

Em seu ensaio "The city: beyond secular parodies", em *Radical orthodoxy: a new theology*, William Cavanaugh apresenta uma crítica iluminadora e profunda da política da modernidade e aponta em direção a uma alternativa radical. Sua perspectiva é delineada de maneira mais ampla em uma obra completamente comovente: *Torture and Eucharist: theology, politics, and the body of Christ*.[34] Ainda que eu mencione este volume, minha análise se concentrará em "The city".

Sem dúvida, faço duas saudações à crítica de Cavanaugh à política da modernidade. Ele mostra como o Estado moderno é fundamentado em um mito secular. Tornou-se uma paródia secular da história bíblica da criação, Queda e salvação. O Estado desenvolveu um complexo de messias, tentando posar como um salvador substituto do mundo moderno, mantendo a promessa da comunidade humana restaurada, mas oferecendo, em vez disso, o espetáculo opressor e sombrio de uma unidade fabricada e coagida, o oposto daquela oferecida em Cristo. O Estado tornou-se uma "cópia falsa [um simulacro] do Corpo de Cristo". O relato de Cavanaugh da emergência histórica do Estado moderno e de exemplos selecionados de seus apologistas teóricos (Hobbes, Locke, Rousseau) não é novo.[35] Na verdade, ele se apoia forte e

---

[34] William Cavanaugh, *Torture and Eucharist: theology, politics, and the body of Christ* (Oxford: Blackwell, 1998).

[35] Existe uma exceção importante a isso: sua contestação da leitura convencional do surgimento do estado moderno como, antes de tudo, uma resposta à guerra motivada pela religião, uma

sabiamente na análise brilhante realizada cinquenta anos atrás pelo sociólogo Robert Nisbet em seu clássico *Quest for community*.[36] Nisbet foi um dos primeiros teóricos pós-guerra (secular) a reviver a corrente de pensamento conhecida como pluralismo associativo, que reprovava o domínio crescente exercido cada vez mais por Estados sobre setores anteriormente independentes da vida social e incentivava a recuperação das múltiplas associações entre o núcleo estatal e o indivíduo que haviam sido influenciadas por ondas sucessivas de centralização política. Nisbet mostra que essa tendência estatista era apenas o lado negativo de um processo de atomização, em que a única unidade da realidade social reconhecida como real era o indivíduo autointeressado, autossuficiente e autogovernado, agora posicionado contra os imperativos nus, coercitivos e homogeneizadores do Estado burocrático.[37]

Antes de apresentar a alternativa de Cavanaugh, desenvolverei duas observações importantes a respeito de sua análise do Estado moderno. Em primeiro lugar, o que ele chama de "história estatal" é contada de forma incompleta e imprecisa em alguns pontos. Deixa a desejar, por exemplo, no sentido de que a tradição contratualista não é de modo algum a totalidade da teoria política da modernidade, fator que Milbank reconhece em *Theology and social theory*. Contudo, mesmo Milbank não leva em conta as variedades sutis de liberalismo ou constitucionalismo em dívida com, por exemplo, Tocqueville ou Burke, que não só estavam bem conscientes da dialética

---

interpretação que costuma ser adotada por liberais ansiosos por encontrar precedentes históricos a fim de manter a religião domesticada em democracias liberais modernas.

[36] Robert Nisbet, *Quest for community* (Oxford: Oxford University Press, 1953). Em *Torture and Eucharist*, Cavanaugh observa — e poderia ter se aprofundado mais — a análise paralela de Jacques Maritain, cujo livro *Man and the State* (Chicago: University of Chicago Press, 1951) contínha uma crítica intensa da doutrina modernista da soberania como autoridade política ilimitada, conforme defendido pelos mesmos pensadores em que Nisbet miraria dois anos depois (Bodin, Hobbes, Rousseau).

[37] A perspectiva simultaneamente antiestatista e pró-comunista característica dos primeiros pluralistas foi somente uma linha em uma corrente de teorização pluralista com raízes na reação de românticos, conservadores, socialistas, cristãos e outros às forças combinadas da Revolução Industrial, Revolução Francesa e seus apologistas do iluminismo. Com o passar do tempo, surgiram escolas paralelas de pluralismo conservador (Burke, de Bonald), corporativista (Hegel, Durkheim), associativo orgânico (von Gierke), cristão (neotomismo, neocalvinismo— e talvez Ruskin?), socialista (Proudhon, Kropotkin, Laski), e na verdade até mesmo outras variantes do movimento entre os liberais que previram o fim de uma sociedade baseada no individualismo igualitário (Tocqueville, J. S. Mill). Essas ideias pluralistas estão mais uma vez sob os holofotes, com comunitaristas reagindo ao atomismo e à redução do capital social, associacionistas respondendo às burocracias de bem-estar, neoconservadores apoiando estruturas mediadoras, pluralistas democráticos radicais como feministas e defensores da política de identidade repudiando a eliminação da diferença por universalismos liberais impostos e teóricos da sociedade civil em todo o espectro ideológico conquistando uma esfera independente de iniciativa associativa democrática independente, na verdade antagônica, do Estado.

atomista-estatista do liberalismo contratualista, mas também pontuavam frequentemente críticas significativas e alternativas com as quais o pensamento social cristão pode aprender (e aprendeu).

Todavia, a incompletude da análise é menos reveladora do que suas imprecisões, das quais duas são muito importantes. Os alvos de Cavanaugh são teorias de soberania derivadas do conceito de contrato social (Hobbes, Locke, Rousseau). Isso moldou profundamente a linha teórica dominante do ocidente liberal-democrático. E seus ataques a Hobbes e Rousseau são certeiros. No entanto, Locke era um contratista individualista cujo propósito era *limitar* a autoridade do Estado e ele foi capaz de fazê-lo porque seu ponto de vista ainda trazia a impressão de percepções pré-modernas sobre a lei natural como uma restrição à vontade humana.[38] Como Cavanaugh observa, Locke é levado a afirmar que o corpo político deve ir "para onde a força maior o levar" (*RONT*, p. 188). Porém, não carrega consigo conotações hobbesianas ou rousseaunianas da absorção do indivíduo no todo político, sendo meramente uma referência ao princípio da tomada de decisão por maioria na legislação, que embora esteja longe da concepção pré-moderna mais orgânica de que as resoluções devem ser feitas pela "parte mais sólida e forte" da comunidade política, é um procedimento necessário, em certas circunstâncias, por qualquer sociedade, que atribui algum significado às percepções e interesses de cada cidadão. Destaco esse detalhe porque uma avaliação insuficiente da individualidade acaba se revelando um problema maior em Cavanaugh, como observarei posteriormente.

No entanto, uma segunda imprecisão mais significativa emerge da análise de Cavanaugh sobre o surgimento do Estado territorial moderno como exigência do estabelecimento de supremacia legal coercitiva sobre as jurisdições políticas múltiplas, antagônicas e sobrepostas da era pré-moderna. A afirmação de Cavanaugh de que *isso*, e não a necessidade de evitar a guerra religiosa, foi o elemento crucial na consolidação do Estado moderno como um poder centralizado é interessante. Contudo, como devemos analisar esse processo? Para Cavanaugh, isso é somente parte da história mais ampla do engrandecimento arrogante do Estado moderno, contínua com sua afirmação posterior de domínio crescente em relação aos poderes independentes de associações e indivíduos intermediários (*RONT*, p. 191-2).

---

[38]Por exemplo, o reconhecimento de Locke da posse comum primordial da terra, observado por Cavanaugh em *RONT*, p. 87, que é o pano de fundo da sua consciência de certo limite para o exercício dos direitos de propriedade.

Todavia, aqui é preciso diferenciar três tipos de centralização. O primeiro é a usurpação ilegítima das autoridades sociais originais por autoridades políticas (o que Kuyper e Dooyeweerd chamam de violação da "soberania da esfera").[39] Esse é, sem dúvida, o efeito de uma visão hobbesiana ou rousseauniana da igreja e da teoria do direito romano da corporação como uma *persona ficta* ("personalidade fictícia"), cuja condição legal é meramente uma concessão do Estado, como Cavanaugh incisivamente observa (*RONT*, p. 188-9, 192). Com base nas tentativas dos primeiros Estados de destruir a competência eclesiástica da igreja transnacional, fica evidente que tal igreja tem sua própria autoridade intraeclesial legítima que, no entanto, transpõe os limites territoriais do Estado (*RONT*, p. 191).

O segundo tipo de centralização é o estabelecimento de um monopólio territorial legítimo de poder coercitivo. É claro que os pensadores reformados (e católicos) sustentam há muito tempo a necessidade, em um mundo caído, da posse pelas comunidades políticas do "poder da espada", a fim de garantir uma autoridade pública estável realmente capaz de fazer justiça e proteger os fracos, e não meramente aprovar ordens com o objetivo de que essas coisas sejam feitas, como as resoluções das Nações Unidas, segundo as quais Israel deveria retornar às suas fronteiras anteriores a 1967. Nesse ponto, a tradição reformada se encontra inevitavelmente em desacordo com as vertentes pacifistas dentro da ortodoxia radical.[40] Não me proponho a relatar aqui detalhadamente esse debate. Simplesmente observo que Cavanaugh desliza esse senso de centralização para uma lista de atos centralizadores como se fossem todos uma só peça, todos igualmente evidências de um processo repreensível e secularizador de engrandecimento (*RONT*, p. 192). Porém, isso é fundamentalmente diferente: o que esse monopólio de poder coercitivo substituiu algumas vezes foi, entre outras coisas, uma variedade de exércitos particulares, implantados por candidatos hostis e antagônicos no intuito de exercer a autoridade pública em seus próprios interesses limitados. Isso não significa que o estabelecimento de um monopólio territorial de coerção tenha sido concretizado no início do período

---

[39] Veja Kuyper, "Sphere sovereignty"; Dooyeweerd, *Roots of Western culture*.
[40] Refiro-me a "vertentes", já que Milbank deixa claro que não é um pacifista, ao contrário da impressão que alguns leitores têm do impulso da ontologia da paz esboçada no capítulo 12 de *TST*. Veja Milbank, "Violence: double passivity" (*BR*, cap. 2), que também aparece em Kenneth R. Chase; Alan Jacobs, orgs., *Must Christianity be violent? Reflections on history, practice, and theology* (Grand Rapids: Brazos, 2003), p. 183-200. Veja também, naquele volume, as contribuições das tradições reformada (Richard Mouw) e anabatista (Stanley Hauerwas) e a conversação entre Milbank e Hauerwas.

moderno sem *abusos* longos de força física ou que os bandidos não tenham vencido tantas vezes (como ainda costuma acontecer). Tudo o que afirmo é que foi um processo que em alguns momentos precisou ser concluído *em nome da justiça*, mas que, como todos os sistemas normativos, foi e ainda é totalmente distorcido pelos efeitos da Queda.[41]

Esses dois sentidos de centralização precisam ser diferenciados de um terceiro: a centralização da competência de exercer a lei pública. Isso também foi ignorado na lista de Cavanaugh: ele se refere à abolição dos "tribunais eclesiásticos" e à intervenção estatal em questões de parentesco, propriedade e herança (*RONT*, p. 192). Entretanto, novamente, são necessárias distinções: as cortes eclesiásticas não foram completamente abolidas: elas ainda têm a competência, e com razão, de julgar situações internas de direito canônico. O que eles e os barões feudais e outros detentores de poder legal também perderam foi a competência de decidir sobre certas questões — como a capacidade de proferir sentenças penais — que por direito pertencem a uma autoridade pública imparcial com jurisdição universal dentro um território e não a instituições baseadas em laços de sangue (tribos), fé religiosa (igrejas) ou posse (barões feudais). E esse foi um desenvolvimento necessário e saudável (pressupondo, também, o anterior). Na verdade, está de acordo com a crítica de Cavanaugh às complicações mundanas da igreja medieval. E era inteiramente correto que o Estado, guardião dos direitos civis das pessoas e do interesse público, legislasse com o propósito de organizar certos pontos relacionados a parentesco ou propriedade, por exemplo: de que outra forma as mulheres ou crianças passariam a ser protegidas contra o poder patriarcal arbitrário?

Esses dois últimos tipos de centralização foram pré-condições essenciais para o estabelecimento de uma autoridade pública central imparcial, capaz de oferecer justiça a toda a sociedade, e Cavanaugh nos ilude ao juntá-los às distorções absolutistas do Estado moderno (o primeiro tipo). Se dizer isso é defender uma visão estatal modernista, declaro-me culpado, mas certamente isso não sustenta uma perspectiva liberal secular do Estado, já que esses

---

[41]Desse modo, discordo de aspectos do relato de Cavanaugh no que se refere ao poder coercitivo do estado em *Torture and Eucharist*, p. 4-11. No entanto, *não* o faço com base na aprovação da definição positivista de Weber de monopólio coercitivo como função definitiva do Estado, observada e criticada por Cavanaugh (p. 5). Dooyeweerd também rejeita a visão de que tal monopólio seja o principal papel estatal e, em vez disso, propõe "justiça pública"; Veja *New critique of theoretical thought*, 3.404-25, p. 433-36.

processos normativos foram, provavelmente, pelo menos em parte o resultado de séculos de teorização e prática política e jurídica cristã pré-moderna. Nem todas as conquistas históricas que se concretizam ou são apoiadas (ou até originadas pela) modernidade precisam ser condenadas pela ortodoxia cristã.[42]

Contudo, quanto à alternativa de Cavanaugh: contra o monismo político atomístico da modernidade secular, ele propõe um "anarquismo eclesiocêntrico eucarístico". Ao celebrar, por meio da comunhão eucarística, a verdadeira realidade do corpo de Cristo, ao representar em seus rituais e em sua vida comum a morte e ressurreição de Jesus, a igreja lança um desafio subversivo aos artifícios violentos espalhados pelo Estado moderno e pelas testemunhas à presença de uma possibilidade radicalmente diferente, capaz de restaurar a principal unidade original que caracteriza a humanidade criada. Em *Torture and Eucharist*, Cavanaugh apresenta a resistência cristã à ditadura de Pinochet como uma incorporação exemplar dessa postura eucarística (retomarei esse ponto na terceira parte do ensaio).

Muito do que Cavanaugh diz no que se refere à nossa unidade criada e restaurada é louvável: "A eucaristia não é simplesmente uma promessa da futura felicidade fora do tempo histórico [...] mas uma prática terrena de paz e reconciliação", mesmo entre ricos e pobres (*RONT*, p. 197). Um brusco "amém" reformado a isso e a muitas outras coisas nesse contexto. Todavia, questiono aqui se sua visão da unidade eucarística não é, afinal de contas, destruída por uma tendência a depreciar a *individualidade* como um dom criado. Cavanaugh acredita que a unidade que ele tem em mente não diz respeito à "mutabilidade" de membros meramente formalmente iguais (*RONT*, p. 184, 193), como nas teorias individualistas que ele censura. Na verdade, sua crítica perceptiva do individualismo rousseauniano e sua lógica estatista implícita têm alvo certo. Rousseau afirma que "todo cidadão deve ser totalmente independente um do outro e o mais dependente possível da cidade". Cavanaugh, por sua vez, crê que o corpo de Cristo é "internamente diferenciado, embora sofra e se alegre como um só" (*RONT*, p. 193). Os membros "não são 'separados, mas iguais', e sim parte uns dos outros" (*RONT*, p. 184).

Porém, o que é exatamente essa participação mútua? O relato de Cavanaugh parece sugerir uma interpretação parcialmente equivocada de

---

[42] Pensadores neocalvinistas como Kuyper e Dooyeweerd foram capazes de oferecer elogios bastante generosos — ainda que nunca acríticos — pelas conquistas do liberalismo moderno, até mesmo a Revolução Francesa. Veja Dooyeweerd, *Roots of Western culture*.

nossa posse da humanidade compartilhada como sugestão de unidade, e não de comunidade. Nosso destino criado e redimido não é mais bem apresentado como uma comunhão entre seres individualmente diferentes, e não uma união participativa? Aqui minhas suspeitas resultam da afirmação clara de Cavanaugh de que a própria individualidade e a distinção ontológica entre pessoa e grupo são o "efeito do pecado" (*RONT*, p. 184). Mas evidentemente sem essa diferenciação não pode existir relação livre, responsável, responsiva e genuinamente *mútua* entre os homens. O conceito de comunidade requer distinção, bem como a comensurabilidade dos indivíduos em comunhão. Ele arrisca dizer que "na eucaristia [...] nossa separação é superada justamente pela relação com o corpo de Cristo" (*RONT*, p. 195). Essa é uma verdade no sentido soteriológico da superação do "muro de inimizade" (Efésios 2:14; veja *RONT*, p. 196-97), mas não é verdade no sentido de uma superação ontológica sobre a distinção.[43]

É claro que, como qualquer característica criada, a individualidade pode ser, e tem sido, abusada de forma prejudicial: uma absolutização da individualidade leva ao individual*ismo*. E concordo com grande parte do ataque de Cavanaugh ao individualismo liberal moderno (veja tb. *CG* parte 1: "Cultural atomism"). Entretanto, sua perspectiva de como este se desenvolveu historicamente é, mais uma vez, prejudicada por uma falta de esclarecimentos, talvez fruto de suas dúvidas mais profundas no tocante à própria individualidade. Se analisarmos o caso do surgimento do capitalismo contemporâneo, o que vemos, na minha opinião, é a possibilidade histórica de um novo espaço social para o exercício da livre iniciativa econômica além dos limites excessivamente restritivos do trabalho ou do comércio, muitas vezes impostos de modo tradicional por corporações, governos ou pela igreja. Era evidentemente essencial que, se esse desenvolvimento tivesse legitimidade cristã, precisasse ser acompanhado pelo estabelecimento de novas formas de solidariedade econômica local e mais abrangente, e estas foram, na melhor das hipóteses, concretizadas apenas esporadicamente e nunca de maneira adequada. Na verdade, parecem mais urgentemente necessárias hoje do que

---

[43]Novamente, Cavanaugh sugere que Cristo está presente onde quer que a eucaristia seja celebrada, de forma que seu corpo seja "uma esfera inteligível cujo centro está em toda parte e a circunferência em lugar nenhum" (*Torture and Eucharist*, p. 196, citando Alain de Lille). Essa pode ser uma perspectiva eclesiológica interessante, mas suas implicações sociológicas não são, digamos assim, tão aparentes. Uma ideia semelhante é encontrada no conceito de Ward do "corpo deslocado de Jesus Cristo" (*CG*, cap. 4).

nunca. No entanto, creio que o surgimento das *condições* históricas para o que se tornou o capitalismo não foi ilegítimo.[44] Meu ponto de vista pressupõe uma avaliação mais profunda da liberdade individual e dos direitos de propriedade do que a maioria dos teóricos da ortodoxia radical parecem dispostos a admitir, embora rodeados de restrições normativas importantes. Portanto, considero um erro afirmar diretamente, como faz Cavanaugh, que a própria ideia que a propriedade pode ser "alienável" — isto é, vendável — seja equivocada (*RONT*, p. 192).

Por outro lado, Cavanaugh está correto no seu pensamento de que uma dissociação dos direitos de propriedade privada de qualquer conexão com as obrigações sociais de justiça e equidade, baseada na interpretação errada fatal da individualidade, que implica no direito *absoluto* da propriedade privada deve ser rejeitada (*RONT*, p. 187). A concepção cristã pré-moderna de que o *dominium* (senhorio ou posse) sempre esteve ligado à administração ética da propriedade é genuína. Contudo, com a intenção de defender esse argumento, Cavanaugh considera necessário rejeitar a ideia de propriedade em favor de uma economia milbankiana baseada na doação, na qual os títulos de propriedade são vistos como um desvio fundamental da caridade. Se a própria individualidade está sob suspeita, então a propriedade deve necessariamente ser descartada (*RONT*, p. 195-6).

No entanto, Milbank parece mais atento do que Cavanaugh à necessidade de defender a individualidade, insistindo que a comunidade "não é uma *fusão* [...] ou ao menos [...] não uma fusão *completa* (uma totalidade sem reciprocidade assimétrica)" (*BR*, p. 168, grifo original). Na verdade, toda a tese milbankiana de que o dom genuíno não é incompatível com, mas na verdade pressupõe, certo tipo de troca (e, portanto, não é mero "autossacrifício") enfatiza essa insistência.[45] Pode ser então que a suspeita excessiva de Cavanaugh quanto à individualidade não seja uma implicação necessária da ontologia social da ortodoxia radical, mas suas ambiguidades em relação à natureza da verdadeira comunidade parecem sê-lo (retornarei a esse ponto na terceira parte deste ensaio).

---

[44]Veja o relato de Dooyeweerd (não weberiano) da diferenciação como uma expressão do desdobramento das possibilidades históricas normativas divinamente oferecidas, em *Roots of Western culture*, cap. 3.

[45]Veja Milbank, "Socialism of the gift"; *Being reconciled* e "Can a gift be given? Prolegomena to a future Trinitarian metaphysic", *Modern Theology* 11 (1995): 119-61.

Stephen Long: "economia eclesiocêntrica"

Em *Divine economy*, Stephen Long apresenta de forma perspicaz a possibilidade de uma "economia teológica cristã".[46] Com base na leitura da perspectiva de Tomás de Aquino sobre a dependência das virtudes naturais das virtudes teológicas, Long rejeita os apelos neoescolásticos à "natureza pura" ou à lei natural autônoma como base normativa para a economia e incentiva uma fundação eclesiocêntrica e cristocêntrica. Uma economia teológica responsiva à particularidade cristã será incorporada à vida da igreja dentro da qual somente o chamado do evangelho pode ser encarnado.

Long identifica três tradições do pensamento econômico cristão. A primeira, a tradição "dominante", está comprometida com os valores de mercado, representados por escritores diversos como Michael Novak, Max Stackhouse e Philip Wogaman. Ela é resultante de uma concessão fatal à distinção fato-valor weberiana, em que a teologia serve meramente como uma fonte externa de avaliação das descobertas de uma ciência autônoma, empírica e econômica. O resultado — e aqui Long se move apressadamente — é uma legitimação de uma economia modernista de escassez e competição, impulsionando tanto suas variantes capitalistas quanto estatistas. Apesar de suas tentativas de interpretar e organizar o capitalismo eticamente, essa tradição é distorcida por sua suposição de uma antropologia essencialmente secular da liberdade como escolha autônoma, que até mesmo imagina Deus à sua própria imagem: conhecemos a Deus por meio de uma *analogia libertatis* (*DE*, p. 35). Os produtos dessa abordagem são meramente abstratos, princípios universais "baseados na criação" da ética econômica — sendo o mais básico a liberdade — que pretendem apelar além da igreja (por exemplo, na "teologia pública pós-confessional" de Stackhouse; *DE*, p. 22, 52, 55), apesar de não responderem à particularidade narrativa do evangelho. Por consequência, "a cristologia não [...] dá à liberdade qualquer forma específica" (*DE*, p. 45). A vida moral está separada da vida teológica,[47] e o capitalismo sobrevive ileso.

A segunda tradição, a "emergente", que consiste na teologia da libertação, deriva de um repúdio básico ao capitalismo como inerentemente idólatra.

---

[46]Veja também Stephen Long, *Goodness of God: theology, the church, and social order* (Grand Rapids: Brazos, 2001).

[47]Nesse ponto de vista: "Ainda podemos usar a lei natural, as esferas de soberania ou os direitos individuais ou qualquer outra ética que permita facilmente o desapego e a universalização. Entretanto, a lei evangélica, as virtudes teológicas, o poder dos sacramentos ou o fim da humanidade como felicidade na visão de Deus não podem ser usados" (*DE*, p. 69).

Invocando não a teologia da criação, e sim do reino, ela realiza um julgamento profético contra todas as instituições que frustram a emancipação humana. É superior à tradição dominante não só por expor a relatividade do capitalismo como um produto histórico contingente, e não um mero fato natural, mas também por contemplar o testemunho de cristãos martirizados em resistir a ela. Ainda assim, continua sendo influenciada pela mesma metodologia e antropologia defeituosas da primeira tradição.

Metodologicamente, também deriva do uso autônomo das ciências sociais, endossando tacitamente a distinção fato-valor pela qual a contribuição teológica é novamente marginalizada. A única diferença fundamental é o fato de se basear na sociologia marxista, e não na neoclássica (*DE*, p. 92, 108, 129, 155). "Assim como a tradição dominante, a teologia da libertação não é cética o suficiente em relação às ciências sociais ou à 'política' conforme nos é apresentada a partir da tradição dominante" (*DE*, p. 134). No entanto, "a teologia não precisa do bom senso de uma análise social independente das injustiças do capitalismo para seu próprio poder crítico". Em vez disso, necessita de uma leitura teológica social, uma "sociologia teológica" (*DE*, p. 173).

Antropologicamente, a tradição emergente trai a operação da mesma *analogia libertatis* da tradição dominante (*DE*, p. 174, 117, 122). A salvação divina é construída à luz do modelo da autocriação humana. A convocação à libertação deixa de lado a influência contínua de uma "metanarrativa modernista da liberdade como transformação autodirigida" (*DE*, p. 89). A virtude da justiça é naturalizada e interpretada independentemente de sua necessidade de imersão nas qualidades teológicas (*DE*, p. 142). Tudo isso tem a consequência ainda mais prejudicial de gerar uma relativização crítica protestante da igreja hierárquica e sacramental: "O reino entendido como uma metafísica da liberdade resultou em uma teologia antieclesiástica. O mediador da ideia do reino se torna a busca do Estado por justiça, não a defesa da caridade pela igreja" (*DE*, 136). Ironicamente, enquanto os liberacionistas relativizam a igreja com o objetivo de abrir espaço para uma salvação genuinamente social, uma eclesiologia fraca destrói tal conceito, pois "a igreja é o único lugar onde o político e o social podem ser lidos de modo salvífico" (*DE*, p. 130).

Long propõe o resgate de uma terceira tradição "residual", representada pelos primeiros pais, por Tomás de Aquino, e melhor articulada no século 20 por MacIntyre e Milbank. Essa tradição rejeita a distinção fato-valor modernista, nega que as afirmações humanas da vontade sejam sempre geradoras de valor e fundamenta uma economia alternativa nos "predicados transcendentais do ser", bondade, beleza e verdade (*DE*, p. 178). Certamente aprecia a crítica poderosa dos excessos do capitalismo no ensino social católico oficial de economia. Long homenageia principalmente a concepção de "economia funcional" desenvolvida pelo economista tomista Bernard Dempsey, segundo a qual toda atividade econômica deve servir à sua função social mais ampla. No entanto, o pensamento oficial e seu desenvolvimento em pensadores como Dempsey ainda falhou totalmente em fugir das garras das ideias modernistas de direitos, propriedade, utilidade ou dignidade (*DE*, p. 185) por causa de sua visão neoescolástica da adequação epistemológica e ética da natureza e da lei natural. Embora essa perspectiva tenha revelado muitas percepções econômicas valiosas de suas análises detalhadas da virtude natural da justiça (como a crítica da usura ou a determinação do salário justo) e produzido muitas propostas reformistas úteis (como a legislação social ou a mediação coletiva), não insistiu o bastante na infusão das virtudes naturais nas teologais. A consequência foi, novamente, uma negligência da inspiração cristológica e eclesiológica de qualquer economia autenticamente cristã.

Dessa maneira, o que acontece quando essa inspiração é reconhecida? A atividade econômica é orientada não pelas virtudes naturais tomadas em si mesmas, e sim por essas virtudes enquanto servas da aquisição das virtudes teologais (*DE*, p. 236). Em uma reversão impressionante da sabedoria cristã convencional, Long sugere que a justiça é insuficiente sem a caridade.[48] A economia deve ser subordinada não meramente ao seu papel social, mas antes de tudo à sua função sobrenatural: a obtenção do objetivo final da união com Cristo (*DE*, p. 77).

Assim, Long está mais impressionado com a sugestão do Papa Leão XIII de que a economia seja vista do ponto de vista da sagrada família do que com sua rearticulação influente da lei natural como base da justiça econômica. A dignidade do trabalho não é garantida por princípios abstratos, como a necessidade do sujeito de ação criativa ou o salário justo ou a norma de harmonia, e sim pelo exemplo concreto de Jesus, Maria e José. Jesus, o carpinteiro, revela uma nova visão do trabalho como "intimamente vinculado ao desenvolvimento da virtude e como uma representação da vida de Cristo". "O trabalho não pode ser interpretado como um produto [...] porque

---

[48]Ou nas palavras de Milbank, é preciso "insistir na prioridade do outro mundo como pré-condição da justiça" (*BR*, p. 177).

a encarnação e a missão de Jesus a santificam como componente central da economia divina. Deus encarnou [...] O trabalho árduo de José e Maria proporcionou as condições para que recebessem Jesus como um presente a ser alimentado." Long acredita que "até a encarnação dependia do dever necessário do trabalho, cumprido pelos pais de Cristo" (*DE*, p. 186-7). Isso não é negligenciar princípios como o salário justo, e sim insistir que eles não são fundamentados em nenhuma perspectiva natural de justiça universalmente acessível, mas, sim, na própria encarnação, que teria sido profundamente ameaçada se José não tivesse recebido uma recompensa honesta (*DE*, p. 187), que também requer uma base explicitamente cristológica.

O implicação de tudo isso é que uma verdadeira economia pode ser entendida e alcançada apenas da perspectiva — na verdade, da *localização* — da igreja como lugar privilegiado a partir do qual a graça é sacramentalmente distribuída ao mundo por meio da corporificação das virtudes cristãs: "As fontes de uma economia cristã são as virtudes da caridade e da justiça, as práticas do batismo, arrependimento e reconciliação, a narrativa da autorrevelação de Deus em Jesus e sua presença contínua na vida da igreja" (*DE*, p. 232). Deste prisma e com esses recursos sobrenaturais percebemos, por exemplo, que o ponto de partida do pensamento econômico não é uma ideia modernista de escassez (e a visão resultante de marginalidade) ou pós-moderna de falta, e sim uma noção cristã de uma plenitude divina original (*DE*, p. 143-7, 249). Tornamo-nos capazes de administrar nosso comportamento econômico pela caridade, não só pela justiça, no intuito de que a plenitude divina passe por nós para os outros, principalmente os pobres, em atos de generosidade, desbloqueados por nossas afirmações de direitos de posse. A propriedade é compartilhada e vista como uma oportunidade de participação na vida solidária, enquanto os recursos são distribuídos no modelo da igualdade eucarística.

Somos levados mais uma vez a questionar que conclusões estruturais específicas podem derivar dessa economia cristológica e eclesiológica. E mais do que qualquer outro teórico social da ortodoxia radical, Long realmente oferece sugestões concretas. Uma delas, inspirada em Milbank, é a preferência por um sistema produtivo descentralizado moldado em corporações medievais que expressam o princípio de subsidiariedade. Todavia, a segunda e mais original é uma redescoberta e reaplicação da proibição da usura pela igreja medieval. Em uma abordagem intrigante da doutrina pré-moderna e uma crítica das teorias de interesse no pensamento econômico secular moderno, Long conclui que qualquer uso do dinheiro em que o lucro do empréstimo é dissociado do trabalho do credor se qualifica como usura. Somente onde esse lucro é uma compensação pelo serviço de alguém é que o empréstimo se encaixa nos preceitos da caridade. Independentemente de Long ou outro economista cristão explicar com maior clareza o que essa proposta específica pode significar para a reforma de nossos sistemas financeiros atuais, seu envolvimento com algo tão concreto quanto isso é exemplar e vai além do que qualquer outro texto da ortodoxia radical que já vi na organização de normas estruturais referentes à ação de instituições sociais particulares. A seguir, sugiro que a proposta de Long conduz seus colegas da ortodoxia radical a uma direção em que podem lucrar bastante.[49]

DE COMUNIDADES SUSPENSAS A COMUNIDADES DA ALIANÇA?

Meu engajamento crítico com a ortodoxia radical começa com uma análise do eclesiocentrismo de sua teoria social e postura política, passando então para uma abordagem mais abrangente de sua ontologia social implícita. Uma crítica padrão do ponto de vista da tradição reformada, ao menos da sua ala neocalvinista, seria que a tentativa de criar uma teoria social geral ou uma estratégia política principalmente a partir de uma eclesiologia (eucarística ou não) não é uma alternativa particularmente promissora.[50] Uma teoria social geral adequada, essa visão sugere, não é melhor alcançada quando buscamos identificar relações analógicas entre a igreja (ou a eucaristia ou o corpo de Jesus) e as comunidades humanas em geral, e sim aspirando imperativos normativos universais enraizados na natureza humana social criada.

Pensando em escapar de uma réplica óbvia (e válida) da ortodoxia radical, deve-se enfatizar imediatamente que esta última aspiração *não* é alcançável

---

[49] A abordagem de Long da economia cristã pode ser comparada e contrastada com a do economista holandês Bob Goudzwaard, *Capitalism and progress* (Grand Rapids: Eerdmans, 1979) [edição em português: *Capitalismo e progresso: um diagnóstico da sociedade ocidental*, trad. Leonardo Ramos (Viçosa: Ultimato, 2019)], que reflete percepções reformadas progressistas. Veja também a seção que apresenta uma visão reformada da economia em Paul A. Marshall e Robert E. Vandervennen, orgs., *Social sciencein Christian perspective* (Lanham: University Press of America, 1988), p. 199-302.

[50] Tudo o que posso fazer aqui é simplesmente explicar essa perspectiva, em vez de argumentar a favor dela. Para uma crítica paralela do eclesiocentrismo de outro teólogo social agostiniano, Oliver O'Donovan, veja James W. Skillen, "Acting politically in biblical obedience?", in: *A royal priesthood: using the Bible ethically and politically: a dialogue with Oliver O'Donovan*, ed. Craig Bartholomew et al. (Grand Rapids: Zondervan, 2002), p. 398-417.

independentemente dos recursos da revelação autoritativa nas Escrituras e da graça redentora que chega a nós por meio da igreja. Como afirma Hans Küng, visto que "o reino é a criação curada", as percepções e ferramentas espirituais que recebemos pela revelação e a graça nos guiam (por meio dos nossos atos de discernimento sempre falíveis e provisórios) para a verdadeira intenção dos propósitos criacionais de Deus e nos oferecem a capacidade de nos aproximarmos deles em nossos esforços concretos de construção de instituições e de promoção da paz e da justiça. Portanto, a instituição social concreta que chamamos de igreja é completamente indispensável a essa tarefa, mas não é necessariamente o modelo em que todos as outras instituições sociais deveriam se basear. Famílias saudáveis, sindicatos ou até mesmo comunidades políticas, por exemplo, podem desejar cumprir a vontade de Deus e louvá-lo sem serem apêndices, anexos, postos avançados ou imagens espelhadas da igreja institucional (ou seja, a comunidade organizada e reunida de crentes adoradores). E quando o fizerem, personificarão a norma da caridade de formas institucionalmente específicas, que não serão meras aproximações das representações da solidariedade que regem as relações intraeclesiais. A caridade política, por exemplo, é um dos segmentos que envolve juízos legais obrigatórios entre reivindicações sociais muito diversas (e, em um mundo caído, muitas vezes hostis). Diz respeito também a estabelecer justiça, exigindo decisões autoritárias (e, em um mundo caído, em última análise, coercitivas) que sustentem as reivindicações de alguns e desautorizam as de outros. Na medida em que busca a justiça, a sociedade política reflete a obra do Messias que "exaltou os humildes" e "despediu de mãos vazias os ricos" (Lucas 1:52-53). Uma invocação geral do dom ou da reciprocidade assimétrica não pode nos dizer muito sobre o conteúdo específico dessas decisões.

Estou sugerindo que instituições como comunidades políticas carregam suas próprias integridades "criativas" e *tela*, que os ensino da igreja e a vida interior deveriam realmente ajudar a expor, e que não são meros reflexos analógicos de seu desígnio institucional diferente. Na tradição reformada, tais instituições são vistas como construções humanas históricas — não são vistas como descendo dos céus —, mas em um nível mais profundo, também como respostas humanas a chamados sociais normativos permanentes. E, embora seja totalmente reconhecido que todas as organizações são profundamente distorcidas pela Queda e que algumas podem ser opressoras ou até idólatras, elas ainda podem testificar — e são continuamente chamadas a incorporar — as intenções amorosas e justas do Criador-Redentor. É claro que sem a presença da igreja institucional, simplesmente não haveria crentes (agraciados) para participar dessas instituições e tentar redirecioná-las a suas vocações normativas. Sabe-se que este ponto tende a se perder quando representantes da tradição reformada se declaram capazes de discernir a ordem criada sem os recursos da graça mediados unicamente pelas Escrituras e pela igreja (evidentemente essa foi a acusação legítima de Barth contra a lei natural). Em poucas palavras, a falta de entusiasmo dos reformadores no que se refere a uma teoria social eclesiocêntrica e política não deriva de uma visão inferior da igreja ou de uma hesitação em relação ao sacramentalismo católico, e sim de um desejo de proteger as identidades e vocações únicas de estruturas que respondem a imperativos fundamentados *originalmente* na ordem da criação, e não da redenção. Isso não significa de modo algum negar que Cristo foi e é o portador e mediador de tudo o que há no mundo ou que a graça redentora (na verdade, sacramental) "irradia toda a Criação" (como formulei a visão da ortodoxia radical). Pelo contrário, a tradição reformada insiste que as intenções e propósitos amorosos construídos na criação são totalmente reafirmados e abertos ao redirecionamento e transformação na redenção.

Se analisarmos de perto, pode ser que as diferenças entre a ortodoxia radical e a tradição reformada neste aspecto sejam menos tratadas do que sugiro. Um estudo detalhado de como a ortodoxia radical concebe a relação específica entre eclesiologia (e cristologia) e cosmologia (e antropologia) seria certamente muito útil. Porém, com a intenção de contribuir para o esclarecimento dessas divergências, ilustrarei brevemente a questão que pode estar em jogo no tocante ao relato comovente de Cavanaugh quanto à função da Igreja Católica Romana em facilitar a resistência à ditadura de Pinochet. Meu propósito não é questionar esse papel, apenas apontar um fator — que provavelmente surgirá na mente daqueles que foram educados à luz da tradição reformada - trazido à tona pela interpretação teológica de Cavanaugh.

Uma iniciativa importante da igreja sob o regime de Pinochet foi sua contribuição para o estabelecimento do Comitê de Cooperação pela Paz no Chile. Este já tinha uma grande tarefa, mas quando foi suprimido, a hierarquia reagiu formando imediatamente o Vicariato da Solidariedade, que gerou rapidamente uma rede ampla de organizações e serviços — jurídicos, informativos, habitacionais, assistenciais e assim por diante — afim de auxiliar o povo em suas tentativas de sobreviver e resistir ao regime.[51] Cavanaugh

---

[51] Este tipo de atividade se assemelhava às igrejas na África do Sul na época do apartheid e à Europa Oriental nos tempos do comunismo. Em cada caso, a igreja foi a única instituição que restou na sociedade civil em posição de continuar enfrentando os regimes autoritários.

observa que o Vicariato restaurou a solidariedade entre as pessoas em face do empenho de Pinochet para dissolvê-la e fragmentá-la: "ajudou a recosturar o tecido social rasgado pela estratégia de atomização do regime". Com isso, desempenhou uma "tarefa fundamentalmente eucarística" ao "construir o verdadeiro corpo de Cristo, uma contradisciplina à disciplina do Estado".[52] Não há dúvida, a partir do relato de Cavanaugh, que a igreja institucional tenha ocupado uma posição vital e corajosa no empoderamento de tantos indivíduos, cristãos ou não, com o desejo de que se envolvessem em sua resistência ao autoritarismo.

Com seu legado de resistência ativa ao autoritarismo das monarquias europeias opressivas do começo da modernidade — muitas vezes conduzida ou ao menos apoiada pelas igrejas —, a tradição reformada desejará oferecer auxílio intenso para tal postura. No entanto, pergunto-me como pode ser útil caracterizar como "igreja" as organizações especificamente sociopolíticas (diferentes das pastorais ou catequéticas) iniciadas e apoiadas pela igreja, ainda que funcionando essencialmente como instituições relativamente autônomas sob liderança leiga. Uma associação de assessores jurídicos em defesa dos direitos humanos e operando temporariamente sob a proteção da igreja pode certamente ser (e evidentemente foi) uma expressão de solidariedade cristã, mas isso não a torna um braço da igreja institucional (sacramental). Mesmo em tamanha proximidade com a igreja, ela mantém seu *telos* estrutural como um corpo de cidadãos estabelecido na tentativa de promover a justiça civil. O fato de uma organização surgir geneticamente de dentro da igreja não significa que seja ontologicamente parte dela, nem quando ela gera recursos espirituais e materiais essenciais ao seu bom funcionamento.[53]

Sabe-se que o eclesiocentrismo de diversos teóricos da ortodoxia radical é, em partes, influenciado pelo narrativismo e pessimismo cultural de algumas de suas fontes (como MacIntyre): viver fiel e virtuosamente em uma cultura radicalmente pluralista, fragmentada e secularizada exige profunda imersão e participação na comunidade narrativa contracultural particular chamada de igreja (e concordo com esse sentimento da maneira que foi formulado).

---

[52]Cavanaugh, *Torture and Eucharist*, p. 267.
[53]Talvez os pensadores ortodoxos radicais respondam lendo minha distinção entre a igreja e as organizações sociais não eclesiásticas como uma mera versão protestante da "distinção de planos" maritainiana (rigorosamente — embora não totalmente justa — criticada por Cavanaugh em *Torture and Eucharist*, cap. 4). Não acredito que seja, mas aqui não há espaço para explicar detalhadamente o motivo.

Entretanto, esse eclesiocentrismo também é uma consequência da ontologia social mais ampla ligada às suas vozes principais, especialmente Milbank.[54] No início deste ensaio, afirmei que a ortodoxia radical concebe diversas sociedades humanas da mesma forma que concebe tudo o que é material, ou seja, como comunidades suspensas (existindo unicamente nesse formato e, portanto, envolvida analogicamente com Deus, uma participação que se torna possível graças ao desempenho sacramental da igreja e nunca limitado a determinados modelos estruturais). Os recém-chegados à terminologia diferente da ortodoxia radical precisam observar que essa suspensão não diz respeito a um cancelamento temporário, como quando uma criança é punida na escola. O termo é usado no sentido de uma ponte pênsil, que desaba como um castelo de cartas sem a tensão de seus suportes verticais. Esclarecendo melhor o que isso quer dizer, devemos entender a ontologia geral que embasa a ideia de comunidades suspensas.[55] Lanço a seguinte questão: tal ontologia geral sofre de uma tensão aparentemente irreconciliável entre uma invocação de uma metafísica pré-moderna (neoplatônica) de ordem harmônica e identidades estáveis e uma dependência indevida de um discurso pós-moderno de construções sociais contingentes em fluxo infinito?

O modelo de associação livre, tão importante para a teoria social de Milbank, é favorecido não só por ser característico da versão do socialismo cristão que ele tenta recuperar, mas também por parecer mais condizente com uma concepção de todas as realidades materiais — incluindo instituições sociais — como complexos em constante mudança de interrelacionamento incerto e consensual. Milbank (recorrendo aqui ao neoplatonismo) acredita que a diferença criada procede da emanação contínua da diferença divina:

> O mundo criado do tempo tem comunhão com o Deus que diferencia [...] assim como o mesmo [...] não é uma "substância" [...] então também não há substância na Criação, nenhum conteúdo implícito, nem "coisas" discretas e invioláveis. Só podemos pensar nos elementos da criação como "qualidades" inerentemente interconectadas que se combinam e se recombinam de todas as formas possíveis [...] Portanto, a criação não é um produto concluído no espaço, e sim continuamente gerada *ex nihilo* no tempo (*TST*, p. 424-5).

---

[54]Nem todos os autores ortodoxos radicais que consultei usam explícita ou sistematicamente essa ontologia geral, de maneira que minhas conclusões podem não se aplicar igualmente a todos, e talvez nem mesmo a alguns.

[55]Aqui me refiro com prazer àqueles com experiência nos gêneros do neoplatonismo e pós-modernismo francês para uma compreensão mais completa desta ontologia geral.

Consequentemente, o ser "passa a ser visto como uma diversidade essencialmente aprimorável e mutável", e a ordem é percebida como "uma relação estética do diferente, e não mais primariamente uma autoidentidade ou semelhança". Como observado anteriormente, Milbank nega que o modelo da justiça distributiva possa ser conhecido antes da prática da virtude da justiça. Agora parece que a razão mais profunda para isso é que "a unidade, harmonia e beleza da emanação da diferença não podem [...] ser antecipadas, nem mesmo no que diz respeito ao próprio Deus" (*TST*, p. 427-8).

Não é de espantar que Milbank afirme encontrar um socorro contemporâneo para essa ontologia neoplatônica nos argumentos antimodernistas da teoria social pós-moderna. Por exemplo: em uma nota atacando o realismo científico-social modernista — que se diz capaz de identificar as leis que governam o comportamento terreno e, em seguida, promover a emancipação humana pela manipulação de tais leis —, ele escreve que "o social não é de maneira alguma uma 'realidade' contra nós, pois consiste em *nós* e, portanto, é completamente coincidente com nossas perspectivas infinitamente revisáveis: o mundo social é um ato de interpretação e também sujeito a reinterpretações que *realmente* alteram como ele 'é' ou como acontece no tempo".[56] Embora eu endosse a crítica de Milbank a esse realismo *modernista*, pode um pensador declarar uma abordagem filosófica pré-moderna de que o social é "*totalmente* coincidente com nossas interpretações eternamente mutáveis"? Como isso é coerente com sua afirmação de que a iniciativa humana é, em relação a Deus, "uma resposta e dependência radical" (*TST*, p. 426)?

Bell também emprega uma forma de discurso sociológico pós-moderno que, a princípio, é difícil de ajustar ao enraizamento do movimento em uma metafísica social pré-moderna: "Na verdade, o espaço social não é ocupado por uma imutabilidade metafísica que conferiria a determinada estrutura a condição de um 'dado' imutável". Aqui ele recorre a um conceito deleuziano de desejo como uma "força criativa e anárquica" por trás de toda constelação social, uma força que é "antagônica a qualquer tentativa de entendê-la e organizá-la". Ele afirma que, assim, "toda formação social e subjetividade é um conjunto possível e instável de desejos, cuja duração é incerta [...] e a ordem não passa de um controle temporário da desordem. A estabilidade é uma mera variação dentro de limites tênues" (*LT*, p. 13-14). Este tipo de linguagem pode, por si só, ser lida como uma negação de que as comunidades humanas têm qualquer estrutura interna (natural) criada estável, garantindo

---

[56]Milbank, "Socialism of the gift", p. 546, nota 3. O alvo imediato é Roy Bhaskhar.

sua identidade e existência contínua ao longo do tempo, e implicando que elas não são nada além de prisões eventuais em um fluxo experiencial, relacional, sempre correndo o risco de dissolução instantânea (ou seja, se não estiverem suspensas pelo poder divino).[57]

Essas formulações são posicionadas desconfortavelmente ao lado das afirmações inspiradas pelos agostinianos da ortodoxia radical da ordem divina do cosmo como "paz harmônica". Contudo, Milbank nega que sua invocação da linguagem do fluxo tenha a intenção de rejeitar a realidade das essências.[58] Em um de seus textos mais recentes, as concepções de natureza e essência são especificamente defendidas (embora com caracterizações significativas). Em uma crítica clara da pós-modernidade, ele escreve que somente "onde se admite a tentação da transcendência sobrenatural [...] o dinamismo e estase inerentes [são] [...] ambos derrotados". "Então [...] o fluxo não é ele mesmo um Deus imanente, o espaço puro do puro movimento, consistindo antes nas próprias estações de retransmissão, nas essências abertas, mas identificáveis, por todo o seu curso. Por isso [...] não somos nômades, e sim peregrinos eclesiais" (*BR*, p. 210).[59]

Este é certamente um corretivo valioso (se realmente equivaler a uma mudança) para o que às vezes parece um uso pouco crítico do discurso desconstrutivo da teoria social pós-moderna. No entanto, creio que Milbank e seus colegas precisam se aprofundar mais na explicação de como esse apelo a essências e identidades (relativamente) estáveis pode moldar lucrativamente suas descrições específicas de diversas comunidades humanas.[60]

---

[57] Contudo, Milbank nega que uma mera "suspensão comum sobre o vazio" niilista seja suficiente para fundamentar uma teoria social. Veja "Socialism of the gift", p. 545.

[58] Ele o fez oralmente em sua resposta à conferência de 2003 do Calvin College, deixando também clara sua rejeição ao ocasionalismo.

[59] E mais: "Porque embora devamos aceitar e acolher a revisibilidade do mundo, este dinamismo não necessita e não deveria rejeitar conceitos de natureza e essência, não como é exaustivamente dado, mas como o que pode eventualmente ser revelado como dons valiosos duradouros e através do tempo, e não apesar dele". "Dessa forma, julgar com base em uma transformação [...] é totalmente uma questão de discernimento, sem se prender a regras pré-escritas, justamente por termos fé que vivemos em uma criação onde o discernimento é possível. Nesse sentido, a transgressão dos limites não é antinomiana, pois é antes a extensão interminável do Livro da Lei em atos positivos reais" (*BR*, p. 201-2; veja tb. p. 173-4). Essas concepções parecem semelhantes às visões desenvolvidas pelo filósofo "neocalvinista pós-moderno", Hendrik Hart. Veja seu "Creation order and our philosophical tradition: critique and refinement", in: *An ethos of compassion and the integrity of creation*, ed. Brian J. Walsh et al. (Lanham: University Press of America, 1995), p. 66-96. Estou inclinado a concordar com o impulso das respostas críticas de John Hare e Johan van der Hoeven a Hart naquele volume.

[60] Milbank defende realmente a necessidade de relacionamentos estáveis como a família contra as tentativas destrutivas da esquerda libertária para dissolvê-las em construções totalmente voluntárias. Veja "Socialism of the gift", p. 535.

Acredito que Long já tenha apontado uma direção saudável ao aplicar criticamente o conceito medieval de usura ao comportamento das instituições financeiras contemporâneas.

Uma ontologia social cristã confiável exige, *inter alia*, um relato correto da experiência humana universal e da necessidade de identidades institucionais adequadas e identificáveis. Aqui a estabilidade não deve ser considerada uma referência a uma resistência reacionária às mudanças na forma empírica concreta, e sim às noções bíblicas da perseverança ou segurança divina e da "fidelidade aliancística" de Deus aos caminhos de desenvolvimento do *shalom* da ordem criada, possibilitando nosso mundo social. Essa ontologia cristã precisa elaborar tal perspectiva lendo esta experiência e desejo de estabilidade como testemunho de tais percursos. É claro que, por ser histórica, todo tipo de instituição ou comunidade humanas tem muitas dimensões eventuais e instáveis (e não foi preciso desconstrução alguma para nos informar *disso*). Na verdade, podemos dizer que não há parte da existência concreta de tais organizações ou sociedades que não seja histórica (embora tal existência nunca seja *meramente* histórica). A família, o grupo produtor, a comunidade política e assim por diante aparecem em uma infinidade de modelos particulares, que variam bastante entre culturas e períodos históricos.

Evidentemente a tentação constante do pensamento social cristão é se apropriar de uma ou outra característica pontual e equipará-la a um desígnio divino original e imutável.[61] Todavia, é fácil compensar excessivamente esta história lamentável, perdendo de vista a percepção importante, alcançada de formas diferentes na teoria social tomista e calvinista, de que muitas comunidades humanas carregam um propósito estrutural discernível que especifica sua identidade, um *telos* operativo internamente que resulta de imperativos, tendências ou necessidades duradouras enraizadas em nosso potencial social criado. É claro que ambas as tradições defendem que todos os grupos existem na "dependência radical" de Deus, mas isso nunca foi visto como uma recusa de que, apesar disso, os mesmos desfrutem de uma independência relativa em virtude de seus propósitos estáveis e baseados na criação. Na realidade, uma família, uma comunidade de produtores, uma comunidade política, entre outros, não seriam capazes de interpretações

---

[61] Para uma análise crítica deste problema na teoria social de um filósofo neocalvinista importante, veja meu "Dooyeweerd's Notion of Societal Structural Principle", *Philosophia Reformata* 60 (1995): 16-36.

eternamente mutáveis e de continuar sendo exemplos desses tipos comuns. Uma organização comercial, a Companhia das Índias Orientais, por exemplo, pode, com o tempo, conquistar uma função essencial na comunidade política, como exercer autoridade legal pública coercitiva. No entanto, ao fazê-lo, ela se *tornou* realmente uma comunidade política, apesar de profundamente mal organizada, graças à subserviência inevitavelmente danosa do interesse público à busca de interesses coletivos privados. É difícil imaginar qualquer circunstância em que nossa interpretação da sociedade política fosse alterada o bastante com o propósito de legitimar algo como a Companhia das Índias Orientais (até Burk e se contrapôs a essa fusão de poder político e comercial). Essa entidade fracassa necessariamente em satisfazer às necessidades e inclinações humanas que tais grupos são moldados para concretizar. Reconhecer as distinções qualitativas e fundamentadas na criação entre os objetivos estruturais de vários tipos de comunidade é realmente essencial para fazer justiça a essas inclinações e necessidades diversas. Assim, o essencialismo pode subverter, bem como legitimar, a opressão.

Até que ponto a ortodoxia radical provou ser capaz de lidar com as identidades qualitativamente diferentes de diversas comunidades humanas necessárias ao florescimento humano? Como já foi observado, Milbank e seus colegas apontam fundamentos importantes de uma perspectiva cristã da verdadeira comunidade e uma crítica dos pontos de vista individualistas ou limitadamente contratualistas de associação humana, bem como de conceitos comunitáristas exageradamente densos com seus tons organicistas totalizantes (veja *Theology and social theory* e "Socialism of the gift"). Como Milbank corretamente afirma, o problema é "como fugir [...] tanto da comunidade orgânica quanto do contrato alienado, lembrando que ambos são modelos de individualismo e excluem a sociedade". Ele sugere que o caminho a seguir é formatar as comunidades com base em uma visão de dom universal que tanto aceita as trocas quanto acolhe estranhos.[62]

No entanto, como sugeri, o "dom universal" ainda não é específico o suficiente para permitir uma elaboração correta dos diversos tipos de sociedade que os seres humanos precisam. Milbank e outros ainda não se conscientizaram o suficiente acerca das distinções qualitativas completas entre tipos

---

[62] Milbank, "Socialism of the gift", p. 540-1. A possibilidade de troca elimina esse organicismo. Todavia, a redução de toda a comunidade à troca *econômica* é a distorção característica do capitalismo (p. 536).

divergentes de comunidades humanas que os seres humanos estabelecem de acordo com suas inclinações sociais diversas (criadas). Milbank defende a ideia de associação livre como o "tipo mais genuíno de comunidade"[63] justamente por, segundo ele, incorporar de modo mais preciso a norma do dom universal. Isso é, então, profundamente diferente de uma noção liberal--contratualista puramente instrumentalista de associação voluntária. Além disso, é exemplar porque percebe a caridade como reciprocidade assimétrica. A associação livre estabelece uma comunidade entre iguais, mas não necessariamente uma comunidade *de* iguais onde todas as distinções ou autoridades são dissolvidas. Na verdade, Milbank defende explicitamente a necessidade da hierarquia social, ao menos em algumas comunidades. Como Platão mostrou, a educação pode, por exemplo, nunca ser democrática, mas deve reconhecer sua necessidade inescapável de um elemento aristocrático para que seu objetivo seja alcançado (*BR*, p. 182-4).[64] Nesse ponto, Milbank parece se referir a algo como aquilo que chamei de *telos* estrutural interno de uma comunidade.

Então, a associação livre de Milbank não é simplesmente um coletivo igualitário e independente, podendo permitir (talvez até exigir?) autoridade interna e diversidade funcional. E, no entanto, como exemplo de verdadeira comunidade, permite que seus membros sejam "ao mesmo tempo *livres em relação a* e ainda *ligados* aos outros".[65] Aqui penso que precisamos, antes de tudo, pelo menos de um relato mais completo de como essas duas afirmações podem ser compatíveis. Como, por exemplo, a autoridade interna de pais, professores, gerentes ou governantes nos deixa em relação à liberdade mútua?[66] A maioria dos integrantes desse tipo de comunidade não é, de fato, livre para escolher aqueles que estão acima deles ou livres para deixar a comunidade. Ou, de que maneiras específicas estamos vinculados a outros membros da comunidade: de forma moral, legal e espiritual? Em segundo lugar, precisamos de alguma explicação de como essas declarações podem ser reconciliadas com a afirmação de Milbank a respeito da mutabilidade infinita de nossas interpretações das sociedades humanas: não é ilusório nem jocoso questionar se suas percepções da verdadeira comunidade como sendo o constituída por autoridade e caracterizada pelo dom

---

[63] Ibidem, p. 544.
[64] Ao mesmo tempo, essa hierarquia deve ser "autocanceladora", visto que o objetivo do professor é desenvolver o aluno a um nível superior.
[65] Milbank, "Socialism of the gift", p. 540.
[66] Em *BR*, p. 126-33, Milbank invoca de forma elogiosa um conceito conciliarista de autoridade eclesiástica.

universal também são infinitamente revisáveis ou simplesmente as formas concretas precisas de autoridade e dom. O que ainda esperamos de Milbank e seus colegas é, então, uma explicação muito mais completa e detalhada da mobília de um espaço complexo.

Concluirei caracterizando uma perspectiva cristã alternativa da ontologia social das comunidades, tendo como base a teoria calvinista enraizada em uma noção diferente de aliança. Nessa perspectiva, a aliança é vista como estabelecida entre indivíduos conscientes e relacionados entre si, direcionada a um propósito moral diferente, fundamentado na natureza humana criada e legitimada por Deus. O aliancismo calvinista é profundamente diferente do contratualismo liberal individualista que foi sua ramificação secularizada. Nos escritos puritanos, por exemplo, como Graham Maddox coloca: "a aliança não é meramente um congresso voluntário de indivíduos autônomos, e sim baseado na autoridade suprapessoal".[67] A versão mais extensa de Frederick Carney vale a pena ser citada:

> [Os primeiros calvinistas] concebem as associações como meios de viver fielmente em conjunto e, desse modo, de cumprir diversos aspectos da vida terrena. As associações são os lugares e ocasiões em que nos entregamos à glória de Deus e ao bem-estar do próximo. São os objetivos que surgem quando as pessoas reconhecem as necessidades humanas fundamentais e se comprometem a satisfazê-las. Assim, as associações são teleologicamente orientadas. No entanto, os *tela* não são totalmente concedidos, nem arbitrários. São dados (às vezes naturalmente) no sentido de que existe uma estrutura determinada para a criação de Deus. São arbitrários (ou voluntários) tanto em sua adaptação à [...] finitude quanto [...] à pecaminosidade humanas. Portanto, a constituição ou estrutura básica de uma associação é uma função vocacional a que, por meio da combinação de necessidade e da vontade, a associação serve. E o governo de uma associação deve ser julgado por quão bem contribui para tal vocação [...] neste sentido [a maioria dos primeiros calvinistas] eram constitucionalistas [...] O caráter comum de todos as associações na literatura política calvinista não é individualista nem absolutista. Não começa com os direitos evidentes dos indivíduos, nem com a autonomia dos governantes. Em vez disso, questiona qual a vocação (ou propósito) de qualquer associação, e como ela pode ser organizada para

---

[67]Graham Maddox, *Religion and the rise of democracy* (London: Routledge, 1996), p. 153.

colocar em prática esse negócio essencial. A autoridade (ou governo) se torna uma função vocacional.[68]

Uma compreensão diferente do direito surge dessas ideias: "O direito é a expressão de uma justiça objetiva a ser descoberta e afirmada sobre a experiência associativa do homem [...] A forma geral dessa correção objetiva é [...] um constitucionalismo transcendente".[69] Assim, a aliança é "o acordo de uma associação, ou de seus líderes, com a intenção de conduzir a vida daquela associação conforme a essência de toda verdadeira vida comunitária, bem como com as expressões específicas dessa essência de acordo com o modo que é adotada no que se refere ao seu tempo e lugar".[70]

Um desafio imenso enfrentado por quem deseja reafirmar a ideia de um projeto normativo à vida social humana é certamente a questão de como o conhecimento de tal projeto pode ser acessado. Em "Socialism of the gift", Milbank sugere que o conhecimento do projeto normativo de comunidades justas não pode ser alcançada antes de realmente se viver de maneira justa, e se seu objetivo é advertir contra determinações, *a priori*, entendemos seu argumento. No entanto, enquanto tal reserva indutiva ainda está presente, em *Being reconciled* ele parece mais aberto a admitir que a sabedoria acumulada da experiência histórica humana pode nos oferecer dados valiosos em nossa busca por esse acesso: falando da diferença sexual entre homem e mulher, por exemplo, ele reconhece que "certas (mas, de forma alguma, todas) generalizações herdadas realmente são válidas" (*BR*, p. 207). Esse também parece ser um corretivo importante para o tom desconstrutivo de grande parte da teoria social da ortodoxia radical. Pode-se dizer que, embora nenhum conhecimento seja jamais completo, definitivo ou mesmo objetivo, a experiência humana pode produzir, e de fato produziu, uma riqueza de percepções indispensáveis sobre os tipos de projetos institucionais que contribuem para o desenvolvimento humano e aqueles que o frustram. O que Long chama de princípios "baseados na criação" podem realmente

---

[68] Frederick Carney, "Associational thought in early Calvinism", in: *Voluntary associations*, ed. D. R. Robertson (Richmond: John Knox, 1966), p. 36, 43.
[69] Ibidem, p. 49-50.
[70] Ibidem, p. 52. De acordo com esses primeiros calvinistas, não só a igreja e a associação política são constituídas e limitadas por meio de alianças, mas todos as associações humanas são de natureza aliancista e são teatros da resposta do homem ao chamado de Deus para servir à justiça. Veja E. Clinton Gardner, *Justice and Christian ethics* (Cambridge: Cambridge University Press, 1995), p. 105: "Segundo os puritanos, todos os modelos de comunidade são fundamentalmente aliancistas" (exceto a família, ele acrescenta).

ser universais (na medida em que tentam identificar o que é universalmente valioso), mas não estão necessariamente dissociados da cristologia e da eclesiologia, como ele acusa (por exemplo, *DE*, p. 72).[71] Podemos recorrer, por exemplo, a longa experiência que testifica que a poligamia é disfuncional ou que os Estados de partido único são opressores ou que entidades como a Companhia das Índias Orientais distorcem o bem público.

Devemos relacionar esta afirmação sobre a disponibilidade em princípio do conhecimento de padrões criacionais universais à minha rejeição do que chamei de razão pública neutra e universalmente acessível. Ambas as declarações podem ser coerentes se (e unicamente se) mantivermos constantemente em mente a percepção válida de MacIntyrean de que qualquer argumento sobre o que é confiável é sempre um testemunho prestado de dentro de uma linha particular de interpretação. Do ponto de vista cristão, o tipo de experiência humana relevante à identificação e construção de instituições sociais nunca é autointerpretada (nem evidente), podendo ser interpretada apenas da perspectiva da narrativa cristã. (Na verdade, a ideia de que a criação *tem* uma ordem estável é em si especificamente cristã.) Entretanto, esse pensamento é sustentado com a insistência igualmente importante (apesar de muitas vezes ignorada) de MacIntyrean de que as suposições constituídas por tradição que fazemos não são menos universais na intenção, em virtude de sua origem em uma comunidade narrativa peculiar. E ele arrisca afirmar que algumas delas podem realmente ser *verdadeiras*.

Por causa da natureza (cristã) constituída em nossas tentativas de mapeamento da ordem universal criada, poucas de nossas conclusões específicas acerca do propósito dessa ordem permanecerão incontestadas. No entanto, muitas conseguirão controlar o amplo apoio transcultural, e não podemos permitir o autofechamento narrativo — ao qual tanto a ortodoxia radical quanto a tradição reformada tentam resistir — exclua *a priori* a possibilidade de tal consenso. Na verdade, a própria ortodoxia radical parece fazer uso desse conhecimento, por exemplo, em sua crítica das doutrinas modernistas de soberania e sua defesa de um Estado limitado por associações intermediárias autônomas. Tal conhecimento é reflexo de convicções cristãs particulares, porém isso não significa que seja meramente ou principalmente o resultado de uma cristologia ou eclesiologia. Assim, ainda que Long guie

---

[71] A intenção não é defender os pensadores que Long acusa diretamente com esta separação (por exemplo, Novak, Stackhouse e Preston). Aqui não há espaço para analisar essa cobrança.

seus colegas da ortodoxia radical na direção certa e os leve a se envolverem com as ideias tomistas clássicas de justiça econômica, ele não será capaz de evitar uma crítica da economia modernista para a construção de uma alternativa cristã sem se apropriar da melhor parte da lei natural, que em sua maioria ele contorna em favor da reflexão sobre a ética trabalhista da sagrada família.

Nesse cenário, sugiro que a missão de identificar os propósitos estruturais duradouros de muitos tipos específicos de comunidades humanas seja uma condição — por mais que possa se tornar um obstáculo — para fazer justiça. Finalmente, em vista da hostilidade profunda com o Estado moderno que caracteriza a ortodoxia radical, ressalto particularmente que a justiça distributiva não pode ser praticada entre as comunidades na ausência de uma instituição dedicada e empoderada para salvaguardar o bem comum de toda uma sociedade: em outras palavras, um grupo político. O posicionamento de Milbank em *Theology and social theory: beyond secular reason* em relação às jurisdições instáveis e sobrepostas sobre as quais ninguém parece saber (ou mesmo se importar?) quem está no comando pode ser um retrato parcialmente preciso da estrutura gótica, digamos, da Universidade de Cambridge, mas não funcionará como guia para uma ordem constitucional pública capaz de lidar de forma eficaz com a injustiça estrutural. Ainda precisamos encontrar na ortodoxia radical quaisquer diretrizes normativas claras referentes ao papel que comunidades políticas humildes e defensoras do que é justo (em oposição aos Estados absolutistas) poderiam desempenhar concretamente em um mundo caracterizado tanto por um espaço quanto por injustiça complexa. Essa especificação precisaria ir além de uma política puramente eclesial de protesto e testemunho e tentar distinguir entre o governo abusivo corretamente criticado por Bell e Cavanaugh, com base em projetos modernistas condenados de controle e sustentados pela violência ilegítima e excessiva, e apenas estadismo, envolvendo a implementação restrita da lei pública e do poder em busca de relações justas dentro e entre as muitas sociedades diversas necessárias para o florescimento humano *coram Deo*.

9

SER RECONCILIADO:

a expiação como prática eclesiástico-cristológica do perdão em John Milbank

| HANS BOERSMA |

JOHN MILBANK E A TRADIÇÃO REFORMADA

Qualquer debate teológico entre a teologia reformada e a ortodoxia radical no que se refere à expiação é repleta de grandes obstáculos que podem impossibilitar a conversa. Primeiro, podemos questionar — talvez em um tom um tanto irônico — se qualquer debate é possível em uma teologia que insiste que a verdade e a persuasão são "relacionadas circularmente", de modo que "a verdade é o que é convincente, ou seja, o que atrai e não obriga" (*WMS*, p. 250, grifo original). Gavin Hyman comenta que "o projeto de Milbank não é oferecido como, nem deve ser considerado, um argumento teológico a ser contestado". Hayman observa que, na abordagem de Milbank, "a razão dá lugar à convicção e a refutação à 'narração'".[1] Considerando o conhecimento acadêmico impressionante de Milbank, duvido sinceramente que a contestação seja bem-sucedida de minha parte. E infelizmente, o pensamento reformado nunca se especializou na arte de contar histórias, logo

---

[1] Gavin Hyman, *The predicament of postmodern theology: radical orthodoxy or nihilist textualism?* (Louisville: Westminster, John Knox, 2001), p. 66. Veja o comentário de Milbank: "A tarefa da [...] teologia não é apologética, nem mesmo argumentativa. Em vez disso sua tarefa é explicar novamente o *mythos* cristão, apresentar mais uma vez o *logos* e clamar pela *práxis* cristã de modo que restaure seu frescor e originalidade, articulando a diferença cristã a ponto de torná-la estranha" (*TST*, p. 381).

não creio que a "narração" seja uma opção viável aqui. Em segundo lugar, o *corpus* magnífico de Milbank simplesmente não contém uma grande interação com a erudição reformada. O movimento da ortodoxia radical inclui estudiosos profundamente anglicanos e católicos, e Colin Gunton comenta incisivamente que os autores de *Radical orthodoxy: a new theology* "se comportam como se a Reforma tivesse relevância meramente secundária para a teologia".[2] Podemos ser tentados a perguntar se existe uma falta de interesse em um debate com a teologia reformada. Por fim, quando Milbank menciona a teologia reformada, geralmente não é de modo excessivamente elogioso, principalmente quando se refere a relatos calvinistas da expiação. Em sua concepção, a Reforma do século 16 é simplesmente um terremoto eclesiástico que foi o resultado inevitável de falhas tectônicas mais profundas originadas no voluntarismo escocês do século 13 e na univocidade nominalista (veja *BR*, p. 124-25). Não seria irracional para a ortodoxia radical considerar que, se lidássemos com os problemas inerentes à escolástica medieval posterior, a anomalia da Reforma Protestante logo perderia sua viabilidade. Portanto, há pelo menos três fatores que talvez devam me alertar antes de entrar neste diálogo sobre o relato de Milbank quanto à expiação.

No entanto, circunstâncias atenuantes me levam a acreditar que um debate com a ortodoxia radical é bem possível. Embora seja verdade que a teologia reformada se concentre em sistemas teológicos racionais, enquanto para Milbank a raiz do problema da modernidade é justamente seu fundacionalismo racionalista, sabe-se que apesar de seu uso constante de categorias aristotélicas, os reformadores se opõem às imposições escolásticas medievais sobre a teologia.[3] Não seria justo ler toda a tradição reformada pelas lentes da escolástica do século 17. O curioso é que, em sua análise de *Theology and social theory*, Reinhard Hütter enfatiza repetidamente a semelhança entre Milbank e Barth.[4] O pós-fundacionalismo não é o único privilégio do alto anglicanismo ou catolicismo. E, embora Milbank possa não ter interagido tanto com a tradição reformada, sugiro que ao menos nos concentremos no lado positivo, pois há terreno comum, até mesmo na teologia

---

[2]Colin Gunton, "Orthodoxy", *International Journal of Systematic Theology* 1 (1999): 117.
[3]Martinho Lutero foi bastante enérgico em sua objeção à escolástica. Cf. Cornelis Augustijn, "Wittenberga contra scholasticos", in: *Reformation and scholasticism: an ecumenical enterprise*, ed. Willem J. van Asselt; Eef Dekker (Grand Rapids: Baker, 2001), 65-77.
[4]Reinhard Hütter, "The church's peace beyond the 'secular': a postmodern Augustinian deconstruction of secular modernity and postmodernity", *Pro Ecclesia* 2 (1993): 108, 111-2. Cf. James Hanvey in *ROCE*, p. 155-8.

da expiação. Na verdade, ele mostra um ramo de oliveira quando comenta que a ortodoxia radical não é exclusivamente dos católicos romanos: Ela "pode igualmente ser adotada por aqueles que são formalmente 'protestantes', mas cuja teoria e prática estão essencialmente em conformidade com a visão católica do período patrístico até a alta Idade Média" (*ROCE*, p. 36). Este ramo contém alguns espinhos, mas ainda assim está lá. Mesmo quando se trata de teologia da expiação, Milbank não desiste da tradição reformada quando, após dizer que rejeita "todas as perspectivas protestantes da graça como mera imputação", ele adiciona entre parênteses "(embora existam muitas versões protestantes que não desse tipo)" (*BR*, p. 138). Uma vez que minha teoria da expiação é "não desse tipo", tomo coragem e espero uma abordagem interessante. Acima de tudo, no entanto, acho que uma conversa é possível porque, se não me engano, há alguns sinais de uma mudança de direção na abordagem de Milbank, uma mudança que, se continuasse, o aproximaria de um posicionamento reformado.

No que se segue, argumentarei que, no entendimento de Milbank, a expiação é um processo eclesiástico-cristológico de perdão. Este modelo participativo assume uma equação de violência e mal que conduz a uma infeliz indeterminação. Contudo, a aparente reconsideração de Milbank no que se refere a esta equação pode levar a um estreitamento da lacuna com a teologia reformada. Minha análise prosseguirá por meio das seguintes fases. Em primeiro lugar, exporei um panorama geral do que considero ser a visão de Milbank da expiação como uma prática eclesial, comparando seu ponto de vista aos modelos tradicionais. Argumento que ele modifica conceitos fundamentais dos padrões tradicionais de perdão e, assim, incorpora-os em seu modelo participacionista. Em segundo lugar, aprofundo a abordagem para analisar o entendimento de Milbank da prática do perdão, traçando um paralelo com a concepção de Tomás de Aquino. Afirmo que Milbank não sustenta seu apelo a Aquino por sua perspectiva do perdão como uma circulação positiva ilimitada e que Calvino e a tradição reformada, com sua defesa do castigo divino, estão mais próximos de Aquino do que Milbank. Terceiro, creio que a combinação da teologia da expiação participativa de Milbank com uma prática eclesial de não violência leva a uma problemática ética e uma indeterminação cristológica. No entanto, em quarto lugar, mostro que parece existir uma alteração de direção na abordagem de Milbank quanto à expiação e a violência que, se sustentada, o levaria para mais perto de uma posição reformada. Aqui pontuo que a "ontologia da paz" de Milbank sempre foi responsável pela violência de uma maneira um tanto ambígua. Por um lado, a *civitas terrena* é o domínio do mal, e a igreja é o reino da paz, a comunidade participativa do perdão. Por outro, uma vez que a violência é inevitável em tudo o que fazemos, ele admite sua necessidade trágica o tempo todo. Há diversas indicações de que Milbank esteja se tornando mais aberto à possibilidade de violência redentora e, portanto, diminuindo a lacuna com a teologia reformada. Finalmente, por meio de duas sugestões, que "reformariam" Milbank ainda mais, desenvolverei melhor sua aparente mudança de direção: sugerirei que ele pode aliviar a tensão em sua teologia ao reconhecer que existe graça além dos limites da igreja, bem como reconhecer a necessidade da violência divina na expiação.

A PRIMAZIA DA ECLESIOLOGIA

É impossível classificar a teologia da expiação de Milbank como parte de um dos três modelos tradicionais: o Christus Victor, o padrão de influência moral ou a substituição penal. Isso não quer dizer que não se possa identificar elementos de cada um deles na teologia de Milbank. Algumas ilustrações ajudarão a deixar a questão mais clara. Falando do modelo patrístico Christus Victor, Milbank se refere à ideia de resgate e comenta: "Se algum 'resgate' é oferecido por Cristo, parece que para São Paulo, como os Pais divulgaram, ele é concedido aos deuses ctônicos, que são realmente demônios, e aos poderes intermediários demoníacos do ar [...] Como *homo sacer*, Cristo é entregue às forças angelicais corruptas (ou semicorruptas?) que são as guardiãs das leis e das nações" (*BR*, p. 99-100). Milbank fala muitas vezes de Cristo como nosso exemplo, indicando a presença de elementos de influência moral em sua teologia. Também refere-se ao seu corpo como aquele que nos traz "o verdadeiro exemplo estético para a reestruturação de nossa existência social" (*BR*, p. 103) e insiste que a restauração da paz acontece por meio da "cruciformidade ou *imitatio Christi*. Quando encarnado [...] ele perdoou, no sentido de conceder novamente aos seres humanos, como uma dádiva, a possibilidade de sua reconciliação mútua" (*BR*, p. 79). Milbank afirma que Cristo nos mostra "o caminho da penitência", que então "passa a ser imitável, mesmo pelos culpados" (*BR*, p. 46). Até elementos substitutivos e sacrificiais, talvez a marca registrada da teologia reformada, encontram um lugar em seu relato. "A expiação é mais do que um ato moral", Milbank insiste, "por ser uma substituição e uma representação" (*WMS*, p. 141). "Em sentido sério [Cristo] foi um sacrifício eficaz porque ele o superou de uma vez por todas" (*BR*, p. 100).

Tudo isso não significa, no entanto, que Milbank simplesmente misture elementos da teologia da expiação tradicional em uma mistura única de sua própria autoria. Enquanto o modelo patrístico de Christus Victor não se destaca em seus escritos, ele trata tanto das visões de influência moral quanto de substituição penal, meramente a fim de rejeitá-las decisivamente. Na compreensão da teologia liberal, fundamentada na perspectiva da influência moral sobre a expiação, Jesus acaba sendo dispensável justamente por ser um exemplo entre muitos. Em contraste, Milbank insiste que o cristianismo "não se baseia no ponto de vista de um original transcendente que devemos imitar" (*WMS*, p. 152). Além disso, ele tem pouca paciência com as ideias protestantes de imputação, defendendo que "o Novo Testamento não aborda a morte de Cristo como um sacrifício no sentido rabínico de uma morte expiatória pelos pecados" (*BR*, p. 99). Nem a ira de Deus ou a sua justiça são propiciadas: não existe "oferta do Filho ao Pai, com quem ele é realmente idêntico" (*BR*, p. 99). A carta aos Hebreus não deve ser lida como se Cristo oferecesse seu sacrifício de modo definitivo. Na verdade, como um símbolo metafórico de expiação, a morte de Jesus foi permanente, mas a expiação não pode ser limitada ao incidente particular do caráter do sinal metafórico da cruz (*WMS*, p. 161). Quando Cristo venceu de uma vez por todas, não o fez com um "sacrifício absolutamente suficiente (isto deve ser lido literalmente e ingenuamente), e sim passando para o santuário celestial como sacerdote e vítima, e fazendo ali uma 'oferta expiatória'" (*BR*, p. 100). Portanto, é claro que quando Milbank fala de *imitatio Christi*, ele tem algo mais em mente do que os seguidores liberais de Abelardo do século 19; e quando menciona substituição, representação ou sacrifício, não podemos pensar em uma estrutura jurídica calvinista.

Então, o que Milbank tem em mente? Uma leitura mais cuidadosa do contexto de suas declarações mostra que sua intenção é que seus comentários que soam abelardianos e anselmianos sejam expressões do que chamarei de "prática eclesiástico-cristológica de perdão". Cada um desses termos precisa ser explicado. De uma forma que lembra J. A. Möhler, Milbank determina não só uma conexão forte entre Cristo e a igreja, mas vai mais longe a ponto de identificar ambos.[5] Seu ensaio de 1991, "O nome de Jesus", é especialmente instrutivo nesse ponto. Realmente houve um Jesus histórico, todavia, seria

---

[5] Veja Michael J. Himes, *Ongoing incarnation: Johann Adam Möhler and the beginnings of modern ecclesiology* (New York: Crossroad Herder, 1997).

muito errado rotular sua vida ou morte particular na cruz como expiação. Exatamente porque e na medida em que é o substituto ou representante, ele "é o 'lugar' em que todas as identidades verdadeiras se encontram" (*WMS*, p. 158). A personalidade divina de Cristo ainda está incompleta e tomando forma com a ajuda da vida da igreja. Ele "já é e ainda não é" (*WMS*, p. 156). Assim, Milbank fala de uma "interpretação eclesiológica da pessoa divina de Cristo, que defende sua chegada unicamente no contexto de sua vinda escatológica que ainda acontecerá" (*WMS*, p. 159). Na opinião de Milbank, não só a igreja precisa continuar o que ele começou, como a prática da mesma é, em sentido real, a obra divina do perdão e a prática da expiação. Não devemos dizer, por exemplo, que a morte de Cristo é "algo *em adição à* ação humana penitenciado perdão" (*WMS*, p. 159, grifo na citação). Esta equação de expiação e perdão humano conduz, nas próprias palavras do autor em questão, a uma doutrina que foi "drasticamente reconcebida de um ponto de vista eclesiológico" (*WMS*, p. 162). É por isso que me refiro à sua teologia como uma prática do perdão *eclesiástico-cristológica* — nessa ordem. Teologicamente, de acordo com Milbank, a eclesiologia é primária, enquanto a cristologia e a doutrina da expiação são secundárias (*WMS*, p. 148).[6] Ele não só estabelece uma ligação estreita entre a primeira e a segunda, como as identifica para incluir uma na outra. Evidentemente, essa primazia da eclesiologia acaba com todo o "extrinsicismo" protestante da cristologia e da soteriologia (*WMS*, p. 165).

A prática eclesiástico-cristológica do perdão de Milbank explica como ele é capaz de combinar seu uso de temas abelardianos e anselmianos com críticas profundas à visão liberal da imitação e à perspectiva reformada de substituição e sacrifício. Essa combinação é possível graças à reinterpretação drástica de Milbank da terminologia da influência moral e da substituição penal. Voltemos, por exemplo, ao conceito de *imitatio Christi* em Milbank. Para ele, nossa imitação de cristo — uma imitação da *via crucis* — é sempre uma repetição não idêntica, significando, então, a restauração da paz (*WMS*, p. 152-3; *BR*, p. 138). A imitação de Cristo nunca é um moralismo direto.[7] É imitação apenas no sentido de que a igreja faz parte do processo eterno de

---

[6] Portanto, não está claro para mim o motivo pelo qual os teólogos católicos continuam insistindo na suposta falta de eclesiologia de Milbank (veja Laurence Paul Hemming em *ROCE*, p. 7-10). Esse é o ponto de partida e elemento controlador de toda a sua teologia. É claro que sua prática teológica dentro da academia pode fazer os católicos questionarem o *caráter* e a *autoridade* de sua eclesiologia, mas esse é um assunto diferente, que ele começou a abordar recentemente em *BR*, p. 105-37.

[7] Milbank se opõe firmemente a todas as éticas moralizantes (*WMS*, p. 219-32).

troca participativa, no qual os crentes vivem pelos dons carismáticos que são deles por intermédio do Espírito. Portanto, outra maneira de se referir à expiação seria usando as expressões "ética carismática" ou "ética do dom" (*WMS*, p. 227; *BR*, p. 153). A vida eclesiástica constituída pneumatologicamente é idêntica à prática do perdão, de forma que a expiação significa a participação na vida divina da igreja. Assim como, de certo modo, em Platão, no processo eclesial da redenção também há "uma partilha, e não só *mimesis*" (*BR*, p. 157).

Igualmente, quando Milbank escolhe conceitos como substituição, representação e sacrifício e os enquadra em seu modelo participativo eclesiástico-cristológico. Como vimos, ele fala repetidamente dos dois primeiros. O que ele quer dizer com isso é que Cristo oferece o dom da verdadeira adoração a que a humanidade deve se dedicar, mas desde a Queda não é mais capaz de fazê-lo (*BR*, p. 46). Porém, essa compreensão da substituição não evita a repetição, como tende a ser o caso na teologia protestante, e sim a *exige* (*WMS*, p. 158). De uma maneira não idêntica, repetimos o sinal não violento e kenótico da autoentrega da cruz de Cristo. É nesse símbolo metafórico que descobrimos "a chave da expiação. *Todo sinal é uma substituição e uma representação porque envolve categoricamente o ser de algo — uma forma específica — somente como uma relação com outras coisas*. No cumprimento metonímico de Jesus de seu caráter de símbolo figurado na cruz, essa substituição de si mesmo por toda a humanidade assume um aspecto trágico" (*WMS*, p. 139, grifo original).[8]

Nesse contexto, Milbank contrasta sua concepção de sacrifício com a ideia cristã comum de que sacrificamos o eu ou pelo outro, sem nenhuma compensação, ou por algo maior em retorno (por exemplo: a vida eterna). Uma ética puramente "relacionada ao outro" (que ele também encontra em Patocka, Levinas e Derrida) é, segundo Milbank, imoral, impossível e distorcida (*BR*, p. 139). Em uma crítica completa, ele expõe os problemas com tais entendimentos de sacrifício (*BR*, p. 138-61). Mais uma vez, ele os substitui pelo que chama de atitude "extática": "Buscar nossa participação coletiva na plenitude divina do ser é transcender de uma forma 'objetiva' e altruísta preocupações egoístas ou autossacrificais" (*BR*, p. 149). Aqui estamos dispostos a dar a vida afim de que Deus nos devolva esta mesma vida de um modo diferente, para que "uma 'reciprocidade assimétrica' ou comunidade genuína chegue sem parar" (*BR*, p. 148). Assim, jamais devemos celebrar o

---

[8]Confesso que está mais evidente para mim como Milbank reconcebe elementos da teoria da influência moral do que como ele reconcebe a expiação substitutiva.

autossacrifício como tal, pois a cruz é apenas um sacrifício "na medida em que é o *sustento* de uma doação alegre e não reativa" (*WMS*, p. 228, grifo original). A visão cristã é de "um sacrifício genuíno religioso de *tudo*, por causa de seu *retorno* (repetição, *mimese*) igual, mas diferente".⁹ Da mesma forma, presentes em uma troca de presentes "devem se alterar continuamente, e essa alteração é essencial para a troca".¹⁰ É na eucaristia que celebramos esta troca de dádiva sacrificial, quando "Deus se oferece a nós, porém não em uma morte com sentido de perda ou que institua uma dívida a ser paga. Em vez disso, é um morrer cuja perda é superada por uma doação".¹¹ O sacrifício da morte, Milbank insiste, sempre busca a recompensa da vida na ressurreição.

A teologia da expiação eclesiástico-cristológica de Milbank se origina na sua ontologia da paz, em que o verdadeiro ser já está sempre assumido no jogo harmonioso contínuo da diferença. A ortodoxia radical, como foi corretamente observado, deseja "substituir um relato cristão e participativo da cola que mantém o mundo unido pelo relato pós-moderno e violento".¹² Nesta estrutura participativa, apoiada por apelos ao neoplatonismo, é a prática humana litúrgica e produtiva da *poesis* que nos permite compartilhar o ser divino. É na igreja e pelo exercício do perdão que alcançamos "a comunhão nas trocas mútuas numa reciprocidade infinita que é o *donum* divino" (*BR*, p. x). A prática eclesial do perdão é o que nos faz tomar parte na eterna economia recíproca da troca de presentes. Aqui a paz é restaurada quando a igreja entra na troca infinita-finita de dons e na "circulação positiva ilimitada" (*BR*, p. 48). Ao oferecer a si mesmo no altar eterno, o próprio Cristo se torna o "dom que retorna" (*BR*, p. 101) e quando nos entregamos em e com ele, também participamos no processo de troca de dádivas, pois em nossa vida cruciforme "não nos perdemos, mas vivemos a vida absoluta genuína e eterna que retorna na medida em que avança exteriormente" (*BR*, p. 102). Essa troca, que encontra seu auge na deificação, significa que desde a eternidade Deus já é humanidade e que o perdão é, em última instância, eterno (*BR*, p. 74, 78).¹³

---

⁹John Milbank, "Stories of sacrifice", *Modern Theology* 12 (1996): 51.
¹⁰John Milbank, "The ethics of self-sacrifice", *First Things* 91 (março de 1999): 36.
¹¹Milbank, "Stories of sacrifice", p. 54.
¹²R. R. Reno, "The radical orthodoxy project", in: *In the ruins of the church: sustaining faith in an age of diminished Christianity* (Grand Rapids: Brazos, 2002), p. 71.
¹³Há uma convergência evidente aqui entre Milbank e os calvinistas do século 17 que, por sua ênfase na predestinação, consideravam a justificação um ato de Deus na eternidade. Veja Hans Boersma, *A hot pepper corn: Richard Baxter's doctrine of justification in its seventeenth-century context of controversy* (Vancouver: Regent College Publishing, 2004), p. 66-135.

PRATICANDO O PERDÃO

Como vimos, Milbank identifica esse exercício eclesial de expiação como a "prática do perdão". Ao longo de seus textos, o conceito de pedão desempenha um papel importante. Ele afirma que a Reforma, com sua herança voluntarista, vê o perdão como uma declaração extrínseca ou retórica meramente negativa de que os indivíduos não eram mais culpados. Por outro lado, os padres e a alta Idade Média, incluindo Tomás de Aquino, tinham uma visão positiva do perdão, considerando-o uma "circulação positiva ilimitada" (*BR*, p. 48). Novamente, enquanto a Reforma estava inclinada a interpretar a expiação como um decreto divino arbitrário (o resultado lógico da separação escotista entre a Queda e a encarnação; veja *BR*, p. 64; 74-8), a tradição anterior, incluindo Aquino, sempre considerou a encarnação como "adequada", conforme a *potentia ordinata* de Deus. Nessa visão, Deus generosamente entrega a si mesmo na encarnação e em uma deificação que completa "a troca infinito-finita de dons" (*BR*, p. 67). Milbank resume polemicamente dizendo que há um contraste entre o perdão como uma "constituição mista positiva" e "o sentido de perdão negativo e unilateral pós-medieval e Reforma que corrompe esta estrutura em um despotismo a ser exercido como anarquia" (*BR*, p. 49).[14] Até agora, aparentemente temos poucas evidências de qualquer aproximação antecipada entre Milbank e a teologia reformada.

Entretanto, a diferença entre Aquino e a Reforma não é tão direta como Milbank afirma. Em primeiro lugar, parece-me que ele interpreta mal Aquino ao insistir que "Deus não precisa perdoar, já que continua doando" (*BR*, p. 64). As concepções de "doação sustentada" (*BR*, p. 68) e de troca contínua por meio de "reciprocidade assimétrica e repetição não idêntica" (*BR*, p. xi) podem ser milbankianas, mas não estou certo de que sejam tomistas. Na verdade, Milbank faz dois movimentos não muito tomistas. O primeiro é seu conceito de perdão como algo positivo. Ele argumenta com base na insistência de Tomás de Aquino que a expiação induz necessariamente arrependimento à afirmação de que, *portanto*, em Aquino "o perdão divino arquetípico e exemplar não é uma mera eliminação, como frequentemente se torna em teologias posteriores, às quais uma punição celestial supostamente pura e totalmente não solicitada apenas esquece e ignora

---

[14]Gregory L. Jones, em um livro excelente sobre perdão, usa um conceito igualmente estranho de expiação como uma prática personificada. Cf. *Embodying forgiveness: a theological analysis* (Grand Rapids: Eerdmans, 1995).

o passado". Milbank então insiste que, na percepção de Aquino, o perdão divino é "a oferta de meios positivos para aquele que foi perdoado[...] realizar a restituição" (*BR*, p. 45). A tradição ocidental desde Agostinho considerava a *justificação* uma transformação iniciada pela graça, e não uma declaração judicial. Contudo, isso é bem diferente de interpretar a noção de *perdão* em linhas semelhantes. Milbank não indica onde em Aquino encontramos uma perspectiva tão positiva do perdão. Acredito que ela simplesmente não exista. Para Aquino, todo pecado pode ser "apagado" (*deleri*) pela verdadeira penitência (*ST* 3, Q. 86 a. 1). Ele explica que quer dizer que a "dívida de punição" (*reatus poenae*), bem como a "culpa de punição" (*culpa poenae*) enquanto causas estão descartadas (*ST* 3, Q. 86 a. 4). Assim, "depois do perdão da culpa, nenhuma dívida de castigo permanece".[15] Certamente, para Tomás de Aquino, existe uma conexão estreita entre a redenção e a transformação interior. Em uma declaração que deve ser bastante perturbadora para muitos protestantes, ele comenta que a contrição "é a causa do perdão dos pecados" (*ST* 3, supl. Q. 5 a. 1). Indica também que "o pecado mortal é considerado perdoado pelo fato de que, por meio da graça, a aversão da mente de Deus é eliminada junto com [*simul cum*] a dívida do castigo eterno" (*ST* 3, Q. 86 a. 4).[16] Portanto, é em um único e mesmo ato que Deus cura a mente e perdoa o pecado. No entanto, Aquino distingue entre perdão e transformação, insistindo que é impossível ter um sem o outro[17].

Além do mais, em alguns aspectos Calvino tem mais afinidade com Aquino do que Milbank. Enquanto Milbank combina perdão e transformação interna, calvino defende uma distinção entre a justificação e a santificação que é bem semelhante à separação que Tomás de Aquino faz entre perdão (*remissio*) e arrependimento (*poenitentia*). Calvino insiste, por exemplo, que "como Cristo não pode ser dividido em partes, esses dois elementos que percebemos nele juntos são inseparáveis. Portanto, àqueles que Deus recebe na graça, ele concede também o espírito de adoção [Romanos 8:15], com o poder do qual ele os refaz à sua própria imagem" (*ICR*, 3.11.6).[18] Calvino,

---

[15] Em latim, lemos: "Non ergo post remissionem culpae remanet aliquis reatus poenae".
[16] O latim diz: "Et ideo ex hoc ipso dicitur culpa mortalis remitti, quod per gratiam tollitur aversio mentis a Deo, simul cum reatu poenae aeternae".
[17] Para uma análise sobre o lugar da remissão de pecados na perspectiva de Tomás de Aquino do *processus iustificationis*, veja Alister E. McGrath, *Iustitia Dei: a history of the Christian doctrine of justification* (Cambridge: Cambridge University Press, 1986), p. 44-5.
[18] Veja Jonathan H. Rainbow, "Double grace: John Calvin's view of the relationship of justification and sanctification", *Ex Auditu* 5 (1989): 99-105.

como Aquino, afirma que é impossível obter perdão sem transformação. Eles podem discordar quanto à relação entre os dois, mas ambos apontam igualmente a diferença entre a graça real do arrependimento e o ato divino do perdão.[19] Quando Milbank se posiciona contra os conceitos protestantes da graça imputada, declarando que "um relato da chegada da graça deve, para mim, referir-se igualmente à santificação e à ética" (BR, p. 138), esta acusação não afeta Calvino de maneira alguma. Pode-se divergir (como eu) quanto a concepção de imputação de Calvino e com a forma em que ele opõe a fé às obras como o instrumento adequado da justificação. Mas quando Calvino — ao contrário de Aquino — argumenta que as obras não têm relação causal com o perdão de pecados, isso não quer dizer que Calvino despreza a santificação, nem que a dissocia do perdão. Para Calvino, os dois andam de mãos dadas. Acrescento ainda que o que estou dizendo aqui sobre o Calvino vale para a tradição reformada como um todo.[20]

A interpretação equivocada de Milbank no que se refere à natureza do perdão em Tomás de Aquino resulta principalmente de um afastamento ainda mais radical do doutor angélico. Enquanto Aquino insiste que a redenção da culpa (*culpa*) e a dívida (*reatus*) da punição são atos divinos, Milbank rejeita ambas as hipóteses. Acredita que "o perdão cristológico positivo e real é [...] não reativo, já que é meramente a doação sustentada do dom original, apesar de sua recusa" (BR, p. 68). Para Milbank, realmente não existe perdão divino *diferente do* perdão humano. Ele explica: "Esse dom divino eterno só se torna remissão quando em Cristo *não* é Deus nos perdoando (tendo em vista que ele não precisa), e sim a humanidade perdoando a si própria. Portanto, a redenção divina não é Deus nos perdoando, mas, em vez disso, é ele nos dando o dom da capacidade de perdoar" (BR, p. 62, grifo original). Assim, quando falamos do perdão de Jesus, o que realmente queremos abordar é seu ato positivo de nos conceder a habilidade de perdoar uns aos outros.

---

[19]É claro que, em outros sentidos, Calvino diverge profundamente de Aquino: este último relaciona a questão do perdão ao sacramento da penitência e torna a graça operacional divina da expiação, da culpa e da punição eterna dependente do dom da graça interna, ambas consideradas por Calvino a salvação pelas obras. Além disso, o mesmo entende a justificação em um contexto não agostiniano como idêntico ao perdão (*IRC*, 3.11.4). Entretanto, Alister McGrath aponta corretamente que definições diferentes de justificação não apontam por si mesmas para interpretações divergentes da graça divina; "Justification: the new ecumenical debate", *Themelios* 13 (1988): 43-8.
[20]Veja a acusação de James B. Torrance de legalismo no calvinismo: "Covenant or contract? A study of the theological background of worship in seventeenth-century Scotland", *Scottish Journal of Theology* 23 (1970): 51-76; idem, "The concept of federal theology: was Calvin a federal theologian?", in: *Calvinus Sacrae Scripturae professor: Calvin as confessor of Holy Scripture*, ed. Wilhelm H. Neuser (Grand Rapids: Eerdmans, 1994), p. 15-40.

Milbank não aceita a ideia de Deus perdoar nossa culpa ou dívida de punição porque sua ontologia da paz não permite o castigo divino. Ele associa o castigo à violência e ao mal e, portanto — ao modo agostiniano — à ausência do ser.[21] A punição é sempre trágica e tem "uma relação inevitavelmente negativa e privada com o Ser", de maneira que "se torna problemático falar sobre 'Deus castigando'" (*TST*, p. 420). É claro que, quando Deus não castiga, ele não precisa perdoar. No entanto, evidentemente Aquino vincula a justiça de Deus ao castigo (*ST* 1, Q. 21 a. 4). Na verdade, Aquino defende uma visão da cruz como um pagamento satisfatório da dívida, e isso se assemelha mais a Calvino do que a Milbank. Aquino insiste ainda, por exemplo, que:

> Por meio da Paixão de Cristo, fomos libertos da dívida do castigo de duas formas. Em primeiro lugar, diretamente, ou seja, ao passo que a Paixão de Cristo foi satisfação suficiente e superabundante pelos pecados de toda a raça humana, mas quando a satisfação foi aceita, a dívida de punição foi abolida. Em segundo lugar, isto é, indiretamente, na medida em que a Paixão de Cristo é a causa do perdão de pecados, sobre a qual está a dívida da pena (*ST* 3, Q. 49 a. 3).

Percebe-se claramente que Aquino, assim como Calvino, mas ao contrário de Milbank, tem uma compreensão reativa da cruz.[22]

Além disso, Tomás de Aquino defende a predestinação dupla, com a reprovação sendo "a vontade de permitir que uma pessoa caia no pecado e de impor a penalização da condenação [*damnationis poenam*] por causa do pecado" (*ST* 1, Q. 23 a. 3).[23] Portanto, devo confessar que estou surpreso ao ler em Milbank que "Tomás nos garante que Deus não necessitava ser acalmado para se reconciliar conosco" e que "Deus não precisa perdoar, já que continua doando" (*BR*, p. 64). Parece-me que Aquino simplesmente não compartilha do mal-estar milbankiano quanto à ideia do castigo divino. Certamente, as concepções de castigo e predestinação dupla não são fruto de uma aberração escotista do século 13.

---

[21] Para a apresentação de Milbank de sua teoria da privação do mal *versus* a teoria do mal radical dos neokantianos pós-modernos, veja *BR*, p. 1-25.

[22] Para falar a verdade, existem diferenças entre Tomás de Aquino e Calvino em termos de substituição e imputação. Estou somente chamando a atenção para o caráter reativo e judicial da cruz em ambos os teólogos.

[23] Não defendo esse argumento como uma tentativa de apoiar o conceito de predestinação dupla.

NÃO VIOLÊNCIA E INDETERMINAÇÃO

Se a expiação, o perdão e a ética do dom são três modos diferentes de abordar o mesmo processo participativo, é hora de fazermos a seguinte pergunta: O que, concretamente, constitui esse processo? Provavelmente a melhor resposta seja a característica da não violência. Milbank deseja apresentar uma ontologia da paz, e se a paz é transcendental, seria justo apresentar a violência como algo antitranscendental (*BR*, p. 28). Isso não significa, é claro, que a agressividade tenha verdadeiramente ser, pois a compreensão especifica de Milbank do mal o impede de fazer esse tipo de afirmação. Qualquer coisa que esteja fora do âmbito do processo participativo da redenção cai na categoria do mal da violência. A violência, em outras palavras, caracteriza a *civitas terrena*.[24] Em *Theology and social theory: beyond secular reason*, Milbank explica como deseja que a teologia cristã esboce uma contra-história da origem eclesiástica, uma contraética que apresenta uma prática diferente e uma contraontologia que apresenta a estrutura para a história e ação cristã (*TST*, p. 381).

A contra-história de Milbank acaba sendo uma versão contracultural do conto agostiniano das duas cidades. Ao incluir Cristo na igreja, ele vê todos os outros espaços públicos se dissolverem em violência e no mal e, dessa maneira, serem reduzidos a nada.[25] A *civitas terrena* é fundamentada no "amor próprio e na autoafirmação, uma satisfação no poder arbitrário e violento sobre os outros: a *libido dominandi*" (*TST*, p. 390). Por outro lado, a *civitas Dei* agostiniana não tem a menor ligação com a violência. Esta cidade é "uma *altera civitas*, sem nenhuma relação lógica ou causal com a cidade da violência" (*TST*, p. 389). Como contraponto a uma genealogia e ontologia nietzschiana, Milbank busca uma "invenção alternativa de um processo social e linguístico que não seja o domínio da força" (*TST*, p. 320), por uma prática social alternativa "que ainda seja (apesar das sobreposições de poder) minimamente identificável como uma persuasão pura sem violência" (*TST*, p. 321).

---

[24]Esse aspecto é enfatizado de forma específica em William T. Cavanaugh, *Torture and Eucharist: theology, politics, and the body of Christ* (Oxford: Blackwell, 1998); e em Daniel M. Bell, *Liberation theology after the end of history: the refusal to cease suffering* (London: Routledge, 2001).

[25]Veja Mark C. Mattes, "A Lutheran assessment of 'radical orthodoxy'", *Lutheran Quarterly* 15 (2001): 359: "O impacto infeliz da nova visão [de Milbank] de *poiesis* na eclesiologia é que Cristo é absorvido pela igreja. Aqui, a mesma, uma 'cidade nômade', torna-se a única esfera pública legítima como lugar de asilo do refugiado, bem como um ambiente que honra a troca justa por bens e serviços prestados, em oposição à prática da usura que domina o mundo agora secularizado".

A cruz é o alicerce da cidade de Deus, pois é o lugar onde o sacrifício não violento da assunção do fardo do pecado por Jesus continua a liberalidade da redenção divina e da troca de dons. O fato de Jesus assumir o fardo do pecado não denota violência porque ele "recusa a violência que distorceria ativamente sua própria obra" (*WMS*, p. 139). Por meio de sua morte na cruz, ele "faz um apelo totalmente não violento e livre" para que entremos neste mesmo processo participativo de perdão (*WMS*, p. 141). Lois Malcolm comenta que Milbank "defende que tudo o que pode ser feito em resposta ao caos ou conflito é oferecer a virtude da prática cristã pacífica".[26] Isso é verdade, mas para Milbank, "tudo o que há de ser realizado" é realmente *tudo*, pois o envolvimento humano com a paz divina é o único ser verdadeiro, de maneira que o exercício não violento do perdão é a verdadeira alternativa à violência da *civitas terrena*. A ontologia milbankiana da paz exclui toda agressividade como não existência. Seu dualismo entre paz e violência funciona como um não dualismo, uma vez que a violência não tem existência genuína. E assim podemos ter bom ânimo: a violência não tem existência genuína e "pode ser totalmente eliminada na comunhão daqueles que seguem o caminho de Cristo" (*WMS*, p. 251). Assim, Milbank combina sua teologia da expiação participativa com uma prática eclesiástica moldada cristologicamente na não violência absoluta.

É essa mistura de um modelo de expiação participativa *com* a insistência de que a expiação é não violenta que, na minha opinião, causa problemas a Milbank, pois como exatamente é o exercício do perdão pacífico? Uma leitura da compreensão de Milbank sobre a ética e sua cristologia pode nos trazer algumas percepções, visto que ele argumenta que a personalidade de Cristo toma forma por meio da vida da igreja. Parece-me que ele falha repetidamente em atribuir qualquer tipo de determinação às práticas não violentas da igreja. A razão para isso é, sem dúvida, que a prática não violenta não é realmente possível, talvez nem mesmo imaginável, em um mundo de violência. Um ato não violento em um mundo violento é um oxímoro. Apresentar uma descrição densa de uma prática não violenta de perdão é, portanto, simplesmente pedir demais. Isso não significa negar que Milbank ofereça sugestões sobre questões em particular,[27] mas deixando de lado as

---

[26] Lois Malcolm, "Radical, orthodox", *Christian Century*, Oct. 25, 2000: 1076.
[27] Milbank defende, por exemplo, uma forma cristã de socialismo (*BR*, p. 162-86) e faz um apelo a favor da monogamia, embora comente que "não é que o sexo fora do casamento seja errado; é simplesmente impossível, e nunca é algo que alguém, em última instância, possa decidir" (*BR*, p. 206).

inúmeras referências à ressurreição,[28] ele não fundamenta essas práticas em uma teologia que dê garantias às decisões éticas específicas que cada cristão precisa tomar. Na verdade, admite que "a igreja tem ideias muito mais abrangentes do que a *pólis* no que diz respeito aos tipos de indivíduos que pretende produzir e do papel que deseja incentivar, principalmente porque seu 'objetivo' é a própria sociabilidade e convivência, um *telos* que corrompe a teleologia" (*WMS*, p. 154).[29] Não posso deixar de ouvir nessas palavras o eco da "messianicidade estrutural" de Derrida, uma teleologia indeterminada que evita qualquer menção ao messiânico.[30] Milbank defende explicitamente uma ética que ele classifica como antinomiana (*WMS*, p. 219), por medo de uma ética que seja baseada na virtude e no dever. Ele rejeita categorias de certo e errado na aplicação ética e insiste que "o cristianismo é a religião da destruição de fronteiras" e que o "cristianismo realmente explodiu todos os limites" (*BR*, p. 196).[31] Ele quer manter a sociabilidade da diferença harmoniosa e a participação nas práticas não violentas de perdão. No entanto, como devemos procurar diretrizes normativas com o propósito de estabelecer qual ação realizar e qual abandonar? Em outras palavras, como decidimos se determinado ato é violento ou não? É justamente neste ponto que Milbank talvez pudesse ter sido um pouco menos protestante.[32] Não estou seguro de que o apelo a uma "ética do dom" carismática seja o bastante em face das questões complicadas enfrentadas hoje em dia pela igreja.[33] Considerando a inclinação humana para o pecado e a autoilusão, sugiro que as ações supostamente não violentas possam, de fato, revelar-se muito violentas. A ética indeterminada do dom de Milbank se beneficiaria de uma ênfase reformacional em ambos os aspectos: (1) a bondade da ordem criada que carrega suas próprias implicações morais e limites positivos e

---

[28]Milbank, "Ethics of self-sacrifice", p. 38; e *BR*, p. 148-50.

[29]Veja *WMS*, p. 155: "E se ela [a igreja] *tem* um objetivo abstratamente específico, esse é agora o consenso, ou seja, uma sociedade sem violência e dominação injusta" (grifo original).

[30]Veja James K. A. Smith, "Hope without hope? a phenomenological critique of Derrida's 'Messianic' expectation", in: *Derrida and religion: other Testaments*, ed. Yvonne Sherwood; Kevin Hart (London: Routledge, a ser publicado); Hans Boersma, "Irenaeus, Derrida, and hospitality: on the eschatological overcoming of violence", *Modern Theology* 19 (2003): 163-80.

[31]Veja Comentário de Lucy Gardner (*ROCE*, p. 130) sobre o "pensamento duplo" na ortodoxia radical: "Tudo está 'dentro' — da teologia, da ortodoxia, da cristologia — exceto demarcações fortes e densas interna e externamente".

[32]Veja os apelos constantes de Milbank a Lutero e a Kierkegaard em seu capítulo sobre moralidade (*WMS*, p. 219-32).

[33]Veja, por exemplo, a aceitação gentil de Milbank da prática homossexual como "parte da riqueza da criação de Deus" (*BR*, p. 207).

(2) a importância do Antigo Testamento por discernir a vontade de Deus. A influência humana na *poesis* divina pode ser criativa unicamente se estiver disposta a se adaptar dentro dos limites que permitem a imaginação. Ao interpretar seu modelo de expiação participativa de uma forma totalmente não violenta, Milbank sucumbe a uma indeterminação não apenas ética, mas também cristológica. Se Cristo já está e ao mesmo tempo ainda não está no sentido de que o processo eclesial de remissão está em andamento e que os membros da igreja ainda estão em sua jornada rumo à deificação final, o que isso faz com a especificidade de Cristo e com o Jesus histórico? Milbank insiste que não pretende comprometer a especificidade de Cristo. *Unicamente* Cristo nos reconcilia uns com os outros (*BR*, p. 103). O nome de Jesus não é dispensável, pois isso nos levaria ao padrão de influência moral fácil em vigor na teologia liberal (*WMS*, p. 152). No entanto, onde Cristo é relacionado às práticas pacíficas reveladoras da eclésia, torna-se difícil atribuir qualquer significado particular às palavras e ações do Jesus histórico. Segundo Milbank, não podemos recuperar o Jesus histórico da teia de metáforas e narrativas das histórias dos Evangelhos, pois o Cristo "textual" *é* o Jesus histórico (*WMS*, p. 164). Assim, Milbank nos aconselha a ler os Evangelhos "não como a história de Jesus, e sim da (re)fundação de uma nova cidade", em que Jesus aparece "simplesmente como o fundador, o começo, o primeiro de muitos" (*WMS*, p. 150), de modo que "nossa lembrança do nome do fundador é realmente uma instrução para lembrarmos todos os nomes [...] e aprender com todo exemplo 'cristão'" (*WMS*, p. 156). E sendo Cristo o idealizador de uma nova prática eclesial que ainda não existe, não pode receber "nenhum conteúdo particular" (*WMS*, p. 152).[34]

A dúvida é se essa reestruturação da cristologia protegerá o caráter único e indispensável de Jesus Cristo. É claro que Milbank insiste que sim, uma vez que sua eclesiologia aponta para a exclusividade da igreja como o público e o lugar onde a expiação se torna possível. Concordo prontamente que a teologia reformada nem sempre esteve suficientemente atenta à conexão íntima entre Jesus e a igreja e que ela é, em sentido real, a continuação pneumatologicamente constituída de Cristo.[35] Além disso, estou um tanto

---

[34]Em sua resposta a este ensaio, Milbank esclarece que *BR*, p. 79-104 ressalta a importância do Jesus histórico e que seu ensaio anterior, "The Name of Jesus", não tem a intenção de negar a forma que ele costuma ser entendido. O esclarecimento é positivo, mas ele introduz uma tensão entre a equação anterior de Milbank — entre o Jesus histórico e o Cristo textual —, por um lado, e sua insistência posterior no valor do caráter cronológico dos eventos na vida de Jesus, por outro.
[35]Veja Veli-Matti Kärkkäinen, *Pneumatology: the Holy Spirit in ecumenical, international, and contextual perspective* (Grand Rapids: Baker, 2002), p. 73-4.

desconfortável com o desinteresse total pelo Jesus histórico e com uma cristologia eclesiologicamente limitada. Estou pensando aqui no comentário incisivo de R. R. Reno de que, para Milbank "a igreja cria um salvador em e por meio de sua criatividade interpretativa"[36] e que os artigos da ortodoxia radical "têm o efeito de obscurecer e substituir a identidade particular de Jesus Cristo como o mediador da salvação".[37] Se e quando o modelo da substituição penal calvinista ignorar os elementos subjetivos, isso se torna problemático e não faz justiça à igreja como a presença contínua de Cristo no mundo. Ao mesmo tempo, a fé cristã é fundamentada na história e na encarnação. E é na vida e morte específicas de Jesus Cristo que Deus decide agir em favor da salvação do mundo. A igreja tem seu lugar apenas na obediência a um Cristo que a defende como o cabeça do corpo. A igreja pode se identificar com Cristo, mas não é de forma alguma igual a ele.[38]

A VIOLÊNCIA E A CIDADE DE DEUS

O caráter absolutamente não violento do processo de perdão causa não só o problema da indeterminação ética e cristológica, mas também uma tensão forte na teologia de Milbank. Conforme já vimos, ele insiste que a violência "pode ser totalmente desenraizada da comunhão daqueles que seguem o caminho de Cristo" (*WMS*, p. 251). Eliminar completamente essa violência parece uma metáfora violenta, o que levanta a questão do quão possível é realmente fazê-lo. Na verdade, pouco antes de fazer esta declaração, Milbank reconhece que "toda a nossa conduta é permeada pela violência" e caracteriza "a maioria das formas de persuasão" como "totalmente coercitivas" (e, portanto, violentas) (*WMS*, p. 250). Muitos estudiosos chamam a atenção para a tensão nesse aspecto. Lucy Gardner comenta:

> Francamente, o problema é este: no coração da ortodoxia radical encontro um apelo à oposição sem resistência ou, mais corretamente falando, um desfazer da oposição de uma maneira que não apresente resistência

---

[36]Reno, "Radical orthodoxy project", p. 73.
[37]Ibidem, p. 74.
[38]Em sua análise sobre a homossexualidade, Milbank comenta que devemos "ver a Noiva como hipostasiada pela descida do Espírito (em sua plenitude escatológica de início e fim) e, portanto, *igual* ao Noivo. Até que possamos aceitar isso... a igualdade sexual não será validada simbolicamente, nem a diferença sexual será considerada fundamental em Deus (a 'masculinidade' relativa do *Verbum*; a 'feminilidade' relativa do *Donum*)" (*BR*, p. 208, grifo original).

[...] No entanto, ao mesmo tempo, a ortodoxia radical exibe a retórica e o exercício de uma *oposição* muito poderosa, que fala desse desenlace não só, como seria de esperar, da perspectiva de uma recusa dos contrapontos do discurso secularizado (incluindo a maior parte da teologia moderna), mas também de dissensão e enfraquecimento dessas contraposições. (*ROCE*, p. 127-8).[39]

O comentário de Gardner sobre o apelo de Milbank por uma "oposição sem resistência" aponta para uma luta, ou ao menos uma tensão, em seu pensamento. Já em *Theology and social theory*, ele admite que nem sempre conseguimos evitar a violência e o *dominium*. Todavia, ele deixa muito claro que essa admissão envolve "uma porção de resignação", que é "trágica" e que a violência por si só "estimula apenas mais violência" (*TST*, p. 422). E essa confissão faz parte de um contexto em que Milbank critica profundamente o que ele chama de "ontologia inadequada da punição" de Agostinho (*TST*, p. 421). Ele insiste que, por um lado, é possível acabar totalmente com a agressividade do processo eclesiástico-cristológico do perdão, que é a igreja. Ao mesmo tempo, assume que não somos capazes de evitá-la. Com o desejo de impedir que a tensão se transforme em uma contradição absoluta, ele fala dessa violência como uma resignação trágica.

Parece-me que, em alguns de seus textos mais recentes, a abordagem de Milbank mostra uma mudança sutil na direção de uma visão mais agostiniana e reformada da questão da violência. Ele parece estar mais disposto a reconhecer a inevitabilidade da violência e, mais ainda, a admitir também que ela pode funcionar de forma redentora. Em seu livro recente, *Being reconciled*, o autor fala sobre o tema do caráter generalizado da violência: "Mesmo se alguém disser 'eu me oponho a toda violência', a palavra 'opor' entrega o jogo" (*BR*, p. 42). E em uma conferência em março de 2000, Milbank se envolveu em uma conversa enérgica com Stanley Hauerwas, criticando

---

[39]Veja o comentário de Alan Jacobs de que *Teologia e teoria social*, de Milbank, "apesar de seus testemunhos eloquentes sobre a 'ontologia da paz', é totalmente agonista, tendo como seu objetivo, como observei, a destruição da 'razão secular', alcançada pela argumentação"; "Milbank and the Institutional Situation of Theology", *Arachnê*, 2 (1995): 121. Veja Hyman, *Predicament of postmodern theology*, p. 77: "Não é simplesmente o fato de a violência necessariamente resultante da metanarrativa de Milbank ser indesejável em si mesma, mas também de parecer existir uma incongruência, ou ao menos uma tensão, entre acolher uma narrativa com base em seu conteúdo pacífico, por um lado, e apresentá-la de uma forma que parece estar em desacordo com seu conteúdo, por outro". Veja também Oliver Davies, *ROCE*, p. 115-6; e Alyda Faber, "Wounds: theories of violence in theological discourse" (tese de doutorado, McGill University, 2001), p. 80-2.

fortemente o pacifismo deste último.[40] Nesta ocasião, ele confessa que a divergência em si já é "um modo discreto de violência".[41] Além de rejeitar o pacifismo como uma mera forma de violência oculta e, portanto, particularmente desonesta (BR, p. 29), ele também insiste que a violência, em nome de um "telos significativo", pode ser exigida e justificada (BR, p. 38).[42] Porém, isso é notável. Enquanto em Theology and social theory Milbank insistiu que qualquer violência necessária continua sendo trágica e ligada ao mal (TST, p. 420-2), agora ela parece contribuir para o telos da reconciliação do ser.[43] Levando em conta que anteriormente Milbank opôs profundamente a ontologia da paz da civitas Dei à ontologia da violência da civitas terrena, a violência agora tem espaço na — ou pelo menos serve à — civitas Dei. Ele até reconhece que podemos precisar aceitar a violência divina e escreve em seu último livro: "A violência só pode ser erradicada coletivamente por uma estranha contra-violência apocalíptica, que no final das contas, é um privilégio celestial, mas também é prevista obscuramente no tempo" (BR, p. 42). Na verdade, Milbank admite em tom de brincadeira a Hauerwas que ganhou cada vez mais respeito pelo ponto de vista agostiniano de que o uso da força é inevitável: "Pode-se dizer que tive filhos desde que escrevi Theology and social theory".[44] Milbank reconheceu que Agostinho estava certo em sua opinião de que a violência redentora é uma possibilidade.[45]

Essa valorização renovada da necessidade da violência é promissora por admitir as demandas, como expressa Milbank, de "nossa animalidade,

---

[40]John Milbank; Stanley Hauerwas, "Christian peace: a conversation between Stanley Hauerwas and John Milbank", in: *Must Christianity be violent? Reflections on history, practice, and theology*, ed. Kenneth R. Chase; Alan Jacobs (Grand Rapids: Brazos, 2003), p. 207-23. A conferência "Cristianismo e violência" (15-17 de março de 2000) aconteceu no Wheaton College e foi organizada pelo Center for Applied Christian Ethics.

[41]John Milbank, "Testing pacifism: questions for John Milbank", em *Must Christianity be violent? Reflections on history, practice, and theology*, ed. Kenneth R. Chase; Alan Jacobs (Grand Rapids: Brazos, 2003), p. 202.

[42]Veja *Violence, hospitality, and the cross: reappropriating the atonement tradition* (Grand Rapids: Baker, 2004), cap. 10.

[43]Na verdade, Milbank não contradiz seu comentário anterior. A mudança é apenas na ênfase. Do mesmo modo, em *Theology and social theory*, ele reconheceu que a violência pode ser "'benéfica' quando os bons motivos daqueles que recorrem a ela são reconhecidos e recuperados por um devedor que recobra a razão" (TST, p. 422); e em BR, p. 26-8, Milbank ainda equipara violência e mal e comenta que "ao opor forças, estamos sempre utilizando tragicamente os meios do inimigo" (BR, p. 43).

[44]Milbank, "Testing pacifism", p. 204.

[45]Esta presença da violência em nome de um *telos* valioso contradiz diretamente a definição de Milbank da violência como aquela que se converte ao mal e prejudica um bem substancial (BR, p. 28). Esta definição não permite a violência em nome de um *telos* substantivo.

corporificação e finitude" (*BR*, p. 39). Se estiver certo de que existe uma mudança sutil na ênfase na escrita de Milbank, isso significa que pode-se ficar otimista porque ele está começando a preencher o espaço em branco com a tradição agostiniana, incluindo a reformada. As duas cidades agostinianas não estão mais tão claramente separadas como pareciam estar: a violência entrou na cidade de Deus. Assim, deixe-me incentivar Milbank a seguir suas intuições como pai e a aceitar a punição e a violência como, às vezes, coisas boas que até o próprio Deus está disposto a fazer pela reconciliação do ser. E porque não? Existem sempre "camadas de poder". A materialidade do mundo como o conhecemos requer a defesa de limites, a verdade exige persuasão e a determinação precisa da violência em busca de um *telos* significativo. Por isso, devemos resistir à tentação pós-moderna de destruir todas as fronteiras, recusar todo o poder e descartar a persuasão, pois todos eles acabam com a rejeição da determinação, como já vimos em relação à ética de Milbank e sua cristologia. É um medo pós-moderno de coerção e violência que leva à sua incapacidade de especificar como são as práticas de expiação não violentas da igreja.

Ao mesmo tempo, embora eu receba bem sua mudança de ênfase, a coerência exigiria mais de Milbank. Até agora, ele continua igualando a violência e o mal. Parece-me que a coerência exige que ele admita explicitamente que existe uma violência boa. Além disso, o conceito de violência redentora teria consequências, tanto para sua visão sobre a relação entre a igreja e outros públicos quanto para sua teologia da expiação.

REFORMANDO MILBANK

A abordagem geral de Milbank considera a expiação uma prática eclesiástico-cristológica da redenção, que só faz parte do ser de Deus porque e na medida em que é não violenta. Entretanto, já descobrimos que ele não mantém sistematicamente essa não violência e que passou a expressar um apreço maior pelo que poderíamos chamar de violência redentora. Agora ressalto esse ponto fazendo duas sugestões que encaixariam outros aspectos de sua teologia nessa aprovação da violência redentora. Esta é a minha forma de "reformar Milbank", digamos assim. Em primeiro lugar, embora valorize a renovação de sua teologia como rainha das ciências e o lugar central que ele atribui à igreja como público, não está claro por que isso deveria levar à negação de todos os outros públicos. Se, desde o início, associamos *a civitas Dei* à não violência e a *civitas terrena* à violência, torna-se realmente tentador classificar a primeira como boa e a segunda como má. Contudo, se admitirmos que a violência é inevitável em *todo lugar* e que *pode* ser útil no sentido redentor — e vimos que Milbank está cada vez mais tentado a afirmar ambas —, isso não questiona a necessidade de oposição entre as duas cidades? Também não questiona o caráter da igreja como contracultura?

Como vimos, Milbank insiste em uma contra-história, uma contraética e uma contraontologia. Todavia, essas noções inteligíveis estão dentro da sua ontologia da paz? Se a violência é a cooperação com o mal e o nada, então o que constitui a história, a ética e a ontologia que devemos combater? Se o cristianismo representa a falta de limites e tudo o que existe já é considerado no processo participativo do perdão, o que há para se opor?[46] Milbank não deveria reconhecer que, em algum sentido, tudo o que está fora das fronteiras da igreja também faz parte da troca infinita-finita? A ordem criada não continua a ter espaços cheios de graça? A teologia reformada, evidentemente, expressou isso por meio do conceito da graça comum.[47] Se rejeitarmos qualquer tipo de neutralidade e desejarmos restaurar a primazia da teologia, não deveríamos afirmar que todas as esferas da vida estão sob o domínio de Cristo, não só a igreja, mas também outros públicos?

Mais uma vez, parece-me que também neste ponto Milbank desenvolveu recentemente uma compreensão da relação natureza-graça que está mais alinhada com uma declaração da graça comum do que com a ideia da igreja como uma contracultura. Sua concepção recente de "intensidades" variadas (entre natureza e graça, razão e fé, metafísica e *sacra doutrina*) dentro de uma única dimensão de participação na verdade divina, em *Truth in Aquinas*, não se encaixa bem com a separação radical estabelecida entre as duas cidades. Aprecio ler, por exemplo, que Milbank argumenta agora que "a justiça original se torna, após a Queda, imediatamente disponível novamente como graça redentora, já presente nas previsões tipológicas naturais e históricas de Cristo" (*TA*, p. 39). Ele parece claramente defender agora que a negação da natureza como autônoma não implica necessariamente que tudo além das fronteiras eclesiais está fora do alcance da redenção e da graça. Porém, esse reconhecimento da graça comum traz consequências para nossa compreensão do lugar da igreja como público. Reinhard Hütter observa corretamente que:

---

[46]Veja Comentário de Gardner: "Como é que tudo o que só existe na e 'por meio' da Palavra é 'trazido a' Cristo?" (*ROCE*, p. 143).

[47]Veja Richard J. Mouw, *He shines in all that's fair: culture and common grace* (Grand Rapids: Eerdmans, 2001).

a igreja como um público em si não é uma "comunidade contrastante". O fato de que sob certas circunstâncias ela realmente pode e até deve assumir tal forma é uma questão de julgamento eclesial, ou seja, uma resposta — a ser determinada em cada caso — à abordagem de como, sob condições instáveis, ela mesma pode continuar sendo um público, e não à questão de como, dentro de uma único público normativamente entendido, ela adquire um caráter público da perspectiva daquele público.[48]

Milbank corretamente nos convida a explorar a possibilidade de uma ontologia participacionista, mas esta participação inclui elementos externos da igreja e espaços cheios de graça da natureza, da razão e da metafísica. Essa inclusão se torna difícil se inserirmos a cristologia na eclesiologia. Entretanto, se Cristo como Senhor e Redentor não é idêntico ao Cristo "textual" da história da eclésia e tem sua identidade pessoal, podemos então reconhecer elementos do processo de reconciliação também fora dos limites da igreja.

Em segundo lugar, essa reestruturação da relação entre as duas cidades me leva mais uma vez ao tema da violência e da expiação. Gardner questiona:

> Como podemos nos reconectar com a doutrina cristã da reconciliação? Como lidamos com o fato de que a catástrofe da cruz não é simplesmente inteligível, uma vez que, embora evidentemente garanta que a violência não é o fim sem abordá-la violentamente, seu caráter teológico e cristológico, na verdade, seu caráter cosmológico não deve, no entanto, permitir que a importância obscureça sua materialidade, nem silenciar sua realidade violenta e genuinamente sinistra? (*ROCE*, p. 145)

A cruz lida com a violência de forma violenta. Não podemos evitar o assunto de como Deus redime a humanidade por meios violentos. Na realidade, como devemos nos reconciliar com a doutrina cristã da reconciliação, cuja materialidade e violência pretendemos levar a sério?

Milbank começou a reconhecer a necessidade da violência redentora. Vimos anteriormente em *Theology and social theory: beyond secular reason* que ele argumentou que a punição "tem uma relação inerentemente negativa e particular com o Ser", de modo que "se torna problemático falar sobre

---

[48] Reinhard Hütter, *Suffering divine things: theology as church practice* (Grand Rapids: Eerdmans, 2000), p. 171.

o 'Deus que castiga'" (*TST*, p. 420). No entanto, esta afirmação não pode mais ser defendida à luz do comentário do autor em *Being reconciled* de que "a violência só pode ser eliminada coletivamente, por uma estranha contraviolência apocalíptica, que no final das contas é um privilégio divino, mas também é obscuramente prevista dentro do tempo" (*BR*, p. 42). Este reconhecimento da violência divina é profundamente valioso, pois significa que a violência redentora é possível, que o castigo divino não está fora de cogitação e que a ideia de Aquino e Calvino de perdão reativo (como remissão da culpa e dívida de punição) pode ser reabilitada. E isso não é o que a teologia da redenção tradicional — de qualquer tipo — sempre sugeriu: que na cruz, Deus usa a violência para fins redentores? Independentemente de Deus enganar Satanás escondendo a verdadeira identidade de Jesus (Christus Victor) ou enviando seu Filho com a intenção de oferecer um exemplo de autossacrifício (influência moral) ou ainda castigando-o (substituição penal), ele está de alguma maneira envolvido na violência.

Não sei exatamente o que Milbank quer dizer quando declara que a contraviolência apocalíptica de Deus é "igualmente obscuramente antecipada dentro do tempo". Ainda assim, sugiro que testemunhemos essa previsão de toda a antecipação bíblica, bem como no relato cristão da crucificação. A ontologia participacionista de Milbank tem a tendência de nos conduzir a uma ética e cristologia indeterminadas e a uma prática eclesial de perdão da qual podemos apenas dizer que é não violenta. Meu desejo é que o autor se torne ainda mais radical em sua repulsa ao pacifismo hauerwasiano. Esse reconhecimento agostiniano mais explícito da necessidade de coerção e violência pedagógica ou redentora não exige de forma alguma que ele abandone sua ontologia da paz: afinal, a violência celeste não tem primazia, sendo usada no interesse da paz escatológica absoluta . Contudo, o resultado será certamente uma ética e uma cristologia mais específicas. Quem sabe, ainda podemos encontrar em Milbank um defensor de uma perspectiva reformada da substituição penal. Creio que isso daria uma versão totalmente nova ao conceito de "estar reconciliado".

QUARTA PARTE

A EUCARISTIA:

ontologia, desempenho e prática

10

"A PROFUNDIDADE POR TRÁS DAS COISAS":

em direção a uma teologia sacramental calvinista

| Laura Smit |

> Ser humano significa, principalmente, que devemos observar uma grande profundidade por trás das coisas.
>
> John Milbank

Há muito tempo admiro os autores que escrevem sobre a ortodoxia radical por seu envolvimento sério com a tradição cristã antiga e medieval, por terem adotado uma metafísica neoplatônica e defenderem um padrão estético baseado no que é belo. Esses são todos compromissos que compartilho. Sou medievalista, dedicada especificamente à linha agostiniana e à teologia de Boaventura. Sou neoplatonista e minha principal área de estudo é a estética teológica, com foco na beleza. Portanto, vou aos textos da ortodoxia radical com uma predisposição a concordar com o que li. Minha dificuldade é que as conclusões de certos autores dessa corrente, que desejo apresentar (principalmente Graham Ward, que será meu maior parceiro de conversas neste ensaio), são pelo menos em parte fundamentados em uma teologia sacramental que não posso compartilhar, já que sou calvinista, não um anglo-católico. A defesa da beleza de Ward e seu neoplatonismo estão fortemente ligados à doutrina da transubstanciação. Ele acredita plenamente que esta é uma conexão necessária, que uma teologia sacramental protestante não produzirá as mesmas conclusões. A teologia sacramental protestante que ele aborda bastante em seu livro *Cities of God* é implicitamente baseada em Zuínglio. Embora ele dedique uma seção da obra a Calvino, Ward considera a teologia eucarística calvinista equívoca, e não analógica, como apoio à ideia da "presença virtual" de Cristo e não da presença real (*CG*, p. 161-7). Concordo com a análise de Ward da concepção zuingliana como infrutífera, mas creio que ele rejeita Calvino precipitadamente, sem dar peso suficiente ao ponto de vista deste sobre a participação. Uma teologia sacramental calvinista — principalmente uma teologia da Eucaristia, juntamente com a visão calvinista da bondade transbordante de Deus — pode ser o alicerce para uma metafísica e estética neoplatônicas que é semelhante, e ao mesmo tempo, bem diferente das conclusões da ortodoxia radical.

A teologia da eucaristia de João Calvino (ou — como ele costuma chamá-la — a ceia do Senhor)[1] difere intensamente das teorias católica romana e luterana por um lado, porque ele nega as doutrinas da transubstanciação e consubstanciação, e do pensamento zwingliano por outro, pois ele acredita que a ceia é mais do que um memorial de um acontecimento passado. Calvino defende que Jesus Cristo está verdadeiramente presente no sacramento da ceia e que os crentes realmente se alimentam de seu corpo e sangue, mas como uma presença e uma alimentação espiritual. Seus pontos principais sobre a ceia do Senhor são o alicerce da minha análise:

1. Por meio da encarnação, o corpo físico de Jesus Cristo se torna nossa fonte de vida.
2. Tanto a encarnação quanto os sacramentos são exemplos da acomodação de Deus de sua autorrevelação à nossa finitude humana.
3. Como Jesus é totalmente humano e verdadeiramente corporificado, seu corpo que ressuscitou e ascendeu está localmente e espacialmente presente no céu, à direita do Pai.
4. A celebração do sacramento será sempre iniciada pela proclamação da Palavra.

---

[1] João Calvino escreve: "Nós a chamamos de 'ceia do Senhor' ou 'eucaristia' porque nela somos alimentados espiritualmente pela liberalidade de Deus, bem como agradecemos sua bondade"; citado em B. A. Gerrish, *Grace and gratitude: the Eucharistic theology of John Calvin* (Minneapolis: Fortress, 1993), p. 19.

5. O movimento da ceia do Senhor não é um movimento descendente, com Cristo sendo atraído a nós, e sim ascendente, na medida em que somos elevados a ele como participantes de sua natureza.
6. O corpo de Jesus está presente na ceia do Senhor por meio do Espírito Santo.
7. O pão da ceia é realmente pão, não somente na aparência, e serve como um símbolo, mostrando a presença genuína de Cristo, não apenas como um sinal ou uma lembrança.
8. A celebração da ceia do Senhor precisa envolver sempre a comunidade inteira.

O CORPO DE JESUS COMO FONTE DE VIDA

Por meio da encarnação, o corpo físico de Jesus Cristo se torna, para nós, fonte de vida. Nosso entendimento da ceia do Senhor precisa começar com uma análise da encarnação de Deus em Cristo. No "Consenso de Zurique" relacionado à ceia do Senhor e publicado pelas igrejas de Zurique e Genebra sob a liderança de Calvino, lemos: "Como os sacramentos são complementos do evangelho, só se pode falar de forma correta e útil sobre sua natureza, virtude, ofício e benefício, que começa com Cristo, e isso não mencionando superficialmente o seu nome, e sim defendendo verdadeiramente o propósito que nos foi dado pelo Pai e as bênçãos que ele nos concedeu".[2] Como é típico de Calvino, ele não começa seu estudo com nossa experiência, mas com a natureza e obra de Deus, que pode ser resumida em graça, dom e bondade.[3] Uma compreensão do dom da presença divina na encarnação é um pré-requisito para entender o sacramento.

Calvino declara: "Somos ensinados pelas Escrituras que, desde o início, Cristo era a Palavra do Pai que dá a vida [João 1:1], a fonte vital, da qual todas as coisas sempre receberam sua capacidade de viver" (*ICR*, 4.17.8). Do mesmo modo que Cristo sempre foi a fonte de vida em sua natureza divina, seu corpo humano, do mesmo modo, também é vivificante. Ao comentar sobre João 6, onde Cristo afirma ser o pão da vida que vem do céu e é concedido ao mundo, Calvino observa: "Com estas palavras, ele ensina não só que

---

[2]"Mutual consent as to the sacraments", in: *Selected works of John Calvin: tracts and letters*, ed. e trad. para o inglês Henry Beveridge (Grand Rapids: Baker, 1983), 2.212-13.
[3]Esta é a tese de *Grace and gratitude*, de Gerrish.

é vida, já que é a Palavra eterna de Deus, que desceu do alto, mas igualmente que, ao fazê-lo, derramou sobre a carne o poder com o objetivo de que dela a vida fluísse para nós" (*ICR*, 4.17.8). Ele afirma ainda que: "A carne de Cristo é como uma fonte rica e inesgotável que verte em nós a vida que brota da Divindade para si mesma" (*ICR*, 4.17.9). Ele cita Cirilo de Jerusalém em tom de aprovação, dizendo: "Assim como um homem que despeja mais cera por cima da cera derretida e mistura completamente as duas, é necessário, se alguém receber a carne e o sangue do Senhor, que se una a Cristo, afim de que um possa ser encontrado no outro" (*ICR*, 4.17.34). Com isso, ele mostra que participamos da natureza humana de Jesus Cristo; e é por compartilhamos a natureza humana com ele que podemos entrar completamente em comunhão com ele, permitindo que nosso corpo "se comunique de alguma maneira com sua imortalidade".[4] Calvino promete: "Embora Cristo, sendo elevado ao céu, tenha deixado seu lar na terra em que ainda somos peregrinos, não há distância que possa enfraquecer seu poder de alimentar os seus consigo mesmo".[5] No Evangelho de João, o corpo humano de Jesus é a casa de seu Pai e ele promete a seus discípulos um lugar nessa morada, ao qual já temos acesso agora por permanecermos nele (João 14:2-3).

Calvino defende aqui a longa tradição agostiniana em relação ao poder iluminador e vivificador da encarnação. Ao entrar em nossa carne humana, Jesus "atribui", por assim dizer, seu corpo físico à vida, ao conhecimento e ao poder. Quando entramos em contato com ele, como fazemos por meio da obra do Espírito Santo, essa responsabilidade é passada para nós. A lacuna ontológica entre o Criador e a criatura — que desde a Queda se tornou também uma lacuna entre a santidade e o pecado, entre a vida ilimitada e a morte inevitável — poderia ser transposta apenas de cima, e foi isso que o Filho fez ao derramar a vida divina em um corpo humano. Calvino diz: "É impossível para a mente humana, partindo de um lugar tão distante, subir até os céus, em direção a Cristo" (*ICR*, 4.17.15). É provável que Jesus o faça, descendo até nós e criando um percurso de volta ao céu, pois ele mesmo é o caminho, a verdade e a vida.

Sendo o Verbo encarnado, Cristo é a solução de dois problemas epistemológicos constantes: (1) a questão de como o homem finito é capaz de

---

[4] João Calvino, *Instruction in faith*, trad. para o inglês Paul T. Fuhrmann (Louisville: Westminster John Knox, 1992 [orig. 1537]), p. 68.
[5] Ibidem, p. 68.

conhecer um Deus infinito: Jesus preenche o espaço vazio entre o Deus sobrenatural, eterno e incorpóreo e nossa natureza temporária e física — porque foi do agrado de Deus que nele habitasse toda a plenitude" — unida à natureza humana e encarnada no tempo e (2) o fator de como as faculdades mentais humanas são capazes de interagir com o mundo físico sensorial: este conhecimento também chega a nós por meio do Filho, mesmo para aqueles que desconhecem sua presença ou sua obra. O filósofo cristão Stephen Clark defende esta mesma ideia quando declara: "Se desejarmos ver as coisas com clareza e por inteiro, precisamos acreditar que existe um *Logos* divino que também é humano. Sem essa crença, podemos nos desesperar".[6] Só por meio da presença iluminadora da Palavra, ou Logos, dentro de nós é que qualquer conhecimento é possível; e a encarnação dá início ao processo que leva a essa união com Jesus, a Palavra. Nossa compreensão de Deus, do mundo e de nós mesmos é mediada pelo Cristo encarnado, em quem todas as coisas se mantêm unidas. Paradoxalmente, a humanidade plena exige algo além de si e recebemos isso em Jesus. Até agora, acredito que meu calvinismo ainda não divergiu tanto do anglo-catolicismo da ortodoxia radical. Somos ambos agostinianos em nossa doutrina da iluminação e abraçamos uma cristologia do Logos.[7]

ENCARNAÇÃO E SACRAMENTOS COMO ACOMODAÇÕES DE DEUS

Tanto a encarnação quanto os sacramentos são exemplos da acomodação de Deus de sua autorrevelação à nossa finitude humana. Embora Calvino concordasse com Ward que todo o nosso conhecimento de Deus é mediado, ele acredita que isso acontece não pelo nosso cenário cultural, mas *ao* nosso contexto pelo próprio Deus: (1) pela acomodação do Pai a nós nas Escrituras e em outras revelações; (2) pelo Filho, que é tanto totalmente divino quanto totalmente humano, nosso sumo sacerdote e mediador e (3) pelo Espírito

---

[6]Stephen R. L. Clark, *God's world and the great awakening* (Oxford: Clarendon, 1991), vol. 3: *Limits and Renewals*, p. 221.
[7]John Milbank escreve: "Nos Pais da igreja ou nos primeiros escolásticos, tanto a fé quanto a razão estão incluídas no quadro mais genérico de participação na mente de Deus: com o desejo de raciocinar verdadeiramente é preciso já estar iluminado por ele, enquanto a revelação em si é uma dose maior de tal iluminação, unida intrinsecamente e inseparavelmente a um evento criado que simbolicamente revela a realidade transcendente, para a qual todos os acontecimentos criados em um nível mais baixo também apontam" (*RONT*, p. 24).

Santo, que também é Deus e nos une a Cristo no intuito de que, por meio da natureza humana de Cristo, possamos conhecer a Deus verdadeiramente. Pela união com Cristo no sacramento, realmente temos conhecimento imediato de Deus, embora nesta vida ainda seja temporário e obscurecido pelo nosso pecado. Ainda assim, quando compartilhamos o pão e o cálice, somos elevados à presença de Deus, transformados à semelhança de Cristo e preparados para representá-lo no mundo.

Calvino entende a instituição da ceia do Senhor e a utilização de pão e vinho — elementos comumente reconhecidos pelas pessoas ao redor do mundo — como mais um exemplo da acomodação graciosa de Deus em nós:

> No entanto, já que este mistério da união secreta de Cristo com os devotos é essencialmente incompreensível, ele mostra sua figura e imagem em sinais visíveis muito mais apropriados à nossa condição [...] Por esta comparação tão familiar penetra até mesmo as mentes mais lentas: assim como o pão e o vinho sustentam a vida física, as almas são nutridas por Cristo [...] Quando vemos que somos participantes de [seu corpo], podemos concluir com certeza que o poder de sua morte vivificante será eficaz em nós (*ICR*, 4.17.1).

A acomodação é um grande tema em Calvino: Deus se traduz em termos que somos capazes de entender. Calvino afirma que, assim como uma enfermeira se inclina sobre um bebê e conversa com ele usando linguagem infantil, Deus fala conosco em nosso nível, usando sinais e imagens que podemos compreender com o desejo de nos conduzir a verdades além do nosso alcance (*ICR*, 1.13.1). Por isso, toda a autorrevelação divina é analógica e simbólica, apontando a uma realidade que não conseguimos perceber totalmente. É o próprio Deus quem faz a mediação e traduz o conhecimento de si para nós.

O CORPO DE JESUS RESSURRETO E ASCENSO

Tendo em vista que Jesus Cristo é completamente humano e verdadeiramente corporificado, seu corpo que ressuscitou e ascendeu está local e espacialmente no céu, à direita do Pai, embora essas palavras — "localmente" e "espacialmente" — tenham sentidos diferentes para corpos ressuscitados e para nós. No centro de uma perspectiva calvinista da ceia do Senhor estão dois eventos: a encarnação, em que Deus desce até nós, e a ascensão, em que nossa natureza humana é elevada a Deus em Cristo. Calvino se opõe energicamente à ideia luterana e católica de que o corpo de Jesus poderia ser onipresente, justamente porque isso descarta a corporalidade e a humanidade plena de Cristo. Enquanto os luteranos argumentam que a onipresença da essência divina do Filho é compartilhada por sua essência humana, em decorrência da *comunicatio idiomatum* entre as duas naturezas, Calvino declara: "Aquele que era o Filho de Deus se tornou Filho do homem, não por confusão de substância, e sim pela unidade de pessoa. Pois afirmamos que sua divindade é tão unida à sua humanidade que cada uma mantém sua natureza intacta, e ainda assim ambas constituem um Cristo" (*ICR*, 2.14.1).[8] Portanto, para Calvino, a humanidade de Cristo não é de forma alguma mitigada por sua divindade.

Isso significa, entre outras coisas, que precisamos experimentar Cristo como genuinamente ausente de algum modo, mas continuar sendo confortados por nossa comunhão presente com ele e vivendo na esperança de sua volta. É a nossa consciência de sua ausência que está por trás da oração apaixonada "Maranata" (1Coríntios 16:22). Ward tem uma interpretação ainda mais radical da ausência do que Calvino, chegando a dizer que a ascensão é um momento de "luto" (*RONT*, p. 176). Isso é particularmente interessante, uma vez que ele critica Calvino por criar um "discurso de presença e ausência" (*CG*, p. 167). Todavia, no próprio relato de Ward do sacramento, Jesus é atualmente "presente" da forma mais equívoca, uma vez que "Jesus" foi redefinido agora como não mais a pessoa encarnada que viveu e morreu na cruz; este claramente não é o mesmo Jesus a quem Calvino se refere.

Em *Cities of God*, Graham Ward sugere que há "um escândalo ontológico" nas palavras "tomem e comam; isto é o meu corpo" e que a polêmica surge no uso da palavra é (*CG*, p. 82). Ele também sugere que as únicas alternativas a isso são o ceticismo (*CG*, p. 85) ou "autodúvida observacional" (*CG*, p. 87), porém Calvino — que acredito ser mais genuinamente analógico do que Ward — encontra uma quarta opção: uma compreensão simbólica ou analógica. Ele dedica uma seção inteira das *Institutas da religião cristã* para tratar do significado da palavra é no texto e conclui, com base em 1Coríntios 10:16, que o é ali se refere à participação, que "é algo diferente do corpo em

---

[8]Calvino dá exemplos de momentos em que a Bíblia atribui aspectos de Jesus que podem ser verdadeiros referentes apenas à sua natureza divina ou humana (como a presença na criação, o que claramente não se encaixava em sua natureza humana), concluindo que a *communicatio* costuma ser retórica, e não ontológica.

si" (*ICR*, 4.17.22).⁹ Para Calvino, a controvérsia ontológica não está no é do sacramento, mas, antes, na humanidade totalmente corporificada de Jesus recebida no céu na ascensão e, também, em nossa verdadeira união com ele. Calvino diz ainda que essa "comunhão íntima em que nos unimos à sua carne" é "maior do que todas as palavras" (*ICR*, 4.17.9). Ele concorda com Gregório de Nissa, a quem Ward cita ao comentar sobre a declaração de Cristo "isto é o meu corpo":

> reconheço também outro tipo de comida, que tem certa analogia com a do corpo, cuja satisfação se estende somente à alma: "Coma do meu pão" é a ordem da Sabedoria aos famintos; e o Senhor declara bem-aventurados os que têm fome de alimentos como este, e diz: "Se alguém tem sede, venha a mim e beba" (citado em *CG*, p. 88).

Tanto Gregório quanto Calvino analisam simbolicamente a ceia do Senhor; isto é, acreditam que os elementos apontam para algo mais real do que eles próprios.

Ward pede um olhar mais profundo à importância da ascensão, ainda que pareça estar falando de algo bem diferente da presença física. Ele afirma: "Na ascensão de Cristo seu corpo se expande com o propósito de se tornar um espaço em que a igreja crescerá" (*CG*, p. 94) e "a ascensão marca a última fase na identidade desestabilizada do corpo do Messias" (*RONT*, p. 163). Ao falar da "identidade desestabilizada", Ward declara que o corpo de Jesus tinha "habilidades pré-lapsárias" que faltam aos humanos caídos e também que era "escatologicamente moldado" (*RONT*, p. 164). Ele aponta ainda que na ascensão "a igreja passa a ser o corpo de Cristo, partido como o pão, para ser o alimento espalhado por todo o mundo. O deslocamento final do corpo com gênero de Jesus Cristo, sempre aporético, é o corpo multigênero da igreja" (*RONT*, p. 176). A humanidade particular de Jesus de Nazaré se perdeu, de forma que seu único corpo existente no presente é a igreja invisível.

Calvino argumentaria, com o que eu concordo, que a fim de evitar o docetismo, precisamos insistir na presença local do corpo ressurreto e ascenso de Jesus Cristo à direita de Deus. Se seu corpo é imaginado como transfigurado em alguma nova substância, sua natureza totalmente humana

---

[9] "Não é verdade que o cálice da bênção que abençoamos é uma participação no sangue de Cristo, e que o pão que partimos é uma participação no corpo de Cristo?" (1Coríntios 10:16).

não está sendo respeitada e a nossa não está na presença de Deus. No entanto, a "transcorporalidade" de Ward parece ser algo muito diferente da realidade tátil, local, dimensional e carnal de um homem que ressuscitou e subiu aos céus. Ward acusa Calvino de reduzir a fisicalidade de Cristo a "uma sensação de assombração, uma aura ectoplásmica por atrás ou além do material" (*CG*, p. 162), o que sugere que nem Ward tem recursos para analisar um corpo genuinamente ressuscitado ou a materialidade que não se limita à nossa experiência atual.

Calvino insiste que nossa doutrina da presença de Cristo na ceia do Senhor nunca pode estar "em conflito com uma natureza verdadeiramente humana" e sugere duas regras teológicas com a intenção de garantir que isso não ocorra: "(1) Que nada seja tirado da glória celestial de Cristo, como acontece quando ele se encontra sob os elementos corruptíveis deste mundo ou quando está vinculado a qualquer criatura terrestre. (2) Que nada impróprio à essência humana seja atribuído ao seu corpo, como acontece quando se diz que ele é infinito ou é colocado em diversos lugares ao mesmo tempo" (*ICR*, 4.17.19). Acredito que Ward falhe em ambos os testes, que na verdade seu entendimento da ascensão é realmente uma inclusão do ser particular de Jesus ao novo corpo da igreja, de modo que seu corpo individual não existe mais, embora Ward afirme que "o deslocamento [da ascensão] não é a eliminação, e sim a expansão do corpo" (*CG*, p. 112). Na prática, não estou convencida de que exista uma diferença. Ward lembra que: "Não temos acesso ao corpo com gênero do judeu" (*CG*, p. 113). Suspeito que seja por isso que ele não tem uma teoria para a segunda vinda. Como Jesus Cristo pode voltar quando agora ele existe unicamente na comunidade da igreja? Como contraponto, Calvino insiste, assim como eu, que é justamente o corpo de Jesus como judeu com gênero que está agora com Deus, o mesmo corpo que estava na cruz e no túmulo está agora no céu e que é este corpo que veremos quando encontrarmos Jesus Cristo face a face na próxima vida.

Ao mesmo tempo, Calvino concordaria que a ideia da presença local não deve ser entendida de maneira ingênua ou unívoca à nossa experiência atual. Ele não se preocupa em especular a respeito da natureza exata do céu em que Jesus vive agora. Precisamos saber que, onde quer que esteja, ele já reina sobre o céu e a terra e, por isso, está protegendo e cuidando de sua igreja. Keith Mathison resume a perspectiva de Calvino: "Apesar do fato de que nossa mente finita é incapaz de compreender ou definir perfeitamente a exata natureza do céus, somos compelidos a aceitar que o corpo de Cristo está lá e que é uma dimensão diferente daquela em que vivemos".[10] Precisamos saber que Jesus Cristo, na plenitude de sua natureza humana, está constantemente intercedendo junto ao Pai em nosso favor, e agora nada nos separe do amor de Deus. Não necessitamos de informações mais detalhadas sobre onde fica o céu ou como ele é, principalmente porque é quase certo que não conseguiríamos entendê-las se fossem oferecidas. Como cidadão do século 16, Calvino percebe que o céu não está simplesmente acima de nossas cabeças em algum lugar nas nuvens. Aponta que o mesmo "não é limitado pela localização no espaço nem circunscrito por quaisquer limites" (*ICR*, 4.17.18), sendo perfeitamente possível para Cristo exercer influência sobre a terra. Além disso, Calvino não tenta resolver o problema de onde está o céu ou onde Jesus está agora, usando simplesmente dois argumentos: (1) o céu não está aqui, no mundo de nossa experiência diária, o que significa que devemos, de alguma forma, experimentar Cristo como alguém ausente para nós, mas (2) ele é nosso destino final e estar com Jesus é nosso propósito final.[11] Talvez nossos corpos ressurretos existam em mais dimensões do que nosso corpo atual, de modo que o tempo e o espaço não sejam limitadores da mesma forma que são agora (independentemente de podermos nos tornar mais dimensionais, sempre seremos criaturas finitas diante da eternidade infinita de Deus). Talvez o céu seja algum tipo de dimensão alternativa, cruzando este mundo de outras maneiras. Não sabemos. O importante a lembrar é que Jesus Cristo ressuscitou em um corpo humano, embora um corpo ressurreto que parecia menos limitado do que os nossos por coisas como portas trancadas, mas ainda humano, material, capaz de desfrutar do alimento, fazer uma caminhada e ser tocado. Este corpo humano está no céu, onde quer que seja, e é nele que ele intercede por nós diante do Pai. Sugerir que seja onipresente é torná-lo algo diferente de totalmente humano.

[10] Keith A. Mathison, *Given for you: reclaiming Calvin's doctrine of the Lord's supper* (Phillipsburg: Presbyterian & Reformed, 2002), p. 279.
[11] Apesar da clareza de Calvino em relação a esse tema, alguns teólogos cristãos contemporâneos continuam desconfortáveis com a linguagem da ascensão ao céu. Em um debate que tive em janeiro de 2004 sobre um rascunho anterior deste ensaio, descobri que muitos de meus colegas resistiam a essa terminologia e pareciam supor que eu a usava no sentido literal ou talvez simplesmente que Calvino as utilizava literalmente. Ele não o fez e nem eu o faço. No entanto, quase todas as culturas fazem uso da metáfora da ascensão para se referir a Deus, bem como a metáfora de alto e baixo como referência às hierarquias de valor (na verdade, a palavra *hierarquia* tem esse contexto), provavelmente porque nós, humanos, crescemos verticalmente ao longo de nossa vida e desde muito cedo aprendemos a associar a ascensão com o progresso. Extrair essa linguagem de nossa conversa teológica não me parece nem um pouco natural. Além disso, essa é a metáfora que a Bíblia usa, e por isso acredito que seja privilegiada e que continuará fazendo parte da nossa linguagem, embora nenhum de nós creia que o céu esteja literalmente "lá em cima".

Portanto, o centro da doutrina da ceia do Senhor está aqui nestes três primeiros pontos: a acomodação de Deus para nós por meio da encarnação e da ascensão de Jesus, formando um movimento circular de descida de Deus para a humanidade e retorno a ele:

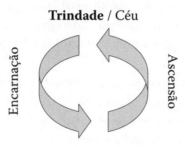

A mudança entre esses dois mecanismos está entre a cruz e a ressurreição. A cruz é o ápice do movimento descendente; a ressurreição, o início do movimento ascendente. Entre esses dois eventos, Jesus Cristo encontrou a negação da morte, o inferno e o pecado humano, nenhum dos quais tem realidade positiva e todos mal existindo como parasitas da bondade divina. A verdade suprema de Jesus Cristo, o Logos em quem tudo permanece unido, inundou a irrealidade do mal. Sua natureza em toda a sua bondade, glória, beleza e verdade não poderia ser limitada pelas sombras da morte, pecado e inferno.

SACRAMENTO E PROCLAMAÇÃO

A celebração do sacramento deve começar sempre pela proclamação da Palavra. A ceia do Senhor sela suas promessas contidas nas Escrituras e se elas não forem proclamadas, o selo é sem sentido. Esta declaração da Palavra não é apenas uma realidade interior, não se resume ao Espírito Santo falando individualmente ao nosso coração: é a pregação bíblica autoritativa das palavras das Escrituras para a comunidade reunida. Calvino exige que a palavra seja pronunciada junto à ceia, em uma união do discurso com a ação. Sabe-se, em toda a tradição reformada, que essa pregação inclui não só as palavras da instituição, mas também o sermão, que deve preceder o sacramento. É por meio da proclamação da palavra que Cristo vem até nós, de forma que nossa união com ele se torne possível. Calvino diz: "Se desejamos conhecer Jesus, precisamos buscá-lo nas *Escrituras*, pois aqueles que imaginam tudo o que desejam em relação ao Filho, no final das contas nada terão nada além de um fantasma sombrio. Então, em primeiro lugar, devemos acreditar que Cristo não pode ser conhecido adequadamente de nenhuma outra maneira que não seja pelas *Escrituras*".[12]

A doutrina da transubstanciação estabelece que o sacramento é um movimento descendente de Deus para nós, em que o corpo de Jesus é distribuído ao mundo. O teólogo católico Edward Schillebeeckx explica:

> A base de todo o evento eucarístico é o dom pessoal de Cristo de si mesmo aos seus semelhantes e, dentro disso, ao Pai. Esta é simplesmente sua *essência*: "O homem Cristo Jesus é aquele que *se entrega* (*ho dous heauton*, 1Timóteo 2:6)". A eucaristia é a forma sacramental deste acontecimento, a entrega de Cristo de si mesmo ao Pai e aos homens. Isso assume a imagem de uma refeição comemorativa em que o significado secular comum do pão e do vinho é anulado e eles se tornam portadores da doação de Cristo de si mesmo [...] doação que não é direcionada ao pão e ao vinho, mas aos fiéis.[13]

O sacramento é o momento da autodoação de Cristo, em que ele se espalha para a igreja. Quando o sacramento é entendido como um movimento descendente, torna-se sensato falar sobre a qualidade sacramental de toda a vida: uma vez que o corpo disperso de Cristo toca toda a vida, ela transforma potencialmente em um ponto de contato com a presença de Cristo. Ward vai além, argumentando que o universo material não é simplesmente validado, mas também absoluto. Qualquer insinuação de que Cristo está, em certo sentido, ausente do mundo ou de que existe outro reino pelo qual esperamos é descartada como equivocada e dualista (o que aparentemente é uma coisa ruim por definição).[14]

Em contraste, Calvino acredita que o diálogo entre Deus e a humanidade tem início na revelação da Palavra de Deus, tanto a Palavra encarnada (que é onde começamos) quanto a Palavra inspirada das Escrituras e sua proclamação. O primeiro movimento descendente de Deus para nós, em que ele se

---

[12]João Calvino, *Commentary on John*, trad. para o inglês William Pringle (Grand Rapids: Christian Classics Ethereal Library, 1999), 1.127 (em João 5:39) (grifo original). Disponível em: http://www.ccel.org/ccel/calvin/calcom34.pdf; acesso em: 17 de março de 2005).

[13]E. Schillebeeckx, *The Eucharist*, trad. para o inglês N. D. Smith (New York: Sheed & Ward, 1968), p. 137 (grifo original).

[14]Veja principalmente a análise de Ward sobre Calvino em *CG*, p. 161-7.

entrega, é o da revelação, não da eucaristia (é por isso que alguns apontam que a pregação é o sacramento principal na concepção calvinista, e não a ceia do Senhor). Primeiro somos levados à comunhão com Cristo pela proclamação do evangelho.

A CEIA DO SENHOR COMO MOVIMENTO ASCENDENTE

Isso nos leva ao próximo ponto: a ceia do Senhor não é um movimento descendente em que Jesus é atraído a nós, e sim ascendente, na medida em que somos elevados a ele como participantes de sua natureza. Uma seção das *Institutas da religião cristã* de Calvino tem o seguinte título: "Cristo não é trazido a nós: somos conduzidos a ele". Nessa seção, ele repreende aqueles que pensam que Cristo está presente no pão ou vinho da comunhão:

> Na compreensão deles, Cristo não parece estar presente, a menos que desça até nós. Como se, caso ele nos elevasse para si, não devêssemos apenas desfrutar de sua presença! Portanto, a questão é meramente quanto à forma, pois o colocam no pão, enquanto não pensamos que seja lícito arrastá-lo do céu (*ICR*, 4.17.31).

George Hunsinger chama essa ideia calvinista de um "vetor ascendente".[15] Na medida em que Ward defende um movimento de dispersão, Calvino ensina que Cristo ascendeu no corpo e, por meio do sacramento, atrai todos os crentes a se unirem a ele e, assim, à comunhão com a vida interior da Trindade, sugerindo o movimento de convergência.[16] É só porque estivemos na presença de Deus e fomos elevados à união com Cristo que estamos preparados no sentido de representá-lo diante dos outros. E é quando estamos prontos para representar Cristo que a igreja, por sua vez, torna-se o corpo

---

[15] George Hunsinger, "The bread that we break: toward a Chalcedonian resolution of the Eucharistic controversies", *Princeton Seminary Bulletin* 24 (2003): 251.

[16] Nesse aspecto, Milbank parece estar mais próximo de Calvino do que de Ward. Sua crítica a Hamann também poderia ser dirigida a Ward: "Ele tende a *substituir* totalmente o sentido de uma ascensão analógica a Deus, ou de uma participação continuamente aprofundada na eternidade divina, pelo conceito da adaptação kenótica de Deus a nós, tanto na criação como quanto na redenção. Isso permite a encarnação e a emprega como uma *cifra*, mas não dá espaço para a concepção — igualmente do Novo Testamento — de que o Senhor se tornou homem com a intenção de nos incorporar à Trindade e nos tornar de fato mais celestiais e espirituais, se não, menos corpóreos" (*RONT*, 31, grifo original).

de Cristo, um símbolo que exibe o corpo ascenso de nosso Senhor soberano. Por meio de nossa comunhão na ceia do Senhor, como igreja, passamos a ser o corpo que é elevado a fim de atrair todas as pessoas a ele.

Nesse contexto, a perspectiva de Calvino sugere uma expansão do corpo de Cristo, ainda que seja um tipo diferente do que a sugerida por Ward. Na ascensão de Cristo, a humanidade é conduzida à presença da Divindade. Por meio de nossa união com ele, seu corpo, que é a igreja, se expande, não por estar espalhado por todo o mundo, mas porque somos elevados ao céu com ele. Não acrescentamos nada a Jesus Cristo, que é completamente Deus e já preenche o céu e a terra com sua natureza divina. Em vez disso, *somos* ampliados, adicionando uma dimensão celestial à nossa vida, pois estamos unidos a Cristo. Calvino chama isso de "a troca maravilhosa" que Deus fez conosco:

> Tornando-se Filho do homem conosco, ele nos fez filhos de Deus com ele. Por sua descida à Terra, preparou uma subida ao céu para nós. Ao assumir nossa mortalidade, concedeu-nos sua imortalidade. Aceitando nossa fraqueza, fortaleceu-nos com seu poder. Recebendo nossa pobreza, transferiu-nos sua riqueza. Tomando sobre si o peso de nossa iniquidade (que nos oprimia), revestiu-nos de justiça (*ICR*, 4.17.2).

Essa troca acontece principalmente na ceia do Senhor, pois tem como fruto a união com Cristo. Calvino sabe que está em harmonia com Agostinho nesse ponto, já que em sua obra *Confessions*, Agostinho ouve Cristo dizendo: "Sou o alimento dos maduros, então cresça e você me comerá. Não serei transformado em você como um alimento físico: você será transformado em mim".[17]

Não existe nada equívoco nessa troca. Assim como Agostinho, Calvino é um dualista sem remorso no que se refere à natureza humana (incluindo a natureza humana de Cristo), por isso é perfeitamente coerente para ele falar de uma comunhão real com Cristo na glória que não deixa de ser uma comunhão espiritual. Tal comunhão é iniciada pelo símbolo dos elementos, o que torna essa troca genuinamente analógica. Todavia, sua essência espiritual está ligada à obra do Espírito Santo e à nossa participação em

---

[17] Agostinho, *The confessions*, vol. 1/1: *The works of Saint Augustine: a translation for the twenty-first century*, ed. John E. Rotelle et al., trad. para o inglês Maria Boulding (Hyde Park: New City Press, 1997), p. 173, § 7.10/16.

Cristo. No entanto, a comunhão é realizada com o *corpo* humano dele. Mathison explica:

> A ideia do "alimento espiritual" é oposta à do "alimento carnal" e está relacionada ao modo como comemos. Não tem nenhuma relação com o modo que comemos. As Igrejas Católica Romana e Luterana argumentaram que participamos no corpo e no sangue de Cristo com a boca. Calvino acredita que o fazemos pela fé — a boca da alma. E ambos concordam que participamos do corpo e sangue de Cristo, discordando unicamente quanto à forma de isso ocorrer.[18]

Calvino se afastou explicitamente daqueles que pensavam que o sacramento era apenas uma comunicação com a natureza divina de Cristo ou com seu espírito.

Na concepção de Calvino do sacramento, os cristãos compartilham uma realidade que é mais importante do que todas as coisas que nos separam. Tal visão privilegia a unidade da igreja como corpo de Cristo em detrimento da sua diversidade como membros desse corpo. Entendo que isso pode soar irônico para quem pensa em Calvino principalmente como o instigador de um grande cisma. Ainda assim, em sua percepção da ceia do Senhor, a sala do trono de Deus é o lugar onde os cristãos de todas as épocas e lugares se encontram e são unidos uns aos outros por meio de Cristo. A igreja é constituída como corpo de Cristo por meio dessa comunhão celestial.

Agora temos um segundo círculo a ser desenhado em volta do primeiro e que tem sua lógica e significado por ser análogo ao anterior:

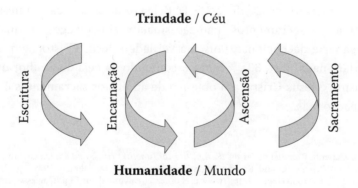

[18] Mathison, *Given for you*, p. 282 (grifo original).

A segunda seta para baixo é a revelação das Escrituras, e a segunda para cima é o sacramento da ceia do Senhor. Observe que a revelação das Escrituras é análoga à revelação da encarnação e, do mesmo modo, a elevação que experimentamos na comunhão é análoga ao evento da ascensão. Por meio do sacramento, participamos da ascensão de Cristo. Somos unidos ao seu corpo e levados para cima, onde ele está. Em seu comentário sobre 1Timóteo, Calvino comenta sobre nossa participação na volta do Filho ao Pai:

> O Filho de Deus nos estende a mão de um irmão e [...] somos unidos a ele pela comunhão de nossa natureza, a fim de que, de nossa condição baixa, ele possa nos elevar ao céu [...] Consequentemente, sempre que orarmos a Deus, se lembrarmos da majestade exaltada e inacessível, para que não hesitemos por medo dela, devemos, ao mesmo tempo, trazer à memória "o homem Cristo", que gentilmente nos convida e nos leva, digamos assim, pela mão, a fim de que o Pai, que havia sido objeto de terror e inquietação, possa ser reconciliado por ele e se tornar nosso amigo. Esta é a única chave que nos abre a porta do reino celestial, com o objetivo de que possamos estar na presença de Deus com confiança.[19]

É graças ao fato de Calvino entender a natureza de Deus como verdadeiramente outra — de maneira terrível, embora ele seja a fonte de todo o bem — que o ofício mediador de Cristo é tão importante. Tanto na revelação das Escrituras quanto na ceia do Senhor, o próprio Filho é o elo de ligação, a escada entre o céu e a terra, pois ele é a Palavra falada, o conteúdo da revelação e o corpo a que estamos unidos e pelo qual somos alimentados. Como lemos na Confissão de Fé Belga (uma declaração confessional reformada), os sacramentos "não são sinais vazios e vagos destinados a nos enganar e decepcionar, pois sua verdade é Jesus Cristo, sem o qual não seriam nada" (art. 33).[20] Tanto o conteúdo da ceia do Senhor quanto do batismo é Jesus Cristo, e o objetivo de ambos os sacramentos é nossa participação nele.

---

[19] João Calvino, *Commentaries on the Epistles to Timothy, Titus, and Philemon*, trad. para o inglês William Pringle (Grand Rapids: Christian Classics Ethereal Library, 1999), p. 31 (sobre 1Timóteo 2:5). Disponível em: http://www.ccel.org/ccel/calvin/calcom43.pdf; acesso em 17 de março de 2005.

[20] Disponível em: http://12.106.150.196/whoweare/beliefs/confess_belgic_33-37.asp; acesso em 17 de março de 2005.

O CORPO DE JESUS CRISTO E O PODER DO ESPÍRITO SANTO

Concentrando-nos agora na natureza do sacramento, o corpo de Jesus está presente na ceia do Senhor por meio do poder do Espírito Santo, e aqui encontramos a "mudança" do movimento descendente da revelação ou proclamação para o movimento ascendente do sacramento. Essa mudança acontece entre as palavras da instituição e a distribuição dos elementos, quando o celebrante faz a oração conhecida como *epiclesis*, pedindo ao Espírito que transforme as pessoas reunidas e os componentes da ceia, no intuito de que este evento seja uma verdadeira *comunhão* com nosso Senhor ascenso. Na minha denominação, a Igreja Presbiteriana (EUA), essa oração costuma ser a seguinte:

> Deus gracioso, derrama teu Espírito Santo sobre nós e sobre tuas dádivas do pão e vinho, afim de que o pão que partimos e o cálice que abençoamos possam ser a comunhão do corpo e sangue de Cristo. Pelo teu Espírito, faze-nos um com Cristo, no desejo de que possamos ser um com todos os que participam deste banquete, unidos no ministério em todo lugar. Sendo este pão o corpo de Cristo para nós, envia-nos com o propósito de ser seu corpo no mundo.[21]

O Espírito Santo é o agente que nos une a Cristo. No culto reformado, a leitura das Escrituras é sempre precedida por uma oração de iluminação, um reconhecimento de que é o Espírito quem as abre para nós. Os movimentos neste círculo não dependem do nosso trabalho, e sim da obra do Espírito Santo. Os dois lados deste diálogo são iniciados por Deus, envolvendo as três pessoas da Trindade: o Deus Pai fala, o Filho é citado e o Espírito se move em nosso coração, com o propósito de que possamos ouvir e compreender. Na outra direção, o Espírito transforma os elementos, somos unidos a Cristo e entramos na presença de Deus por meio de nossa união com Cristo.

O corpo de Jesus está realmente espiritualmente presente na ceia do Senhor pelo poder do Espírito Santo. Na tentativa de evitar confusão àqueles que acreditam que "real" significa "físico", esta visão é algumas vezes referida como "presença mística". Calvino declara:

---

[21] Unidade de Ministério de Adoração e Teologia da Igreja Presbiteriana (EUA), *Book of common worship* (Louisville: Westminster John Knox, 1993), p. 72.

Concluo que o corpo de Cristo é *realmente* (como diz a expressão comum) — ou seja, *verdadeiramente* — concedido a nós na ceia como alimento saudável para a alma [...] O que estou dizendo é que nossa alma é nutrida pela substância do corpo, com a intenção de que possamos nos tornar um com ele ou, falando de outra forma, que uma virtude vivificante da carne de Cristo seja derramada em nós pelo Espírito, embora esteja muito longe, e não misturado conosco.[22]

Calvino reconcilia as crenças aparentemente incompatíveis de que o corpo de Cristo está presente no céu e que devemos nos alimentar de seu corpo para a vida eterna ao mencionar a obra do Espírito Santo:

Apesar de parecer inacreditável que a carne de Jesus, separada de nós por uma grande distância, penetre-nos, tornando-se nosso alimento, vale lembrar o quão alto o poder secreto do Espírito Santo se eleva acima de todos os nossos sentidos e como é tolo tentar medir sua incomensurabilidade por nossa medida. O que, então, nossa mente não compreende, deixemos a fé conceber: que o Espírito une verdadeiramente as coisas afastadas no espaço (*ICR*, 4.17.10).

Em outro momento, ele diz que "o Espírito de Cristo é como um canal pelo qual tudo o que o próprio Cristo é e tem nos é transmitido". Calvino explica o papel do Espírito usando a imagem do sol, que envia alimento à terra por meio de seus raios, questionando: "Por que o brilho do Espírito de Cristo deveria ser menor para nos revelar a comunhão de sua carne e sangue?" (*ICR*, 4.17.12).[23] Calvino é classicamente agostiniano na interpretação do Espírito Santo como o vínculo de amor, tanto dentro da Trindade quanto no

---

[22]Calvin, *Commentary on Corinthians*, trad. para o inglês John Pringle (Grand Rapids: Christian Classics Ethereal Library, 1999), 1.234-35 (sobre 1Coríntios 11:24) (grifo original). Disponível em: http://www.ccel.org/ccel/calvin/calcom39.pdf; acesso em 17 de março de 2005.
[23]John Nevin, um intérprete posterior de Calvino, ensina a mesma coisa sobre a ceia do Senhor: "Não é simplesmente uma ocasião pela qual a alma do crente pode ser motivada por sentimentos e desejos piedosos: ela incorpora a presença real da graça que representa em sua constituição e essa graça não é simplesmente a promessa de Deus, em que somos encorajados a confiar, mas a vida do próprio Senhor Jesus Cristo. Na ceia do Senhor, comunicamo-nos não só com a promessa divina, nem meramente com a ideia de Cristo, nem apenas com a simples lembrança do que ele fez e sofreu por nós ou com o sentido presente vivo de sua salvação totalmente suficiente e gloriosa, e sim com o Salvador vivo, na plenitude de sua pessoa glorificada, tornada presente para nós pelo poder do Espírito Santo"; *The mystical presence and other writings on the Eucharist*, ed. Bard Thompson; George Bricker, Lancaster Series on the Mercersburg Theology (Philadelphia: United Church Press, 1966), 4.33-34.

relacionamento que todo crente tem com Jesus Cristo. Ward descarta essa proximidade como uma comunhão virtual com Cristo, não uma comunhão real. Isso pode estar relacionado à sua falta de interesse aparente na obra da terceira pessoa da Trindade.

Nas *Institutas*, Calvino define a fé como "um conhecimento firme e certo da benevolência de Deus conosco, baseado na verdade da promessa dada gratuitamente em Cristo, tanto revelada em nossa mente quanto selada em nosso coração pelo Espírito Santo" (*ICR*, 3.2 .7). A participação na ceia do Senhor é um *ato* e uma *fonte* de fé. O Espírito torna Jesus completamente presente para nós, e nos leva à presença do Pai ao nos unir com Cristo. Em seu comentário sobre 1Coríntios, Calvino conecta essas duas obras do Espírito Santo: ele nos une a Cristo, com o objetivo de que *participemos* de seu *corpo*, e faz isso pela fé que nos dá, visto que é por ela que "subimos ao céu".[24] Em outro momento, Calvino observa que fé não é só saber o que Jesus fez por nós, mas também "aceitar as ofertas que ele faz de si mesmo" para "possuí-lo e desfrutá-lo como nosso Salvador [...] A fé não é uma visão distante, mas um abraço caloroso de Cristo, por meio do qual ele habita em nós e somos cheios do Espírito Divino".[25] A participação, ou união, com Cristo é um tema importante na teologia de Calvino. Por isso, quem toma parte na ceia do Senhor sem fé recebe somente um sinal e não participa concretamente de Cristo, pois o Espírito Santo não está presente neles.[26] Porém, a fé em si é um dom resultante da graça eletiva de Deus, que é o iniciador da nossa união com Cristo.[27]

O PÃO COMO SÍMBOLO

O pão da ceia do Senhor é realmente pão, não só tem aparência de pão, e funciona como um símbolo, exibindo a verdadeira presença de Cristo, não apenas como um memorial. Calvino acredita que a realidade do sinal aponta para o que ele significa. Se o pão é uma ilusão, a promessa também é:

---

[24]Calvino, *Commentary on Corinthians*, 1.235 (sobre 1Coríntios 11:24).
[25]Calvino, *Commentaries on Galatians and Ephesians*, trad. para o inglês William Pringle (Grand Rapids: Christian Classics Ethereal Library, 1999), p. 156 (sobre Efésios 3:17). Disponível em: http://www.ccel.org/ccel/calvin/calcom41.pdf; acesso em 17 de março de 2005.
[26]Calvino, *Commentary on Corinthians*, 1.238-39 (sobre 1Coríntios 11:27).
[27]Como Nevin diz: "A virtude que [o sacramento] tem não é inserida nele pela fé do adorador em primeiro lugar, para ser retirada dele novamente pela mesma fé, na mesma forma [...] A fé não cobre o sacramento com seu poder. Ela é a condição de sua eficácia para o comunicante, mas não o princípio do poder em si" (*Mystical presence*, p. 39-40).

Entretanto, o sentido não seria correto se a verdade ali representada não tivesse imagem viva no sinal externo. O propósito de Cristo era testemunhar pelo símbolo que sua carne é alimento. Se ele tivesse apresentado unicamente a aparência vazia do pão e não o pão de fato, onde estaria a analogia ou comparação necessária para nos guiar do visível ao invisível? [...] Por exemplo, se no batismo a água enganasse nossos olhos, não teríamos garantia segura de nossa limpeza. Na verdade, essa falsa demonstração nos daria oportunidade de hesitar. Portanto, a natureza do sacramento é anulada, a menos que, quanto ao significado, o sinal terrestre corresponda ao celestial (*ICR*, 4.17.14).[28]

Calvino aceita o ponto de vista de Agostinho quanto aos sinais e símbolos, incluindo-se em uma longa tradição da teologia simbólica cristã, uma abordagem que identifica semelhanças entre este mundo e o que ele chama de "coisas celestiais". Como Richard Muller aponta, Calvino costuma dar sequência ao pensamento medieval, em vez de fazer coro às novas ideias da modernidade.[29] Essa teologia simbólica é um belo exemplo de tal continuidade. Em seu comentário sobre 1Coríntios, ele traz a ilustração de uma estátua de Hércules como uma simples representação do mesmo, algo que certamente não tem poder de convocá-lo e não está de modo algum conectado à sua presença. Por outro lado, a pomba que apareceu no batismo de Jesus era um símbolo do Espírito Santo e, portanto, um sinal e uma garantia de que este último estava realmente presente. Um símbolo é algo "pelo qual a realidade nos é apresentada" e, dessa maneira, faz a mediação genuína da presença do objeto simbolizado.[30] Calvino considera a sarça ardente e a arca da aliança exemplos de símbolos do Antigo Testamento (*ICR*, 4.17.21) e no caso destes, há "uma forma sacramental de expressão, em que o Senhor lhes atribui o nome de coisa significada".[31] Assim, ao pensar sobre as palavras

---

[28] Calvino faz a mesma observação em *Commentary on Corinthians*, 1.234 (sobre 1Coríntios 11:24): "Portanto, se houver uma correspondência entre o sinal e sua realidade, é necessário que o pão seja real — não imaginário — para representar o corpo verdadeiro de Cristo. Além disso, seu corpo nos é dado aqui *como alimento*. Não é de forma alguma a cor do pão que nos nutre, e sim sua substância. Enfim, se desejarmos ter as coisas como realmente são, não pode existir engano no sinal" (grifo original).
[29] Richard A. Muller, *The unaccommodated Calvin: studies in the foundation of a theological tradition* (New York: Oxford University Press, 2000). Veja espec. cap. 3: "Scholasticism in Calvin: a question of relation and disjunction".
[30] Calvino, *Commentary on Corinthians*, 1.234 (sobre 1Coríntios 11:24).
[31] Ibidem.

"isto é o meu corpo", Calvino observa que "essa expressão é uma metonímia, uma figura de linguagem geralmente usada nas Escrituras quando mistérios estão sendo tratados" (*ICR*, 4.17.21). Uma metonímia "mostra verdadeiramente" aquilo que representa e quando o símbolo é ordenado por Deus, podemos confiar que ele o uniu à realidade de tal modo que leva facilmente à verdade que exibe.

Em seu livro *Alegoria do amor: um estudo da tradição medieval*, C. S. Lewis explica a tradição da teologia simbólica em contraste com a alegoria. Ele sugere que, embora a alegoria esteja ligada ao simbolismo, na medida em que ambas estabelecem o que ele chama de "equivalência entre o material e o imaterial", os impulsos são, de outras maneiras, completamente opostos. A alegoria parte do mundo sensível e cria algo ficcional, que é menos real. O simbolismo, por sua vez, tenta olhar além desse mundo a algo mais concreto além dele, para o qual ele aponta. Lewis afirma: "A tentativa de ler algo a mais por meio de suas imitações sensíveis, buscando o arquétipo na cópia, é ao que me refiro quando falo de simbolismo ou sacramentalismo [...] O alegorista deixa de lado o que lhe é dado — suas próprias paixões — no intuito de tratar do que é abertamente menos real, como uma ficção. O simbolista descarta o que lhe é oferecido no pensamento de encontrar o que é mais verdadeiro. Explicando a diferença de outra forma, no ponto de vista do simbolista, a alegoria somos nós".[32] Portanto, dizer que Calvino segue a tradição da "teologia simbólica" é mais do que observar que ele era habilidoso com as palavras ou que gostava de usar metáforas: em vez disso, significa que ele interpretou o mundo como um conjunto de sinais que apontavam para Deus. Ele certamente defende essa concepção em sua perspectiva da ceia do Senhor. Este é um ponto de vista profundamente analógico e escatológico do sacramento. O pão representa genuinamente o corpo de Cristo, sem ser unívoco com ele, e o ritual como um todo aponta na direção do banquete de casamento que desfrutaremos um dia, dando-nos desde já uma amostra genuína da festa e (mais importante) da nossa união com Cristo.

Em contraste com Calvino, a compreensão de Ward do sacramento é alegórica, e não simbólica ou analógica, uma vez que ele acredita que os corpos físicos dos cristãos que integram a igreja são mais reais do que o

---

[32]C. S. Lewis, *The allegory of love: a study in Medieval tradition* (Oxford: Oxford University Press, 1936), p. 45 [edição em português: *Alegoria do amor: um estudo da tradição medieval*, trad. Gabriele Greggersen (São Paulo: É Realizações, 2012)].

corpo de Jesus que ascendeu. Mais uma vez, na sua concepção, o movimento é para baixo e não para cima, o que pode surpreender alguém que está comprometido com "a suspensão do material", como os autores da ortodoxia radical afirmam estar (*RONT*, p. 1-20). Esse movimento descendente absolutiza a materialidade presente, sem permitir que nossa experiência atual da materialidade seja um símbolo de alguma materialidade futura ressuscitada e transformada. No lugar de procurar ícones no mundo atual, ficamos com ídolos que "fixam o olhar", como diz Jean-Luc Marion, sem direcioná-los unicamente a si mesmos.[33]

A CEIA DO SENHOR E A COMUNIDADE

Por fim, a celebração da ceia do Senhor precisa envolver sempre toda a comunidade. Calvino é enfático de que todos os crentes devem ser convidados à mesa, argumentando que a possibilidade de uma pessoa tomar a comunhão sozinha resultava de um entendimento equivocado da natureza do sacramento. Em seu comentário sobre Efésios, ele percebe no ensino de Paulo em relação ao casamento e na analogia traçada entre o relacionamento de marido e mulher e o de Cristo com sua igreja uma referência à ceia do Senhor, pois faz parte do sacramento que participamos e estamos ligados a Cristo. Brian Gerrish sugere que é daqui que Calvino tira a expressão *união mística*, do tratamento de Paulo sobre a união misteriosa entre marido e mulher.[34] Contudo, como aqueles a serem unidos são *a Igreja*, não os crentes individualmente[35], nossa união com Cristo também resulta na comunhão uns com os outros. A comunidade da igreja é a noiva de Jesus. É por isso que a oração ao Espírito Santo, citada anteriormente, pede não só a transformação dos elementos, mas também a transformação da comunidade. John Nevin aponta que "a carne e o sangue de Cristo estão em debate, não o pão e o vinho como tal, e sim a transação. Não materialmente ou por contato mecânico no espaço, mas *dinamicamente*".[36] É por isso que as igrejas reformadas insistem tipicamente em ter tanto presbíteros quanto um pastor presentes sempre que o sacramento é celebrado, mesmo que em um quarto de

---

[33]Jean-Luc Marion, *God without being: hors-texte*, trad. para o inglês Thomas A. Carlson (Chicago: University of Chicago Press, 1991), p. 10-1.
[34]Gerrish, *Grace and gratitude*, p. 73. O mistério também pode ser derivado de Colossenses 1:26-27: "O mistério [...] Cristo em vocês, a esperança da glória".
[35]Calvino, *Commentaries on Galatians and Ephesians*, p. 194-7 (sobre Efésios 5:28-33).
[36]Nevin, *Mystical presence*, p. 316.

hospital ou na casa de um membro reservado. O sacramento não é encontrado nos elementos ou em um poder clerical especial, mas na reunião fiel da comunidade sob a orientação do Espírito Santo. Encontramos nesta compreensão do sacramento o mesmo fundamento para a afirmação do mundo que na teologia católica romana? É claro que não. Na verdade, não é de espantar que essa compreensão calvinista do diálogo entre Deus e a humanidade tenha dado origem, em alguns momentos, à iconoclastia, já que não há espaço neste círculo dialógico de palavra e sacramento para uma resposta humana criativa. Somos influenciados pela ação divina, em vez de sermos atores. Somos influenciados. Ainda assim, acredito que exista um modo coerente para mim, como calvinista, ser tão afirmadora da beleza quanto os escritores da ortodoxia radical.

O teólogo católico Hans Urs von Balthasar defende que uma teologia estética precisa ter o que ele chama de "doutrina de *visão*", de maneira que exista algum caminho que leve a perceber ou compreender a ação de Deus no mundo, além do que ele chama de "doutrina do *arrebatamento*, de ser *levado*", pois sem o arrebatamento é impossível passar de nossos próprios "sistemas metafísicos ao sistema livre de Deus".[37]

Se desejar abrir espaço para uma teologia sacramental estética, um calvinista precisará de um terceiro círculo, análogo ao movimento da palavra e do sacramento, porém não idêntico a ele, que oferece tanto a doutrina da visão quanto a do arrebatamento. A parte inferior desse círculo não é difícil de ser encontrada. Calvino contou que havia uma linha extra de revelação, o livro da natureza, a criação. A obra da criação é um dom da graça, visto que o Deus triúno não precisa de ninguém nem nada além de si mesmo. Calvino costuma se referir a Deus principalmente, mas não exclusivamente ao Pai, como a "fonte de todo o bem". Na realidade, Gerrish sugere que esta é a "imagem divina fundamental" de Calvino e que "na ideia de Calvino, o sentido da criação é que o pai e fonte do bem espalhou uma mesa de coisas boas perante seus filhos".[38] A resposta correta a esta fonte da bondade é a gratidão e o gozo da glória de Deus. Gerrish argumenta que, segundo Calvino, "a humanidade autêntica é constituída pela ação de graças ao Criador do céu e da terra, cuja bondade serviu uma mesa diante de nós: essa é a verdade

---

[37] Hans Urs von Balthasar, *The glory of the Lord: a theological aesthetics*, ed. Joseph Fessio; John Riches, trad. para o inglês Brian McNeil et al. (San Francisco: Ignatius Press, 1989), vol. 4: *The realm of metaphysics in antiquity*, p. 24.
[38] Gerrish, *Grace and gratitude*, p. 26, 48.

do nosso ser, fundamentada na criação". Portanto, é justo pensar em toda a existência humana como "eucarística".³⁹

Este ato revelador é paralelo às visões tanto da encarnação quanto das Escrituras. Assim como Cristo pode ser considerado o conteúdo de ambas, ao identificá-lo como Logos, o Evangelho de João sugere que ele também seja, de alguma forma, o conteúdo da criação. Como Colossenses 1:17 declara, "nele tudo subsiste" (NRSV). O Pai pronuncia a Palavra no poder animador do Espírito, e tudo vem a ser e é mantido no ser, centrado na pessoa do Filho.

Embora a criação seja (de nossa perspectiva) cronologicamente anterior à encarnação, é epistemologicamente terciária. Precisamos experimentar os resultados que justificam a encarnação e a ascensão de Cristo e então ser instruídos e santificados por meio da Palavra e do sacramento antes de podermos ler o livro da natureza corretamente. Calvino e Ward seguem a tradição agostiniana, a qual Ward resume da seguinte forma: "Os cristãos devem aprender o mundo e só podem falar verdadeiramente sobre ele quando forem iluminados para a realidade das coisas pela operação interior de Deus" (*CG*, p. 6) . A presença iluminadora do Espírito Santo também é necessária, assim como foi ao ouvir a palavra e receber o sacramento. A revelação primária, a que todas as outras são análogas, é a revelação da encarnação.

Nesse contexto, quase chegamos a uma compreensão do diálogo entre Deus e a humanidade como três círculos concêntricos:

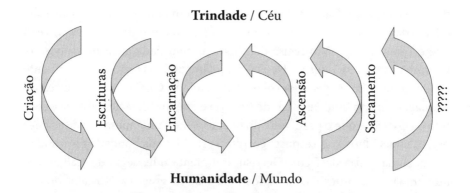

O círculo interno se refere à descida de Cristo por meio da encarnação e sua subida pela sua ascensão e sessão triunfante à direita do Pai. O segundo

---

³⁹ Ibidem, p. 50.

círculo diz respeito à palavra das Escrituras, proclamada antes do sacramento, e ao ato em resposta, em que o povo de Deus participa da ascensão do Filho. O terceiro círculo é controlado pelo círculo interno de encarnação e ascensão, de modo que a palavra e o sacramento são indicadores ou símbolos que direcionam nossa atenção ao evento central da vinda de Deus a fim de que ele esteja conosco como ser humano. O terceiro é o da criação e... o que? Qual seria o movimento ascendente paralelo à ascensão e ao sacramento? Para que os paralelos sejam verdadeiros, Cristo deve ser o conteúdo desta seta ascendente de alguma maneira, e o Espírito Santo, o poder iniciador.

Uma forma de entender essa seta ascendente seria no contexto da tradição do Logos, que vê Cristo como detentor do conteúdo do mundo criado, que é então oferecido de volta ao Pai por meio do amor do Espírito. Ward declara: "São as vozes da criação. Elas nunca foram silenciosas e desde o começo anunciaram a Deus a sua bondade" (*CG*, p. 9). Essa é a justificativa usada ao ler o mundo analogicamente. Ward é profundamente inspirado por Gregório de Nissa:

> A observação das qualidades externas de um objeto, o que Gregório chamou de *poiotes*, não é um fim em si mesmo. O fim é a realidade implícita de algo, o que Gregório denomina *upokeimenon*. Isso vem à tona quando observamos aspectos em relação a Deus, *epinoia*, quando vemos por meio do nosso desejo em relação a Deus. Somos — e todas as coisas criadas estão — sujeitos ao tempo, então esse processo pode nunca chegar a uma conclusão. Por isso, nunca poderemos conhecer o próprio *upokeimenon* [...] Os *poiotes* se tornam sinais a serem lidos pelo intelecto e, ainda assim, seu significado não é eternamente adiado, e sim prolongado, estendido para além da ordem material deste mundo e na direção do que Gregório chamou de *aion* [...]
>
> Ele trata pouco da eucaristia, mas não será porque, dentro de suas doutrinas da criação e da encarnação, o mundo é uma oferta eucarística, mantido e sustentado como um modo de agradecimento por sua própria doação? (*CG*, p. 90-1, grifo original)

Como sugere Gerrish, a teologia calvinista é igualmente eucarística.

Os seres humanos participam do retorno de Cristo, o Logos, ao Pai, vendo terrão mundo criado como relacionado ao Criador. A mente humana é projetada com o propósito de perceber o mundo. O desígnio de Deus para cada ser humano é que *entendamos* as coisas ao nosso redor. Ao fazê-lo, refletimos a imagem de Jesus, que assim como o Logos, contém ou *compreende* as formas essenciais de tudo o que existe. Quando compreendemos o mundo, estamos sendo como Cristo. Reconhecemos também a natureza essencialmente simbólica do nosso mundo, pois tudo o que vemos reflete a realidade mais profunda do próprio Deus, da sua glória e sua beleza. Ward resume a visão simbólica de Agostinho da realidade: "Tudo só existe na medida em que está vinculado ao ser divino e é sustentado em sua contingência" (CG, p. 7). Como William Wordsworth diz em "Linhas escritas algumas milhas acima da abadia de Tintern": "Com os olhos tranquilizados pelo poder / Da harmonia e o poder profundo da alegria / Que vemos a vida das coisas". Quando não só compreendemos o mundo, mas também o amamos, ou — como Jonathan Edwards diria — consentimos com ele, passamos da recepção da criação para uma oferta imaginativa da mesma a Deus em gratidão.

Esta mudança é análoga ao círculo interno, em que por meio de nossa atenção amorosa à existência independente da bela criação, substituímos as sombras de nossas ideias sobre a realidade pelas verdades da glória e beleza de Deus refletidas ao nosso redor. Esta transformação é semelhante à *epiclesis*, o círculo do meio, ao passo em que requer a ajuda do Espírito Santo, com a intenção de que não vejamos mais "do ponto de vista humano" (2Coríntios 5:16, NRSV), e sim com os olhos da fé. Essa mudança envolve a reorientação do desejo (*eros*) em direção ao seu objeto adequado, Deus, de maneira que nosso anseio e vontade nos levem à sua presença. Como nos lembra Ward:

> Na tradição cristã, o desejo em Deus e por ele não se move segundo uma lógica de privação. Deus não nos ama por precisar de nós para cumprir seu desejo. E embora os cristãos amem a Deus em primeiro lugar por sua necessidade reconhecida, há muito tempo o misticismo destes percebeu que o amor puro por Deus implica no abandono a quem ele é no seu ser trino amoroso. Existe uma diferença profunda entre participar em Deus e a necessidade em relação a ele. Na tradição cristã, Deus não existe com o objetivo de satisfazer às demandas humanas, pois isso seria tratá-lo como tratamos qualquer outro produto no mercado. Relatos tradicionais de *imitatio Christi* e as doutrinas da criação e escatologia ensinam que o propósito do homem é ser santificado, e a função da igreja, para aqueles que estão em processo de santificação, é atrair toda a criação de volta a Deus (CG, p. 76-7).

Calvino concordaria. Acredito que é aqui que podemos ampliar a perspectiva calvinista do sacramento. Assim como o pão é realmente pão e também um símbolo que nos une ao céu, o mundo criado é físico, material e bom, bem como uma figura que nos une ao reino duradouro, o novo céu e a nova terra e, finalmente, ao próprio Cristo. O entendimento de Calvino do sacramento nos permite pensar analogicamente sobre a criação e nosso conhecimento dela. Assim como o pão não é unívoco com o corpo de Cristo, mas está genuinamente conectado ao mesmo e o torna disponível para nós, nossas experiências cotidianas do mundo à nossa volta também estão ligadas ao reino de luz do qual agora somos cidadãos e fazem com que esse reino nos seja acessível, sem ser unívoco com ele. A visão de Calvino do sacramento nos permite entender toda a realidade como unida na pessoa de Cristo, que é o Logos em que tudo converge. Como igreja, somos constantemente expandidos pela adição de uma dimensão celestial em nossa vida. Esse crescimento transcende os limites de tempo e espaço, unificando a igreja de forma concreta, não simplesmente teórica, diante da face de Deus.

Sugiro que todo este diagrama seja um retrato parcial do ministério sacerdotal e mediatório de Jesus Cristo e da igreja. Aqui refletimos acerca do modo de Jesus Cristo estar entre Deus e a humanidade como nosso mediador e em como participamos dessa ação mediadora. Uma maneira de fazer isso é reconhecendo e exaltando a bondade e a beleza da criação de uma forma que glorifique a Deus e se refira a ele como a fonte de tais virtudes. Então, talvez a legenda mais adequada para a seta na extrema direita do gráfico seja "o sacerdócio de todos os crentes": nosso chamado a compartilhar esse ofício mediador como uma comunidade, com esse sacerdócio sendo interpretado como uma resposta prazerosa à criação em um modo análogo à ascensão de Cristo e ao sacramento da ceia do Senhor. Em nosso mundo caído, essa missão também envolve o reconhecimento de que as coisas não são como deveriam ser, juntamente com um ministério de intercessão pela restauração da criação.

Conforme lemos em Colossenses 1:12,13, *já* recebemos uma herança no reino da luz. Nossa cidadania *já* foi transferida para o reino do Filho. O universo de nossa experiência cotidiana, incluindo elementos como pão e vinho, livros e igrejas, sarças que queimam sem serem consumidas e pássaros que são símbolos do Espírito Santo, direciona nossa atenção ao reino mais duradouro, pois este mundo é dependente do próximo. Somos chamados a ser pessoas que buscam uma cidade com alicerces firmes, mas tal cidade não se encontra aqui e agora. Temos acesso a ela por meio do sacramento que é uma promessa de que um dia seremos tanto seus habitantes quanto cidadãos dessa cidade. À luz do sacramento, podemos ver nossa experiência atual como um símbolo do mundo vindouro, apontando além de si, para algo mais permanente e mais real.

11

CORPUS VERUM:

sobre a recuperação eclesiástica da presença real na doutrina da eucaristia de João Calvino[1]

| NATHAN R. KERR |

Argumenta-se que, se existe um centro na teologia eucarística de Calvino, não é a presença de Cristo nos elementos, *per se*, e sim a maneira pela qual a prática eucarística consuma a participação do crente na vida de Cristo.[2] No entanto, mais recentemente, certos críticos da ortodoxia radical sugeriram rapidamente que esta ênfase na *koinonia* do crente com Cristo é baseada unicamente na fé do crente, espiritualizando, assim, a prática física de compartilhar o pão e o vinho, tornando arbitrária qualquer conversa sobre a presença corporal real de Cristo nos elementos. Graham Ward é um dos que adota esse tipo de crítica, interpretando a concepção de Calvino de participação eucarística como parasita de uma percepção reificada de presença, coerente com uma visão dualista moderna do corpo de Cristo (quanto ao que é exposto neste parágrafo, veja *CG*, p.161-7). Segundo Ward, ao insistir

---

[1]Gostaria de agradecer ao Colóquio de Teologia da Universidade Vanderbilt e, principalmente, ao professor Paul De Hart por seus comentários esclarecedores sobre um rascunho anterior deste ensaio.
[2]Philip Walker Butin, *Revelation, redemption, and response: Calvin's Trinitarian understanding of the Divine-human relationship* (New York: Oxford University Press, 1995), p. 114-21; veja B. A. Gerrish, *Grace and gratitude: the Eucharistic theology of John Calvin* (Minneapolis: Fortress, 1993), p. 124-90.

em um deslocamento ôntico entre o corpo histórico de Cristo (agora localizado no céu) e seu corpo simbólico ou metafórico (contido nos elementos sacramentais), Calvino chega à conclusão aporética de que só uma análise negativa da ausência total de Cristo em relação a nós pode sustentar nossa análise sobre sua presença para nós, na medida em que a plenitude de sua presença é agora definida pela superação da separação espacial estabelecida entre Cristo lá em cima e nós aqui embaixo. O problema com isso é que não parece haver um terceiro aspecto da corporificação crística que possa mediar analogicamente a sua presença física na Terra. Em vez disso, a presença é investida de certo valor espiritual ao passo em que é genuinamente eficaz somente para o crente com fé, transportando-o a uma realidade além do aqui e agora. Isso concretiza o que Ward chama de "destaque na 'espiritualidade' com base no corpo" (*CG*, p. 162), enquanto a distância causada pela ausência de Cristo não é tão analisada por uma ação litúrgica corporificada, mas eliminada por um gesto voluntarista da vontade.

O resultado fatal do ponto de vista da ortodoxia radical é que a presença sacramental, seguindo a linha de interpretação de Henri de Lubac, é reduzida a um tipo de *présence virtuelle*, que a *koinonia* eucarística referente ao verdadeiro corpo de Cristo na terra não consegue alcançar.[3] De acordo com Lubac, os padres antigos e medievais sempre consideraram a igreja o verdadeiro corpo eucarístico de Cristo (*corpus Christi verum*) e o altar sacramental era o lugar da sua presença meramente como um evento eclesial.[4] Ao conceber o altar como um local de transformação espiritual e ressaltar a experiência religiosa subjetiva como marca autêntica da presença, Calvino torna o corpo eclesial supérfluo, reelaborando a liturgia eucarística da igreja como um meio oportuno de trazer o indivíduo eleito a uma relação adequada com Deus. Consequentemente, como uma forma pela qual a igreja é visível para o mundo, a eucaristia-como-sacramento é percebida como um espetáculo, uma mera teatralidade, ou como Simon Oliver a apresenta, uma "realidade virtual".[5] Ou seja, segundo Calvino, não há continuidade ontológica necessária entre a comunhão espiritual que o crente compartilha com o corpo de Cristo no céu e o ato físico de participar dos elementos na liturgia

---

[3]Henri de Lubac, *Corpus mysticum: l'eucharistie et l'église au moyenâge*, 2. ed. (Paris: Aubier, 1949), p. 284.
[4]Ibidem, p. 13-135. Veja também Henri de Lubac, *The splendour of the church*, trad. para o inglês Rosemary Sheed (London: Sheed & Ward, 1956).
[5]Simon Oliver, "The Eucharist before nature and culture", *Modern Theology* 15 (1999): 342-7.

eclesiástica; essa última é realizada mais ou menos de modo arbitrário e relacionada a primeira simplesmente como um tipo de mimese figurativa. Se de acordo com Lubac isso representa a perda da igreja como o genuíno corpo de Cristo, bem como de qualquer relação formativa mútua entre os corpos eucarístico e eclesial, então, para a ortodoxia radical, isso sinaliza a perda de qualquer abordagem ontologicamente robusta de nossa participação física no corpo de Cristo, pois de acordo com a ortodoxia radical, apenas a igreja é o corpo de Cristo que une analogicamente o céu à terra e sustenta nossa completa participação ontológica nele. É exatamente neste ponto que a ortodoxia radical percebe a falha de Calvino: supõe-se que ele use aqui definições fixas que tornam incompreensível qualquer restauração da igreja visível como o *verdadeiro* corpo de Cristo, bem como qualquer relato da presença *real* nos elementos que não sucumbe a uma tendência de espiritualização. Consequentemente, qualquer debate sobre nossa participação *em* Cristo como algo além de uma realidade metafórica é presumivelmente descartado por Calvino, pois a *koinonia* individual e eclesial são concebidas separadamente uma da outra.

E, no entanto, é exatamente nesse ponto que a crítica da ortodoxia radical acaba sendo distorcida, na medida em que obscurece desde o começo a maneira única em que, segundo Calvino, a *koinonia* eucarística é a prova da presença de Cristo no pão e no vinho. Ou seja, para Calvino essa participação é unicamente espiritual e eclesial; a participação do crente dos elementos, só mostra *realmente* seu envolvimento místico com o corpo celestial de Cristo, já que isso acontece simultaneamente como participação na igreja como o verdadeiro corpo de Cristo na terra. Além disso, como Calvino aponta, longe de diminuir a importância da igreja, *apenas* esta ênfase dupla na ausência física de Cristo em relação a nós e na presença espiritual para o crente por meio da fé interpreta corretamente a *koinonia* eclesial como o único meio concreto de nossa inclusão no corpo de Cristo na terra. No que se segue, desejo argumentar que este apelo à igreja como um local genuíno de participação é uma pré-condição essencial à compreensão de Calvino da presença sacramental. Em primeiro lugar, tentarei mostrar que a perspectiva de Calvino da presença eucarística nas *Institutas da religião cristã* indica e depende de uma eclesiologia mais adequada baseada na eucaristia. Depois, gostaria de sugerir que esta reconfiguração eclesial da presença complementa sua visão da *koinonia* do indivíduo com Cristo por meio da fé, de forma que é relato de fé comunal mais robusto que, em última análise, salva

Calvino da acusação de virtualismo. Assim, espero demonstrar que Calvino nos oferece, precisamente nesses pontos de crítica — ausência ôntica e fé subjetiva — um resgate completamente reformado da presença sacramental que, no mínimo, não é menos radicalmente ortodoxa.

TOTUS CHRISTUS: PRESENÇA E PARTICIPAÇÃO

Dando início, analisaremos o significado da afirmação de Calvino de que a ceia do Senhor torna possível o envolvimento do crente no "Cristo inteiro" (*totus Christus*). Na categoria da morte corporal e ressurreição de Jesus (*ICR*, 4.17.11), o conteúdo material da eucaristia é a carne totalmente humana de Cristo, dada por nós na encarnação (*ICR*, 4.17.4-7) e reconfigurada da perspectiva de seu corpo glorificado, manifesto em toda a sua divindade (*ICR*, 4.17.19). Portanto, a participação eucarística está ligada ao corpo histórico de Cristo, agora localmente presente no céu, bem como ao seu corpo sacramental, que por analogia, é considerado a manifestação real de sua presença espiritual no pão e no vinho (*ICR*, 4.17.3, 21). Essa analogia coloca uma *caesura* entre esses corpos sacramental e histórico, uma distância irredutível entre os elementos terrenos e o corpo celeste, que deve ser atravessada para possibilitar a participação no *totus Christus*. A questão da presença diz respeito à travessia-sem-eliminação dessa distância.[6] Isso significa que, de acordo com Calvino, essa *caesura* persiste, de modo que a presença do *totus Christus* na eucaristia sempre exige um terceiro evento mediador que proíbe o tipo de redução ilusória ao aspecto binário que Catherine Pickstock (seguindo Michel de Certeau e Lubac) identifica como especialmente sintomática da doutrina eucarística, tendo como base Duns Escoto (*AW*, p. 121-66).[7] (Então, ao contrário de Ward, agora a propagação deste erro nominalista só pode ser falsamente atribuída a Calvino.)

Destacando a dialética da presença e ausência que está no centro da dupla ênfase de Calvino sobre os corpos sacramental e histórico de Cristo, torna-se possível determinar em que sentido o "como" da presença eucarística (o *modus praesens*) está menos relacionado a uma descrição literalista

---

[6]Parafraseando uma passagem fundamental, os símbolos do pão e do vinho *realmente* fazem parte do corpo e do sangue que representam, e o corpo e o sangue *verdadeiramente* aparecem no pão e no vinho, sem que um seja confundido com o outro (*IRC*, 4.17.10; veja 4.17.14).

[7]Veja Michel de Certeau, *The mystic fable*, trad. para o inglês Michael B. Smith (Chicago: University of Chicago Press, 1992), vol. 1: *The sixteenth and seventeenth centuries*, p. 82-5.

de um fenômeno isolado do que com a compreensão correta do lugar de um evento ou ação sagrada. Além disso, é somente em seu caráter de evento (que, como veremos, é um evento completamente eclesial) que o *modus praesens* adere ao lema paradoxal de que na eucaristia "o Cristo inteiro está presente, mas não em sua totalidade" (*ICR*, 4.17.30).[8] Como Calvino bem entendeu, isso depende tanto do discernimento da estrutura interpretativa apropriada para o sacramento da ceia do Senhor quanto da maneira que se concebe o próprio modo da presença. Reconhecendo isso, ele interpreta estrategicamente a eucaristia da perspectiva da ascensão (veja especificamente *ICR*, 4.17.27). Pode-se dizer que Calvino vê nela um dispositivo hermenêutico[9] que nos sugere uma noção de presença eucarística que vai além do impasse luterano/católico romano, oferecendo uma noção mais dinâmica, e não estritamente substancial, do corpo de Cristo e nossa participação nele. Ou seja, em vez de ser "algo" muito metafísico que poderia ser transferido de um lugar a outro, a substância da ceia do Senhor é — na concepção do reformador — o poder (*virtute*) da carne de Cristo, que nos transmite vida por meio da misteriosa obra do Espírito (*ICR*, 4.17.12, 18).[10] O resultado disso é uma eclesiologia mais plenamente eucarística, em que a igreja surge como a conclusão do *totus Christus* eucarístico.

Todavia, esta eclesiologia vem à tona apenas após o apelo de Calvino à ascensão ter permitido aumentar a tensão entre os corpos local (histórico) e sacramental de Cristo, tornando a questão da presença real um grande alívio. Em primeiro lugar, interpretar a eucaristia desde a ascensão preserva

---

[8]"Mediator ergo noster quum totus ubique sit, suis semper adest: et in Coena speciali modo praesentem exhibet, sic tamen ut totus adsit, non totum"; Latim da *Joannis Calvini opera selecta*, ed. P. Barth e G. Niesel (Munich: Kaiser, 1936), 5.389.

[9]Em diversos momentos, Calvino ressalta o sentido em que discernir a presença de Cristo na ceia do Senhor é um exercício interpretativo (*ICR*, 4.17.17-31). Nesse ponto, as leituras equivocadas do testemunho bíblico acontecem, ao menos em parte, em razão do fracasso em garantir a estrutura hermenêutica correta.

[10]"Nosso ponto de vista é que, embora Cristo, no que diz respeito à sua natureza humana, esteja no céu, a distância física não o impede de se comunicar conosco e que ele não só nos sustenta e governa com seu Espírito, mas também vivifica essa carne em que ele cumpriu nossa justiça. Sem nenhuma mudança de lugar, sua virtude penetra em nós pela ação secreta de seu Espírito, para que nossas almas tenham vida espiritual de sua substância"; João Calvino, "Last Admonitionto Joachim Westphal", em *Calvin's tracts and treatises*, trad. para o inglês Henry Beveridge (Grand Rapids: Eerdmans, 1958), 2.384. "Assim, reconhecemos que o seu Espírito é o vínculo da nossa participação com ele, alimentando-nos verdadeiramente da substância da carne e do sangue do nosso Senhor, para nos conceder — compartilhando-os — a vida e a imortalidade"; João Calvino, *Confessio fidei de eucharista*, in: *Joannis Calvini opera selecta*, ed. P. Barth; G. Niesel (Munich: Kaiser, 1936), 1.435; veja idem, "Brief form of a confession of faith", in: *Calvin's tracts and treatises*, 2.134. Sobre este aspecto, veja ainda Gerrish, *Grace and gratitude*, p. 177-80.

a particularidade do corpo humano de Cristo. No tocante a sua presença na ceia do Senhor, não devemos "permitir que nada seja afastado da glória celestial de Cristo" e que nada "impróprio à natureza humana [seja] atribuído ao seu corpo" (*ICR*, 4.17.19). Isso significa que o corpo humano de Cristo *é* glorificado e qualquer relato de sua proximidade conosco precisa lembrar também de sua ausência espacial (*ICR*, 4.17.26). Segundo Calvino, para que exista um corpo no qual se possa participar, tal corpo necessita *estar* fisicamente em algum lugar. Essa declaração está por trás de sua polêmica contra a doutrina luterana da onipresença do corpo de Cristo. Um corpo onipresente compromete a singularidade contínua da humanidade de Cristo, tornando a presença eucarística supérflua, já que na visão luterana Cristo está conosco corporalmente da mesma forma em todos os momentos (*ICR*, 4.17.17-18). Porém, argumentar com base em sua onipresença que o corpo de Cristo está em *toda parte* é realmente dizer que ele não está em *lugar nenhum* (*ICR*, 4.17.24, 28). Seu corpo não é mais um corpo *humano* (*ICR*, 4.17.29). Pelo contrário, só um Cristo cujo corpo, em algum sentido, continua ausente de nós no céu, se faz presente na eucaristia de uma forma exclusivamente sacramental, de modo que os sinais do pão e do vinho representam genuinamente o corpo e o sangue, sem se confundir com eles.[11]

Em segundo lugar, esta ênfase no corpo ascenso de Cristo ressalta uma dimensão irredutivelmente escatológica da descrição de Calvino da presença eucarística. A eucaristia acontece no intervalo entre a ascensão de Jesus e a segunda vinda (*ICR*, 4.17.27), o que mostra que nossa participação acontece dentro de um tempo de esperança escatológica. O fato do corpo de Cristo ter concretamente ascendido ao céu sugere-nos que nossos corpos também serão ressuscitados da mesma maneira se nossa participação em Cristo for cumprida como *koinonia* com o *totus Christus*.[12] Esta ressurreição dos crentes é a promessa atestada no sinal da eucaristia. Além disso, o próprio Cristo se comprometeu a realizá-la com sua presença física na parusia (Atos 1:11). Assim, analisadas em conjunto, a ascensão e a segunda vinda tornam-se os loci

---

[11] Em um excurso sobre a palavra é na declaração de Cristo "este é o meu corpo", Calvino volta a destacar a importância desta distinção: "Na verdade, lemos o verbo ['é'] nas palavras de Paulo, onde ele chama o pão de 'uma participação no corpo de Cristo' [1Coríntios 10:16]. Porém, a participação é algo diferente do corpo em si" (*ICR*, 4.17.22).

[12] "Temos esta esperança do nosso ressurgimento e ascensão ao céu: que Jesus ressuscitou, ascendeu e [...] levou a garantia de nossa ressurreição com ele para o céu. Entretanto, quão fraca e frágil ela seria se esta nossa carne não tivesse sido verdadeiramente revivida em Cristo, e não tivesse entrado no Reino do céu!" (*ICR*, 4.17.29).

gêmeos na avaliação de como o "Cristo inteiro" pode estar escatologicamente presente na eucaristia, "mas não em sua totalidade" (*ICR*, 4.17.30). Qualquer tentativa de ofuscar a ausência do corpo de Jesus por meio da insinuação de uma presença corporal localizada e onticamente substancial nos elementos (que Calvino considerou ser o maior erro dos romanistas; *ICR*, 4.17.11-15) seria descartar essa dimensão escatológica e assim, *ipso facto*, seria excluir toda esperança de nossa participação futura em seu corpo ressuscitado.

Entretanto, a declaração de Calvino acerca da presença real aqui vai de encontro com uma aporia: se o corpo particular de Cristo está localizado no céu, concretizando sua presença total nos elementos escatológicos (e sempre incompletos), como pode a participação do crente ser *participação* verdadeira no corpo de Cristo e como o corpo e o sangue podem ser genuinamente *representados* pelo pão e o vinho? Quanto ao tema da participação, é importante entender o papel único que a doutrina do Espírito Santo desempenha na perspectiva de Calvino sobre a eucaristia. Pelo poder do Espírito, o pão e o vinho fazem a mediação do *efeito* do corpo partilhado e o sangue derramado de Cristo, que é precisamente a participação (*koinonia*) na vida que Jesus Cristo conquistou para nós em sua morte e ressurreição (*ICR*, 4.17.8-10, 18). E como o Calvino se recusa a dicotomizar o *conteúdo* (Cristo)[13] do sacramento de seus *efeitos* (os benefícios de Cristo) (*ICR*, 4.17.11), o Espírito se empenha em possibilitar nada menos do que um envolvimento em todo o Cristo; o Espírito, "com o qual somos um só [...] é como um canal pelo qual *tudo* o que Cristo é e tem nos é transmitido" (*ICR*, 4.17.12, grifo na citação). O Espírito realiza isso por meio de nossa *anabasis*, nosso ser "elevado ao céu" (*ICR*, 4.17.18), onde reside a carne de Cristo, da qual devemos nos alimentar se nosso banquete eucarístico deve realmente envolero *totus Christus* (*ICR*, 4.17.6-10).[14]

---

[13]"Cristo é a matéria ou [...] a substância de todos os sacramentos, pois é nele que encontram toda a sua firmeza e não prometem nada além dele" (*ICR*, 4.14.16).

[14]Dentro de uma estrutura escatológica, isso pode oferecer um contexto possível com o propósito de interpretar os apelos de Calvino à participação "repetitiva" e "perpétua" dos elementos (*ICR*, 4.17.1) ou sua súplica para "comer continuamente" (*ICR*, 4.17.5). Essas súplicas podem sugerir que, como nossa esperança é escatológica, ela precisa ser continuamente renovada, pois nunca pode ser plenamente satisfeita aqui e agora, mas sempre será depositada em um futuro em que será concretizada. Nesse sentido, pode-se considerar a anabasis dos crentes na eucaristia um tipo de "repetição" proléptica e escatologicamente orientada da ascensão de Cristo: "As próprias Escrituras não só nos contam cuidadosamente a respeito da ascensão, pela qual ele ausentou seu corpo de nossa vista e companhia, com a intenção de sacudir de nós todo pensamento carnal referente a ele, mas também sempre que o lembra, leva nossa mente a ser elevada e a buscá-lo no céu, sentado à direita do Pai [Colossenses 3:1-2]" (*ICR*, 4.17.36).

No entanto, aqui as dúvidas parecem se multiplicar: este relato da participação não questiona qualquer presença real de Cristo na eucaristia além daquela que é meramente espiritual? Pode o *corpo* de Cristo estar verdadeiramente presente, exceto quando é mediado por meio de nossa ascensão espiritual ao céu? Esse conceito de participação-como-*anabasis* não resulta de uma evacuação mística do lugar eucarístico, de maneira que seu caráter de evento se reduz novamente a um tipo de teatralidade ou virtualidade?

CORPUS VERUM: IGREJA E SACRAMENTO

Ao responder a essas perguntas, precisamos explicar a forma precisa pela qual Calvino se recusa a reduzir a questão da presença eucarística à estrutura binária dos corpos local e sacramental de Cristo. Em vez disso, o *totus Christus* exige uma estrutura terciária que inclui a afirmação do corpo eclesial como o verdadeiro corpo de Cristo (o *corpus verum* dos Pais da igreja).[15] Analisando o modo pelo qual Cristo está espiritualmente a nós na eucaristia por meio o Espírito Santo, Calvino continua sugerindo que o Espírito nos une apropriadamente à carne de Cristo ao *incorporá-lo* na igreja, pela carne de seus membros (*ICR*, 4.17.8-10). (Assim, de acordo com Calvino, não há necessidade de uma encarnação bipartida das hipóstases do Filho e do Espírito em Cristo e na igreja, respectivamente, como Milbank sugere que há.[16] Existe, na verdade, *uma* hipóstase — a do Filho— em cuja encarnação o Espírito posteriormente torna toda a carne participativa, e isso porque o Espírito é o Espírito *de* Cristo.) Isso sugere que a união espiritual que o crente compartilha com Cristo por meio do Espírito, pela qual ele é feito parte de seu corpo, é consumada pela *fé* por uma ligação paralela entre Jesus

---

[15]Lubac (*corpus mysticum*, p. 34-9) observa como essa estrutura tríplice foi mantida na tradição patrística e medieval, já que foi escolhida a partir das três imagens oferecidas escritos de Paulo: o corpo (1) histórico ou local de Jesus de Nazaré, (2) o corpo sacramental e (3) o corpo eclesial. De acordo com Lubac, a igreja era o verdadeiro lugar do corpo de Cristo na terra (*corpus verum*) e o evento eucarístico como um todo (igreja e sacramento) eram o *corpus mysticum* (p. 13-9), que juntos mediaram a presença e participação no corpo histórico de Cristo (p. 288). Como vimos, Lubac cita a teologia de Calvino como manifestando uma perversão particularmente aguda do corpus *Christi verum* uma vez que diverge desta concepção patrística e do início da Idade Média (p. 284). Contudo, minha intenção é mostrar que a forma pela qual Calvino trata do corpo eclesial em relação ao relato anterior da presença nos corpos histórico e sacramental se assemelha muito a essa percepção. A avaliação interpretativa de Lubac dessa estrutura resulta provavelmente de sua dificuldade em entender as sutilezas retóricas a que esse esboço tripartido está sujeito no pensamento de Calvino.

[16]Veja John Milbank, "Alternative protestantism", p. 38-40 acima.

e a igreja, pela qual o Espírito torna o corpo de Cristo presente *como* (e não só *para*) a igreja na eucaristia.[17]

Será necessário retornar brevemente a esta nota de fé, mas no momento faremos uma pausa no intuito de apontar duas implicações importantes desta relação entre a eucaristia e a igreja para o conceito calvinista do *totus Christus*. Em primeiro lugar, na perspectiva de Calvino, é a partilha conjunta do corpo sacramental de Cristo que torna o corpo eclesial possível, o que, por sua vez, estabelece a necessidade de nossa participação na igreja. Há um trecho especialmente importante:

> O Senhor nos transmite seu corpo ali [na ceia do Senhor] onde se torna completamente um conosco e nós com ele. Contudo, já que ele tem somente um corpo, que faz de nós todos participantes, é necessário que todos também sejamos um só por meio de tal participação. O pão mostrado no sacramento representa esta unidade. Como é composto de muitos grãos tão misturados que um não pode ser distinguido do outro, da mesma maneira, precisamos ser unidos por um consenso mental tão grande que nenhum tipo de divergência ou divisão possa atrapalhar (*ICR*, 4.17.38).[18]

E é exatamente assim que a igreja se constitui como o *corpus Christi verum*: "A verdade [*verum est*] é que os crentes se unem pelo sangue de Cristo, para que se tornem um só corpo", pois somos "unidos uns aos outros" no sentido de que somos "incorporados a Cristo [*incorporari enim nos Christo*]".[19] Essas afirmações provocam uma reflexão importante: segundo Calvino[20], a eucaristia (junto à Palavra [*ICR*, 4.17.39]) forma a igreja no sentido de que os corpos eclesial e sacramental, de fato, constituem mutuamente um o outro.[21]

---

[17]João Calvino, *Commentaries on the Epistles of Paul to the Galatians and Ephesians*, trad. para o inglês William Pringle (Grand Rapids: Eerdmans, 1957), p. 324-6 (sobre Efésios 5:28-33).

[18]Veja a análise realizada por Calvino em 1555 intitulada "Mutual consent of the Churches of Zurich and Geneva as to the sacraments" (in: *Calvin's tracts and treatises*, 2.238), onde ele declara que a carne de Cristo foi dada pela igreja, seu corpo, em que somos incorporados pelo Espírito para que possamos compartilhar a "vida em comum" com Cristo.

[19]João Calvino, *Commentarius em Epistolam Priorem ad Corinthios*, in: *Ionnis Calvini opera quae supersunt omnia*, ed. Wilhelm Baum; Eduard Cunitz; Eduard Reuss (New York: Johnston, 1964), 49.464.

[20]Pode-se lembrar aqui da definição de Calvino da igreja como o lugar onde a Palavra é corretamente proclamada, e os sacramentos, devidamente administrados: "Assim surge a face da igreja e se torna visível aos nossos olhos" (*ICR*, 4.1.9).

[21]Esta é evidentemente a famosa percepção de Lubac: "A igreja faz a eucaristia, mas a eucaristia também faz a igreja"; *Méditation sur l'église* (Paris: Desclée de Brouwer, 1985), p. 113. Como mostra

O corpo eclesial não existe de forma alguma antes do corpo sacramental, nem podem os dois ser concebidos à parte, como entidades diferentes. Isso nós lemos em *ICR*, 4.17.38, onde os corpos eucarístico e eclesial estão intimamente ligados, a ponto de seu amor mútuo e unidade culminarem na verdadeira expressão da nossa participação sacramental no corpo de Cristo (veja *ICR*, 4.18.16). Assim Calvino pode concluir que, de acordo com Agostinho, a matéria ou conteúdo do sacramento da ceia do Senhor é Cristo, *bem como* "a unidade do corpo do Senhor" é a igreja (*ICR*, 4.17.45).[22]

Em segundo lugar, isso nos permite sugerir que, a questão da presença corporal real de Jesus na eucaristia está inevitavelmente vinculada ao envolvimento do corpo eclesial no *totus Christus*. Para Calvino, a igreja não é meramente um apêndice empírico, *ad extra*, do corpo de Cristo, destinada à destruição juntamente com a materialidade do mundo, mas representa um tipo de unificação fundamental com a a substância de Cristo, sem a qual seu corpo é considerado imperfeito. Comentando sobre Efésios 1:23, onde Paulo se refere à igreja como "a plenitude daquele que enche todas as coisas", Calvino diz:

> Esta é a maior honra da igreja: que até estar integrado a nós, o Filho de Deus se vê como, de certa forma, imperfeito. É um grande consolo saber que apenas depois de estarmos com ele é que ele terá todas as suas partes e só então desejará ser considerado completo. Portanto, em 1Coríntios, quando o apóstolo trata detalhadamente da metáfora de um corpo humano, ele inclui toda a igreja no nome de Cristo.[23]

Minha interpretação disso é que Cristo não pode estar completamente conosco afora sua verdadeira presença na igreja como seu corpo. E conforme já vimos, como para Calvino os corpos sacramental e eclesial se unem

---

B. Sesboüé, essa é uma estrutura patrística bastante citada e que Calvino (podemos supor que) certamente não teria ignorado; "Eucharistie: deux générations de travaux", Études 355 (1981): 99-115.

[22]Veja Agostinho que, ao expor a concepção paulina da igreja como o corpo de Cristo, conecta este corpo diretamente com o sacrifício eucarístico: "Este é o sacrifício dos cristãos, que são 'muitos, formando um só corpo em Cristo', e que a igreja celebra continuamente no sacramento do altar, sacramento este bem conhecido dos fiéis, onde é mostrado à igreja que ela faz parte da oferta apresentada a Deus. *City of God* 10.8.6, trad. para o inglês Henry Bettenson (Harmondsworth: Penguin, 1984), p. 380.

[23]Calvino, *Commentaries on Galatians and Ephesians*, p. 218 (sobre Efésios 1:23). Devo minha consciência dessa passagem e a importância do comentário de Efésios como um todo para minha compreensão da doutrina calvinista da eucaristia a Gerrish, *Grace and gratitude*, p. 182-90, embora eu estabeleça uma diferença significativa da interpretação de Gerrish sobre Calvino.

a fim de formar um par, é possível enfatizar mais uma vez, mais energicamente, o surgimento da igreja como corpo de Cristo como condição absoluta da existência real do *totus Christus* no evento eucarístico.[24] (Assim, de forma contrária à Pickstock e Oliver, uma leitura verdadeiramente calvinista da eucaristia pode, afinal de contas, alinhar-se mais com um medievalismo tomista superior do que com um nominalismo escotista inferior.)[25]

Juntos, esses dois pontos nos permitem explicar mais completamente o que queremos dizer quando afirmamos que Calvino prefere uma interpretação dinâmica da presença a uma que seja meramente substancial. Com esta mudança para a igreja, o que temos é um conceito de presenção que é encenada de forma liturgica ou eclesial,[26] em oposição a uma preocupação literalista com a substância física de Cristo, que a transforma em algo que pode ser pontuado dogmaticamente e analisado objetivamente. Em uma passagem notável, Calvino interpreta Paulo e diz que a promessa de nossa união com Cristo proporcionada na ceia do Senhor é cumprida na "integração espiritual entre Cristo e sua igreja".[27] Desse modo, Calvino pode trazer o evento de Cristo para o presente como o próprio conteúdo da igreja — que a prática eucarística gera por meio de sua propagação de amor mútuo, gratidão, ação de graças e sacrifício (veja *ICR*, 4.17.38-50; 4.18.16) —, sem negar nossa distância do corpo histórico de Cristo no céu. Além disso, é possível vincular essa interpretação eclesial ao aspecto escatológico da eucaristia, de maneira que a igreja ocupe o espaço da ausência de Cristo e lide com (sem eliminar) o afastamento entre os corpos sacramental e histórico ocupando *temporalmente* o intervalo entre a ascensão de Cristo

---

[24]Meu propósito não é inverter minha afirmação anterior quanto à relação mutuamente constitutiva entre os corpos eclesial e sacramental, sugerindo que o primeiro pode, de algum modo, ser concebido como uma entidade que está ou não presente no ato da eucaristia, como se fosse realizado sempre fora do segundo. Isso seria reposicionar a *caesura* que Calvino coloca entre os corpos sacramental e histórico, de maneira que ela agora fique entre os dois corpos citados no início (veja Lubac, *Corpus mysticum*, p. 281-8; idem, *Splendour of the church*, p. 87-93; e Certeau, *Mysticfable*, p. 82-4). Essa ênfase nos leva a pensar na igreja como uma extensão nominal do corpo de Cristo independentemente da eucaristia, como um tipo de entidade oculta que está por trás do corpo sacramental. Nesse sentido, a prática eucarística da igreja *seria* um espetáculo, uma realidade virtual. O fato de Calvino se recusar a analisar tal *caesura* dessa maneira é um dos principais motivos pelos quais ele é capaz de evitar a acusação de virtualismo. Os dois corpos estão inextricavelmente juntos, de forma que sem o elemento eclesial, nenhum evento eucarístico acontece. Tal ritual consiste em um rito eclesial e vice-versa.

[25]Veja *TA*, p. 98-111; Oliver, "Eucharist before nature and culture", p. 342-7.

[26]Veja M. Eugene Osterhaven, "Eating and drinking Christ: the Lord's supper as an act of worship in the theology and practice of Calvin", *Reformed Review* 37 (1984): 83-93; e Butin, *Revelation, redemption, and response*, p. 120-1.

[27]Calvino, *Commentaries on Galatians and Ephesians*, p. 323 (sobre Efésios 5:31).

e a segunda vinda.²⁸ Pode-se dizer que essa representação ritualística da igreja como o verdadeiro corpo de Cristo é agora a substância da *anabasis* misteriosa do crente e sua participação no corpo local de Cristo. Assim, Calvino restaura a concepção de substância para a presença eucarística, mas agora, em vez de ser uma entidade estática que pode ser apreendida e compreendida, a própria substância do corpo de Cristo é *encenada* e, portanto, construída ao longo das linhas de uma participação no poder (*virtute*) da pessoa e na obra de Cristo que deve ser misteriosamente experimentada na igreja por meio do Espírito que nos concede a vida.²⁹ Em outras palavras, se a presença não é mais uma questão de oposição binária dos corpos sacramental e histórico, e sim, graças ao Espírito, também o corpo eclesial, então a igreja só pode fazer parte do corpo de Cristo na medida em que de algum modo se *torna* verdadeiramente este corpo.

KOINONIA: FÉ E COMUNHÃO

Esta última percepção impulsiona muito a superação da acusação de virtualismo que os críticos da ortodoxia radical de Calvino afirmam que seu destaque à presença espiritual instancia. Na verdade, no meu ponto de vista, Calvino já parece ter se tornado, pelo menos em um aspecto, mais radicalmente ortodoxo, na medida em que o maior propósito de sua doutrina eucarística (como Pickstock é incapaz de enxergar) é superar "uma preocupação literalista relacionada ao que a eucaristia 'é' como um fenômeno isolado", por meio de uma nova ênfase da eucaristia como "um acontecimento eclesial", em que a questão da presença está subordinada à da "*ação* sagrada" (*AW*, p. 163). Podemos mostrar ainda como isso ocorre respondendo outra das acusações realizadas contra Calvino pela ortodoxia radical, a saber: que ele conecta esta ideia da presença espiritual com um tipo de voluntarismo fideísta, em que somente o crente experimenta a presença real de Cristo, e isso no interior ou subjetividade de sua própria alma. Pelo contrário, segundo o reformador, a estrutura comunal e sacramental da fé sugere que a luz lançada na fé do comunicante não obscurece, e sim aumenta os aspectos eclesiais e relacionados ao desempenho da presença eucarística de Cristo.

---

²⁸Ofereço aqui uma interpretação da leitura de Calvino de Agostinho quanto à relação entre os corpos ascensos, o eclesial e sacramental em *IRC*, 4.17.28.
²⁹Em relação à ideia da substância de Cristo como vida, veja a nota 9. Sobre o contraste entre a compreensão e a experiência no mistério da eucaristia, veja *IRC*, 4.17.32.

Para Calvino, o objetivo principal da eucaristia é o fortalecimento da fé genuína na vida do crente e sua preocupação com a presença real do corpo de Cristo na eucaristia é derivada e dependente desse propósito.[30] De fato, embora o sacramento da eucaristia e a presença de Cristo nele sejam oferecidos a todas as pessoas indiscriminadamente (*ICR*, 4.17.34), "é recebido corretamente unicamente pelos cristãos, que aceitam tamanha generosidade com verdadeira fé e coração grato" (*ICR*, 4.17. 10). Além disso, Calvino parece sugerir que a afirmação da realidade da presença de Cristo na eucaristia tem tanta relação com uma "forma de ser" experiencial no tocante ao mistério (na fé) quanto com sua aparência genuína (*de modo*). Ou seja, o como da presença eucarística para Calvino diz respeito à fé do crente (*ICR*, 4.17.32) e seus efeitos são sentidos apenas pelos eleitos (*ICR*, 4.17.34). Diante disso, esse aspecto parece certamente transformar a declaração de Calvino da presença real de Cristo em um mero simulacrum, um mimetismo teatral na terra do que é verdadeiro para os eleitos apenas no céu. Todavia, isso é negligenciar o modo pelo qual, para Calvino, a fé inclui o discernimento do cristão do corpo eclesial, bem como omitir a afirmação de Calvino da necessidade deste elemento comunitário apara a concretização do *totus Christus*. Na verdade, creio que o que esta observação sobre a fé faz é submeter as perguntas a presença e participação eucarística à pesquisa soteriológica de Calvino quanto à transformação daquele que é justificado pela fé em Cristo.

Nos primeiros capítulos do livro 3 das *Institutas da religião cristã*, Calvino articula a importância da fé como a comunhão do cristão com Cristo, concretizada por meio do poder do Espírito (*ICR*, 3.1.1-4; 3.2.24, 35) Além disso, tal comunhão é uma questão da nossa *participação* real no corpo de Cristo: nós "revestimo-nos de Cristo" e somos "enxertados nele", para que "cresçamos em um só corpo com ele" (*ICR*, 3.1.1). As complexidades estruturais da doutrina de Calvino da fé não são especificamente importantes aqui, e sim a forma que os efeitos soteriológicos da fé dependem de um tipo de participação, alimentação e discernimento do corpo de Cristo, de forma que por meio da fé, realmente possamos *incorporar* Cristo. Para Calvino, essa *koinonia* da fé é baseada em certo tipo de mutualidade entre Cristo e nós: fazemos parte do seu corpo conforme ele "habita-nos" (*ICR*, 3.2.24). Assim, quando Calvino fala do conteúdo soteriológico da fé como comunhão com o corpo de Cristo,

---

[30]Gerrish, *Grace and gratitude*, p. 125-6.

ele está falando ao mesmo tempo do corpo próprio do crente e do modo pelo qual, pela fé, recebe Cristo em sua vida.[31]

Ao pensar na presença eucarística da perspectiva da fé do crente, é natural perceber que Calvino a articula unicamente nos termos da participação do crente com o Cristo ascenso, onde está sua verdadeira salvação. Porém, neste ponto, o reformador faz um movimento marcante: a questão da participação não tem mais a ver simplesmente com a união mística de cada membro do corpo de Cristo com sua cabeça (*ICR*, 3.11.10), mas também com a união de tais indivíduos uns com os outros. Esta comunhão, ou *koinonia*, entre os cristãos serve para compor o conteúdo da participação no corpo de Cristo, tendo em vista que o *totus Christus* que o crente é chamado a compartilhar é incompleto fora deste aspecto comunitário. Quando Calvino convoca o crente par analisar se ele ou ela está discernindo o corpo de Cristo antes de tomar parte dele, instrui-o do seguinte modo:

> [O cristão precisa] refletir [...] se, a exemplo de Cristo, está preparado para se entregar por seus irmãos e se comunicar com aqueles com quem compartilha Cristo. Se, por ser considerado por Cristo um membro, vê todos os irmãos como partes de seu corpo, se deseja estimar, proteger e ajudá-los como se fossem seus próprios membros (*ICR*, 4.17.40).

Na eucaristia, a participação em Cristo passa a ser uma questão de fé e agora também de amor: é preciso "aspirar a unidade que ele nos recomenda na sua ceia; e, ao nos tornar todos um em si mesmo, desejar uma alma, um coração, uma língua para todos nós" (*ICR*, 4.17.42).[32] Com base nisso, pode-se dizer que o conteúdo soteriológico da fé — a comunhão com o corpo de Cristo — encontra sua consumação na participação eucarística do crente no corpo comunitário da igreja: "É necessário que todos nós também sejamos um só corpo pela comunhão" (*ICR*, 4.17.38). O que acontece aqui é que deixar de

---

[31] Veja a interpretação de Calvino da vida cristã como um tipo de "existência cruciforme" em *IRC*, 4.6-10. Sou grato a Paul De Hart, da Universidade Vanderbilt, pelas conversas sobre esse assunto.

[32] Cf. "Agostinho, com razão, costumava chamar este sacramento de 'vínculo do amor', pois que aguilhão poderia ser mais forte para despertar o amor mútuo entre nós do que quando Cristo, entregando-se a nós, não só nos convida com seu próprio exemplo a nos doarmos uns aos outros, mas também, uma vez que passa a ser comum a todos, torna-nos um em si mesmo" (*IRC*, 4.17.38). "Na segunda classe de sacrifícios [eucarísticos], que denominamos 'ação de graças', estão inclusos todos os deveres de amor. Quando os usamos com o objetivo de acolher nossos irmãos, honramos o próprio Senhor em seus membros" (*IRC*, 4.18.16).

discernir o corpo eclesial é deixar de ter fé e, portanto, não ser verdadeiramente um receptor dos benefícios da presença de Cristo na ceia do Senhor. Em vez de valorizar o entendimento que o crente tem da presença de Cristo sem o desempenho comunitário e eucarístico dessa presença no corpo eclesial, o apelo de Calvino à fé em sua abordagem da presença eucarística expõe, na verdade, o cumprimento eclesial e litúrgico da comunhão do cristão com Cristo. Com sua ênfase inequívoca na fé e *koinonia* com Cristo, a interpretação calvinista da presença real funciona, assim, como a ponte entre as afirmações de fé individuais e comunitárias e a participação nos livros 3 e 4, respectivamente, das *Institutas da religião cristã*. Dessa maneira, a perspectiva de Calvino da presença eucarística ressalta a inadequação de uma leitura puramente individualista dos benefícios soteriológicos da fé como união com a carne de Cristo. O crente só conquista essa integração quando a *realiza* por meio das práticas eclesiais de gratidão, amor mútuo, ação de graças e sacrifício. Além disso, com o propósito de se destacar como membro do corpo de Cristo, deve voltar-se para os outros por meio da prática eucarística da igreja, como um meio de vê-los também como partes do corpo de Cristo. Este discernimento do corpo eclesial é necessariamente contínuo com a fé mediadora da verdadeira presença de Cristo entre nós, que é *real* unicamente àquele que participa do único corpo *verdadeiro* de Cristo na terra: a igreja como o *corpus Christiverum*.

CONCLUSÃO

Só por meio dessa mudança do aspecto performativo da eucaristia para o conceito da igreja como a representação litúrgica do corpo de Cristo, Calvino finalmente se livrou da acusação de virtualismo, pois aqui o fator espiritual da comunhão do crente com Cristo está intimamente relacionado à forma pela qual o Espírito age com a intenção de encarnar o Filho nos membros de seu corpo eclesial, como faz com a *anabasis* mística do cristão para a comunhão com o corpo de Cristo localizado no céu. Na verdade, de acordo com Calvino, o segundo exige o primeiro, de modo que o crente sobe verticalmente em fé ao céu apenas na medida em que faz um movimento horizontal paralelo para fora em amor ao próximo na terra. Sabe-se que o teólogo já havia reconhecido no livro 2 que a união espiritual que ele abordaria é em parte uma questão de entender como a própria igreja encarna misteriosamente a *carne* de Cristo (*ICR*, 2.12.7). No mínimo, isso mostra que uma acusação de virtualismo com base em um fideísmo mais ingênuo e individualista raramente tem peso, pois como vimos, é justamente pelas práticas da igreja-como-comunidade (palavra e sacramento) que a fé salvadora é gerada e fortalecida, e é neste contexto eclesiástico que o conteúdo soteriológica da fé (como *koinonia* no corpo de Cristo) recebe sua expressão mais intensa.

Acontece então, que Calvino nos apresenta um complemento genuinamente *reformado* de uma teologia eucarística ortodoxa radical, principalmente nos pontos de crítica que mais costumam ser citados: a ausência ôntica se traduz no espaço ontológico na corporificação temporal e coletiva, em que o cristão que entende o corpo de Cristo por meio da recepção da fé faz parte, *tornando-se* ativamente o que recebe.[33] Assim, o que Calvino nos apresenta em sua doutrina da presença real é uma abordagem eucarística da igreja que articula plenamente o crescimento da fé eclesial, permitindo-nos imaginar um corpo comunitário da verdadeira presença redentora *na Terra*. Vale acrescentar que este *corpus verum* nos oferece uma amostra *genuína* do glorioso corpo celestial que todos compartilharemos com Jesus na última manhã escatológica.

---

[33]Sugiro que Calvino é capaz de incorporar totalmente a onticidade da corporificação e a dimensão da vontade na fé em sua construção ontológica da presença eucarística de uma forma que meus interlocutores da ortodoxia radical parecem não conseguir, justamente porque permanecem incapazes de certa apropriação positiva de alguns aspectos selecionados do pensamento de João Duns Escoto. Calvino, por sua vez, "destrói" e "reinventa" essas características essenciais do nominalismo escotista e o faz em razão do que creio que pode ser denominada (embora evidentemente em sentido qualificado) uma visão mais radicalmente ortodoxa.

12

SER LIGADO A DEUS:
participação e aliança revisitadas

| Justin S. Holcomb |

>O mundo está repleto da grandeza de Deus.
>
>Gerard Manley Hopkins, *God's grandeur*

"Ser ligado a Deus" significa que tudo o que existe é criação dele, depende e está perpetuamente ligado a ele. O ato de existir consiste em ser uma criatura de Deus. Segundo a ortodoxia radical, a linguagem que articula essa concepção é a da *participação*, enquanto de acordo com a teologia reformada, é a da *aliança*.

O propósito deste ensaio não é desafiar a ortodoxia radical, mas analisar sua lógica, segui-la enquanto se pensa teologicamente sobre absolutamente tudo. Os teólogos da ortodoxia radical incentivam outros cristãos, assim como judeus e muçulmanos, a refletir sobre toda a realidade por meio de suas respectivas gramáticas de fé. Graham Ward pergunta retoricamente: "Não há necessidade de uma explicação da tarefa teológica, da tradição cristã e das ortodoxias?" (*ROCE*, p. 109).[1] De acordo a ortodoxia radical, o objetivo não é meramente criticar a cultura contemporânea, mas também

---

[1] Em uma entrevista, John Milbank comenta sobre as ortodoxias serem radicais: "Acredito que todas as ortodoxias são radicais no sentido de serem tentativas de voltar às raízes, lembrando que raízes vivas nunca são permanentemente fixas, estão em constante regeneração, então creio que qualquer movimento radical está relacionado à reafirmação das origens e do que há de diferente em

oferecer respostas construtivas e apresentar uma visão de mundo moldada por uma cosmovisão analógica.

A participação, para a ortodoxia radical,e a aliança, para a teologia reformada, funcionam como estruturas teológicas centrais ou princípios organizadores pelos quais essas teologias entendem a fé cristã. Devem os cristãos escolher entre as duas opções? Acredito que esta seja uma escolha falsa e que os teólogos cristãos deveriam usar tanto os recursos da participação como da aliança com a intenção de conseguir uma resposta mais robusta e abrangente para a cultura contemporânea e ser mais fiéis à revelação da encarnação e das Escrituras. A participação e a aliança podem servir como um complemento uma da outra porque a abrangência da participação platônica e a relação bíblica aliancística entre o Criador e a criação podem ser combinadas com o objetivo de oferecer um vocabulário frutífero à organização de uma visão teológica de toda a criação. Uma teologia cristã, moldada pela participação e aliança, oferece persuasivamente as pré-condições necessárias para a inteligibilidade de tudo.

Embora a ortodoxia radical e a teologia reformada possam diferir em diversos pontos dogmáticos, bem como quanto à metodologia teológica, elas não são necessariamente antitéticas. A participação e a aliança não são estruturas incomensuráveis; nada é inerente a cada sistema de pensamento a ponto de torná-los incompatíveis. Embora a participação e a aliança sejam diferentes e cada uma reflita aquilo que torna a ortodoxia radical e a teologia reformada diferentes, elas não se opõem. Na verdade, afirmo que é justamente por causa dessas diferenças que tais estruturas teológicas essenciais podem ser mutuamente edificantes. Especificamente neste ensaio, gostaria de sugerir que a ortodoxia radical se beneficiaria se incluísse o enfoque reformado na aliança, pois isso aprofundará e fortalecerá a linguagem da participação, o que a ajudará a responder às críticas de que a ortodoxia radical apresenta uma cristologia idealista ou confia muito pouco nas Escrituras. Igualmente, a participação fortalece a linguagem da aliança ao articular a relevância cultural da teologia da aliança reformada. A participação oferece à teologia da aliança uma linguagem para crítica e o engajamento cultural.

Antes de seguir em frente, vale ressaltar que o paralelo entre a ortodoxia radical e a teologia reformada é complexo. A ortodoxia radical é um

---

uma tradição" ("Rejecting modernity: radical ortodoxy", entrevista com John Milbank e Catherine Pickstock, por Rachel Kohn, *The spirit of things*, ABC, July 11, 1999).

movimento anglo-católico que teve início no Reino Unido e se desenvolveu ao longo da última década, enquanto a teologia reformada é uma tradição teológica que começou no século 16. É importante lembrar que estamos comparando um movimento com uma tradição. Embora a teologia da aliança esteja no centro da teologia reformada, ela não é uma tradição monolítica: abrange várias escolas de pensamento.[2] Nem a ortodoxia radical é homogênea. É uma metodologia para o envolvimento teológico-cultural que lê os sinais dos tempos (*CG*, p. 1-24) e cujo enfoque é tornar o que é essencial para a identidade cristã (encarnação, Trindade, eucaristia e a igreja) não

---

[2]Para uma visão geral da teologia da aliança no pensamento reformado, veja R. Scott Clark, "A brief history of covenant theology". Disponível em: http://public.csusm.edu/public/guests/rsclark/History_Covenant_Theology.htm; acesso em 17 de março de 2005. A importância da teologia da aliança para a fé reformada não pode ser exagerada. B. B. Warfield a chama de "princípio arquitetônico" da teologia reformada. Os primeiros pais usaram a doutrina da aliança de diversas formas: no intuito de enfatizar as obrigações morais do cristianismo, mostrar a graça de Deus em incluir os gentios nas bênçãos abraâmicas, negar que os israelitas tenham recebido as promessas simplesmente por serem descendentes físicos de Abraão, mostrar a unidade da economia divina da salvação e explicar a descontinuidade entre a antiga e a nova aliança nas Escrituras. Em *The city of God*, p. 16,27, Agostinho apresenta o esboço do que se tornariam os elementos centrais na teologia reformada clássica: a aliança das obras e a aliança da graça. Depois de Martinho Lutero e antes de João Calvino, João Ecolampádio tinha uma teologia da aliança desenvolvida. O grande teólogo Amando Polano considerava Ecolampádio o primeiro estudioso reformado da aliança. Em 1534, Heinrich Bullinger publicou o primeiro tratado dedicado a explicar a aliança. Em 1585, foi a vez de Caspar Olevian publicar seu estudo *On the substance of the covenant of grace between God and the elect*. Johannes Cocceius e Herman Witsius escreveram teologias sistemáticas inteiras estruturadas pelas alianças. Os dois teólogos reformados da aliança mais importantes no final do século 16 foram os principais autores do Catecismo Maior: Caspar Olevian e Zacarias Ursino. Em seu livro *On the substance of the covenant*, Olevian argumenta que a aliança pode ser considerada em sentido mais amplo ou mais limitado. No sentido mais limitado, vale lembrar que ela envolve apenas os eleitos, que são unidos a Cristo somente pela graça, somente pela fé e em somente Cristo e recebem seus benefícios, especificamente falando. Aqueles que estão na aliança em sentido mais amplo (ou externamente) recebem alguns dos benefícios da aliança, mas não o que Olevian chamou de "substância da aliança". A teologia dos teólogos reformados do início do século 17, William Ames, Johannes Wollebius e Amando Polano, baseava-se nos escritos de Olevian e Ursino. O ponto alto da teologia reformada da aliança foi o trabalho de Johannes Cocceius, Francisco Turretin, J. H. Heidegger e Herman Witsius. Cocceius se destaca por ser o autor de um dos relatos mais abrangentes das alianças bíblicas: *Summary of the doctrine concerning the covenantand Testament*. Turretin é conhecido por seu *Institutes of Elenctic Theology*, em que expõe os princípios essenciais da teologia reformada da aliança e os defende contra os socinianos, arminianos e amyrauldianos. Em 1675, Heidegger e Turretin produziram a Formula Consensus Helvetica, um resumo da teologia reformada da aliança no final do século 17. Nos Estados Unidos, Charles Hodge, B. B. Warfield, G. Vos e J. G. Machen seguiram as linhas principais da visão aliancista clássica, ensinando a aliança da redenção, das obras (lei) e da graça (evangelho). A maior influência para a teologia da aliança no século 20 foi a do suíço Karl Barth, que rejeitou grande parte da teologia clássica por considerá-la escolástica e antibíblica. barth rejeitou a aliança da redenção e a distinção clássica entre a aliança das obras e da graça como legalista. Muitos teólogos reformados contemporâneos, incluindo T. F. Torrance e G. C. Berkouwer, adotaram essa crítica da tradição aliancista reformada. Na Holanda, Abraham Kuyper apresentou a perspectiva das três alianças, diferenciando aqueles que estavam na aliança apenas externamente e os que estavam internamente na aliança.

apenas relevante, mas também necessário à cultura contemporânea. A teologia reformada é uma tradição dogmática cujo objetivo original é reelaborar a teologia e a metodologia da Igreja Católica e está mais interessada no efeito de começar com a Palavra de Deus para proposições teológicas. Ao contrário da ortodoxia radical, o engajamento cultural não é a prioridade da teologia reformada.

O QUE É ORTODOXIA RADICAL?

A ortodoxia radical combina uma compreensão sofisticada do pensamento contemporâneo com uma perspectiva teológica que remete às origens da igreja. Em "Suspendingthe Material", o ensaio introdutório de *Radical orthodoxy: a new theology*, John Milbank, Catherine Pickstock e Graham Ward explicam a expressão "ortodoxia radical":ela "não consiste simplesmente em retornar nostalgicamente ao pré-moderno, e sim em visitar lugares em que o secularismo investiu bastante — estética, política, sexo, corpo, personalidade, visibilidade, espaço — e os reorganizar a partir de um ponto de vista cristão; ou seja, quanto a Trindade, cristologia, igreja e eucaristia" (*RONT*, p. 1). O resultado é um projeto teológico conemporâneo possibilitado pela superficialidade do secularismo. A ortodoxia radical vê o niilismo do pós-modernismo como uma oportunidade de reconfigurar a verdade teologicamente em face do desparecimento secular da verdade (*RONT*, p. 1).

A ortodoxia radical não tem (e não é) um manifesto, e realmente não pode haver um para ela. Ela não é *a* resposta, mas oferece uma "alternativa minimamente plausível" às opções do secularismo e do niilismo.[3] Resumindo, a ortodoxia radical é uma metodologia teológica que dá frutos na apologética cultural. Ela é radicalmente crítica da modernidade secular em suas tentativas de identificar os futuros na cultura que são tenebrosos e que

---

[3]Veja Douglas Coupland, *Generation x: tales for an accelerated culture* (New York: St. Martin's, 1991). Em seu romance, Coupland apresenta as implicações do niilismo e do secularismo: "Perceba que você precisa conviver com o fato de que a história o ignorará, nunca defenderá sua causa, nem terá pena de você. É o preço que se paga pelo conforto e silêncio do dia a dia. E graças a esse custo, toda felicidade é estéril e toda tristeza permanece desamparada" (p. 147). Ele continua: "Parece que aprecio o que acontece com minha vida e tudo mais, mas ouça: meu coração está nisso apenas pela metade [...] Eu desistiria de tudo isso em um piscar de olhos se alguém tivesse uma *alternativa minimamente plausível*. Fico chateado por ter tanto ciúme e me assusta não ver um futuro" (p. 149-50, grifo na citação).

não podem ser resolvidos de uma maneira secular.[4] Central a essa ideia é a afirmação de que ter o transcendente é defender o material ou o concreto, o corporal, o social, e assim por diante.[5]. Então, segundo a ortodoxia radical, a teologia não é só relevante, mas também necessária à nossa visão e realidade futura.

A ortodoxia radical rejeita a hipótese de que a teologia deve se justificar diante do tribunal dos padrões seculares e de que haja padrões seculares fixos. A lógica do secularismo implode e a ortodoxia radical considera isso um momento de avaliar diversos aspectos da cultura secular moderna e ressituá-los teologicamente de uma forma que evite tanto as teologias correlacionais (que também acolhem com entusiasmo as disciplinas seculares) quanto as teologias neo-ortodoxas (que não se envolvem com essas disciplinas com seriedade suficiente).

Em que sentido a ortodoxia radical é *ortodoxa* e em que sentido é *radical*? No que diz respeito à ortodoxia (*RONT*, p. 2), a ortodoxia radical está comprometida com o cristianismo baseado no credo e matriz patrística, reafirmando uma abordagem mais rica e coerente que foi perdida após o final da Idade Média. Ela transcende os limites confessionais do biblicismo protestante e do autoritarismo positivista católico pós-tridentino, enquanto ao mesmo tempo recupera e estende uma ontologia completamente cristianizada e uma filosofia prática coerente com a doutrina cristã autêntica. O que faz da ortodoxia radical algo radical (*RONT*, p. 2-3) é seu retorno ao cristianismo de credo e o desenvolvimento sistemático desta visão recuperada no intuito de criticar a sociedade, cultura, política, arte, ciência e filosofia modernas com ousadia. A secularidade destruiu e negou as mesmas coisas que parecia celebrar: vida corporificada, autoexpressão, sexualidade, experiência estética, comunidade política humana. Apenas a transcendência, que suspende esses fatores no sentido de interrompê-los, suspende-os também no sentido de defender seu valor relativo contra o vazio. Esse radicalismo rejeita o secular, mas também reencontra um cristianismo que nunca valorizou o suficiente a esfera participativa mediadora, que é a única que pode levar a Deus. Com o desejo de repudiar radicalmente o secular, a ortodoxia radical articula um cristianismo mais encarnado, socializado e participativo (*RONT*, p. 3).

---

[4]Milbank, "Rejecting modernity", entrevista para a ABC, July 11, 1999.
[5]Ibidem.

PARTICIPAÇÃO: "SUSPENDENDO O MATERIAL"

Enquanto a palavra de ordem liberal era "razão" e a da teologia reformada e da neo-ortodoxia era "revelação", a da ortodoxia radical é "participação".[6] A participação é uma estrutura platônica desenvolvida pelo cristianismo, bem como pelo judaísmo e islamismo. Segundo esse quadro, como tudo deriva de Deus, resulta em traços da realidade divina. A razão e a fé funcionam somente por meio de uma conjuntura mais ampla de participação. Além disso, a participação metafísica é o único alicerce possível para a participação social e as duas são entrelaçadas, vinculadas e recíprocas. Com base em uma doutrina de participação na criação e redenção, a ortodoxia radical desafia os argumentos seculares de uma zona separada de Deus. Ela resiste às ideias de secularização inevitável, certamente porque parte do que dizem é que de algum modo o elemento secular em si é a criação de uma teologia não mais baseada na participação e, que em vez disso, deu à finitude um tipo de autonomia estranha.

Segundo a ortodoxia radical, literalmente tudo está em jogo. Não existe uma área sequer da vida que não esteja de alguma maneira implicada: toda a sociedade, política, cosmo, ego, alma, cidade, ciência, natureza, corpo e economia. De acordo com Pickstock, um dos objetivos da ortodoxia radical é "lembrar o mundo de si mesmo".[7] No fim das contas, tudo é criado do nada, e as coisas suspiram apenas por meio de Deus, portanto, não há um espaço secular. Apresentando a participação como o conceito e termo teológico fundamental da ortodoxia radical, David Cunningham explica que tudo vêm de Deus e encontra seu significado final nele. Consequentemente, o ser humano encontra sentido apenas na medida em que aceita o convite de Deus para participar da vida divina. Essa participação não se limita aos cultos religiosos ou mesmo as atividades religiosas: permeia (ou deveria permear) toda a nossa existência.[8] Portanto, "toda disciplina deve ser estruturada por uma perspectiva teológica; caso contrário, definirá uma zona sem Deus, baseada literalmente em nada" (*RONT*, p. 3). Discursos sobre qualquer assunto — linguagem, corpo, percepção — só podem ter significado se reconhecerem sua participação no transcendente. Configurações alternativas ocupam um território independente de Deus e levam, eventualmente, apenas ao niilismo em diferentes formatos.

---

[6] Ibidem.
[7] Catherine Pickstock, "Rejecting modernity", entrevista para a ABC, July 11, 1999.
[8] David S. Cunningham, "The new orthodoxy?", *Christian Century*, Nov. 17-24, 1999: 1127-9.

A participação rejeita qualquer reserva de território criado, ao mesmo tempo em que permite às coisas finitas sua própria integridade. Toda disciplina deve ser estruturada por uma perspectiva teológica; caso contrário, definirá uma zona sem Deus, baseada literalmente em nada. Na verdade, a perspectiva teológica da participação salva as aparências ao excedê-las. Reconhece que o espiritualismo e o materialismo são alternativas falsas, pois se existe apenas a matéria finita, nem mesmo ela é real, e que para que os fenômenos realmente existam, deve haver mais do que isso. Ao recorrer a uma fonte eterna de corpos, arte, linguagem, união sexual e política, não se está etereamente abandonando seu destino. Em vez disso, está insistindo que por trás desse destino há outro ainda maior.

Segundo a ortodoxia radical, uma teologia participativa enfraquece o contraste entre teólogos liberais e conservadores. Os liberais tendem a validar o que veem como a adoção moderna de nossa finitude. Já os conservadores ainda parecem acolher um tipo de distanciamento nominal etéreo dessas realidades e um desdém por elas. A ortodoxia radical vê a raiz histórica da celebração dessas coisas na filosofia da participação e na teologia da encarnação, embora argumente que a tradição pré-moderna nunca levou essa celebração longe o suficiente.

"Como o universo criado era unicamente isso, isto é, criado, de acordo com a tradição o universo inteiro participa em Deus e, assim, não está de forma alguma fora dele". Como a ortodoxia radical avança nesta estrutura participativa — uma poética analógica, uma semiose de paz —, "o universo não é 'um complemento' de Deus em qualquer sentido mundano".[9] Com esta metafísica neoplatônica, algo pode ser o que é e ao mesmo tempo depender de e buscar algo mais. Em outras palavras, algo é real somente em e por meio dessa dependência e fecundidade constitutiva. Teologicamente, a participação mostra que nenhum aspecto do universo natural ou da experiência ou esforço humano pode ser dissociado de Deus e, portanto, da teologia, porque todo ser criado é uma participação na vida divina.

Em *Cities of God*, Ward ressalta as relações analógicas existentes entre corpos físicos, eclesiais, sacramentais e sociopolíticos. Ele defende uma profunda participação de todos esses corpos no corpo de Cristo: "Dada uma

---

[9]Catherine Pickstock, "Pickstock chooses radical orthodoxy", entrevistade James P. Lucier, *Insight on the News*, Jan. 10, 2000, disponível em: http://www.insightmag.com/media/paper441/news/2000/01/10/Insight/Pickstock.Chooses.Radical.Orthodoxy-124927.shtml, acesso em 10 de maio de 2005.

cosmovisão analógica, não preciso argumentar *a favor* de uma relação entre o corpo eclesial e o cívico. O vínculo já existe, bem como uma participação na base da comunidade intratrinitária que causa outras analogias de si mesma [...] Uma doutrina da analogia é também uma doutrina da participação e da causalidade" (*CG*, p. 36). No capítulo de Ward dedicado à cristologia, o deslocamento do corpo de Jesus na crucificação abre espaço para uma "comunhão na e por meio da diferença que permite a co-criatividade" (*CG*, p. 108). Ward argumenta que a igreja está situada em uma gestão escatológica e soteriológica do tempo, estabelecida em seus ensinamentos sobre a Trindade e na relação do Deus trino com a criação. Ler apologeticamente os sinais dos tempos é a colaboração da igreja nessa gestão; os cristãos vivem em Cristo e de forma pneumatógica graças às práticas de encontrar, negociar e interpretar o mundo ao seu redor. Essas ações participativas da vida cotidiana integram a reunião de todas as coisas na Divindade. Tais práticas crísticas e pneumáticas chamam a atenção da criação, não só para sua contingência radical, mas também, em e por intermédio dessa contingência, para seus dons e sua permanência na graça. Desse modo, a ortodoxia radical deve ver sua própria tarefa não só como produtora de teologia, mas como teológica por si só, participando da redenção do mundo ao se empenhar na reunião dos diferentes *logoi* no Logos. Ward apresenta claramente o sentido dessa participação: "A doutrina da participação, que é do Espírito, não pode ser separada da doutrina do tempo e da teologia [...] do desejo. Como o presente participa do eterno, nós, que somos limitados pelo tempo, localizados em temporalidades ou textualidades específicas, também fazemos parte do eterno" (*CG*, p. 171). No entanto, nossa participação não é meramente formal, e sim pessoal, porque o eterno não é a infinitude do infinito; antes, o infinito é a doação sem fim de Deus em amor (*CG*, p. 171). Milbank explica as possibilidades apologéticas do ponto de vista de Ward. Segundo Milbank, a teologia pode mais uma vez afirmar a realidade da verdade:

> Essa declaração só poderia ser feita se defendesse uma eternidade imutável e simples, em que o fluxo temporal participasse minimamente e de modo confuso, mas ainda assim, mostrando-se parcialmente e protegendo sua própria aparência. Enquanto para o niilismo o vazio não existe, logo o tempo também não, para a teologia a eternidade é real, portanto, o tempo e o corpo também são. Por isso, a teologia poderia argumentar não só ter salvo a matéria, mas também ser o único materialismo possível (*ROCE*, p. 42).

O DESDOBRAMENTO DO DRAMA DA REDENÇÃO: O CRISTO DAS ALIANÇAS

R. R. Reno observa que os teólogos reformados cristalizam projetos comuns e respondem aos desafios contemporâneos elaborando confissões e escrevendo teologias dogmáticas. Nem as declarações nem os sistemas florescem na metodologia da ortodoxia radical.[10] A ortodoxia radical prega que todas as formas de pensamento não teológico se reduzem ao niilismo. Em resposta a isso, ela se compromete em recuperar uma ontologia da participação.[11] Portanto, a ortodoxia radical é mais do que um diagnóstico dos erros do modernismo e do pós-modernismo; ela tem um programa positivo: a recuperação de um agostinianismo vinculado ao conceito de participação. Refletindo uma "teologia encarnacional", a ortodoxia radical apresenta uma ontologia neoplatônica em que todas as coisas estão repletas da presença divina (*RONT*, p. 3).

Esta ontologia neoplatônica tem uma herança rica nos primeiros pais da igreja, e sua base pode ser rastreada até a literatura joanina, bem como as imagens de Paulo do anseio cósmico em relação à consumação divina. Como Reno destaca, estes parecem apontar para a necessidade de conceitos dinâmicos ou participativos na teologia cristã.[12] Porém, de acordo com João e Paulo, a participação da criação no divino tem seu centro de gravidade *em* Cristo. Segundo a teologia reformada, não meramente participamos: paricipamos *dele*. Do mesmo modo, a teologia reformada defende que os eleitos não são simplesmente eleitos: são eleitos *por* Deus *em* Cristo. O ponto é que há uma particularidade nítida da participação paulina e joanina. Até a exegese é uma forma concreta de envolvimento no testemunho apostólico de Cristo. Além disso, como Reno argumenta, a participação sem um centro material e cristológico se transforma rapidamente em elasticidade infinita.[13] Com o propósito de evitá-la, a ortodoxia radical precisa dar um papel fundamental à identidade duradoura de Cristo, o que exigirá o preenchimento dos gestos conceituais com exegese e teologia da aliança.

Enquanto a participação é estabelecida apologeticamente pela ortodoxia radical com a intenção de expor as trevas do secularismo e do niilismo,

---

[10] R. R. Reno, "Review of *Radical orthodoxy: a new theology*", *Modern Theology* 15 (1999): 530.
[11] Ibidem, p. 531.
[12] Ibidem.
[13] Reno, "Review of *Radical orthodoxy*", p. 531.

existem fraquezas adicionais às quais precisamos estar atentos. A ortodoxia radical ressalta energicamente o que é universal, geral e especulativo com a intenção de confirmar e defender a redenção divina em Cristo. O alcance da participação é amplo, mas seu centro é desfocado. Embora o mundo seja participativo, sua estrutura participativa é formada por Cristo. Reno adverte: "A ortodoxia radical impede que qualquer centro de gravidade tenha peso suficiente para controlar ou direcionar nossa participação em Deus"[14]. De forma bastante frequente as passagens bíblicas são interpretadas de maneira conceitual ou especulativa a serviço do processo participativo. Em outras palavras, independentemente de o assunto ser as Escrituras, o credo, a história bíblica ou a tradição, certa idealidade teológica governa quanto a formas mais elevadas, limpas e puras.[15] Isso resulta em um modo participativo de *ser* substituindo a especificidade do ensino e da prática bíblica. Esta é uma ênfase que reflete a mudança da pessoa de Cristo para o processo de participação, da identidade de Jesus para uma idealidade de pensamento encarnacional, que espelha a participação neoplatônica.[16] No fim, a ortodoxia radical tem a tendência de obscurecer a identidade particular de Jesus como o salvador e de ser ambivalente quanto ao papel das Escrituras no método teológico. A autoridade da particularidade da palavra e do sacramento, que são concebidos como essenciais à teologia da ortodoxia radical, desloca-se para a teoria e o conceito, o que resulta em uma maneira de *ser* substituindo a crucificação e a ressurreição.[17]

Como pode a ortodoxia radical lidar com sua "alergia ao particular" como diz Reno?[18] Como ela pode cumprir seu objetivo sem substituir a particularidade pela teoria e a identidade pela idealidade? A resposta a ambas as perguntas é o foco na aliança da teologia reformada. Não é uma questão de trocar a linguagem da participação pela da aliança, mas, sim, incluir a aliança no discurso teológico da ortodoxio radical.

A obra *Being reconciled*, de Milbank, começa com o perdão, que é uma escolha "por uma teologia radicalmente cristocêntrica e centrada na descida hipostática do Espírito à igreja" (*BR*, p. xii). Em *Cities of God*, Ward também emprega uma teologia cristocêntrica como o centro de todos os demais

---

[14] R. R. Reno, "The radical orthodoxy project", *First Things* 100 (Feb.,2000): 41.
[15] Ibidem, p. 42
[16] Ibidem.
[17] Ibidem, p. 43.
[18] Ibidem, p. 42.

corpos— sociais, políticos, físicos e eclesiais — e defende sua participação no corpo de Cristo (*CG*, p. 114-6). Em *Theology and contemporary critical theory*, Ward argumenta que a teologia cristã é baseada em eventos históricos únicos e fundacionais e, portanto, é necessariamente ligada a questões da história (*TCCT*, p. 43-73). Assim, não afirmo que a ortodoxia radical está perdendo seu elemento particular ou sua identidade, mas que a aliança pode ajudar a aprofundar o que já existe.

Para a teologia reformada, a aliança é a estrutura teológica central pela qual ela interpreta toda a criação. É impossível tratar das alianças sem recorrer à Bíblia hebraica e à tradição judaica. N. T. Wright escreve: "Os judeus acreditavam em um Deus específico, do qual havia um, que havia criado todo o universo e era ativo nele, ao mesmo tempo em que se mantinha soberano sobre ele e que era misteriosamente diferente dele".[19] Deus é o Criador de tudo o que existe e permaneceu poderoso e envolvido, embora de forma alguma tenha sido reduzido aos termos da própria criação. Wright continua explicando que Deus não era distante ou afastado, nem era simplesmente um sentido generalizado de uma dimensão sagrada dentro do mundo, nem a objetificação ou personificação das forças que fazem parte dele.[20] O monoteísmo judeu passou a crer que havia um Deus que criou tudo e que manteve uma relação próxima e dinâmica com a criação e que ele chamou ou elegeu Israel para ser seu povo especial. Esse sentido da missão era muitas vezes vinculado à criação: Yahweh escolheu Israel pelo bem do mundo todo.[21]

As crenças gêmeas da criação e da aliança (ou monoteísmo e eleição) nunca foram uma mera parte de princípios abstratos ou proposições elaboradas pela análise filosófica de especulação hipotética. Como Wright explica, "foram descobertas por meio de uma história específica e caracteristicamente expressa pelo ato de contá-la e recontá-la de um modo ou de outro. Essa história era aquela da família de Abraão descendo ao Egito, sendo escravizada, dramaticamente resgatada e recebendo sua própria terra".[22] Recordar essa redenção deu forma à vida contínua de Israel, ao

---

[19] N. T. Wright, *The Challenge of Jesus: rediscovering the Jesus who was and is* (London: SPCK, 2000), p. 74.
[20] Ibidem.
[21] Ibidem. Veja também a página 19: "Na linguagem técnica, estou me referindo à eleição e à escatologia: quando Deus escolhe Israel para ser o meio de salvar o mundo, está trazendo a história do mesmo ao seu ápice, por meio do qual a justiça e a misericórdia acolheriam não só Israel, mas todo o mundo".
[22] Ibidem, p. 75.

narrá-la e encená-la teatralmente em diversos festivais. Independentemente do que tenha acontecido —seja opressão, sofrimento, exílio, ou aparente extermínio —, a família da aliança abraâmica olhou para trás, para o êxodo, e redescobriu que Yahweh era o seu Deus e que eles eram o seu povo.[23] Ao recontar e reviver essa história na liturgia e nas festas, ao ler, cantar e orar, Israel conseguiu reacender o sentimento da presença do Senhor.

Todos os sinais apontam que os primeiros cristãos chegaram muito rapidamente à conclusão de que estavam sob as obrigações da aliança, sem deixar de ser monoteístas judeus, para cultuar Jesus.[24] Os autores do Novo Testamento não se afastam do monoteísmo judaico nem brincam com dualismos pagãos, em que o Deus bom se opõe ao Deus mau — o Redentor sobre o Criador. Segundo Paulo, "há um único Deus, o Pai, de quem vêm todas as coisas e para quem vivemos; e um só Senhor, Jesus Cristo, por meio de quem vieram todas as coisas e por meio de quem vivemos" (1Coríntios 8:6) Esta é uma adaptação excelente do Shemá judaico: "Ouça, ó Israel: O Senhor, o nosso Deus, é o único Senhor" (Deuteronômio 6:4). O Shemá ressalta a criação e a redenção como igualmente originadas Pai e igualmente realizadas por meio do Filho e resume tudo o que as gerações e credos posteriores teriam dificuldade em explicar sobre Deus enquanto Trindade.[25]

Uma visão geral das alianças nos ajudará a ver a nova aliança, de Jesus, como o cumprimento das anteriores:

Aliança...	Com...	Papel aliancístico	Forma	Símbolo
do começo	Adão	marido	casamento	sábado
da preservação	Noé	pai	família	arco-íris
da promessa	Abraão	patriarca	tribo	circuncisão
do reino	Davi	rei	reino	trono de Davi
da consumação	Jesus Cristo	sumo sacerdote real	igreja	ceia do Senhor

De acordo com a tradição reformada, os membros da igreja são reunidos no banquete familiar sacrificial do corpo e sangue de Cristo. Os cristãos

---

[23] Ibidem.
[24] Ibidem, p. 78.
[25] Ibidem, p. 79.

também se unem por meio do batismo, renascimento e adoção na família de Deus em nome do Pai, Filho e Espírito Santo. A ligação sacramental do batismo reflete o juramento da aliança, que Jesus estabeleceu como o novo Adão. Essa ligação é fortalecida quando recebemos a carne e o sangue do Filho primogênito do Pai no poder do Espírito Santo. Assim, a Trindade é a família da aliança eterna e original. É a fonte permanente e o padrão perfeito da aliança, que é o que Deus faz porque é quem ele é. Quando Jesus Cristo institui a ceia do Senhor como uma refeição pactual, todas as alianças na Bíblia hebraica devem ser lembradas. A vinda de Cristo é a revelação de uma visão encarnacional que existia desde o começo.

Segundo a teologia reformada, o que é exigido para a teologia contemporânea e concretizado pelo enfoque na aliança é um método teológico já concebido, moldado e determinado pelo conteúdo de sua confissão.[26] Geerhardus Vos escreve que a Bíblia "sente [...] sua própria anatomia" ou "é consciente de seu organismo". Ele explica que "o princípio de sucessivas criações de *Berith* [...] desempenha nisso uma grande função e deve ser cuidadosamente observado. Ao lado desse princípio de periodicidade, o agrupamento e a correlação dos diversos elementos da verdade dentro dos limites de cada período devem ser respeitados".[27] Da mesma forma, David Tracy escreve: "A teologia cristã, portanto, não deve hesitar em começar com sua própria história interna e refletir sobre sua ocasião especial ou evento iluminador como a realidade autoevidente de sua fundação".[28] Michael Horton enfatiza que o aspecto histórico-redentor da aliança é o desdobramento orgânico do plano divino em sua execução por intermédio da palavra como anúncio, do ato como realização e da mensagem como interpretação. A revelação, portanto, é serva da redenção, contornando qualquer concepção da revelação como mera iluminação, gnose, informação ou presença.[29] Vos adverte contra a substituição da singularidade e da identidade das Escrituras por conceitos extrabíblicos: "A Bíblia exibe um organismo próprio e inato que é destruído pelo pressuposto crítico, e não só em nosso ponto de vista, mas sendo livremente reconhecido pelos próprios críticos, com base no fato de ser um

---

[26]Michael Horton, *Covenant and eschatology: the Divine drama* (Louisville: Westminster John Knox, 2002), p. 4.
[27]Geerhardus Vos, *Biblical theology: Old and New Testaments* (Grand Rapids: Eerdmans,1948), p. 16 [edição em português:*Teologia bíblica*: Antigo e Novo Testamentos, trad. Alberto Almeida de Paula (São Paulo: Cultura Cristã, 2010)].
[28]David Tracy, *Analogical imagination* (New York: Crossroad, 1987), p. 65-6.
[29]Horton, *Covenant and eschatology*, p. 5.

organismo artificial em tempos posteriores impostos à Bíblia e porque um sistema melhor recém-descoberto precisa ser substituído".[30]

A aliança (não a ideia como um todo, e sim a práxis específica desenvolvida ao longo da história da redenção) é a cultura do povo de Deus, moldada pelo drama das duas cidades e das duas sementes.[31] Vos escreve: "O círculo da revelação é não uma escola, mas uma aliança".[32] Horton aponta que "na aliança existe mais de uma narrativa para 'absorver' o leitor no mundo divino do texto. Há um pacto que visa reorientar nossas lealdades, aspirações e identidade mais profundas. A 'absorção' é mais passiva do que o 'desempenho' e este último parece mais abrangente no que diz respeito à fé e prática".[33] Mais do que um roteiro, é necessário um drama em que a aliança apresente uma atuação concreta, que gera não só leitores transformados passivamente, mas também uma nova realidade fora do texto-enredo em que os parceiros da aliança participam ativamente de modo contínuo e revelado.[34] A aliança é a categoria mais real capaz de unir história e escatologia, o indivíduo e a comunidade, a agência divina e humana, além de ser o método de contextualização das próprias Escrituras.[35]

A teologia da aliança é útil porque seu conteúdo já define sua metodologia.[36] Em outras palavras, a teologia não justifica seus argumentos diante dos padrões seculares. O que a teologia contemporânea precisa agora não é um método teológico que seja independente, que comece com, e no final seja uma saudação a qualquer ramo da ciência que esteja em destaque atualmente. Essa abordagem da aliança não é um projeto fundacionalista que busca os primeiros princípios fora das Escrituras, que então se tornam os pressupostos orientadores da interpretação da relação Deus-mundo, da personalidade humana, da cristologia, da pneumatologia, da eclesiologia, dos sacramentos e da escatologia propriamente dita. Em vez disso, na aliança, o conteúdo da teologia oferece a fonte para seu método e a define como a reflexão da igreja sobre seu testemunho para a revelação na história, a ação de Deus em palavras e atos e sua participação no drama da redenção.

---

[30] Vos, *Biblical theology*, p. 17.
[31] Horton, *Covenant and eschatology*, p. 13.
[32] Vos, *Biblical theology*, p. 17.
[33] Horton, *Covenant and eschatology*, p. 14.
[34] Ibidem, p. 14-5.
[35] Ibidem, p. 16.
[36] Ibidem, p. 19.

Horton afirma o seguinte: "Uma perspectiva bíblico-teológica da aliança une as coisas na teologia sistemática cujas relações costumam ser tensas: a eclesiologia (o contexto da aliança), a teologia propriamente dita (o criador da aliança), a antropologia (o parceiro da aliança), a cristologia (o mediador da aliança), a soteriologia (as bênçãos da aliança), a escatologia (a consumação da aliança)".[37] Em vez de relações forçadas entre os loci teológicos, essas são naturais, tendo em vista a maneira que o drama bíblico se desenrola e encontra os inúmeros loci.

PERSUASÃO E APOLOGÉTICA

Segundo Ward, o interesse da ortodoxia radical é "desmascarar os ídolos culturais, apresentando explicações genealógicas das hipóteses, políticas e da metafísica oculta de variedades seculares específicas de conhecimento — com respeito ao projeto terapêutico e construtivo de disseminar o evangelho" (ROCE, p. 104). O objetivo de Ward é analisar o que torna a crença crível. Com seu forte foco na singularidade e identidade da aliança, pode-se imaginar que a teologia reformada encontra dificuldade em traduzir a visão cristã de forma relevante na nossa cultura secular e niilista Quero sugerir que a ênfase da ortodoxia radical na participação dá uma vantagem apologética à teologia reformada e ajuda a articular a relevância de sua linguagem aliancista. A participação encoraja a teologia reformada a não ser estritamente exegética e a misturar "exegese, reflexão cultural e filosofia em uma colagem complexa, mas coerentemente executada" (RONT, p. 2). A ortodoxia radical está empenhada em tornar suas crenças verossímeis e não é ingênua no tocante aos pressupostos de credibilidade (ROCE, p. 106). É uma tentativa de abrir um espaço necessário com o objetivo de que se acredite na matriz cultural atual.

A ortodoxia radical e a teologia reformada são semelhantes no sentido de que são menos flexíveis e de não permitirem esferas inteiramente autônomas no discurso secular, ainda que a teologia reformada possa aprender com a ortodoxia radical a ser mais mediadora. A teologia reformada pode evitar limitar a teologia a uma exposição puramente exegética da Bíblia conforme sua lógica absolutamente discreta. A teologia reformada, mais do que a ortodoxia radical, aborda diretamente a questão da metodologia e das

[37] Ibidem, p. 17.

fontes teológicas. Ao fazer isso, ela assume compromissos explícitos de usar o máximo possível a linguagem e as categorias bíblicas, mesmo às custas da relevância cultural. No movimento inverso, a ortodoxia radical busca evidentemente definir a teologia de um modo que a liberte da irrelevância no pensamento moderno, e isso a conduz ao filosófico e ao especulativo.

A teologia reformada está menos disposta a intermediar ou tentar correlacionar, pois não quer comprometer o ensino cristão tradicional com os sistemas filosóficos modernos. A ideia é que na tentativa de manter a relevância do cristianismo para o homem atual, as teologias mediadoras tentam traduzir a assim chamada linguagem bíblica em termos que as pessoas da modernidade possam entender e apreciar. No entanto, ao fazer isso, o significado do pensamento cristão assim interpretado se "perde na tradução". Assim, os métodos teológicos que buscam correlacionar ou traduzir o ensino cristão em categorias teóricas modernas são mediadores, logo comprometem a fé.

De certa maneira, a teologia reformada repete o argumento de Tertuliano:

> Em que Atenas se relaciona com Jerusalém? Que harmonia existe entre a Academia e a Igreja? O que há entre hereges e cristãos? Nossas instruções vêm do "pórtico de Salomão", que ensinou que "o Senhor deve ser buscado com simplicidade de coração". Sem mencionar todas as tentativas de produzir um cristianismo confuso de composição estoica, platônica e dialética. Não desejamos debates curiosos depois de ter Jesus, nenhuma inquisição depois de desfrutar do evangelho. Com nossa fé, não queremos mais acreditar, pois esta é a nossa fé louvável: que não há nada que devamos acreditar além disso.[38]

Desde Tertuliano, muitos teólogos pensam como ele que a teologia tem pouco a descobrir e nada a ganhar com o diálogo com a filosofia ou a cultura ao redor. Argumenta-se que a teologia é autônoma e depende unicamente da palavra revelada de Deus. Subsumir a teologia à filosofia é reduzir o significado e a singularidade da mensagem cristã.

Embora tenham intenções nobres, tais declarações tendem a ser equivocadas e até mesmo desonestas. O próprio Tertuliano não conseguiu evitar completamente as categorias e formas de pensamento filosóficos. Teólogos reformados modernos como Karl Barth construíram sistemas teológicos sob

---

[38] *Prescription against heretics* 7, in: *The ante-Nicene Fathers*, ed. Alexander Roberts; James Donaldson, reimpr. (Grand Rapids: Eerdmans, 1978), 3.246.

a influência de pensadores como Søren Kierkegaard e Martin Buber. Na verdade, ao mesmo tempo em que se afastaram do discurso filosófico, usaram inevitavelmente características da teologia e filosofia que exigiam análises sofisticadas. A questão não é se devemos nos engajar com Atenas, e sim como.

A ortodoxia radical faz mais do que afirmar que os outros estão errados. Em vez disso, participa de outros discursos e se informa o máximo possível a fim de abordá-los do modo mais articulado. De acordo com Pickstock, não há sentido em simplesmente dizer, na linguagem cristã, o que os cristãos pensam ser a verdade. Em vez disso, o objetivo é mediar sempre, porém sem acomodar.[39] A ortodoxia radical se envolve conscientemente com a cultura contemporânea, pois acredita que a teologia também deve falar de outros temas ou então estará defendendo uma dicotomia entre o secular e o sagrado, a razão e a revelação. Quando isso acontece, o próximo passo é assumir uma esfera independente de Deus e não demora muito até que retornemos à fragmentação e ao isolamento da visão secular, niilista e atomística da criação. Ao minimizar as mediações por meio de outras esferas do conhecimento e da cultura, a teologia reformada tende a adotar uma autonomia positiva para a teologia, o que torna as preocupações filosóficas e culturais contemporâneas uma questão de indiferença. Dessa maneira, permanece dentro da dicotomia moderna/liberal de razão e revelação. Isso corre o risco de permitir ao conhecimento mundano uma validade inquestionável dentro de sua própria esfera. Consequentemente, a ortodoxia radical é mais mediadora, mas menos flexível, uma vez que a teologia precisa falar também de algo diferente além de si para fazer teologia.[40]

Como toda a criação participa no divino, não há base segura sem referência à nossa visão distante e incerta do divino. Seguindo este ponto, a fé não é alheia à razão, e sim sua intensificação (*ROCE*, p. 34). Se a razão já é cristológica, então a fé, até o *eschaton*, continua espalhada por todos os diferentes discursos da razão humana. Milbank escreve: "Quem quiser falar de Deus, precisa falar sobre outra coisa. Na verdade, sua fala sobre Deus é a única diferença em relação a falar sobre outro assunto" (*ROCE*, p. 34). Comparada à

---

[39] Pickstock, "Rejecting modernity", entrevista da ABC, July 11, 1999.
[40] Segundo Ward, a empreitada da teologia sempre teve um aspecto de transgressão de limites. Ela é um discurso que exige outros discursos para ser possível. O uso de outras ciências pela teologia não se deve por alguma falha ou insuficiência, e sim pela incompetência de nossa inteligência, que é mais facilmente conduzida pelo que é conhecido pela razão natural do que pelo que está acima da razão. Veja *TCCT*, p. 1.

teologia reformada, a ortodoxia radical é menos flexível, uma vez que não permite domínios inteiramente autônomos do discurso secular (mesmo quando estes não dizem respeito diretamente a Deus ou à redenção);é também mais mediadora, já que não limita a teologia a uma exposição exegética pura da palavra de Deus conforme sua própria lógica absolutamente discreta.[41]

Para a ortodoxia radical não existe espaço para o secular;o sagrado penetra em todo lugar, e se descer lá do alto, essa descida se manifesta por sua ascensão de baixo (*ROCE*, p. 37). Por isso, a ortodoxia radical tende a denegrir o papel e a integridade de uma razão independente. Curiosamente, seus críticos argumentam que ela é muito apologética por causa de sua inclinação a começar com alguma categoria não necessariamente cristã, como o dom, a paz, a beleza, a cidade — em vez da aliança ou revelação — e então apontam que apenas o pensamento e a prática fundamentados no cristianismo protegem sua pureza (*ROCE*, p. 37). A ideia de um discurso cristão absolutamente interno é realmente oposta à ação apologética baseada em um ponto de partida neutro. Milbank explica:

> Se verdadeiramente não existem noções 'gerais' não contaminadas pelas contingências da linguagem e das circunstâncias, igualmente não há perspectiva puramente concreta que não seja influenciada por noções abstratas comuns. Assim, o caráter tangível dos Evangelhos é também um mosaico de ideias e imagens genéricas e vagas herdadas, e não há linguagem completamente cristã que não seja de alguma forma entendida pelos não cristãos (*ROCE*, p. 37).

A ortodoxia radical pontua que as disciplinas seculares são inadequadas, chegando a ser até incoerentes, sem o alicerce da teologia, em que todas estão, em última análise, firmadas. Isso deve soar muito familiar para a apologética pressuposicional reformada que defende que o secularismo só pode fazer suas declarações se usar o capital emprestado de uma cosmovisão cristã. Essa percepção também é conhecida como a "impossibilidade do contrário", segundo a qual é impossível defender aquilo que se opõe a uma visão de mundo trinitária e aliancista, visto que a cosmovisão analógica

---

[41]De acordo com Horton, com base em nosso conhecimento escatológico, nossas orientações epistemológicas são redefinidas pelo padrão de promessa e cumprimento na aliança da graça. Consequentemente dessas reflexões, podemos resumir a definição da tarefa teológica: "Teologia é a reflexão da igreja sobre a ação performativa de Deus em palavras e atos e sua própria participação no drama da redenção" (*Covenant and eschatology*, p. 276).

representada na doutrina da Trindade e na distinção Criador/criação e a relação que se baseia na criação *ex nihilo* oferecem a pré-condição necessária à inteligibilidade de tudo, incluindo a psicologia, história, economia, educação, ciência política, sociologia, matemática e filosofia.[42] De acordo com o pressuposicionalismo reformado, tanto a revelação quanto a lógica da mente autodenominada autônoma são os padrões máximos de todo pensamento humano.[43] A mente humana não é autônoma: é derivada, criada e caída. Portanto, todos devem trazer de volta suas especulações à submissão à revelação de Deus. Embora a crítica do secularismo seja a mesma, a apologética reformada — seja pressuposicional ou evidencialista — concentra-se principalmente na epistemologia e nas premissas dogmáticas. O que o enfoque da ortodoxia radical na participação traz para a apologética reformada é um modelo para aplicar a crítica do secularismo com mais força e com desconfiança pós-moderna. Por exemplo: a ortodoxia radical afirma que todas as formas seculares de conhecimento,a sociologia, ciência política ou economia,derivam sua autoridade do poder político; e toda verdade derivada de tal conhecimento pode ser apenas subjetiva. Ademais, a ortodoxia radical aborda essa suposta inadequação ao declarar que somente uma noção de verdade absoluta e transcendente pode tornar o conhecimento algo mais do que um suporte ao poder. Os teólogos da ortodoxia radical usam o vocabulário predominante e as técnicas verbais dos estudos culturais e literários no desejo de mostrar o vazio do pós-modernismo secular.

Como todas as teologias, a teologia reformada é histórica e culturalmente enraizada e contingente. Não é uma visão de lugar nenhum e não está livre das ideologias. Ela precisa refletir teologicamente sobre a situação de seu conhecimento. Pode aprender com a ortodoxia radical a se preocupar com o contexto cultural, sua reflexão sobre o tempo, a corporificação e seu compromisso com o historicismo. Assim como a ortodoxia radical, pode estar envolvida na produção de crenças, na construção de sentido e na composição de um corpo discursivo (*ROCE*, p. 108-9). A questão, então, é relacionar como o corpo discursivo que produz corresponde não só à igreja, mas também à

---

[42] Esta lista vem dos temas do capítulo em Gary North, org., *Foundations of Christian scholarship: essays in the Van Til perspective* (Vallecito: Ross, 1979).
[43] Para mais informações sobre o pressuposicionalismo, veja John M. Frame, *Apologetics to the glory of God* (Phillipsburg: Presbyterian & Reformed, 1994); idem, *Cornelius Van Til: an analysis of his thought* (Phillipsburg: Presbyterian & Reformed, 1995); e Greg L. Bahnsen, *Van Til's apologetic* (Phillipsburg: Presbyterian & Reformed, 1998).

cultura contemporânea. Existe uma tarefa teológica no mundo secular que é mais do que mera proclamação.

A LITURGIA EUCARÍSTICA COMO PRECEDENTE

Rowan Williams escreve:

> Jesus, batizado, tentado, perdoando e curando, oferecendo-se como meio de uma nova aliança, é o próprio "sacramento": sua identidade é colocada diante de nós como um signo, forma de um novo povo de Deus [...] A eucaristia relembra um evento já complexo e "duplo": a Última Ceia, interpretada como um símbolo da morte de Jesus e seu efeito, ou, por outro lado, seu fim metaforizado como o partir e compartilhar do pão. Como no batismo, a maior transição aqui é uma morte, apresentada como uma passagem para novas solidariedades: o vinho derramado como sinal de derramamento de sangue é a marca de uma aliança sendo feita, com base na analogia com a aliança do Senhor com Israel.[44]

Até agora vimos como a participação e a aliança atuam em cada sistema e como funcionam como um complemento uma da outra. Para deixar isso mais claro, passamos a analisar a eucaristia como precedente desta tese. Veremos como a ortodoxia radical apresenta a eucaristia com uma linguagem participativa e como isso é feito com o propósito de envolver o secularismo, a fragmentação e o niilismo da cultura contemporânea. Esta é a teologia eucarística como apologética. Veremos também como a teologia reformada ressalta a dimensão exegética e aliancista da eucaristia. A ortodoxia radical entende a eucaristia como um modelo de comunidade participativa essencial para o programa teológico. Por exemplo: Pickstock escreve que "a eucaristia subjaz toda linguagem" (AW, p. 262). Pensar sobre tudo eucaristicamente e analogicamente tem sido a marca registrada da análise da ortodoxia radical das cidades, da teologia da libertação, do niilismo, da economia divina e do mercado, da reconciliação e do perdão, da linguagem, dos corpos, do desejo, da estética e da amizade. Historicamente, a tradição reformada interpretou tal sacramento como uma celebração da aliança pela comunidade da aliança. As palavras de instituição nas Escrituras refletem a dimensão aliancista da eucaristia:

---

[44]Rowan Williams, *Christian theology* (Oxford: Blackwell, 2000), p. 203, 214.

Quando chegou a hora, Jesus e os seus apóstolos reclinaram-se à mesa. E disse-lhes: "Desejei ansiosamente comer esta Páscoa com vocês antes de sofrer. Pois eu digo: Não comerei dela novamente até que se cumpra no Reino de Deus". Recebendo um cálice, ele deu graças e disse: "Tomem isto e partilhem uns com os outros. Pois eu digo que não beberei outra vez do fruto da videira até que venha o Reino de Deus". Tomando o pão, deu graças, partiu-o e o deu aos discípulos, dizendo: "Isto é o meu corpo dado em favor de vocês; façam isto em memória de mim". Da mesma forma, depois da ceia, tomou o cálice, dizendo: "Este cálice é a nova aliança no meu sangue, derramado em favor de vocês" (Lucas 22:14-20).

O outro lado da afirmação de Pickstock sobre a base eucarística da linguagem é sua acusação de que a modernidade e a pós-modernidade são completamente extralitúrgicas. Como espaços não louváveis, suas cidades são políticas de morte (*AW*, p. 1), portanto, nossa vida não é tão degradante quanto é quase não humanas tendo como única alternativa viver em um estado "litúrgico, ou seja, verdadeiramente humano e criatural" (*AW*, p. 176). Para a autora, liturgia é vida. No ponto de vista linguístico, é a própria "condição de possibilidade" da linguagem. A equação da liturgia eucarística com a vida surge de e relembra dois compromissos teológicos: o relacionamento do dom e o horizonte de impossibilidade. Dom e impossibilidade permitem que a "ação essencial" da eucaristia para ambos reflita e estabeleça a abertura e o mistério inatingíveis nas idealidades inclusas de Platão, Descartes e Derrida (*AW*, p. 20, 253). A liturgia eucarística é "ao mesmo tempo um dom de Deus e um sacrifício a ele" (*AW*, p. 176). O dom prioriza a ontologia em detrimento da epistemologia (*AW*, p. 239-40), o que significa que diz respeito a um modo dinâmico de ser, e não às abstrações empíricas de saber como conhecer o que é dado (*AW*, p. 217). Esta troca interminável e contínua de dádivas culmina no evento eucarístico[45], que é a ação gratuita e impossível de "mediação cristológica" que se repete literalmente como dom kenótico

---

[45] *AW*, p. 246: "Portanto, por meio de nossa oferta, recebemos de volta uma segunda oferta por meio de uma terceira que podemos oferecer. Este é um movimento de desenvolvimento da adoração perpétua e da entrada em Deus que garante que os dons litúrgicos não são itens separados que são trocados, como pão e vinho pelo corpo e sangue, e sim efetua a transformação de tudo o que oferecemos em Deus. Graças à natureza radiante de Deus, receberemos essas coisas novamente, porém não como equivalência. Desse modo, a transubstanciação não é algo além do louvor, mas sua conclusão lógica: o 'retorno' do dom é o 'avanço' da repetição não idêntica".

(*AW*, p. 178, 264). A liturgia da eucaristia é a narração eclesial e a instigação da história da salvação, possibilitando o inviável pela sua condição gratuita da possibilidade em si. Pickstock mostra como a liturgia é uma forma de conhecer por meio do fazer: a lembrança representada no sacramento da comunhão dramatiza o sentido do perdão e da reconciliação.

A estrutura participativa oferece uma teoria de identidade e significado baseada na unidade e na paz.[46] Podemos participar, sem abandonar nossas identidades ou protegê-las do domínio divino. A participação que nos mantém unidos — nossa identidade como seres diferentes com projetos pessoais — é o que nos une como uma comunidade na adoração comum. Este elemento litúrgico como participação em uma ordem divina tem um semelhante sociopolítico, sendo, portanto, apologeticamente focado. Uma vez que nada existe fora do acolhimento da providência de Deus, a visão cristã reúne necessariamente toda a vida humana em sua análise, visando um modo de vida transformado. As tentativas seculares de designar uma realidade social por baixo ou fora de nossa participação na revelação consumada de Deus em Cristo se baseiam na violência. No centro do livro *Cities of God*, de Ward, encontramos o corpo deslocado e ferido de Cristo, que é a essência da eucaristia, que, por sua vez, é o coração da igreja. Os três constituem o corpo de Jesus, no qual todos os outros corpos — físico, eclesial, social, sacramental e político — precisam participar. A relevância apologética e cultural desta visão participativa da eucaristia é inconfundível.

Segundo Horton, um representante da abordagem reformada, a história da aliança se desenvolve como uma teologia da proclamação. A eucaristia serve, ao lado da palavra, como um meio de graça — não da perspectiva da analogia da infusão, e sim da analogia da declaração.[47] É por isso que os Reformadores chamaram a eucaristia de "palavra visível" de Deus. Em apoio a essa visão, Horton recorre a 1Coríntios 11:26: "Porque, sempre que comerem deste pão e beberem deste cálice, vocês anunciam a morte do Senhor até que ele venha". Isso leva à analogia principal da eucaristia: sinal e selo. A aliança da graça que se baseia nas Escrituras hebraicas não é

---

[46] Considere o papel da liturgia como uma força incorporadora. Vimos que a liturgia da eucaristia é uma combinação complexa de dar e receber, em que o sujeito humano permanece identificável mesmo quando incorporado. Não precisamos nos tornar "diferentes de nós" para receber o corpo e sangue de Jesus, nem podemos simplesmente permanecer "nós mesmos", imutáveis e inalterados. A prática litúrgica cristã pressupõe que podemos ser quem somos e ainda fazer parte do drama da redenção.

[47] Horton, *Covenant and eschatology*, p. 269-70.

alterada, mas orientada por diferentes sinais e selos. Por meio do batismo, a circuncisão é estendida e os crentes e seus filhos são incorporados ao drama divino. Da mesma maneira, a ceia do Senhor, como uma refeição pascal, torna-se um modo de incorporação pessoal à narrativa já em andamento. [48]Na eucaristia, o drama divino assume forma concreta não só como uma redramatização, mas como a encenação da realidade histórico-redentora, o desenvolvimento das alianças. Os atores contemporâneos na cerimônia de renovação da aliança realmente participam da realidade indicada pela atuação.[49]a aliança, e especialmente sua refeição pactual, é o cenário para reconciliar fé e práxis;em suas formas encenadas, a aliança constitui o teatro da graça e envolve o teatro do mundo somente de maneira secundária. Horton escreve: "Embora exista o risco de se tornar indevidamente introvertida em sua concepção, essa reconciliação acontece neste período intermediário principalmente na igreja, e apenas secundariamente na cultura".[50]

OBSERVAÇÕES FINAIS[51]

Ao investigar a participação e a aliança, vimos que a ortodoxia radical e a teologia reformada usam gramáticas e metodologias diferentes, apesar de terem objetivos parecidos: desafiar uma visão fragmentada, atomística e niilista da vida social, da ética e da razão, enquanto apresenta uma alternativa plausível que afirma que literalmente tudo precisa ser interpretado teologicamente. A abordagem aliancista reformada é um complemento útil à ênfase da ortodoxia radical na idealidade e em sua alergia à singularidade; e a participação oferece à teologia reformada uma dimensão apologética que ela faria bem em imitar.

A ortodoxia radical e a teologia teológica reformada são mais do que práticas retóricas de produção de um conjunto cristão de proposições ou crenças. Elas fazem mais do que vender nostalgia para aqueles que desejam fazer parte de uma tradição. A dialética entre as afirmações ontológicas e a retórica da crença e da persuasão abre um questionamento eterno dentro do qual a fé

---

[48]Ibidem, p. 270.
[49]Ibidem, p. 271.
[50]Ibidem, p. 273.
[51]Algumas dessas observações finais resultam de conversas com Nathan Jennings em relação à sua pesquisa sobre a ortodoxia radical e a teologia pós-liberal. Sua dissertação na Universidade da Virgínia, "Ascesis and Theology: Christian Discipline, Discourse, and the Discipling of Christian Discourse", ainda será publicada (2005).

busca compreensão. E é aqui que a ortodoxia radical e a teologia reformada podem convergir mais profundamente como complementos uma da outra, pois tanto a crença quanto a proclamação da crença surgem e devem sempre retornar à declaração ontológica da igreja de que esta é a verdade; uma reivindicação baseada na igreja como receptora e mediadora da revelação de Cristo, o cumprimento da aliança. Muitas vezes a percepção cristã analógica da fé e do entendimento como participação intelectiva na própria realidade é prejudicada e a fé cristã e o conhecimento de Deus e de outras doutrinas se tornam ininteligíveis. Nathan Jennings aponta que a solução é uma teologia que permita a participação do conhecimento no ser e vice-versa.[52]

No coração tanto da ortodoxia radical e da teologia reformada está a definição analógica de teologia; é por meio do modelo analógico de teologia que as percepções de cada um desses dois discursos podem ser conduzidos a um diálogo criativo e frutífero. O projeto reformado de voltar à narrativa bíblica como o fundamento concreto da prática cristã e, portanto, da reflexão teológica, "precisa de uma gnoseologia participativa a fim de oferecer um contexto rico e ontológico para fazer e refazer afirmações cristãs ousadas".[53] Em outras palavras, a interpretação das Escrituras é o meio pelo qual o discurso humano *participano* "estranho mundo novo da Bíblia" — o discurso divino da sagrada Trindade.[54] É exatamente a partir do contexto do retorno da teologia reformada às Escrituras que as críticas são realizadas no que se refere à aparente falta de base bíblica ou interesse na exegese da ortodoxia radical. A "gnoseologia"[55] participativa e a tentativa de moldar uma "ontologia cristã" da ortodoxia radical precisam se fundamentar em e da disciplina da regra de fé com seu objetivo hermenêutico: a interpretação das Escrituras. Pois assim como a criação participa da vida divina de seu Criador, a sujeição da teologia ao raciocínio escriturístico "permite que o discurso humano participe da conversação divina".[56] Quando a ortodoxia radical e a teologia reformada são vistas como compatíveis, passam a oferecer uma perspectiva teológica transcendental, participativa e aliancística que "não teme fazer afirmações ontológicas"[57] referentes à doutrina cristã porque a leitura tradicional e aliancista da Bíblia estabelece seu fundamento.

---

[52] Ibidem.
[53] Ibidem.
[54] Ibidem.
[55] Ibidem.
[56] Ibidem.
[57] Ibidem.

13

"ISTO É O MEU CORPO":
a eucaristia como lugar teológico privilegiado

| GEORGE VANDERVELDE |

É um privilégio entrar em um debate com os principais interlocutores do movimento conhecido como ortodoxia radical e, mais especificamente, com a obra de Graham Ward. O projeto da ortodoxia radical se sobrepõe em muitos pontos com aquele do Institute for Christian Studies em Toronto, onde trabalho. A seguir, mencionarei alguns.

Fundamental para ambos os projetos é o repúdio à secularização da erudição e a elaboração de uma reflexão caracteristicamente cristã sobre a vida como um todo. Correspondentemente, a ortodoxia rejeita a afirmação iluminista de acesso racional direto ao modo de as coisas serem. Além disso, a articulação da ortodoxia radical da erudição cristã acontece dentro de uma estrutura mais ampla, muitas vezes referida como uma cosmovisão. Essa atenção à vida além do âmbito acadêmico reflete a promessa de evitar uma perspectiva elitista que eleva a erudição cristã ao espaço antes ocupado por sacerdotes. Mais especificamente, a ortodoxia radical enraíza seu trabalho na vida da comunidade cristã e, portanto, leva a sério sua reunião, sua liturgia e seus sacramentos.

Dentro deste contexto eclesial-litúrgico, a ortodoxia radical dá lugar de destaque à eucaristia. Este papel privilegiado é explicado mais detalhadamente por Graham Ward. Em seu livro *Cities of God*, a eucaristia traz o ponto de cristalização e a base para o que ele chama de diferentes formas:

cosmovisão cristã, teológica, sacramental ou analógica: "ontologia analógica", "ontologia hermenêutica cristã" e "cosmologia teológica cristã" (*CG*, p. ix, 5, 9, 13, 71, 79, 179-80, 205). Mais especificamente, a eucaristia representa e concretiza a fisicalidade e a corporeidade humana, enquanto ao mesmo tempo identifica a fluidez e a instabilidade da corporeidade. Este ensaio se concentra nesse ponto de cristalização eucarística na teologia de Ward.

Após uma exposição do papel da afirmação "isto é meu corpo" e da "fratura" litúrgica como blocos de construção fundamentais no pensamento de Ward, examino seu tratamento de um critério para sua abordagem, a saber, a tangibilidade dos corpos humanos em geral e especificamente da sexualidade e do gênero. Como concluo que a exploração de Ward nessas áreas é problemática, exploro alguns movimentos metodológicos que podem explicar isso: (1) ele impõe uma ontologia sobre e, portanto, enfraquece a textualidade à qual atribui a primazia; (2) um princípio teológico central referente à eucaristia, a saber, a transubstanciação, e não o significado histórico-redentor completo da refeição eucarística, controla sua exposição e (3) esta abordagem da eucaristia implica uma compreensão ontológica, e não histórico-redentora, da soteriologia.

"ISTO É MEU CORPO" COMO ESCÂNDALO ONTOLÓGICO

Que a eucaristia em questão desempenha um papel fundamental no pensamento wardiano fica ainda mais evidente em sua longa exploração das palavras de instituição de Cristo. Na verdade, essa é uma descrição muito ampla, pois dentro da narrativa da instituição Ward se concentra principalmente em quatro termos (três no aramaico original): "Isto [é] meu corpo". Curiosamente, ele trata essas palavras como uma afirmação ontológica, e não como uma declaração comum. As palavras de Cristo anunciam, como diz o título do capítulo 3, um "escândalo ontológico". Por isso, elas resultam em uma contradição ou paradoxo lógico: A é não A. Um pedaço de matéria inanimada é o corpo de Cristo.

O significado desse escândalo ontológico não é totalmente uniforme. Por um lado, sinaliza uma crítica da ontologia moderna. Ward sugere que a declaração "isto é meu corpo" constitui um escândalo para uma lógica tradicional e direta que defende que A não pode ser B. As palavras de Cristo confundem uma ontologia modernista sólida, que assume ter acesso direto à maneira que as coisas são. Do ponto de vista de uma lógica erroneamente aplicada e de uma visão ingênua da presença, essas palavras de instituição desafiam as convicções filosóficas e metafísicas aceitas. As palavras "isto o meu corpo" é "tolice" para o modernista (*CG*, p. 83-4).

Esse uso pejorativo da expressão *escândalo ontológico* não esgota sua utilização por Ward. Ele também a emprega positivamente com o propósito de iluminar o coração da eucaristia e, portanto, da realidade. E fala posteriormente de tal polêmica em sentido diferente (*CG*, p. 87). O escândalo se refere ao milagre do "poder incriado de Deus de chamar algo à existência a partir do nada, trazer a carne a partir do pão" (*CG*, p. 89).[1] Mais especificamente, as palavras eucarísticas "isto é o meu corpo" envolve um escândalo ontológico em que o corpo nunca está simplesmente ali, mas sempre em trânsito (*CG*, p. 91; veja p. 103).

Como indica o título completo do capítulo 3 de *Cities of God*, o escândalo ontológico da identificação eucarística do corpo com o pão fornece a base do conceito de transcorporalidade (*CG*, p. 81-96). Na obra de Ward, a transcorporalidade desafia o entendimento comum do corpo como uma entidade fixa, discreta e — no caso dos seres humanos — biologicamente fechada. É claro que essa compreensão simples pressupõe que temos "acesso direto à presença do objeto" por meio de uma assertiva demonstrativa: "Isso é aquilo" (*CG*, p. 86). O autor destaca que não temos acesso evidente à realidade: "A percepção é sempre mediada" (*CG*, p. 85). A realidade chega a nós por meio de significação, da linguagem e, portanto, de formas culturalmente determinadas de falar e ver. Não existe doação imediata. Tudo o que nos é dado é por intermédio de um ato de representação e de referir pela linguagem. Assim, chamar o pão de "corpo" —especialmente "meu corpo" — explode pontos de vista aceitos de realidades discretas, claramente definidas e circunscritas. Por isso, Ward afirma que o identificador sacramental fornece uma "onda de choque" para a conceitualização padrão do corpo (*CG*, p. 82-3).

Essa onda de choque abala a ideia de corpos como entidades fixas, discretas e atomizadas. A cópula eucarística torna os corpos fluidos, digamos assim. Um corpo não está simplesmente aqui ou ali; estão presos em uma teia de símbolos interrelacionados. A própria materialidade está "suspensa"

---

[1] O escândalo é imediatamente ampliado ao apresentar a realidade criada: "A desonra é o talento do ser em si — que algo deveria ser em vez de não ser — anunciado pela Palavra transformadora de Deus" (*CG*, p. 89).

(*CG*, p. 91). A eucaristia anuncia que "a transmutação está escrita no tecido do modo que as coisas são" (*CG*, p. 87).² Segundo Ward, a noção da mutabilidade da realidade implica na abertura da fisicalidade à presença e ação de Deus. A mutabilidade de todas as coisas é mostrada na possibilidade do milagre: "A matéria é temporal [por isso, mutável] e a transmutação é estruturada dentro de sua própria possibilidade" (*CG*, p. 89). A transmutação eucarística também evidencia e concretiza a fluidez da sexualidade e do gênero. Ward afirma que a instabilidade do gênero está enraizada — ou pelo menos exposta — no evento eucarístico. Nas palavras de instituição de Cristo, o autor segue defendendo que : "É realizada certa substituição metonímica, ressituando o físico masculino de Jesus dentro da materialidade neutra do pão (*toarton*). O 'corpo' agora é sexuado e não sexuado ao mesmo tempo" (*CG*, p. 102).

O PARTIR LITÚRGICO E A FLUIDEZ DOS CORPOS

Um segundo aspecto da eucaristia desempenha um papel fundamental nas reflexões de Ward. Este elemento não é identificado nas palavras de Cristo, e sim no ato de compartilhar o pão e no componente correspondente do rito eucarístico, ou seja, o partir do pão. Aqui está a descrição de Ward do partir como aparece no antigo Rito Sarum anglicano: "O sacerdote segura a hóstia sobre o cálice de vinho e a divide em duas, dizendo: 'Partimos este pão para comungar no Corpo de Cristo'. A congregação responde com: 'Embora sejamos muitos, somos um só corpo, pois todos tomamos parte do mesmo pão'" (*CG*, p. 152).

Assim como acontece com as palavras da instituição, no pensamento de Ward, este partir litúrgico exemplifica ou possibilita um processo ôntico. É o processo de deslocamento e inclusão. Ward argumenta que o corpo de Cristo é instável, vivenciando ou confirmando o que é evidente na eucaristia: o pão é o corpo de Cristo. Entretanto, este evento sacramental representa os deslocamentos que Ward considera ocorrer em diversos momentos na vida de Cristo e na sua posterior relação com a igreja e o mundo. É impossível fazer totalmente justiça à longa abordagem de Ward intitulada "O corpo deslocado de Jesus Cristo" (*CG*, p. 97-116). Um esboço das principais características da análise feita por Ward do corpo de Cristo será suficiente.

---

²Esta frase é elaborada no texto de Ward como uma pergunta retórica.

Ward se refere ao corpo de Cristo como "arquetípico" (*CG*, p. 93), revelando a textura dos corpos humanos. Sua principal característica é a instabilidade inerente: ele não pode ser fixado, nem encaixado em determinado tempo e espaço ou em um sexo ou gênero específico. Quanto à sexualidade e gênero, Ward insiste que "a especificidade do corpo físico masculino de Jesus se tornou flexível desde o começo" (*CG*, p. 98). Para fortalecer essa visão, ele recorre às origens únicas de Cristo. Sua "masculinidade cromossômica XY" é resultante da "feminilidade cromossômica XX de sua mãe como um milagre e, por isso, esta masculinidade é diferente de qualquer outra até hoje. Desde sua concepção, sua fisicalidade é instável, embora com a circuncisão, sua natureza especificamente sexuada seja confirmada" (*CG*, p. 98-9). Além desse argumento biológico, Ward utiliza interpretações patrísticas alegóricas que, baseando-se no Jesus masculino, falam dele como um esposo procedente da câmara nupcial, ou seja, o ventre de Maria, mas também como aquele que fecunda aquele ventre para dar à luz a igreja (*CG*, p. 99). Para Ward, a instabilidade que essas interpretações testemunham indica que a ordem material está presa pelas ordens transcendente e analógica (*CG*, p. 99). Esse "deslocamento alegórico" (*CG*, p. 99) é uma representação figurativa do deslocamento ontológico do corpo de Cristo. A instabilidade pressagiada na própria encarnação se estende a outros eventos importantes da vida de Cristo, a saber, a transfiguração, a crucificação, a ressurreição e a ascensão (*CG*, p. 99-114).

Quanto à liturgia eucarística, Ward afirma que o partir "participa e promove o maior deslocamento do corpo de Cristo, de forma que ele pode ser a expansão de um corpo à medida que outros corpos posteriores venham a participar dele" (*CG*, p. 152). O corpo de Cristo é partido cerimonialmente. No entanto, ele é apresentado por inteiro ao comungante. Além disso, nesse ato de distribuição, cada comungante participa no único corpo: ainda que sejamos muitos, somos um. Desse modo, o partir do pão "anuncia algo de ordem analógica" (*CG*, p 152), que Ward defende. O partir do pão exibe e encena uma teia complexa e em camadas de relações em que muitos são inclusos em um só e, portanto, a materialidade é capturada na ordem transcendente.

Na análise do partir do pão de Ward, diversas dimensões de sua teoria da transcorporalidade vêm à tona. No geral, o partir ilumina a relação entre personificações particulares e a participação no transcendental, entre a dispersão e o agrupamento. É uma representação litúrgica do relacionamento entre um e muitos. Mais especificamente, para Ward, ela revela ainda mais a fluidez da sexualidade e do gênero. Uma vez que agora o corpo designa a comunidade de Cristo, o corpo não está mais preso à sexualidade ou gênero como um fenômeno bipolar. Em vez disso, tornou-se "multigênero" (*CG*, p. 97, 112-3; veja a p. 95: "corpo multissexual"). Ele conecta o presente gramatical, conforme articulado no tempo dos indicativos na partilha ("partimos", "somos"), aos conceitos ontológicos de presença. A relação da linguagem litúrgica com a realidade representada diz respeito à relação da palavra e do mundo (*CG*, p. 155). Rejeitando uma compreensão equívoca e unívoca, bem como uma perspectiva pós-moderna e permanentemente aberta (indecidibilidade) do presente e da presença, Ward considera a ruptura uma demonstração de um vínculo analógico entre as duas: a diferença está inclusa na semelhança (*CG*, p. 155). Aqui a cosmovisão analógica fica mais evidente. A materialidade existe como uma rede vasta e fluida de corpos analogicamente ligados; esta teia subsiste em virtude de sua participação no corpo de Cristo (*CG*, p. 76, 91-6) e assim, pela participação no Deus triuno (*CG*, p. 105, 108, 174, 188, 202). Mais especificamente, o corpo de Cristo se expandiu com a intenção de abrir um espaço para seu corpo multigênero, em que e por meio do qual toda a materialidade participa de um mundo analogicamente ordenado. O tecido dessa realidade multifacetada tem a textura do texto e a representação da significação (*CG*, p. 110-1, 115, 195-9).

OS CORPOS E SUA TANGIBILIDADE (FUGAZ)

Tendo apresentado o papel central que a eucaristia desempenha no pensamento de Ward, concentro-me agora na análise do interesse central que motiva suas explorações, a saber, a tangibilidade dos corpos humanos — mais especificamente, corpos com gênero. Ao explorar o sentido das palavras de Cristo, "isto é o meu corpo", Ward deseja esclarecer o significado dos corpos variados dentro da textualidade da significação criatural: "Com que tipo de corpos o cristianismo está preocupado?" (*CG*, p. 83).

Ele luta inabalavelmente com corpos humanos em toda a sua tangibilidade. Sua preocupação é palpável em suas descrições gráficas de vidas humanas violadas, conforme mostrado nas "pilhas de mortos" em genocídios em andamento e campos de concentração (*CG*, p. 81). Ward deseja manter em vista os "corpos atormentados e infectados por vírus dos doentes, os corpos bem desenhados dos belos, os corpos famintos por poder e privados de direitos da pólis, os corpos dilacerados e ensanguentados da igreja, os corpos envenenados e estuprados do mundo e o corpo abusado de Cristo"

(*CG*, p. 82). No entanto, é surpreendente a rapidez com que estes corpos específicos parecem ter sido deixados para trás, desaparecendo na abstração etérea de termos como "o corpo", "corporeidade", "materialidade" e até mesmo "corpuscularidade" (*CG*, p. 84-96).

Em qualquer explicação teórica da realidade criacional, a abstração é evidentemente inevitável e, na verdade, indispensável. Não o processo de abstração como tal que está em debate. Contudo, as abstrações tornam-se enganosas quando assumem vida própria. A abstração é hipostasiada e seu caráter abstrato é esquecido. Consequentemente, o corpo passa a funcionar como um universal, permitindo que Ward aborde a "transcorporalidade de toda carne" (*CG*, p. 96).

A abstração do tratamento de Ward da corporeidade humana parece encontrar seu corolário em sua fixação em um aspecto das palavras da instituição: "Isto é o meu corpo". A segunda metade do paralelo, "isto é o meu sangue", não recebe tratamento temático. Esta ótica unilateral é especialmente surpreendente à luz do desejo de Ward de se concentrar nos corpos violados, feridos, corrompidos e estuprados de nosso tempo. Seria de esperar que ele ligasse esses corpos ensanguentados às palavras de Jesus: "isto é o meu sangue". A narrativa bíblica não dá nenhuma indicação de que a referência ao sangue seja menos importante do que ao corpo. Na verdade, fica-se mais perto do significado dessas palavras quando se usa a referência ao corpo para ser elaborada — no típico estilo hebraico-aramaico — no segundo elemento do paralelo: "Isto é o meu sangue". Analisada em conjunto (epexegeticamente), esta identificação dupla deixa claro que o ponto da narrativa não é a identificação do corpo e sangue de Jesus com duas substâncias (pão e vinho) em si. Jesus não está aqui como um teólogo, muito menos um filósofo, e sim como o servo messiânico sofredor, o anfitrião de sua Última Ceia. O sentido mais imediato e direto do pão como seu corpo e do vinho como seu sangue são os eventos cataclísmicos iminentes, mais especificamente o espancamento de seu corpo, a violação de seu rosto, a perfuração de suas mãos e de seu lafo, ou seja, a tortura brutal e violação de sua pessoa.

Em vista das óbivas indicações narrativas que apontam para a cruz, é surpreendente que ao comentar as palavras "isto é o meu corpo", Ward insista que: "Não existe elemento reconhecido de semelhança ou comparação: não é um símile, nem uma metáfora. Não há fator de substituição ou proporção que indique sinédoque ou metonímia; não é um símbolo" (*CG*, p. 82). Embora seja verdade que "a natureza literária desta identificação demonstrativa não pode ser catalogada com precisão" (*CG*, p. 82), isso se aplica a muitos dos usos mais comuns dos sinais, metáforas, sinédoques e metonímias.[3] É difícil entender por que os elementos do símbolo, sinédoque, e metonímia devem ser excluídos —especialmente quando Ward declara posteriormente que a metonímia é exatamente o que está envolvida nesta identificação (*CG*, p. 102).[4] Nas narrativas sinóticas, quando Jesus anuncia sua tortura e morte muitas vezes e todas as forças dos seus meios e da destruição se armam contra ele, por que o paralelismo "isto é o meu corpo, isto é o meu sangue" não se refere sinedoquicamente ou metonimicamente aos acontecimentos dramáticos que estão por se desenrolar? Considerar essas palavras metonímicas ou sinedóquicas é se prevenir contra a ventriloquização da afirmação de Jesus, transformando-a em um discurso quase filosófico sobre identidade e não identidade, seja em um aspecto moderno ou pós-moderno. Jesus não está abordando um problema perene criado pela filosofia grega, isto é, a questão relativa à relação entre o um e os muitos. A frase surge dentro da narrativa do drama da morte por tortura que está sendo desenvolvido. É claro que este fator histórico-redentor inclui a participação de seus seguidores nesses eventos, conforme decretado pela refeição ritualística chamada de sacramento. Todavia, ainda assim, o foco na partilha do pão e do vinho continua sendo a participação na *história* da redenção e nos *eventos* reconciliadores da cruz e da ressurreição.

Se o termo *escândalo* é uma descrição adequada da identificação dupla com corpo e sangue, então o escândalo da cruz é textualmente um referente muito mais adequado do que qualquer escândalo ontológico. Na realidade, a frase completa, "isto é o meu sangue da aliança", força o leitor-intérprete a aceitar questões tão difíceis como o sacrifício e a expiação no Antigo e no Novo Testamento. É estranho que a sensibilidade pós-moderna ao texto, à textualidade e aos corpos violados que Ward defende e exemplifica em outros momentos pareçam abandoná-lo no ponto crucial da interpretação

---

[3]Quando Ward conclui que esta frase "carrega a estrutura literária de alegoria ou ironia: algo que parece ser o caso é, na verdade, o oposto" (*CG*, p. 83), ele não oferece nenhuma indicação sobre a estrutura literária desta frase que possa dar uma base para a suposição de que ela representa alegoria ou ironia e não metáfora, sinédoque, metonímia ou símbolo. A única opção que ele rejeita corretamente é a símile, pois é a única que obviamente se anuncia como figura de linguagem.

[4]Embora esse reconhecimento de metonímia venha à tona sob o título "A eucaristia" (*CG*, p. 102-3), Ward lida aqui com a narrativa do Evangelho ("neste ponto" na narrativa). Porém, mesmo que a reconstituição eucarística estivesse em debate neste contexto, parece arbitrário descartar a metonímia categoricamente da estrutura textual como uma possibilidade e então empregá-la quando as palavras-chave forem usadas na eucaristia.

dessas referências à carne e ao sangue. (Mais tarde, considerarei algumas explicações possíveis para esta anomalia.)

Um leitor da obra de Ward pode muito bem contestar que a crítica de que os corpos tendem a desaparecer na abstração é infundada, especialmente no que diz respeito ao seu tratamento do corpo de Jesus. Afinal, em poucos outros textos teológicos se encontra esse enfoque tão direcionado à realidade do corpo de Jesus. Porém, mesmo aqui, algo estranhamente surreal parece acontecer, alguma coisa semelhante à superexposição na fotografia, que leva a uma imagem desbotada e às vezes assustadora.

OS CORPOS MULTIGÊNERO E A DUALIDADE DE SEXUALIDADE E GÊNERO

Como vimos, uma das principais preocupações de Ward é fazer justiça à existência corporal dos seres humanos, bem como à tangibilidade e singularidade dos mesmos. Essa preocupação se expressa intensamente em sua ênfase na natureza sexual e de gênero da existência humana. Nesse contexto de sexualidade e gênero, Ward se opõe fortemente a visões que limitam o gênero à bipolaridade da anatomia do sexo. Como vimos, ele defende a ideia de um corpo multigênero. Neste contexto, ele fala explicitamente da partilha na liturgia eucarística como um "lugar privilegiado com o objetivo de tornar visível a igreja como comunidade erótica, e não simbólica do serviço matrimonial" (*CG*, p. 182). Entre os motivos para esta preferência, ele afirma que pretende explorar "uma relacionalidade erótica cristã muito mais ampla" (*CG*, p. 182). Essa abordagem mais ampla, que é pressagiada no conceito de transcorporeidade, expressa-se pelo termo *corpo multigênero*. Consequentemente, ele deseja dissociar o gênero da heterossexualidade. Vale a pena citar na íntegra a razão dada por Ward para este movimento:

> Em poucas palavras, o caráter do casamento no momento [...] privilegia uma forma de relação em detrimento de outra, elabora o gênero segundo as linhas da diferença biológica e reprodutiva e reforça uma política social que precisa ser desafiada e transformada. A política da família heterossexual é baseada em uma biossocialidade irrefletida que torna a homossexualidade antinatural (e até criminosa) e, o que é possivelmente pior, concretiza dois modelos de orientação sexual dentro dos quais todo ser humano está situado. Argumentarei que o parentesco é uma estrutura simbólica, não natural, e que existem tantos gêneros quanto possibilidades de ser sexuado. O casamento,

assim como a igreja o concebe e pratica hoje em dia, sacramentaliza uma relação exclusiva entre duas posições, uma biologicamente masculina e outra feminina. Defendo a necessidade de redenção dos elementos eróticos... (*CG*, p. 182-3).

Muita coisa poderia ser dita sobre este programa de liberação das restrições da sexualidade biótica. Positivamente, War corretamente se opõe à redução do gênero à diferença sexual. O mistério da diferença sexual é superado apenas pelo enigma muito maior das diferenças de gênero. Abordar o gênero como incluído, por assim dizer, nas mônadas masculinas e femininas é uma injustiça com sua riqueza e o alto grau de sobreposição de sua experiência. Além disso, deve-se reconhecer que fatores socioculturais moldam profundamente suas concepções e experiências.

Mas e quanto ao conceito de um corpo multigênero? O parentesco é uma estrutura simbólica *em vez* de natural? Por fim, existem tantos gêneros quanto formas de ser sexuado?

O parentesco é realmente um arranjo simbólico, mas certamente não em contraste com um natural. O simbólico pressupõe e procede do nexo natural. Consequentemente, as relações naturais se impõem mesmo dentro de construções sociais relativamente novas. No caso de parceiros do mesmo sexo que têm e criam filhos, é praticamente inegável que essas crianças ainda estejam inseridas em estruturas heterossexuais bióticas (e não exclusivamente sociais). Em algum momento, elas podem desejar conhecer sua origem. A busca pelos pais biológicos, apesar da concepção biótica padrão, obviamente não é motivada pela curiosidade sobre os cromossomos XX ou XY, e sim por um entendimento mais profundo ou completo de sua identidade. Embora não seja redutível ao DNA, a identidade está enraizada na composição genética de uma pessoa, que por sua vez está ligada às relações heterossexuais. Parece difícil caracterizar a relação entre a identidade de alguém e seus pais biológicos como puramente acidental, convencional ou cultural.

Quanto ao conceito de um corpo multigênero, não pode haver dúvida de que a nova comunidade pretende ser a vitrine da reconciliação em Cristo e da riqueza profunda dessa comunidade variada. Por isso, é totalmente correto considerar este corpo um paradigma para a nova realidade inaugurada por e em Jesus Cristo. A reconciliação de homens e mulheres como parceiros iguais nesta nova comunidade mostra claramente a realidade da reconciliação. A igreja enquanto corpo de Cristo é chamada a cumprir o desígnio original de Deus, ou seja, ser a comunidade de homens e mulheres que juntos representam Deus. Nesse sentido, uma comunhão que não seja multigênero não é igreja. Contudo, o debate continua: o que significa falar de um corpo multigênero que de algum modo transcende sua composição bissexual e bigênero? Essa questão não precisa ser baseada na suposição equivocada de que o gênero pode ser encaixado em compartimentos hermeticamente fechados de diferenciação sexual masculino-feminino. Como observamos, o gênero não pode ser limitado à distinção biótica. A verdadeira questão é se ele pode ser liberado de tal diferenciação biótica. Pode o gênero transcender a dualidade que é dada quando a comunidade é obviamente composta por mulheres e homens? Pode tal dualidade ser transposta à multigeneralidade- no sentido de que "existem [tantos] gêneros quanto formas de ser sexuado"? Ou, formulando a questão de maneira diferente: as múltiplas formas de "ser sexuado" não pressupõem inevitavelmente machos e fêmeas? A inclusão de homens e mulheres de qualquer orientação sexual na nova comunidade a torna multigênero, de modo que não é mais apresentada como uma "comunidade de homens e mulheres"? Qualquer abordagem de gênero que tente transcender essa dualidade não está fadada a ascender a um reino de abstração que não é útil nem para nossos gays e lésbicas, nem para nossos irmãos e irmãs heterossexuais? Voltando à questão central levantada neste ensaio: a eucaristia, entendida como a exemplificação e encenação da mutação — entendida, de fato, da perspectiva do dogma da transubstanciação — é um cenário adequado para a compreensão e celebração da natureza e a relação de corpos, sexualidade e gênero?

ONTOLOGIA E TEXTUALIDADE: UMA QUESTÃO DE PRIMAZIA

O problema da tangibilidade dos corpos humanos e da especificidade da dualidade sexual e de gênero levanta outra questão: a fugacidade da tangibilidade da matéria está relacionada a uma falta de sensibilidade para a tangibilidade e singularidade do texto e da textualidade? O texto-chave em questão é, obviamente, aquele que é fundamental para a teologia de Ward: "Isto é o meu corpo". Embora essas palavras sejas realmente altamente surpreendentes e provocativas, a interpretação wardiana traz à tona o debate sobre a relação entre narrativa e construções teológicas ou filosóficas, entre texto e ontologia, narrativa e discurso proposicional.

A relação entre o texto original e a reflexão teórica se torna ainda mais crítica quando a narrativa em questão reflete uma época e uma cultura bem diferentes daquela que molda os pressupostos e problemas do intérprete contemporâneo. Ward está determinado a se concentrar exatamente no poder da narrativa de subverter os pressupostos e problemas modernos. Ao chamar essas palavras de instituição da ceia do Senhor de um escândalo ontológico, ele as apresenta como uma afronta à ontologia, uma onda de choque que abala suposições estabelecidas (*CG*, p. 82). Quando trata as palavras da instituição como um escândalo ontológico, Ward repudia corretamente uma filosofia ou teologia da presença, uma abordagem da realidade que assume que a cópula *oferece* acesso direto, imediato e irrestrito à verdade identificada no predicado como *meu corpo*.

Ironicamente, mesmo nessa negação, Ward não parece criticar radicalmente, muito menos rejeitar, o padrão usado no intuito de impor uma estrutura a um texto. Ele simplesmente introduz um sistema filosófico diferente: *submete* a cópula a uma filosofia contemporânea de textualidade e significado como uma garantia para suspender e expandir a corporeidade do corpo de Cristo. Embora se oponha à metafísica padrão da qual as palavras "isto é o meu corpo" são consideradas um escândalo ontológico, Ward permanece no plano da ontologia e busca o sentido desse *é* em "um tipo diferente de escândalo ontológico" (*CG*, p. 87). A lente da interpretação continua sendo ontológica. Enquanto defende uma "hermenêutica ontológica" "suave" ou "fraca" (*CG*, p. 20-1, 71, 74), ele permite que uma abordagem analógica muito forte conduza sua hermenêutica. Surpreendentemente, Ward apela especificamente para o caráter das palavras de instituição da ceia do Senhor como tendo uma "estrutura de alegoria ou ironia: algo que parece ser o caso, mas de outra forma" (*CG*, p. 83). No entanto, a verdadeira ironia é que, ao transpor a textualidade narrativa — "isto é meu corpo" — da narrativa do Evangelho para a textualidade filosófica do discurso proposicional, Ward dissipa a força da ironia original e suas implicações entre as pessoas corpóreas. A imposição de um sistema filosófico-ontológico parece mais causar um curto-circuito do que transmitir a onda de choque da ironia narrativa.

O problema da relação entre texto e ontologia se torna gritante precisamente quando Ward recorre aos detalhes textuais, principalmente às minúcias da gramática, para argumentar a favor da instabilidade do corpo e, assim, da fluidez do sexo e do gênero. Como vimos, Ward atribui significado forte a "isto é o meu corpo" no que diz respeito à questão do gênero.

Ele apela à suposição de que nessas palavras o pão neutro é identificado com o "físico masculino" de Jesus e que em grego (assim como em hebraico e aramaico) o termo referente a pão não é neutro (*toarton*), mas masculino (*hoartos*), o que acaba sendo nada mais do que uma pequena falha. Muito mais revelador é o fato de Ward apelar para o gênero gramatical, pois mesmo que pão fosse uma palavra neutra — ou masculina, diga-se de passagem — isso não nos diria nada sobre sua estabilidade ou instabilidade corporal em relação ao gênero. Afinal de contas, o gênero gramatical não tem nenhuma relação com o gênero *sexual*. Ironicamente, o apelo aos detalhes de um texto não revela a primazia da textualidade, e sim sua superação do texto pela ontologia. Uma filosofia sobre corpos, gênero e sua mutabilidade se sobrepõe ao texto.

Questões semelhantes relativas à textualidade e à ontologia podem estar envolvidas no que chamei acima de estranho paradoxo do profundo enfoque no corpo de Jesus e certa perda de tangibilidade. A razão para isso pode ser que a narrativa bíblica nunca teve esse enfoque, nem mesmo no mais concreto "corpo com gênero do judeu". A narrativa conta a história da *pessoa chamada Jesus*, a Palavra que *se fez* carne.[5] Mesmo na eucaristia, a ênfase não é no corpo de Cristo como tal, muito menos em sua corporeidade ou materialidade, e sim na pessoa corpórea de Cristo: "Façam isso em memória de *mim*". Concentrar-se no corpo de Jesus representa, na melhor das hipóteses, uma dicotomização e, na pior, uma objetificação. Muitas vezes, essa abordagem expõe o olhar teórico que, traduzido na vida cotidiana, constituiria uma violação da pessoa. E, mais uma vez, esse problema reflete uma sujeição da narrativa a uma ótica teológico-antropológica específica: o corpo precisa ser expansível, mutável, fluido e, portanto, dissociável da pessoa de Jesus. Nas páginas de *Cities of God*, dificilmente é possível vislumbrar o rosto de Jesus. O nome dele se torna um substituto para "transcorporalidade" e seu corpo passa a ser tematicamente o sujeito e, teoricamente, o objeto de um projeto teológico.

O modo de Ward abordar o *corpo* deixa evidente que uma ontologia filosófico-teológica específica controla hegemonicamente a narrativa.

---

[5] A descrição de João é especialmente surpreendente por causa de sua ocorrência no Evangelho que contém a descrição majestosa do Logos cósmico. Pode-se esperar que João apresente Jesus como o *Logos* personificado, como a Palavra que *assumiu* a carne humana, um tipo de "extra", mas o Evangelho de João retrata Cristo decididamente como a Palavra que *se tornou* carne. A história aqui não se refere à transmutação da mesma, e sim do *Logos*: "A *Palavra se fez...*". Na perspectiva de João, o caráter tangível dessa pessoa física é essencial. Se essa narrativa oferece material para reflexão sobre a mutabilidade, não seria em relação ao corpo, mas do Logos.

Ele apela ao fato desse termo ser usado em relação ao corpo físico de Jesus, para o corpo sacramental presente na eucaristia, e o sistema coletivo, que é a igreja. Cada um desses três exemplos pode ser chamado de "corpo de Cristo". Todavia, a fim de determinar seus significados, não é legítimo usar um sistema analógico sem levar em conta o contexto original em que essas designações surgem. Não há necessidade de repetir a maneira em que esse problema prejudica a abordagem de Ward das narrativas dos Evangelhos. É importante observar, porém, que o mesmo problema acompanha o ponto de vista dele quanto ao emprego da expressão *corpo de Cristo* para se referir tanto ao aspecto físico de Jesus quanto ao caráter comunitário de seus seguidores. O fato de isso envolver algum tipo de analogia não garante quaisquer conclusões acerca da natureza da sexualidade e gênero ou das relações humanas dentro do corpo chamado igreja. Assim, o significado de *o corpo de Cristo* quando aplicada à igreja deve certamente ser orientada por seu sentido textual nos escritos epistolares do Novo Testamento. Sem uma atenção cuidadosa aos textos originais que oferecem ao intérprete a metáfora do corpo, o teólogo assume novamente a posição de editor autônomo do texto — em vez de ouvinte —, posição que Ward não deseja, e muitas vezes não assume.

TRANSMUTAÇÃO E RECONCILIAÇÃO

Acredito que as questões que envolvem a interpretação ontológica peculiar de Ward da narrativa da Última Ceia não podem ser simplesmente atribuídas a uma tendência de impor uma interpretação filosófico-teológica. A interpretação de Ward parece ser motivada pelo privilégio da eucaristia como um lugar teológico. No entanto, até mesmo essa formulação exige muito. É verdade que tematicamente o sacramento controla todos os detalhes da teologia de Ward. Ele insiste que "toda significação, para se tornar conhecimento, deve ser regido por um entendimento da eucaristia, que por sua vez é regida pela doutrina da encarnação de Cristo" (*CG*, p. 6).[6] Entretanto, o termo operativo aqui é não a eucaristia como tal, e sim "uma *compreensão eucarística*". É essa concepção que rege tudo o mais, incluindo, afirmo, a cristologia. No centro desta interpretação está o conceito de transmutação. No sistema wardiano, a transmutação consiste em um tipo de mudança ôntica pela qual passamos (bem como toda a criação) a participar analogicamente

---

[6] Aqui Ward se refere a Rowan Williams.

na Divindade. Essa ideia principal da soteriologia explica o foco nas poucas palavras da instituição da ceia do Senhor como a chave para todo o restante. Na soteriologia de Ward o eixo da redenção não gira em torno da alienação--culpa-inimizade e reconciliação-perdão-amizade. A situação básica que exige salvação consiste na finitude, fragmentação, atomismo (ou certas noções de finitude, algumas das quais caem no niilismo). Consequentemente, a redenção é compreendida dentro da estrutura da unidade ontológica em virtude da participação analógica no ser do Deus triúno.[7]

A questão da relação de uma construção filosófico-teológica do mundo — a ontologia analógica — com o que chamamos de lugar epistêmico e ontológico privilegiado, ou seja, a eucaristia, não representa uma questão externa ao sistema de Ward, mas apresenta um problema de dentro de sua teologia, por dois motivos. O primeiro já foi mencionado: a saber, a suposta superioridade do texto, da textualidade e da narrativa é subvertida.

O segundo motivo diz respeito ao problema mais geral que o teólogo chama de "colonização". Ward usa este termo pejorativo para se referir à abordagem do "especialista" que usa o conhecimento com o propósito de dominar (*CG*, p. 72; veja p. 74, 176). Escolher a eucaristia como um espaço privilegiado para a construção de uma cosmovisão teológica não precisa ser algo repreensível. Afinal, dificilmente é possível conceber um ponto de cristalização mais concreto, experiencial e tradicional da redenção em Cristo. Ao mesmo tempo, a história da igreja e os debates ecumênicos contemporâneos testificam que a eucaristia é tudo menos incontestada. Quando se escolhe a eucaristia como lugar privilegiado para a teologização, é necessário prestar contas de onde se situa dentro do debate ecumênico. Sem tal relato, a escolha parece ser completamente arbitrária. Proceder desse ponto de partida inexplicável torna o teólogo sujeito à acusação de interpretação hegemônica. E Ward torna-se sujeito a essa acusação quando estabelece a eucaristia como peça central, baseando-se na compreensão específica de somente uma

---

[7] A predominância deste paradigma ontológico é clara não só em inúmeras referências específicas, bem como na própria estrutura de *Cities of God*: o "atomismo cultural" que Ward apresenta na primeira parte encontra sua solução na "cosmovisão analógica" elaborada na segunda parte. A predominância do paradigma ontológico não significa que os indicadores para um modelo histórico-redentor estejam totalmente ausentes. Ele menciona, por exemplo, o tempo como "o desdobramento da graça divina, do dom de Deus de si mesmo na criação e por meio dela e de nosso ser criado" (*CG*, p. 2) e da "participação no sacrifício expiatório do Calvário" (*CG*, p. 171) A possibilidade dessas declarações serem entendidas no contexto histórico-redentor depende unicamente de a graça ser compreendida como reconciliação ou transmutação ôntica.

parte dela. O elemento que ele seleciona é o status do pão (e do vinho) e a interpretação desse status da perspectiva da transubstanciação. É por meio dessa lente que sua visão predominante da salvação como transmutação pode ser entendida. Contudo, novamente, quando essa percepção da eucaristia é imposta à narrativa bíblica — ou seja, apresentada como uma leitura do texto sem nenhuma explicação dos passos hermenêutico-exegéticos envolvidos — qual o antídoto contra a colonização?

POSITIVISMO REVELACIONAL?

O segundo desafio interno à abordagem de Ward diz respeito à tendência de impedir o debate aberto de sua posição. Essa é uma questão interna, pois ele afirma claramente que deseja incluir sua teologia no fórum de debate livre. Ao mesmo tempo, por não abordar explicitamente as premissas básicas de sua ontologia e sua relação com o entendimento operativo da eucaristia e seu impacto na interpretação da narrativa da Última Ceia, o escopo para o debate parece bastante estreito. Na verdade, às vezes o espaço para questões críticas parece ser reduzido de tal forma que o diálogo parece impedido. Em um ponto, refletindo sobre o escândalo ontológico, Ward pergunta: "O que o escândalo ontologico no cenáculo mostra quanto aos corpos?". Em seguida, contextualizando o questionamento, ele destaca um pressuposto fundamental: "Do ponto de vista específico da teologia cristã, se as ordenações e relatos do mundo procedem do que foi revelado e se, portanto, este corpo eucarístico de Cristo molda todas as outras perspectivas do 'corpo' para o ensino cristão; com que tipo de corpo, então, o cristianismo se preocupa?" (*CG*, p. 83).

Na formulação acima, a palavra *portanto* é reveladora. Na perspectiva de Ward, o lugar da revelação é o corpo eucarístico de Cristo. Surpreendentemente, esse texto revelador é colocado simplesmente como um fato. Assim, Ward parece considerar a eucaristia um *positivum* revelacional que não precisa de maiores defesas ou explicações. O corpo eucarístico de Cristo, entendido no contexto da transubstanciação, funciona como um dado revelado do qual se deve partir. Todavia, como em todos os casos desse tipo de positivismo, aquilo que é percebido como *revelação* é, na verdade, uma *suposição* teológica essencial daquele que estabelece esse *positivum*. Completamente contrário à sua intenção (*CG*, p. 74; veja p. 13-4, 73), Ward tira a linha da vida do seu sistema teológico do debate aberto e do desafio e a posiciona em uma zona livre de tempestades declarada como "revelação".

CONCLUSÃO

Ward busca de modo corajoso e imaginativo a recuperação de uma cosmovisão cristã ampla que honre totalmente a vida humana corporal, sexual e de gênero em um universo físico que existe em virtude do plano redentor de Deus. Ele vê esse plano como historicamente concretizado em Cristo e levado adiante pela presença do Espírito Santo na igreja e no mundo. Dentro dessa visão da humanidade renovada, a eucaristia desempenha um papel central como ponto de cristalização da participação terrena na redenção divina. Essa grande visão é importante demais para ser excluída, deixando de lado hipóteses fundamentais não analisadas sobre a redenção, a comunhão humana, a eucaristia e a interpretação da narrativa bíblica. O presente ensaio avalia essas premissas e abordagens centrais, algumas das quais são hostis às próprias intenções de Ward. Essa avaliação é realizada na esperança de que possa, de alguma maneira, enriquecer o debate a serviço da nova comunidade de mulheres e homens que é chamada de corpo de Cristo para o bem do mundo.

POSFÁCIO

UMA ONTOLOGIA RADICAL DO AMOR:
pensando "com" a ortodoxia radical

| James O. Olthuis |

Começo este posfácio — que espero que seja mais como um prefácio — com uma confissão: desde a primeira vez que li *Theology and social theory*, de John Milbank, há cerca de dez anos, o qual despertou meu interesse pela ortodoxia radical, senti-me ao mesmo tempo atraído e desencorajado por ela. Seu entusiasmo urgente pelo mundo inteiro como reino de Deus — transformado e renovado para e pela justiça, misericórdia e amor — é atraente, inspirador e contagiante, um entusiasmo que compartilho totalmente. Simultaneamente, fiquei surpreso com o que considerei uma rápida rejeição da ortodoxia radical em relação às tradições luterana e calvinista, como não apenas falhando desafiar o mal-estar da modernidade, mas de fato preparando o caminho para isso — na verdade, ajudando e incentivando seu deslizamento para o niilismo. Admito que a ontologia participativa da ortodoxia radical como "a estrutura teológica central" que é fiel ao evangelho carrega uma gravidade que me inquieta. Minha reação alérgica foi intensificada pelo que, em alguns momentos, parecia ser um tom estridente, não muito generoso, e em outros, até enfatuado, que soa como "sabemos o que é melhor".[1]

Este é — digamos assim — um cenário interessante: dois grupos de entusiastas, ambos encantados pelos aspectos cósmicos do evangelho, críticos da neutralidade da modernidade, comprometidos com uma ontologia da paz e contrários ao papel fundamental da violência e, ao mesmo tempo, aflitos quanto aos posicionamentos uns dos outros. Foi nesse contexto e com essas ambivalências que o diálogo em Grand Rapids entre a ortodoxia radical e a tradição reformada (ou reformacional). Um dos resultados é este livro. Tendo como base o cenário da conferência do Calvin College de 2003 e suas interações interpessoais, e depois de examinar atentamente os ensaios dialógicos neste livro, parece importante, juntos, dar mais uma olhada em onde estamos.. Chegamos a uma melhor compreensão de nossos diversos pontos de vista? Quais são as questões que continuam nos afligindo? Por quê? O que podemos fazer na intenção de resolvê-las, de maneira que possamos nos tornar aliados estratégicos na comunidade da fé?

Nessas observações finais, desejo registrar minhas impressões de onde estamos. Sinalizarei algumas dificuldades que outros autores comentaram e acrescentarei outras. Tenho esperança que minhas reflexões serão de alguma ajuda enquanto buscamos juntos meios de negociar nossas diferenças. Uma vezque a ortodoxia radical trouxe convergências e divergências semelhantes em outras esferas tanto do mundo acadêmico quanto cristão, talvez essas ponderações, bem como este livro, sejam úteis para diversos grupos em suas reações à ortodoxia radical.

Repito que quanto mais leio as obras de teóricos da ortodoxia radical, que se estendem até a conferência de 2003 do Calvin College, e os ensaios que compõem este volume, mais fico impressionado com tanta coerência agradável entre os compromissos e as intenções da ortodoxia radical e da tradição reformada à qual pertenço.[2]

---

[1] Preciso admitir que minha sensibilidade e constrangimento neste ponto são profundos porque muitos de nós, na tradição reformada (incluindo eu), em alguns momentos éramos culpáveis, principalmente nos primeiros anos, por deixar nosso entusiasmo transbordar em análises não tão caridosas de pontos de vista alternativos.

[2] Vale ressaltar que, ainda que falar da ortodoxia radical e da tradição reformada generalize,a ponto de tornar possível o debate entre tradições contrastantes, isso subestima inevitavelmente a variedade e sutileza presente em ambas as tradições que também precisam ser reconhecidas e honradas. Nesse sentido, embora meu lar seja a tradição reformada, minhas reflexões neste ensaio devem ser consideradas simplesmente minhas, sem a pretensão de falar pela tradição reformada como um todo.

Ambos os movimentos têm a intenção de ser uma terceira voz que vai "além da razão secular" (subtítulo de *Theology and social theory*, de Milbank). E não tentam fazer isso construindo uma apologética modernista que caracteriza a razão humana universal, e sim desenvolvendo um metadiscurso pós-moderno. A tradição reformada chama esse discurso de filosofia cristã;a ortodoxia radical de teologia. Os dois movimentos desejam compor "uma nova música teórica" que faça "o *logos* cristão soar de novo" (*WMS*, p. 1). Enquanto para a ortodoxia radical este *logos* é "uma razão que traz as marcas da encarnação e do pentecostes" (*TST*, p. 381), para a tradição reformada é este *logos* que evocou uma boa criação, que se fez carne em nome da redenção do mundo e continua a sofrer conosco no Espírito até o *eschaton*.

Ainda que as diferenças de nuances talvez já estejam prenunciadas nessas descrições, ambas as tradições são uma só em sua insistência de que não há dualismo razão/fé com um "reino secular autônomo" transparente que é batizado ou superado em fé. Os dois grupos aceitam que embora a teologia (ou filosofia) seja falível e um empreendimento humano contingente, não precisamos aceitar que a teologia (ou filosofia) sucumba ao que Milbank chama de "legado modernista da teoria social" (*TST*, p. 2). A tradição reformada concordaria com o julgamento de Milbank de que "'pensadores pós-modernistas' profundamente influenciados por Nietzsche" (*TST*, p. 2) conseguiram destruir os argumentos modernistas de "algo neutro, racional e universal" (*TST*, p. 380). Ao mesmo tempo, ambos os movimentos são um só na esperança de "ir criticamente além de Nietzsche" (*TST*, p. 2).

É claro que há uma familiaridade em nossas posições, uma vez que elas desafiam uma leitura do mundo que começa não com uma boa criação (uma "*sociabilidade* da diferença harmoniosa"; *TST*, p. 5), mas com uma "ontologia da violência" (*TST*, p. 4). Juntos rejeitamos "uma queda historicamente necessária" (*TST*, p. 4), uma "violência original" (*TST*, p. 5), até quando afirmamos uma "paz que está além do poder circunscrito de qualquer razão totalizante" (*TST*, p. 5). Aderimos a "não necessidade de supor [...]essa diferença, a não totalização e a indeterminação de sentido implicam *necessariamente* na arbitrariedade e na violência" (*TST*, p. 5, grifo original).

Ao mesmo tempo, as características da ortodoxia radical continuam me causando (e a diversos colaboradores deste livro) certo desconforto. Grande parte dessa doença, como fica óbvio em muitos dos ensaios, está centrada na teologia/filosofia "participativa" da ortodoxia radical. Até que possamos chegar a um melhor entendimento, não só da teoria, mas dos fatores psicológicos envolvidos na "participação" para ambos os grupos, haverá pouco avanço do debate.

Participar de Deus na criação e criação em Deus: sim ou não? Essa é a questão mais importante que se resolve de modo centrípeto em todas as outras questões em debate. Enquanto a menção do finito participando do infinito provoca uma reação instintiva entre os calvinistas por infringir a santidade de Deus, para a ortodoxia radical, dizer qualquer coisa menos do que participar já é, forçosamente, conceder à criação muita independência. Portanto, em e por meio de lealdades concorrentes quanto a tradições históricas e conceitos filosóficos, o que está fundamentalmente em xeque para ambos os grupos é um desejo intenso de honrar a Deus e ser fiel ao evangelho.

A posição central de "participação" na ortodoxia radical é muito clara e incisivamente enfatizada na introdução a *Radical orthodoxy: a new theology*:

> A estrutura teológica principal da ortodoxia radical é a "participação" desenvolvida por Platão e retrabalhada pelo cristianismo, porque qualquer estrutura alternativa reserva um território independente de Deus. Esta última pode levar apenas ao niilismo (embora de maneiras diferentes). No entanto, a participação recusa qualquer reserva de território criado, ao mesmo tempo em que permite às coisas finitas sua própria integridade.
>
> [...] A perspectiva teológica da participação acaba salvando as aparências ao excedê-las. Ela reconhece que o materialismo e o espiritualismo são alternativas falsas.
>
> [...] Em diversos sentidos, essa perspectiva deve ser vista como uma forma de eliminar alguns dos contrastes entre teólogos liberais e conservadores [...] A ortodoxia radical [...] vê a raiz histórica da celebração desses elementos [finitos] na filosofia participativa e na teologia encarnacional, ainda que reconheça que a tradição pré-moderna nunca levou essa celebração longe o suficiente (*RONT*, p. 3-4).[3]

Ao refletir sobre essas frases, estou profundamente ciente — e desconcertado — que, embora as intenções expressas pela ortodoxia radical sejam aquelas que a tradição reformada compartilha totalmente, diferimos com clareza quanto ao melhor modo de cumprir esses propósitos. Tanto a

---

[3] O fato de esta introdução ter sido escrita pelos três maiores defensores da ortodoxia radical — John Milbank, Catherine Pickstock e Graham Ward — aumenta sua importância.

ortodoxia radical quanto a tradição reformada buscam um terceiro caminho entre o liberalismo e o conservadorismo. Ambas evitam falar de uma criação independente de Deus. Ambas defendem acriaturalidade e a corporificação humana como um dom maravilhoso de Deus. As duas tradições, nas palavras de Ward, confessam que "como a criação procede da Palavra de Deus, do ponto de vista da sua glória, todo o universo carrega a marca d'água de Cristo" (*RONT*, p. 165). Concordo que o corpo e a materialidade precisam ser lidos espiritualmente. Mas como? Essa é a grande questão.

É no movimento de tradução da confissão para a conceitualização ontológica que as grandes diferenças surgem. A ortodoxia radical tenta manter a particularidade, a integridade e a fisicalidade da criatura, colocando-as dentro da estrutura da participação: "As ordens materiais são inseparáveis das ordens simbólica e transcendente, as ordens do mistério. As ordens materiais são capturadas e se tornam significativas apenas dentro do âmbito analógico". A encarnação é a indicação suprema de que "a materialdiade participa em Deus" (*RONT*, p. 165). "Deus se fez homem com o objetivo de nos incorporar à Trindade" (*RONT*, p. 31). A criação é basicamente análoga à Trindade, uma repetição não idêntica na ordem do ser criado das relações trinitárias. Em outras palavras, unicamente uma ontologia participativa em que o infinito abrange o finito é capaz de proteger a integridade do material do vazio niilista.

A tradição reformada não pode, contudo, esconder seus receios de que a participação ontológica, ainda que apenas analogicamente, obscurece a diferença entre Criador e criatura. Enquanto na ortodoxia radical a suspensão do material salva as "aparências por excedê-las", a tradição reformada teme que, com a suspensão do material, o privilégio do invisível sobre o visível[4], no final das contas, possa significar apenas a perda de integridade e uma negação da bondade da criação. Além disso, a tradição reformada se preocupa que a ênfase na encarnação como a validação ontológica da das criaturas ofusque o testemunho bíblico de que a Palavra se tornou carne para a redenção da criação do pecado e do mal.[5] O pecado torna-se o fra-

---

[4]Talvez Phillip Blond expresse isso com mais clareza: "A invisibilidade como uma possibilidade representa uma dimensão superior da realidade". Mais uma vez, "tudo o que é visivelmente natural consiste em uma infinidade de participação" em Deus e "sua idealidade" (*RONT*, p. 221, 238).

[5]Como Adrienne Dengerink Chaplin destaca, é muito difícil evitar a impressão de que a Queda foi a perda de participação na esfera do divino invisível e imaterial, e não da má orientação e da distorção da vida na criação por meio da queda no pecado. Como explica Blond, Cristo veio "para agraciar a nós e ao nosso mundo com a maior possibilidade concebível: a da plena participação na realidade divina eterna" (*RONT*, p. 237). A "mensagem do Cristo sensível" é a de um "amor explícito

casso na tentativa de "remeter as coisas ao infinito". Por outro lado, a maior ênfase da tradição reformada é que Deus se personificou não no intuito de nos incorporar à Trindade, e sim de abrir o caminho para o seu reino.

De sua perspectiva, a ortodoxia radical insiste que a analogia é a única maneira de evitar Hobbes e Spinoza (ou, como Ward aponta, "amplamente, o calvinismo e o panteísmo"; *CG*, p. 136), onde encontramos "pouquíssimo (em Hobbes) ou muito Deus (em Spinoza)". O problema, a ortodoxia radical conclui, é a ausência de uma "visão de mundo analógica ou um princípio de mediação", já que ambos os grupos "estão presos entre a univocidade e a equivocidade" (*CG*, p. 137).

Acredito que o argumento de Ward sobre a necessidade desse princípio é pastante pertinente. Se não quisermos dar a Deus um papel extrínseco à criação (equivocidade), e ao mesmo tempo, não desejarmos identificá-lo com ela (univocidade), é necessário um princípio de mediação. Mas qual? A ortodoxia radical parece estar convicta de que esse princípio consiste em uma cosmovisão analógica. Muitos na tradição reformada discordam, preferindo falar de aliança de Deus com a criação. Ambos os grupos estão tão envolvidos em suas cosmovisões e paradigmas teóricos articulados que estes, de fato, se tornam realmente fendas entre os grupos a ponto de arriscar sua solidariedade confessional.

Nesse cenário, pareceria um avanço se, por um lado, a ortodoxia radical se abrisse para a possibilidade de que possam existir outras visões de mundo que também funcionem como mediações legítimas e princípios aceitáveis de mediação e se, por outro lado, a tradição reformada fosse receptiva a hipótese de que falar de "participação" não seja anátema.

Tal movimento envolveria o reconhecimento de cada grupo de que seus piores medos em relação ao outro diziam respeito, muitas vezes, mais a onde o outro poderia logicamente terminar do que onde ele realmente se estabelece. Em outras palavras, o que cada um percebe no outro não é necessariamente verdadeiro para o outro. Essa situação é agravada porque, uma vez que cada um avalia os pontos fortes e fracos de posições concorrentes com base em sua própria posição, é fácil ignorar que o que uma tradição considera ser o significado implícito de um conceito não precisa ser a característica que a outra tradição realmente tem como enfoque.

---

e completamente evidenciado pela criação, o amor kenótico de um Deus que se doa por inteiro àquilo que criou, tanto a ponto de se manifestar na criação" (*RONT*, p. 234).

Assumir nossos medos seria um passo gigantesco em direção à criação de um espaço maravilhoso de reciprocidade no qual cada grupo tivesse regiamente as forças do outro, assumindo honestamente as limitações de suas conceituações e, ao mesmo tempo, mantendo suas opiniões com equilíbrio e convicção.

Vale dizer que é mais fácil falar do que fazer. Entretanto, isso deve ser feito, se pretendermos ir além do debate interno que enfraquece tão drasticamente o testemunho do evangelho no mundo.

TESTEMUNHO DE FÉ/AFIRMAÇÃO DO CREDO/ARTICULAÇÃO TEÓRICA

Antes de tudo, sugiro que se conhecêssemos mais profundamente as distinções importantes (embora reconhecendo totalmente as conexões complicadas presentes em ambas as direções) entre os testemunhos de fé (por exemplo, "Minha esperança está no Senhor que fez os céus e a terra. Creio em Jesus, meu salvador"), as afirmações do credo (por exemplo, o Credo Apostólico, as cosmovisões e os ensinamentos doutrinários) e os resultados teóricos de ambas em teologias e filosofias, abriria-se um espaço para o avanço de nosso debate.

Somos criaturas de fé que vivem cada dia com confiança. Sempre implicitamente, e em alguns momentos explicitamente, testificamos de quem somos e em quem acreditamos. Esses testemunhos de fé ("Creio em..."; "Eu amo...") dão voz ao derramamento de nosso coração além da explicação literal ou demonstração palpável. Em um mundo fora de nosso controle, inteiramente dependente de forças e energias que não foram inventadas por nós, viver dia a dia é invocar uma oração de esperança em fé. Esses testemunhos podem ser feitos conscientemente, embora sejam tantas vezes encenados de forma despretensiosa. Eles têm um caráter particular, imediato, performativo e encorpado. Confessa-se algo a alguém e a si mesmo.

Ao mesmo tempo, como criaturas que existem em comunidade, somos chamados a testificar a fé pela qual vivemos. O imediatismo existencial da afirmação "Eu creio em" é transformado em declarações "Eu creio que" de credos e doutrinas. Ao confessar sobre (ao contrário de confessar a), uma distância se estabelece e começamos a pensar sobre o que estamos confessando, o que resulta em um processo de generalização. Focamos, conceitualizamos, organizamos e estruturamos no intuito de elaborar uma declaração coerente de crenças que pode servir como um enfoque no testemunho comunitário e oferecer orientação de fé para a vida. Ao formular credos, comunidades específicas baseadas em suas histórias, crises existenciais, disposições, localização socioeconômica, e assim por diante, inevitavelmente darão prioridade a alguns aspectos da fé no processo de tornar outros secundários e terciários. Assim, as tradições de fé concorrentes se desenvolvem em torno de diversas metáforas centrais de organização, como Trindade, igreja, reino. Entender a distinção entre "acreditarem" e "acreditar que" nos permite imaginar a pluralidade doutrinária e de credo, não simplesmente e principalmente como uma ameaça que só podemos aceitar com resistência, mas como uma característica positiva que expressa e molda as particularidades de pessoas, lugares e tempos das comunidades confessionais.

Terceiro, temos a tarefa teórica de analisar e resumir a experiência de fé de Deus e construir um corpo de conhecimento coerente e consistente conhecido como teologia. Filósofos e teólogos desempenham o papel crucial em dar forma às ideias e tradições que herdamos ao sistematizar, pensar detalhadamente em conexões internas, desenvolver consequências e construir modelos. Aqui é importante reconhecer que, ainda que os conceitos teóricos ofereçam recursos muito úteis para falar sobre as realidades a que se referem e apontam, estes não são receptores capazes de lidar com a essência confessada. Embora válida dentro dos pontos de vista em geral, essa perspectiva é especial e unicamente verdadeira no que se refere a Deus e ao mistério do amor que é o centro da vida. Nenhuma linguagem, conceito ou articulação teórica é capaz de sondar as profundezas dos mistérios de Deus e da fé que são confessados. O mistério da graça pode ser experimentado e até mesmo nomeado, porém jamais contido em conceitos. Além disso, as escolhas que fazem parte da formação conceitual mostram que, enquanto certas características são destacadas e colocadas em primeiro plano, outras ficam tacitamente em segundo plano. Ademais, toda e qualquer conceitualização ocorre da perspectiva das tradições, linguagens, realidades socioeconômicas, disposições pessoais, etc., de seus criadores.

O resultado é uma série de teologias, onde cada uma oferece sua própria perspectiva de vida de fé e é apenas uma leitura, uma janela pela qual enxergamos. Não há janelas para todos, um ponto em que sentamos a fim de julgar e declarar a verdade. A provisoriedade, a incerteza e a humildade precisam ser marcas da tarefa teológica/filosófica. Qualquer tipo de discurso totalizante com sua pretensão de controle e abrangência é tão inconveniente quanto impossível.

Lidar com as distinções e, portanto, os espaços entre confissões, formações de credo e teologia parece ser algo de extrema importância. Somos obrigados a reconhecer a inevitabilidade de algum deslize em cada um. O fruto positivo é imediato. Repentinamente, a pressão em que a divergência no nível teológico/teórico necessariamente implica que uma parte é infiel ao evangelho — com todas as acusações, contra-acusações e aspereza com as quais estamos muito familiarizados na história da igreja cristã — é fortalecida. É possível que um debate vigoroso aconteça sem a tensão e a intensidade que podem inflamar essas mudanças internas a um nível alto. Sem o medo implícito (muitas vezes consciente) de estarmos desistindo da verdade se nos abrirmos a opções novas ou alternativas, a teologia pode ser mais lúdica e criativa e, no processo, mais graciosa e aberta à liderança do Espírito. Ao mesmo tempo, e algo fundamental, abre um espaço de generosidade e hospitalidade em relação a outras tradições, permitindo-nos acolher outras perspectivas — ponderá-las e aprender com elas — como válidas e fiéis, ainda que articulações concorrentes de uma confissão comum. Prestar atenção cuidadosa à distinção de testemunhos, credos e descrições filosóficas de Deus permite que os testemunhos robustos de fé, as declarações sonoras de credos e as construções especulativas da filosofia não violem umas às outras e que sejam mutuamente interativas e acolhedoras.

Habitando no espaço que se abre quando lidamos com as diferenças entre confissões de fé, articulações de credo e exposições teóricas — e garantindo a legitimidade da diversidade conceitual e paradigmática — podemos reconhecer avidamente que os paradigmas diferentes da ortodoxia radical e da tradição reformada são não tão conflitantes, e sim modos alternativos (com uso de paradigmas diferentes) de articular nossa solidariedade na fé. Então, em vez de uma batalha entre oponentes na fé, temos a oportunidade de realizar um debate genuíno em que cada grupo é capaz de admitir mais diretamente seus medos mais profundos ou os motivos de suas principais perspectivas e, ao mesmo tempo, reconhecer os temores ou razões que o levam a ser cauteloso com conceituações alternativas.

Quando contemplo a ortodoxia radical e a tradição reformada ao longo dessas linhas, algo estranho e paradoxal começa a surgir: ambas as tradições parecem adotar seus pontos de vista e rejeitar os outros precisamente pelo mesmo desejo confessional, a saber, manter Deus e o universo em conexão íntima, e simultaneamente, honrar suas diferenças. Enquanto a tradição reformada tende a se preocupar com a ideia de que o discurso da ortodoxia radical sobre Deus e a criação, da perspectiva da participação e da analogia, leva facilmente à consideração de que a criação tem algum tipo existência própria ou à redução da excelência que pertence às criaturas de carne e osso, a ortodoxia radical está claramente preocupada que a dinâmica da tradição reformada permita uma distância muito grande entre Deus e a criação, conduzindo a um deísmo, e até mesmo preparando o caminho para o niilismo. Embora a semelhança desses medos (bem como suas intenções implícitas) possa não ser tão surpreendente para muitos, quanto mais eu os levo em consideração, quanto mais me sinto movido a um sentimento mais intenso de apreciação pela ortodoxia radical, estou mais pronto a ouvir e aprender do que a refutar e resistir.

As principais diferenças entre a ortodoxia radical e a tradição reformada parecem se resumir às diversas escolhas feitas na tradução de uma confissão de fé cristã em uma conceitualidade teológica/filosófica. A "participação finita na vida infinita de um Deus triúno" da ortodoxia radical contrasta com a "parceria da aliança entre o Criador e as criaturas humanas" da tradição reformada. Enquanto a tradição reformada prefere se referir a Deus como o Criador amoroso responsável por criar o ser humano, a ortodoxia radical prefere conceber Deus como o Ser e os seres humanos como seres analogicamente relacionados a ele. Enquanto a ortodoxia radical teme que falar de um ser independente (criacional) seja um pequeno passo no desejo de permitir a existência autônoma da criação de Deus, a tradição reformada teme que considerá-lo como o próprio Ser, o *esse ipsum*, o ser supremo (*summumens*), e considerar os seres humanos como participando analogicamente do Ser divino possa levar à suspensão e depreciação da bondade da criação.

Em primeiro lugar, e mais importante, quero sugerir a ambas as tradições que nos esforcemos na leitura de nossos paradigmas diferentes, não primordialmente como rivais, mas como maneiras alternativas de vincular nossa solidariedade à fé. Dito isso, no restante deste ensaio, como uma voz da tradição reformada[6], minha intenção é sinalizar vários pontos que parecem pertinentes e, no processo, levantar algumas questões e fazer uma ou duas sugestões.

---

[6] Mais uma vez, destaco que essas são minhas divagações, que de modo algum pretendem falar pela tradição reformada como um todo. Na verdade, eu não me surpreenderia se alguns defensores da tradição reformada discordassem deles, e alguns da tradição da ortodoxia radical, os acolhessem. Essa situação em si já seria, a meu ver, um avanço.

POSFÁCIO: UMA ONTOLOGIA RADICAL DO AMOR

"NA" LINGUAGEM

Olhando "dentro" da linguagem, fico imediatamente impressionado com a frequência com que ela aparece nas Escrituras. Não só confessamos que o Deus que "enche todas as coisas" (Efésios 1:23), no final será "tudo em todos" (1Coríntios 15:28), mas também afirmamos que "o Espírito de Deus habita em" nós (Romanos 8:9) e que nossa vida está escondida "com Cristo em Deus" (Colossenses 3:3). Vale destacar ainda João 17:21, em que Jesus pronuncia sua oração sacerdotal: "Para que todos sejam um, Pai, como tu estás em mim e eu em ti. Que eles também estejam em nós".

Então, em um nível confessional, parece complicado questionar o uso da linguagem de participação, seja Deus na criação ou a criação em Deus. É muito importante que nós, na tradição reformada — com nossa resistência às ontologias participativas, que às vezes nos preocupamos com a possibilidade de a ortodoxia radical não fundamentar seus pontos de vista o suficiente nas Escrituras — estejamos dispostos a admitir e enfatizar a habitação mútua de Deus e da criação.

Voltando ao contexto do credo, traduzimos nossa experiência de fé de Deus e sua vivência conosco em declarações de fé. Partindo das Escrituras (como em 2Coríntios 13:14: "A graça do Senhor Jesus Cristo, o amor de Deus e a comunhão do Espírito Santo sejam com todos vocês"), a comunidade de fé testifica um Deus triúno e amoroso que nos cria e redime na Palavra pelo poder do Espírito. Dessa forma, uma doutrina da Trindade fala do mistério de Deus e de nós mesmos, envolvendo tanto um conhecimento quanto um desconhecimento. Seu propósito é confessar que o Deus que vem a nós em Cristo e permanece conosco como Espírito é vivo e verdadeiro.

O MISTÉRIO DA TRINDADE E A TEORIA

O próximo passo é teológico: como podemos traduzir e esclarecer melhor a linguagem "interna" do testemunho de fé e o ensino doutrinário referente à Trindade em declarações teóricas de teologia e ontologia. E aqui o cenário se torna intrigantemente complexo. Como observado acima, mesmo que seja nossa intenção elaborar e construir paradigmas teóricos fiéis às nossas afirmações confessionais, a distinção entre as respostas de fé e suas articulações relacionadas ao credo e à teologia indica a inevitabilidade de algum deslize entre cada um dos três. Aqui, lutamos especialmente tanto com a utilidade quanto com a limitação dos conceitos teóricos, principalmente no tocante ao conhecimento sobre Deus.

Na fé, confessamos conhecer Deus e, em um nível mais profundo, que ele nos conhece. Contudo, isso não equivale a dizer que estamos familiarizados com o mistério de sua natureza. Receio que detalhar o mistério da Trindade e fazer uso da vida interior do Deus não criado como nosso programa social — além de ser impossível — possa facilmente levar a argumentos pretensiosos de que atingimos um ponto de vista de Deus com um conhecimento secreto que vai muito além do que é revelado nas Escrituras. Como podemos entrar no reino transexperiencial das relações intradivinas de Deus e depois voltar aos planos e níveis da existência humana? Como podemos conhecer ou vir a conhecer a geografia intradivina? Como podemos, como criaturas, ser solicitados a fazer isso?

Na percepção de Milbank, "a teologia é a elucidação da Divindade do Filho" (*WMS*, p. 171). Todavia, essa configuração da estrutura intradivinade Deus me parece ser uma projeção das interpretações humanas para a frente e para cima transcendentalmente em Deus. Isso me fala mais da arrogância da metafísica do que da humildade da fé. Em outras palavras, quando a doutrina da Trindade se torna uma representação da vida interior de Deus, e não um testemunho do reino futuro de amor e justiça, receio que estejamos cruzando a linha perigosa entre testemunho e ideologia. Na realidade, o conceito de Trindade, que chama todas as teologias a prestar contas, é maculado quando passa a servir como uma construção metafísica.

Qual é, então, a natureza da teologização legítima da Trindade, e quando essa delimitação da metafísica ou da ontoteologia é cruzada? Essa é uma questão complexa, ainda mais no presente debate, em que a ortodoxia radical (nas palavras de Milbank) vê "a teologia como a única alternativa à metafísica" (veja *WMS*, p. 36-52). Aqui, limitar-me-ei a oferecer um exemplo de onde e como, no momento, luto contra essa grande preocupação. Recentemente, a *perichoresis* (inerência mútua) — termo usado primeiramente por Gregório de Nazianzo e Máximo, o Confessor — foi apropriadamente repristinada como um termo confessional que define o mistério da dança divina de Deus conosco. No entanto, minhas sensibilidades são despertadas quando a mesma é empregada teologicamente para detalhar o mistério da vida interior de Deus, após a qual esta comunhão intradivina é estabelecida como um modelo para a comunhão entre os seres humanos.[7] Prefiro falar de

---

[7] Veja a abordagem convincente de Catherine La Cugna em *God for us: the Trinity and Christian life* (San Francisco: HarperSanFrancisco, 1991), p. 270-8.

uma comunhão única — de Deus conosco — e não duas, uma intradivina, e outra, inter-humana, sendo a primeira o modelo para a última.

Em outras palavras, minha preferência de fé seria começar não com a vida interior de Deus, mas com o mistério da sua comunhão aliancística com a criação, em que nós, como criaturas, somos dotados e chamados a ser parceiros. Os Evangelhos registram Jesus pregando, não a Trindade, e sim o reino de Deus, ordenando a seus discípulos que batizassem em nome do Pai, do Filho e do Espírito Santo (Mateus 28:19). O foco das Escrituras não está na Trindade, e sim no reino de Deus: na economia da salvação em que Deus é experimetado de modo trinitário. Seguindo essa lógica, o reino seria nosso programa social, e não a Trindade.[8]

ESPIRITUALIDADE DE AFIRMAÇÃO DO MUNDO

Embora historicamente — ao menos de acordo com seus caluniadores — tenha existido uma tendência na tradição analógica de menosprezar a integridade e a excelência do universo, celebrar a corporificação humana é um das principais ênfases da ortodoxia radical. "Para a perspectiva cristã da 'criação', não há nenhum aspecto 'espiritual' no mundo que de alguma maneira transcenda nossa condição [material, social e linguística] criada" (*WMS*, p. 155). Para sua espiritualidade de afirmação do mundo, em que Deus pode ser experimentado em, com, abaixo e por meio de cada experiência humana comum, a tradição reformada só pode dizer "amém". Realmente, tanto para a ortodoxia radical quanto para a tradição reformada, há uma direção transcendental relacionada ao tempo e a criação, de forma que toda a criação e cada uma de suas criaturas seja um ponto de partida rumo a um direcionamento concêntrico de vida baseada em Deus.

Ao mesmo tempo, talvez existam preocupações legítimas quanto ao que a afirmação da criação significa na ortodoxia radical. Uma vez que Deus deve ser, nosso "ser" é participar de Deus. O mundo é uma explicação finita da diferenciação trinitária infinita e o Deus que aponta essa divergência é o mesmo em cuja vida toda a ordem criada participa. Quando, desta forma, Deus é o ser supremo (*summumens*), existe por conta própria (*esse ipsum*) e participamos por analogia do seu ser, a questão é se isso já não é uma desvalorização ou

---

[8]Veja Miroslav Volf, "'The Trinity is our social program': the doctrine of the Trinity and the shape of social engagement", *Modern Theology* 14 (1998): 403-23.

denegrimento da criatura. Não existe o risco de que o mundo, em tal ontologia, seja valorizado somente como uma plataforma de lançamento para a ascensão à particiapção no ser de Deus, como Milbank pontua, "uma união por meio da separação intradivina de *Logos* e *Pneuma*" (*WMS*, p. 186)?

Por outro lado, não podemos esquecer que o argumento da ortodoxia é justamente que só quando o material da criação é entendido como estando "suspenso dentro de uma economia divina de amor" (*CG*, p. 117), a criação é verdadeiramente capaz de ser e não afundar no nada.

Além disso, a meu ver, conceber a ordem da criação como "a autorrealização divina na finitude" (*TST*, p. 429) levanta dúvidas se a alteridade genuína do mundo é suficientemente reconhecida. Pontuando a ideia de modo mais filosófico: uma metafísica participativa neoplatônica de emanação e retorno àquela para a qual a ortodoxia radical parece, em partes, capaz de celebrar e honrar plenamente a diversidade que é a criação?

APENAS TEOLOGIA?

A convicção da ortodoxia radical (na expressão de Milbank) de que a menos que a teologia seja um metadiscurso — uma vez mais "a rainha das ciências" (*TST*, p. 380) —, ela "não pode mais articular a palavra do Deus Criador" (*TST*, p. 1) chega a meus ouvidos com um tom triunfalista. De quem é a teologia que é a articulação do Deus Criador? Quem está realmente autorizado a validar uma articulação como se fosse justificada? Aqui a *theologia* parece ser interpretada não só como um genitivo objetivo (ou seja, palavras sobre Deus), mas também como um genitivo subjetivo (ou seja, palavras de Deus). Nesse caso, percebe-se uma tentação quase irresistível de identificar minha versão como *a* versão, como se o imediatismo do divino fosse nosso, com seus riscos de arrogância e triunfalismo ideológico.

Sugiro que isso não é coerente com a ênfase contínua da ortodoxia radical na mediação e relacionalidade. Muito mais alinhada com a preocupação da ortodoxia radical com tal intermediação está a humilde confissão de Ward:

> Não sabemos o que estamos dizendo quando pronunciamos termos como "Abba", "Senhor", "Cristo", "salvação", "Deus"[9] [...] Nossas certezas são persuasões;

---

[9] Como a ortodoxia radical gosta de se posicionar contra a desconstrução, é impressionante observar que aqui Ward soa muito como John D. Caputo em *More radical hermeneutics*

nossos fatos são seleções entre as informações disponíveis; nossos dogmatismos expõem mais nossos medos do que nossos desejos. Não há espaço para o imperialismo cristão; as cruzadas em nome do amor trino interpretam equivocadamente a kenosis desse amor. Ele é derramado eternamente *em favor de, e não contra* [..]. o amor convence, não coage. Ele dá testemunho e, no final das contas, é isso que todos nós — cristãos, judeus, muçulmanos, hindus, budistas, ateus, agnósticos — fazemos: cada um testifica aquilo em que acredita (*CG*, p. 259, grifo original).

Insistir que unicamente a teologia como "um discurso mestre" (*TST*, 6) pode superar nossa mudança histórica para o niilismo levanta outros questionamentos. Segundo Milbank, a tarefa da teologia é "contar novamente o *mythos* cristão, pronunciar outra vez o *logos* e voltar a exigir a *práxis* cristã" (*TST*, p. 381). Como uma reestruturação eloquente do que significa dar testemunho no mundo atual, ela carrega um grande fascínio e prestígio. Porém, me parece problemático determinar quando a missão cristã profética no mundo é considerada a função da teologia. Assim, a teologia se torna uma designação abrangente e genérica do testemunho cristão. Entretanto, por ser uma ciência, surge a dúvida se todo aquele que confessa Cristo é chamado a ser um teólogo (no sentido teórico da palavra). Espero que não. Por outro lado, se e quando qualquer ato de confissão é considerado teologia, o foco teórico específico da teologia corre o risco de ser esquecido, minimizado ou perdido. Vale ressaltar que usar nossa distinção anterior entre a dinâmica da fé (que guia e orienta todas as ações da vida) e a investigação científica dessa dinâmica poderia gerar resultados. Então a teologia seria apenas uma maneira entre outras — cada uma importante ao seu modo — de testificar da fé.

Como observam Jonathan Chaplin e Lambert Zuidervaart, outros problemas surgem quando a teologia é aclamada como rainha das ciências. Cria-se a impressão de que todo e qualquer tipo de tentativa de teorizar nesse cenário consiste *ipso facto* em teologia. De fato, Milbank afirma que todo e qualquer esforço dos crentes em oferecer uma contrateoria pertence a teologia e é, de fato, eclesiologia (*TST*, p. 380). Não posso deixar de me

---

(Bloomington: Indiana University Press, 2000), onde ele defende um "desconhecimento místico" como "a forma mais saudável que o conhecimento pode assumir". "O que sabemos, como insistia Sócrates, é que não sabemos nada, e esse é o princípio da sabedoria" (p. 5).

perguntar sobre o que parece ser um movimento hegemônico. A teologia é a única ciência que pode ser legitimamente chamada de cristã? Além dela, não existe lugar para teorias cristãs de economia, ciência política, história, física, biologia, sociologia, linguística, estética, psicologia e assim por diante, cada uma com seu próprio campo específico de estudo? Se houver, o que ganhamos em chamá-las de teologia? A questão é ainda mais urgente no que se refere ao entendimento de Milbank da teologia como "a elucidação da Divindade do Filho" (*WMS*, p. 171). Toda ciência digna de ser chamada de cristã pode ser "a elucidação da Divindade do Filho"?

Ademais, se, como Milbank argumenta, "*toda* teologia precisa ser reconcebida como um tipo de 'sociologia cristã'" (*TST*, p. 381, grifo original), resta-nos perguntar se existem parâmetros legítimos que possam distinguir as diversas ciências de uma perspectiva cristã. Uma universidade religiosa teria simplesmente um corpo docente hegemônico, com todas as outras disciplinas como ramos ou subsidiárias da teologia?

Os esforços da ortodoxia radical com o propósito de "esvaziar a filosofia, que é a metafísica", apresentada como "imanentismo secular" (*WMS*, p. 50), têm o meu apoio sincero. Contudo, afirmar (como faz Milbank) que "só a teologia supera a metafísica" (*WMS*, p. 36-52) pode funcionar muito bem como um apelo à ação. Também pode ser facilmente (mal)entendido como se defendesse não somente que a filosofia é anátema para os cristãos, mas também que a teologia é a única teorização cristã legítima.

O ponto em questão — que nenhuma ciência é autônoma e que todas são guiadas pela fé e devem ser referenciadas por Deus — é, para mim, tematizada de maneira muito mais útil ao reconhecer que toda ciência, incluindo a teologia, pode ter suas concepções cristãs, bem como suas versões não cristãs. Em alguns momentos, a ortodoxia radical parece reconhecer isso. Milbank admite essa filosofia como não autônoma, como uma "disciplina espiritual que [...] pode realmente ser abraçada". Mesmo assim, ele continua: "e é consumada em uma versão cristã pela teologia" (*WMS*, p. 49-50).

ECLESIOLOGIA

Os problemas envolvidos na relação entre a teologia e todas as outras ciências são replicados quando a teologia "é antes de tudo uma *eclesiologia*" (*TST*, p. 380, grifo original). De acordo com Milbank, a igreja — "uma representação linguística e eucarística" que "perpetua a narrativa de Cristo" (*WMS*,

p. 186) —, é uma "sociedade diferente" (*TST*, p. 381) conectada com "igrejas históricas reais" e que "se define, em sua prática, como em continuidade e descontinuidade" com essas "outras sociedades humanas" (*TST*, p. 380). Dessa maneira, "a igreja deve ser um espaço (cujos limites estão muito mal-definidos) em que acontecem trocas econômicas verdadeiramente justas" (*TST*, p. 422). O que isso significa na prática é incerto, principalmente porque ela é quase universalmente identificada em nossa sociedade com a igreja institucional com suas próprias formas e práticas diferentes.

A questão crucial para todos nós é como o corpo de Cristo, a igreja, representando a narrativa do evangelho na vida e na liturgia da comunidade eclesial, é capaz de se desenvolver em todas as outras esferas, como a socioeconômica ou a política. Como William Cavanaugh insiste, talvez seja discutível a ideia de que "o Estado moderno é apenas uma cópia falsa do corpo de Cristo", "uma soteriologia alternativa" (*RONT*, p. 194, 198). Todavia, isso significa que nosso único recurso é desistir do Estado e da política como atividades seculares e, de dentro da igreja, desafiar "a falsa ordem estatal"? Em outras palavras, a política parece ser, em grande parte, senão exclusivamente, eclesiocêntrica nessa interpretação. Onde está o reconhecimento de que o Estado, em distinção da igreja, tem um mandato oferecido por Deus e que "só a diplomacia" (veja o ensaio de Jonathan Chaplin) é uma busca legítima?

Sugiro que uma tradição reformada diferente seria útil neste contexto. Se estabelecermos a diferença entre o corpo de Cristo, a igreja, como a comunidade dos chamados (a eclésia) e a comunidade eclesiástica como uma instituição social entre muitas outras, não há necessidade de aceitar "o conflito inerente entre as práticas estatais e as práticas que os cristãos tomam como garantidas, como a eucaristia" (*RONT*, p. 198). Em vez disso, o corpo de Cristo é desafiado a trabalhar pela formação de atividades especificamente do Estado que administram a justiça e testemunham o evangelho da paz. Consequentemente, cada instituição social, em termos e detalhes particulares à sua própria natureza única, pode ser um testemunho ou um obstáculo para a vinda do reino de justiça e amor de Deus.

Na verdade, isso também está — apesar de algumas de suas declarações — alinhado com o que considero ser o principal objetivo da ortodoxia radical. Ward ressalta que "as igrejas institucionais são necessárias, mas não são fins em si mesmas [...] O corpo de Cristo, desejando sua consumação, abre-se ao que está fora da igreja institucional, oferecendo-se para atuar em campos de atividade distantes de santuários e retiros" (*CG*, p. 180).

O "NÓS" EUCARÍSTICO

Ao mesmo tempo, a ênfase constante da ortodoxia radical na prática da eucaristia como a sempre repetida e repetível transposição do corpo físico de Cristo no pão e vinho tende a dar a impressão de que não existe analogia adequada para a união sacramental fora do espaço sagrado da igreja institucional. A igreja institucional e sua prática eucarística parecem ser os únicos representantes corretos do reino, o ato supremo de caridade. No entanto, aqui eu considero isso novamente uma leitura equivocada da ortodoxia radical que talvez seja causada pelo enfoque na eucaristia. Ward é enfático: "O corpo de Jesus continua vivo, para além de seus aposentos: em cada membro do 'nós' eucarístico escrevendo o nome de Deus em outras partes do mundo" (*CG*, p. 181).

Nesta leitura, tanto a ortodoxia radical quanto a tradição reformada reconhecem a criação em toda a sua grandiosidade e profundidade como um lugar sacramental privilegiado com a intenção de tornar visível a realidade do reino do amor.

Aqui temos o corpo de Cristo como uma comunidade aberta em risco, encarnada em uma diversidade de formas, continuamente se inventando e se reinventando com o objetivo de encontrar modos adequados de abraçar a diferença, aprendendo a conviver sem medo nos laços do amor.

SOFRIMENTO

Talvez o mais intrigante para mim seja a insistência da ortodoxia radical de que Deus não sofre no e com o sofrimento da criação. "Deus — que é simplesmente tudo o que 'existe' eternamente — não muda" (*WMS*, p. 156). "Deus, que é perfeito em ato, [está] além de todo sofrimento."[10] Esse tipo de conversa da ortodoxia radical de um Deus imutável e impassível que transcende o tempo e não sofre parece ser mais um resquício (ou uma incursão) da filosofia grega do que uma leitura fiel das Escrituras. Na medida em que leio as Escrituras, percebo como o ser divino é vulnerável, envolvido no tempo, arriscando, mudando, sofrendo a violência do mundo até o ponto da morte de Cristo. Uma vez que, diante da tragédia da Queda, a Palavra se

---

[10] John Milbank, "Forgiveness and incarnation", in: *Questioning God*, ed. John D. Caputo; Mark Dooley; Michael J. Scanlon (Bloomington: Indiana University Press, 2001), p. 108.

fez carne, habitou entre nós, sofreu, morreu e ressuscitou, parece estranho concluir que Deus não muda nem sofre.

AMOR

Quando a ortodoxia radical explora uma ontologia do amor segundo uma lógica de excesso e não de privação, como membro da tradição reformada, sinto-me totalmente em casa. Nas palavras de Ward, "o desejo cristão é sempre excessivo, generoso além do que é pedido. Não é um desejo de consumir o outro, e sim de deixar o outro ser tomado pela perfeição que é chamado a ser. É um desejo baseado no Deus triúno, e como tal, em uma comunidade de amor concedida antecipadamente e generosamente" (*CG*, p. 77). Na verdade, independentemente de chamarmos nosso empreendimento de filosofia ou teologia, precisamos futuramente nos dedicar em conjunto a "pensar novamente no amor de Deus e na criação como uma manifestação desse amor" (*WMS*, p. 50).

É aqui que faço uma sugestão: e se deixássemos de lado nosso foco em Deus como ser e falássemos dele como amor, além das categorias de ser e não ser? Sem amor, nada existe. É ele que traz à existência tudo o que há. Ser é estar relacionado a algo. A criação é, então, concebida não como *ex nihilo*, mas como *ex amore*. Como o amor criativo que excede todos os sistemas, físicos e metafísicos, e ainda assim os evoca, pode-se dizer que Deus está totalmente além da criação, o excessivo. Como o amor revelado e encarnado no mundo, ele não está além.[11]

Assim, talvez possamos começar a superar nosso debates quanto à dúvida se falar tanto do ser da criação quanto de Deus deve ser interpretado de forma unívoca, equívoca ou analógica. Isso talvez pudesse ajudar a aliviar os receios da ortodoxia radical de que falar sobre o ser, como fez Duns Escoto, "sem referência a Deus, que mais tarde é considerado 'ser' de maneira igualmente unívoca" (*WMS*, p. 44), leva inevitavelmente ao niilismo.[12] Talvez isso

---

[11] Na minha leitura, Milbank considera, e com razão, incorreta a afirmação de Marion de que "embora primeiro nós somos, e *podemos* amar, Deus ama e também *pode* ser" (grifo original). Milbank responde: "Somos apenas enquanto amamos e permanecemos nesse amor, ao passo que Deus, que é amor, não pode não ser. Deus ama ser" (*WMS*, p. 49).

[12] Veja o argumento cuidadoso de Robert Sweetman no capítulo 4 que, segundo o qual, uma vez que Escoto acreditava na unidade teológica de todo o conhecimento, é injusto que Milbank (e a ortodoxia radical no geral) o aponte como aquele que preparou o caminho teoricamente para o secularismo e eventualmente para o niilismo.

amenizasse também os temores da tradição reformada de que considerar Deus como Ser e a criação como analagicamente participando do ser seja muito suscetível a uma conceitualização de parte/todo (em que a criação está "em" Deus, e nós somos "participantes" em Deus como o todo) que não confirma genuinamente a bondade da criação.

Na verdade, reflito sobre a utilidade de qualquer tipo de esquema infinito/finito, transcendência/imanência, arquetípico/ectípico, ser/não ser para visualizar a relação Criador/criação. Nessas estruturas binárias, não há apenas o impulso de privilegiar um termo como superior ao outro, mas o que é ainda mais sinistro: cada um é definido com relação ao outro, de forma que a ênfase em um é feita às custas do outro. As dificuldades de tais esquemas binários são profundamente ampliadas quando aplicadas ao vínculo existente entre Deus e a criação, pois ainda que Deus seja identificado como infinito ou transcendente ou ser (em contraste com o finito, não transcendente, não ser), ele, que como Criador não é uma criatura, é inserido em uma conceituação humana. Independentemente de como o infinito divino é explicado, seja como o chamado infinito mau ou bom, percebe-se que Deus é submetido e compreendido da perspectiva do que precisa ser mais plenamente reconhecido como incompreensão humana. Nesse processo, não é só Deus que sofre, mas a excelência da humanidade, sendo boa criação, é ofuscada: em contraste com o infinito, o ser do finito é sempre limitado, inferior, contingente.

Sugiro que o desenvolvimento de uma ontologia do amor como um paradigma "com" (em vez de um paradigma oposto de comparação) seria um modo de começar. O termo "com" fala de diferença e conexão, divergência não oposicional, sem valorização de um sobre o outro e sem definição de um em relação ao outro. A vida — a criação — é Deus conosco: amor. "Deus é amor. Todo aquele que permanece no amor permanece em Deus, e Deus nele" (1João 4:16). Como criaturas humanas, participamos com Deus da aventura contínua da criação até que o amor seja tudo em todos.

DOXOLOGIA

O Senhor vive como o mistério do amor. Esta é a confissão que fundamenta nossa existência, incluindo nossas teorias. E ainda que nossas teologias/filosofias precisem começar pelo testemunho de fé no Deus amoroso que assume riscos, busca outros e oferece a vida, elas precisam terminar em um ato de doxologia, em que Catherine Pickstock chama corretamente de a consumação litúrgica da filosofia (*AW*, p. 43). Que o mover do Espírito acenda no coração de todos nós a ousadia de nos reinventarmos e reestruturarmos continuamente, bem como as nossas tradições, habilitando-nos a encontrar caminhos adequados para abraçar a diferença sem medo, no intuito de que juntos possamos nos tornar sinais e símbolos vivos do amor, traços eucarísticos e vestígios do Espírito.

ÍNDICE REMISSIVO

A

acomodacionismo 126
Adams, Marilyn McCord 27, 100
Agostinho 16, 43, 44, 101, 118, 134, 160, 163, 164, 165, 166, 170, 172, 184, 186, 223, 231, 232, 252, 258, 264, 275, 277, 279, 284
Alain de Lille 194
alegoria 150, 259, 313
aliança 8, 22, 27, 28, 31, 32, 33, 34, 60, 62, 105, 125, 127, 128, 131, 136, 137, 139, 140, 146, 147, 148, 149, 154, 175, 177, 200, 210, 211, 258, 282, 283, 284, 290, 291, 292, 293, 294, 295, 296, 299, 301, 302, 303, 304, 305, 313, 328, 332
  da graça 149, 284, 299, 303
Alston, William P. 137
Ames, William 26, 28, 39, 284
amor 29, 34, 35, 42, 44, 115, 164, 188, 256, 263, 264, 279, 280, 343
  a Deus 164
  ágape 35, 44
  aliança 139
  de Deus 28, 35, 41, 248, 333
  eros 44, 264
analogia 55, 84, 85, 86, 87, 88, 89, 90, 91, 93, 94, 95, 96, 97, 102, 129, 132, 140, 141, 143, 144, 165, 196, 197, 246, 258, 260, 269, 289, 301, 303, 319, 328, 332, 335, 340
Anselmo 55, 58, 94
antissemitismo 34
antítese 52, 53, 59, 63, 64, 73, 80, 82, 141, 159, 160, 161, 162, 164, 165, 172
apologética 8, 47, 48, 49, 50, 53, 54, 56, 57, 60, 61, 62, 63, 64, 65, 127, 214, 285, 296, 299, 301, 303, 304, 325
  cultural 285, 303
Aquino, Tomás de 16, 26, 29, 30, 33, 35, 36, 37, 38, 55, 58, 59, 79, 85, 87, 88, 96, 97, 98, 132, 138, 143, 145, 150, 196, 197, 216, 222, 223, 224, 225
Aristóteles 58, 85, 86, 87, 88, 89, 90, 95, 98, 138, 148
arte 124
  moderna 107, 120, 123
  perspectiva reformada sobre 124

autonomia 17, 18, 57, 106, 128, 168, 181, 210, 287, 298
  do pensamento teórico 168
Avicena 89, 98, 99

B

Bacon, Francis 39, 172, 173
Badiou, Alain 72, 73, 75, 76, 77
Balthasar, Hans Urs von 16, 109, 143, 261
Barth, Karl 10, 16, 18, 21, 31, 47, 49, 50, 51, 52, 53, 54, 55, 56, 57, 58, 59, 60, 61, 62, 63, 64, 65, 70, 128, 130, 131, 143, 149, 202, 215, 270, 284, 297
Bauerschmidt, Frederick 105, 106, 107, 108, 109, 110, 111, 112, 113, 114, 117, 118, 120, 152
Beintker, Michael 51, 52, 63
beleza 71, 73, 78, 117, 118, 119, 123, 151, 186, 198, 205, 239, 249, 261, 264, 265, 299
  da criação 265
Bell, Daniel 177, 178, 186, 187, 188, 205, 213, 226
Bergson, Henri 72
Berkeley, George 30
Berkouwer, G. C. 70, 284
Bhaskhar, Roy 205
Biel, Gabriel 31
bispos 33
Blair, Tony (primeiro-ministro britânico) 27
Blond, Phillip 109, 110, 111, 112, 113, 117, 118, 120, 121, 122, 327
Boaventura 58, 99, 239
Bodin, Jean 189
Boersma, Hans 22, 214, 221, 228
Bonhoeffer, Dietrich 130
Brand, Hilary 123
Bray, Gerald 137
Breton, Stanislas 44, 45
Bright, John 139
Brunner, Emile 143
Buber, Martin 298
Bulgakov, Sergei 44
Bulkley, Peter 32
Bullinger, Heinrich 284
Bultmann, Rudolph 131
Burke, Edmund 189, 208
Bush, George W. 27

ÍNDICE REMISSIVO

C

calvinismo 26, 28, 34, 125, 126, 176, 180, 224, 243, 328
Calvino, João 20, 21, 22, 26, 28, 29, 30, 31, 32, 33, 34, 35, 36, 37, 38, 39, 69, 130, 132, 136, 137, 144, 145, 146, 152, 216, 223, 224, 225, 236, 240, 241, 242, 243, 244, 245, 246, 247, 248, 249, 250, 251, 252, 253, 254, 255, 256, 257, 258, 259, 260, 261, 262, 264, 265, 266, 267, 268, 269, 270, 271, 272, 273, 274, 275, 276, 277, 278, 279, 280, 281, 284
Cambridge 8, 15, 16, 30, 59, 100, 125, 180, 211, 213, 223
   platonistas 16, 30
capitalismo 21, 50, 65, 183, 184, 185, 187, 188, 194, 196, 197, 198, 208
Caputo, John 8, 114, 133, 336, 340
Carey, John 45
caridade 22, 35, 150, 184, 185, 186, 195, 197, 198, 199, 200, 201, 209, 340
Carney, Frederick 176, 210, 211
Carvill, Barbara 19
Cavanaugh, William T. 153, 177, 179, 187, 188, 189, 190, 191, 192, 193, 194, 195, 202, 203, 213, 226, 339
Certeau, Michel de 147, 269, 276
Cézanne, Paul 110, 111, 112, 113
Chaplin, Adrienne Dengerink 22, 103, 123, 327
Chaplin, Jonathan 22, 175, 337, 339
Chase, Kenneth R. 191, 232
Cirilo de Jerusalém 242
Clark, R. Scott 284
Clark, Stephen 243
Clinton, Bill (ex-presidente dos EUA) 27, 211
Cocceius, Johannes 284
Comenius, Iohannes Amos 28, 31
corpo 49, 70, 74, 79, 117, 194, 246, 258, 269, 271, 272, 273, 274, 275, 276, 302, 303, 318. *Veja tb*. encarnação.
   como um mal 75
   de Cristo 30, 37, 38, 109, 120, 150, 169, 188, 193, 194, 203, 267, 339, 340
Cotton, John 32
Coupland, Douglas 285
criação 17, 19, 20, 21, 22, 29, 30, 31, 34, 37, 40, 42, 49, 52, 55, 59, 61, 70, 71, 76, 77, 79, 80, 81, 82, 84, 105, 108, 120, 121, 122, 123, 128, 129, 134, 137, 138, 139, 140, 152, 153, 159, 161, 162, 165, 173, 174, 178, 181, 182, 188, 196, 197, 201, 202, 204, 206, 207, 210, 211, 212, 228, 245, 251, 261, 262, 263, 264, 265, 282, 283, 287, 289, 290, 292, 293, 298, 300, 305, 319, 320, 325, 326, 327, 328, 329, 332, 333, 335, 336, 340, 341, 342
   bondade da 18, 20, 21, 70, 79, 80, 83, 121, 228
   ex nihilo 31, 32, 128, 138, 204, 300, 341
   ordem da 165, 202
cristologia 28, 35, 61, 144, 150, 151, 196, 202, 212, 219, 227, 228, 229, 233, 235, 236, 243, 283, 285, 289, 295, 319
   Logos 147, 243
Crockett, Clayton 112
Cudworth, Ralph 26, 30
Cunningham, Connor 89, 128, 133, 178
Cunningham, David 287

D

D'Ailly, Pierre 28
Damáscio 45
DeHart, Paul 266, 279
deificação 26, 35, 59, 79, 221, 222, 229
Deleuze, Gilles 72, 73, 75, 76, 187
democracia 7, 158, 171, 172, 181
Dempsey, Bernard 198
denominações 26
Derrida, Jacques 10, 16, 71, 72, 75, 77, 104, 131, 132, 133, 134, 135, 143, 144, 146, 147, 157, 173, 220, 228, 302
Descartes, Reneé 58, 132, 146, 173, 302
diferença cristã 48, 214
diferenciação 30, 160, 161, 162, 163, 168, 172, 194, 195, 316, 335
distinção Criador/criatura 97
Dix, Dom Gregory 33
Donne, John 26
Dooyeweerd, Herman 7, 15, 18, 70, 74, 104, 157, 160, 161, 162, 163, 168, 170, 176, 178, 180, 181, 191, 192, 195, 207
dualidades 126, 136
dualismo 56, 70, 71, 119, 125, 126, 129, 130, 136, 151, 152, 227, 325
Durkheim, Emile 189

E

Eckhart, Meister 128, 129, 130, 133, 134
eclesiologia 9, 151, 152, 169, 176, 186, 187, 197, 200, 202, 212, 217, 219, 226, 229, 235, 268, 270, 295, 337, 338. *Veja tb*. igreja.
Ecolampádio, João 284
Edwards, Jonathan 26, 28, 30, 39, 40, 49, 264

eleição 292
eleitos 278, 284, 290
emanação 129, 130, 134, 136, 137, 138, 204, 205, 336
encarnação 35, 37, 42, 43, 44, 69, 73, 80, 108, 109, 110, 111, 120, 121, 128, 131, 137, 141, 143, 148, 199, 222, 230, 240, 241, 242, 243, 244, 249, 251, 254, 262, 263, 269, 273, 283, 284, 288, 310, 319, 325, 327
   tripla (Pai, Filho, Espírito Santo) 43
equivocidade 132, 141, 328
escatologia 140, 144, 147, 154, 166, 182, 264, 292, 295
eschaton 43, 80, 82, 165, 166, 298, 325
Escoto, João Duns 17, 20, 21, 30, 35, 40, 84, 85, 86, 87, 88, 89, 90, 92, 93, 94, 95, 96, 97, 98, 99, 100, 101, 102, 269, 281, 341
Escrituras 48, 61, 97, 135, 137, 139, 141, 144, 149, 150, 174, 182, 201, 202, 241, 243, 249, 250, 254, 255, 259, 262, 263, 272, 283, 284, 291, 294, 295, 301, 303, 305, 333, 334, 335, 340
espaço complexo 177, 182, 185, 210
Espírito Santo 30, 42, 43, 104, 162, 241, 242, 244, 249, 252, 255, 256, 257, 258, 260, 262, 263, 264, 265, 272, 273, 294, 322, 333, 335
   descida dupla 43
Estado, o 185, 187, 188, 192, 213, 339
estética 7, 9, 22, 39, 103, 104, 105, 111, 114, 117, 120, 122, 124, 205, 239, 261, 285, 286, 301, 338. *Veja tb.* arte.
estrada de Emaús 135
eucaristia 20, 22, 30, 33, 37, 77, 109, 135, 170, 193, 194, 200, 221, 240, 250, 251, 263, 266, 267, 268, 269, 270, 271, 272, 273, 274, 275, 276, 277, 278, 279, 280, 284, 285, 301, 302, 303, 306, 307, 308, 309, 311, 313, 316, 318, 319, 320, 321, 322, 339, 340
   Calvino sobre 37, 281
exegese 150, 290, 296, 305
expiação 7, 150, 151, 152, 214, 216, 217, 218, 219, 220, 221, 222, 224, 226, 227, 229, 233, 235, 313
extra-calvinisticum 37

F

Feuerbach, Ludwig 132
filosofia 9, 10, 17, 19, 20, 27, 51, 56, 58, 71, 72, 73, 74, 75, 76, 93, 97, 98, 102, 104, 117, 125, 128, 132, 134, 141, 146, 149, 158, 159, 161, 167, 169, 172, 179, 181, 186, 286, 288, 296, 297, 298, 300, 313, 317, 318, 325, 326, 331, 338, 340, 341, 343
   cristã 181, 325
   e teologia 60, 132, 297, 325
   grega 172, 313, 340
   história da 9, 20, 93, 97
Foucault, Michel 31, 75, 104, 170, 187
Francisco de Assis 99
Frei, Hans 150
Freud, Sigmund 132, 159
fundamentalismo 70

G

Gardner, Lucy 211, 228, 230, 231, 234, 235
Genebra 33, 241
Gerrish, B. A. 240, 241, 260, 261, 263, 266, 270, 275, 278
Gierke, Otto von 179, 189
glória de Deus 26, 31, 121, 210, 261
Gorringe, Tim 51
Goudzwaard, Bob 166, 200
graça 27, 28, 31, 32, 34, 38, 54, 55, 60, 62, 64, 65, 79, 131, 146, 149, 153, 159, 164, 171, 177, 179, 182, 184, 186, 199, 201, 202, 216, 223, 224, 234, 235, 241, 256, 257, 261, 284, 289, 299, 303, 320, 330, 333
   aliança da 32, 60
   comum 159, 171, 234
   eletiva 257
   especial 171
   natureza e 234
   socialismo pela 186
Gramsci, Antonio 51
Greer, Robert C. 146
Gregório de Nazianzo 334
Gregório de Nissa 246, 263
Gunton, Colin 33, 102, 139, 215

H

Habermas, Jürgen 10, 158, 170
Hamann, Johann Georg 28, 128, 152, 251
Hare, John 40, 206
Hart, Hendrik 158, 159, 206, 228
Hauerwas, Stanley 16, 191, 231, 232
Hegel, G. W. F. 47, 52, 57, 58, 59, 60, 63, 64, 65, 126, 128, 130, 135, 139, 150, 153, 189
Heidegger, J. H. 284
Heidegger, Martin 58, 123, 128, 131, 132, 137, 141, 145, 173
Hemming, Laurence Paul 128, 132, 153, 219
Henri de Gante 16, 85, 87, 88, 90, 91, 92, 93, 94, 95, 96, 97, 98, 101, 267

ÍNDICE REMISSIVO

Herbert, George 26
Herder, Johann Gottfried 128, 218
Heslam, Peter S. 158
Hindemith, Paul 118
Hobbes, Thomas 139, 188, 189, 190, 328
Hodge, Charles 284
Hoeven, Johan van der 171, 206
Holcomb, Justin S. 18, 22, 282
Hölderlin, Friedrich 46
Holifield, Brooks 32
Hood, Robert E. 53
Hooker, Richard 26
Hooker, Thomas 32
Horton, Michael S. 18, 22, 71, 125, 130, 133, 294, 295, 296, 299, 303, 304
Hume, David 76
Hunsinger, George 51, 64, 251
Husserl, Edmund 123
Hütter, Reinhard 215, 234, 235
Hyman, Gavin 214

I

igreja 20, 22, 25, 26, 33, 42, 43, 48, 49, 50, 53, 54, 55, 56, 60, 61, 65, 109, 124, 134, 146, 151, 152, 154, 161, 162, 165, 168, 169, 170, 172, 177, 179, 181, 182, 187, 188, 191, 192, 193, 194, 196, 197, 199, 200, 201, 202, 203, 204, 211, 217, 218, 219, 221, 226, 227, 228, 229, 231, 233, 234, 235, 243, 246, 247, 250, 251, 252, 253, 259, 260, 264, 265, 267, 268, 270, 273, 274, 275, 276, 279, 280, 281, 284, 285, 289, 290, 291, 293, 295, 299, 300, 303, 304, 305, 309, 310, 311, 314, 315, 319, 320, 322, 330, 331, 338, 339, 340
e Estado 59, 161, 162
Ilírico, Matias Flácio 28
iluminação 104, 243, 255, 294
iluminismo 8, 146, 157, 158, 159, 163, 189
anti- 158
imitação 29, 31, 165, 219
impressionismo 110
Inácio de Antioquia 33
Isidoro de Sevilha 33
Israel 34, 108, 138, 139, 144, 151, 191, 292, 293, 301

J

Jacobs, Alan 191, 231, 232
Jâmblico 45
Jennings, Nathan 304, 305
Jenson, Robert W. 130, 153
Jerônimo 33
João Crisóstomo 33

João Paulo II 179
Jones, Gregory L. 222
justificação 7, 27, 28, 32, 34, 37, 151, 221, 223, 224

K

Kandinsky, Vasily 110
Kant, Immanuel 10, 58, 106, 107, 109, 112, 113, 131, 132, 133, 135, 142
Keble, John 125
Kerr, Nathan S. 12, 22, 266
Kierkegaard, Soren 52, 63, 73, 130, 132, 139, 143, 228, 298
Kline, M. G. 140
Kohn, Rachel 283
Kropotkin, Petr Alekseevich 189
Kuhn, Thomas 104
Kulturprotestantismus 49, 50, 65
Küng, Hans 201
Kuyper, Abraham 15, 18, 70, 104, 125, 126, 154, 158, 161, 162, 176, 182, 191, 193, 284
kuyperianismo 154

L

LaCugna, Catherine 334
Laski, Harold Joseph 189
Laud, William 26
Leão XIII (papa) 198
Leibniz, Gottfried Wilhelm 76
lei natural 166, 178, 190, 196, 198, 202, 213
Lenin, Vladimir Il'ich 51
Levinas, Emmanuel 113, 131, 135, 141, 142, 147, 148, 149, 220
Lewis, C. S. 259
liberdade 30, 54, 59, 107, 125, 171, 195, 196, 197, 209
Locke, John 188, 190
Long, Stephen 176, 177, 178, 179, 180, 187, 196, 197, 198, 199, 200, 207, 211, 212
Lubac, Henri de 16, 150, 153, 267, 268, 269, 273, 274
Luther, Martin 28, 153
Luttikhuizen, Henry 123, 158
Lyotard, Jean-François 106, 107, 108, 109

M

Machen, J. Gresham 284
MacIntyre, Alasdair 197, 203
Maddox, Graham 210
mal 163, 165, 216, 233, 327
social 171
Malcolm, Lois 227

Malebranche, Nicolas 76
Malevich, Kazimir 108, 110
Marion, Jean-Luc 16, 46, 132, 135, 142, 143, 260, 341
Maritain, Jacques 179, 180, 187, 189
Marquardt, Friedrich-Wilhelm 51
Marshall, Paul A. 200
Marx, Karl 59, 131, 132, 139, 159
materialismo 17, 70, 76, 77, 288, 289, 326
Mather, Richard 32
Mathison, Keith 247, 248, 253
Máximo, o Confessador 36, 41, 334
McCarthy, Dennis J. 140
McFague, Sallie 143
McGrath, Allister 223, 224
McHugh, Frank 185
mediação 18, 28, 32, 44, 73, 75, 79, 80, 81, 82, 100, 103, 105, 118, 121, 122, 147, 152, 185, 198, 244, 258, 272, 302, 328, 336
   cristológica 302
Melanchthon, Phillip 146
Merleau-Ponty, Maurice 111, 113, 123
metafísica 27, 28, 29, 30, 32, 38, 39, 46, 58, 84, 90, 95, 98, 101, 109, 111, 132, 133, 136, 137, 138, 142, 145, 146, 149, 153, 197, 204, 205, 234, 235, 239, 287, 288, 296, 317, 334, 336, 338. *Veja tb*. ontologia.
Milbank, John 10, 12, 15, 16, 17, 21, 25, 71, 72, 73, 77, 79, 80, 81, 82, 83, 84, 85, 86, 87, 89, 101, 103, 104, 111, 112, 120, 126, 127, 128, 130, 133, 149, 150, 151, 152, 153, 154, 157, 163, 167, 168, 169, 170, 175, 176, 177, 178, 179, 180, 181, 182, 183, 184, 185, 186, 187, 189, 191, 195, 197, 198, 199, 204, 205, 206, 208, 209, 211, 213, 214, 215, 216, 217, 218, 219, 220, 221, 222, 223, 224, 225, 226, 227, 228, 229, 230, 231, 232, 233, 234, 235, 236, 239, 243, 251, 273, 282, 283, 285, 286, 289, 291, 298, 299, 323, 325, 326, 334, 336, 337, 338, 340, 341
Mill, J. S. 189
modernidade 17, 19, 20, 106, 108, 125, 126, 128, 138, 149, 157, 158, 168, 171, 172, 173, 177, 178, 188, 189, 193, 203, 206, 215, 285, 297, 302, 323, 324
   agostiniana 170
   crítica da 19, 138, 157, 188, 285, 324
   projeto da 157, 172
   Reforma e 19, 215, 258
Möhler, J. A. 218
Moltmann, Jürgen 130
Mondrian, Piet 110
Montag, John 152
Mouw, Richard 191, 234

movimento carismático 41
movimento de Oxford 41
Muller, Richard 137, 146, 258
Mullin, Robert Bruce 41
Musculus, Wolfgang 137, 146
música 15, 18, 113, 115, 117, 118, 119, 120, 123, 325

N

Natale, Samuel M. 185
Nell-Breuning, Oswald von 179
neocalvinismo 126, 154, 176, 189
neoplatonismo 16, 39, 45, 74, 77, 129, 133, 186, 204, 221, 239
Nevin, John 256, 257, 260
Newman, John Henry 41, 100
Niebuhr, H. Richard 61
Nietzsche, Friedrich 70, 71, 72, 75, 132, 159, 325
niilismo 17, 20, 70, 89, 101, 105, 127, 163, 164, 167, 169, 172, 285, 287, 289, 290, 301, 320, 323, 326, 332, 337, 341
Nisbet, Robert 59, 189
nominalismo 27, 29, 129, 276, 281
   Calvino e o 269, 281
   em Lutero 28, 152
nouvelle théologie 16, 25
Novak, Michael 196, 212

O

Ochs, Peter 16
Ockham, Guilherme de 27, 28
O'Donovan, Oliver 179, 180, 200
Oetinger, Friedrich Christoph 28
Olevian, Caspar 284
Oliver, Simon 179, 180, 200, 231, 267, 276
Olthuis, James H. 19, 158, 323
ontologia 70, 71, 76, 77, 79, 125, 127, 191, 204, 231. *Veja tb*. participação.
   musical 117
   participativa 20, 35, 78, 83, 323, 327
   platônica 73, 76, 290
   sacramental 73
   social 185, 195, 200, 204, 207
oração 142, 147, 170, 245, 255, 260, 329, 333
ortodoxia radical 16, 18, 19, 70, 71, 112, 130, 158, 169, 176, 177, 182, 228, 281, 304, 324, 326, 332, 336, 341
   como ecumênica 25
   perspectiva genealógica da 25
   temas centrais 16
   teologia dualística da 121
Overbeck, Franz 52, 53

P

panenteísmo 138
Pannenberg, Wolfhart 130
participação 17, 20, 22, 26, 27, 28, 29, 30, 31, 32, 33, 37, 38, 40, 44, 47, 71, 73, 76, 77, 78, 79, 80, 83, 103, 105, 110, 120, 122, 126, 127, 128, 131, 142, 143, 151, 152, 153, 154, 165, 167, 193, 199, 203, 204, 220, 228, 234, 235, 240, 243, 245, 246, 251, 252, 254, 257, 266, 268, 269, 270, 271, 272, 273, 274, 275, 277, 278, 279, 280, 282, 283, 287, 288, 290, 291, 292, 295, 296, 299, 300, 301, 303, 304, 305, 310, 313, 320, 322, 326, 327, 328, 332, 333. *Veja tb.* ontologia; suspensão do material.
   em Aquino 29
   em Calvino 32
   em Cristo 27, 32, 152, 194, 253, 268, 279
   em Platão 82
   no calvinismo superior 33
   ontológica 26, 127, 153, 251, 326
   sacramental 32, 275
Pascal, Blaise 132
Patocka, Jan 220
patripassianismo 43
paz 41, 45, 140, 144, 166, 184, 191, 193, 201, 206, 216, 217, 219, 221, 225, 226, 227, 231, 232, 234, 236, 288, 299, 303, 324, 325, 339
   ontologia da 191, 216, 221, 225, 226, 227, 231, 232, 234, 236, 324
pecado 21, 59, 105, 119, 127, 128, 130, 134, 139, 150, 152, 153, 182, 194, 223, 225, 227, 228, 242, 244, 249, 327. *Veja tb.* mal; Queda.
   efeitos noéticos do 127
Peirce, C. S. 39
pelagianismo 31
Peters, Ted 137, 138
Pickstock, Catherine 8, 10, 15, 16, 71, 73, 74, 77, 79, 80, 81, 82, 83, 84, 85, 103, 105, 117, 118, 119, 120, 128, 130, 269, 276, 277, 283, 285, 287, 288, 298, 301, 302, 303, 326, 343
Platão 20, 21, 32, 58, 69, 70, 71, 72, 73, 74, 75, 76, 77, 78, 79, 80, 81, 82, 83, 105, 117, 118, 125, 130, 141, 144, 157, 166, 209, 220, 302, 326
platonismo 69, 70, 71, 72, 73, 75, 76, 77, 79, 83, 125, 129, 130, 133, 137, 139, 141. *Veja tb.* neoplatonismo.
   e o cristianismo 71
   taxonomia do 71

Plotino 74, 128, 133
pneumatologia 144, 295. *Veja tb.* Espírito Santo.
Polano, Amando 284
política 7, 8, 18, 19, 22, 42, 47, 51, 74, 75, 103, 117, 120, 122, 123, 151, 160, 172, 173, 175, 177, 179, 182, 185, 187, 188, 189, 190, 193, 197, 200, 201, 202, 207, 210, 211, 213, 285, 286, 287, 288, 300, 314, 338, 339
pós-impressionismo 110
positivismo revelacional 321
pós-liberalismo 56, 57
presença 20, 30, 37, 44, 46, 78, 107, 109, 110, 112, 116, 119, 129, 131, 132, 133, 134, 135, 140, 147, 149, 193, 199, 201, 217, 230, 232, 240, 241, 243, 244, 245, 246, 247, 250, 251, 252, 254, 255, 256, 257, 258, 262, 264, 266, 267, 268, 269, 270, 271, 272, 273, 275, 276, 277, 278, 279, 280, 281, 290, 293, 294, 308, 309, 311, 317, 322
   absoluta 132, 140
   de Deus 116, 119, 149
   metafísica da 149
presença real 37, 38, 109, 240, 272, 277, 278, 280, 281.
Prinsterer, Groen van 158
Proudhon, Pierre Joseph 189
providência 42, 303
puritanos 26, 30, 33, 210

Q

Queda 122, 140, 220, 222, 234, 242

R

Rahner, Karl 143
Ramus, Peter 39
razão 16, 17, 34, 36, 40, 45, 58, 59, 72, 80, 83, 104, 107, 117, 121, 127, 142, 149, 158, 160, 165, 167, 177, 178, 179, 180, 192, 205, 212, 214, 227, 231, 232, 234, 235, 243, 270, 279, 281, 287, 298, 299, 304, 314, 318, 325, 341
   autônoma 17
   secular 180, 325
Reforma 20, 26, 27, 35, 41
   como crítica da escolástica posterior 27
reino de Deus 119, 154, 165, 169, 323, 335
Reno, R. R. 150, 182, 230, 290, 291
ressurreição 82, 120, 121, 144, 154, 193, 221, 228, 249, 269, 271, 272, 291, 310, 313

revelação 40, 41, 42, 43, 48, 50, 59, 60, 63, 116, 120, 127, 130, 135, 136, 142, 143, 144, 145, 146, 147, 149, 152, 181, 182, 201, 243, 250, 254, 255, 261, 262, 283, 287, 294, 295, 298, 299, 300, 303, 305, 321
  acomodação de Deus na 240
  contínua 42, 43
Rousseau, Jean-Jacques 188, 189, 190, 193
Runner, H. Evan 9, 15, 158

S

santificação 28, 29, 151, 223, 264
Scanlon, Michael J. 114, 133, 340
Schelling, F. W. J. 44, 132
Schillebeeckx, Edward 250
Schleiermacher, Friedrich 49, 55, 58, 130, 131, 132
Schoenberg, Arnold 114, 115, 116, 117
Schroer, Henning 63
Schutz, Jacob 31
secular 9, 15, 16, 17, 18, 20, 48, 57, 70, 74, 84, 85, 87, 103, 127, 139, 149, 160, 162, 163, 164, 167, 175, 176, 177, 178, 179, 180, 182, 185, 188, 192, 193, 196, 200, 213, 215, 226, 231, 235, 250, 285, 286, 287, 296, 298, 299, 300, 301, 325, 338
secularismo 103, 167, 285, 286, 290, 299, 301, 341
secularização 101, 168, 287, 306
Seerveld, Calvin 19, 103, 104, 123, 159
Sesboüé, B. 275
Seznec, Jean 45
Shaw, Gregory 74, 77
Skillen, James W. 200
Smith, David I. 19
Smith, James K. A. 16, 19, 21, 89, 113, 141, 142, 143, 147, 149, 228
soberania das esferas 161, 162, 191
socialismo 176, 177, 179, 182, 184, 185, 186, 204, 227
sofrimento 36, 163, 188, 293, 340
Spinoza, Baruch 76, 128, 328
Stackhouse, Max 196, 212
Strauss, Leo 59, 160
Suarez, Francisco 32
suspensão do material 16, 76, 177, 260, 327
Sweetman, Robert 21, 84, 341

T

Tanner, Kathryn 57, 137
teologia
  apologética e 48
  arquetípica-ectípica 147
  como ciência social 167
  discursiva 57
  enculturada 51, 58, 65
  e outras disciplinas 21, 47, 53, 57, 60, 84, 101, 180, 330, 339
  federal 32
  libertação da 178, 187, 196, 197, 301
  natural 90, 101
  rainha das ciências 21, 167, 169, 180, 233, 336, 338
  rebatismo da 167
  reformada 296
  sacramental 22, 37, 239, 261
  tarefa da 65, 180
teoria do comando divino 27
teoria social 16, 22, 162, 169, 175, 176, 177, 182, 200, 202, 204, 205, 206, 207, 211, 231, 325
Tertuliano 297
teurgia 71, 74
Thompson, Augustine 27
Tillich, Paul 127, 128, 129, 131, 132, 136, 139, 143, 146
Tocqueville, Alexis de 189
Torrance, T. F. 29, 224, 284
transubstanciação 20, 38, 239, 240, 250, 302, 307, 316, 321
Trindade 43, 44, 58, 59, 60, 94, 117, 136, 251, 255, 256, 284, 285, 289, 293, 294, 300, 305, 327, 328, 330, 333, 334, 335
Turretin, Francisco 145, 146, 284

U

universalidade da esfera 162
univocidade 17, 20, 27, 59, 72, 84, 92, 93, 94, 97, 99, 127, 129, 132, 137, 141, 154, 215, 328
  ontológica 27
Ursino, Francisco 130, 284

V

Vandervelde, George 22, 306
Vandervennen, Robert E. 200
Van Til, Henry R. 126, 300
violência 41, 45, 133, 135, 150, 175, 187, 213, 216, 225, 226, 227, 228, 230, 231, 232, 233, 234, 235, 236, 303, 324, 325, 340. *Veja tb.* mal; pecado.
  como privação do ser 226, 249
Volf, Miroslav 335
Vollenhoven, D. T. 15
voluntarismo 27, 30, 127, 215, 277

von Rad, Gerhard 138, 139
Vos, Geerhardus 140, 294
Vos Jaczn, Antonie 85, 102

W

Ward, Graham 8, 12, 15, 16, 21, 47, 71, 76, 77, 82, 84, 100, 103, 130, 147, 157, 163, 164, 165, 166, 167, 170, 176, 177, 179, 194, 239, 240, 243, 245, 246, 247, 250, 251, 252, 257, 259, 262, 263, 264, 266, 267, 269, 282, 285, 288, 289, 291, 292, 296, 298, 303, 306, 307, 308, 309, 310, 311, 312, 313, 314, 316, 317, 318, 319, 320, 321, 322, 326, 327, 328, 336, 339, 340, 341
Warfield, B. B. 70, 136, 284
Weber, Max 192
Westphal, Merold 133, 134, 139, 159, 270
Whichcote, Benjamin 26, 30
White, Graham 28
Whitehead, A. N. 128
Williams, Rowan 301, 319
Winquist, Charles 112
Witsius, Herman 284
Wogaman, Philip 196
Wollebius, Johannes 284
Wolter, Allan 87, 100
Wolterstorff, Nicholas 19, 123, 171
Wordsworth, William 264
Wright, N. T. 292
Wyschogrod, Edith 114

Z

Zizioulas, John 152
Zuidervaart, Ulrico 22, 123, 157, 158, 171, 177, 337

Este livro foi impresso pela Lisgráfica
para a Thomas Nelson Brasil.
A fonte usada no miolo é Warnock Pro.
O papel do miolo é pólen soft 70g/m².